广视角 · 全方位 · 多品种

U0862290

权威 · 前沿 · 原创

皮书系列为
“十二五”国家重点图书出版规划项目

YELLOW BOOK

社长致辞

我们是图书出版者，更是人文社会科学内容资源供应商；

我们背靠中国社会科学院，面向中国与世界人文社会科学界，坚持为人文社会科学的繁荣与发展服务；

我们精心打造权威信息资源整合平台，坚持为中国经济与社会的繁荣与发展提供决策咨询服务；

我们以读者定位自身，立志让爱书人读到好书，让求知者获得知识；

我们精心编辑、设计每一本好书以形成品牌张力，以优秀的品牌形象服务读者，开拓市场；

我们始终坚持“创社科经典，出传世文献”的经营理念，坚持“权威、前沿、原创”的产品特色；

我们“以人为本”，提倡阳光下创业，员工与企业共享发展之成果；

我们立足于现实，认真对待我们的优势、劣势，我们更着眼于未来，以不断的学习与创新适应不断变化的世界，以不断的努力提升自己的实力；

我们愿与社会各界友好合作，共享人文社会科学发展之成果，共同推动中国学术出版乃至内容产业的繁荣与发展。

社会科学文献出版社社长

中国社会学会秘书长

2014 年 1 月

“皮书”起源于十七、十八世纪的英国，主要指官方或社会组织正式发表的重要文件或报告，多以“白皮书”命名。在中国，“皮书”这一概念被社会广泛接受，并被成功运作、发展成为一种全新的出版形态，则源于中国社会科学院社会科学文献出版社。

皮书是对中国与世界发展状况和热点问题进行年度监测，以专家和学术的视角，针对某一领域或区域现状与发展态势展开分析和预测，具备权威性、前沿性、原创性、实证性、时效性等特点的连续性公开出版物，由一系列权威研究报告组成。皮书系列是社会科学文献出版社编辑出版的蓝皮书、绿皮书、黄皮书等的统称。

皮书系列的作者以中国社会科学院、著名高校、地方社会科学院的研究人员为主，多为国内一流研究机构的权威专家学者，他们的看法和观点代表了学界对中国与世界的现实和未来最高水平的解读与分析。

自 20 世纪 90 年代末推出以经济蓝皮书为开端的皮书系列以来，至今已出版皮书近 1000 余部，内容涵盖经济、社会、政法、文化传媒、行业、地方发展、国际形势等领域。皮书系列已成为社会科学文献出版社的著名图书品牌和中国社会科学院的知名学术品牌。

皮书系列在数字出版和国际出版方面成就斐然。皮书数据库被评为“2008~2009 年度数字出版知名品牌”；经济蓝皮书、社会蓝皮书等十几种皮书每年还由国外知名学术出版机构出版英文版、俄文版、韩文版和日文版，面向全球发行。

2011 年，皮书系列正式列入“十二五”国家重点出版规划项目，一年一度的皮书年会升格由中国社会科学院主办；2012 年，部分重点皮书列入中国社会科学院承担的国家哲学社会科学创新工程项目。

经 济 类

经济类皮书涵盖宏观经济、城市经济、大区域经济，
提供权威、前沿的分析与预测

经济蓝皮书

2014 年中国经济形势分析与预测（赠阅读卡）

李　扬 / 主编　　2013 年 12 月出版　　估价 :69.00 元

◆　本书课题为“总理基金项目”，由著名经济学家李扬领衔，联合数十家科研机构、国家部委和高等院校的专家共同撰写，对 2013 年中国宏观及微观经济形势，特别是全球金融危机及其对中国经济的影响进行了深入分析，并且提出了 2014 年经济走势的预测。

世界经济黄皮书

2014 年世界经济形势分析与预测（赠阅读卡）

王洛林　张宇燕 / 主编　　2014 年 1 月出版　　估价 :69.00 元

◆　2013 年的世界经济仍旧行进在坎坷复苏的道路上。发达经济体经济复苏继续巩固，美国和日本经济进入低速增长通道，欧元区结束衰退并呈复苏迹象。本书展望 2014 年世界经济，预计全球经济增长仍将维持在中低速的水平上。

工业化蓝皮书

中国工业化进程报告（2014）（赠阅读卡）

黄群慧　吕　铁　李晓华　等 / 著　2014 年 11 月出版　估价 :89.00 元

◆　中国的工业化是事关中华民族复兴的伟大事业，分析跟踪研究中国的工业化进程，无疑具有重大意义。科学评价与客观认识我国的工业化水平，对于我国明确自身发展中的优势和不足，对于经济结构的升级与转型，对于制定经济发展政策，从而提升我国的现代化水平具有重要作用。

金融蓝皮书

中国金融发展报告（2014）（赠阅读卡）

李　扬　王国刚 / 主编　2013 年 12 月出版　定价 :69.00 元

◆　由中国社会科学院金融研究所组织编写的《中国金融发展报告（2014）》，概括和分析了 2013 年中国金融发展和运行中的各方面情况，研讨和评论了 2013 年发生的主要金融事件。本书由业内专家和青年精英联合编著，有利于读者了解掌握 2013 年中国的金融状况，把握 2014 年中国金融的走势。

城市竞争力蓝皮书

中国城市竞争力报告 No.12（赠阅读卡）

倪鹏飞 / 主编　2014 年 5 月出版　估价 :89.00 元

◆　本书由中国社会科学院城市与竞争力研究中心主任倪鹏飞主持编写，汇集了众多研究城市经济问题的专家学者关于城市竞争力研究的最新成果。本报告构建了一套科学的城市竞争力评价指标体系，采用第一手数据材料，对国内重点城市年度竞争力格局变化进行客观分析和综合比较、排名，对研究城市经济及城市竞争力极具参考价值。

中国省域竞争力蓝皮书

中国省域经济综合竞争力发展报告（2012~2013）（赠阅读卡）

李建平　李闽榕　高燕京 / 主编　2014 年 3 月出版　估价 :188.00 元

◆　本书充分运用数理分析、空间分析、规范分析与实证分析相结合、定性分析与定量分析相结合的方法，建立起比较科学完善、符合中国国情的省域经济综合竞争力指标评价体系及数学模型，对 2011~2012 年中国内地 31 个省、市、区的经济综合竞争力进行全面、深入、科学的总体评价与比较分析。

农村经济绿皮书

中国农村经济形势分析与预测 (2013~2014)（赠阅读卡）

中国社会科学院农村发展研究所　国家统计局农村社会经济调查司 / 著

2014 年 4 月出版　估价 :59.00 元

◆　本书对 2013 年中国农业和农村经济运行情况进行了系统的分析和评价，对 2014 年中国农业和农村经济发展趋势进行了预测，并提出相应的政策建议，专题部分将围绕某个重大的理论和现实问题进行多维、深入、细致的分析和探讨。

西部蓝皮书

中国西部经济发展报告（2014）（赠阅读卡）

姚慧琴　徐璋勇 / 主编　　2014 年 7 月出版　　估价 :69.00 元

◆　本书由西北大学中国西部经济发展研究中心主编，汇集了源自西部本土以及国内研究西部问题的权威专家的第一手资料，对国家实施西部大开发战略进行年度动态跟踪，并对 2014 年西部经济、社会发展态势进行预测和展望。

气候变化绿皮书

应对气候变化报告（2014）（赠阅读卡）

王伟光　郑国光 / 主编　　2014 年 11 月出版　　估价 :79.00 元

◆　本书由社科院城环所和国家气候中心共同组织编写，各篇报告的作者长期从事气候变化科学问题、社会经济影响，以及国际气候制度等领域的研究工作，密切跟踪国际谈判的进程，参与国家应对气候变化相关政策的咨询，有丰富的理论与实践经验。

就业蓝皮书

2014 年中国大学生就业报告（赠阅读卡）

麦可思研究院 / 编著　王伯庆　郭　娇 / 主审
2014 年 6 月出版　估价 :98.00 元

◆　本书是迄今为止关于中国应届大学毕业生就业、大学毕业生中期职业发展及高等教育人口流动情况的视野最为宽广、资料最为翔实、分类最为精细的实证调查和定量研究；为我国教育主管部门的教育决策提供了极有价值的参考。

企业社会责任蓝皮书

中国企业社会责任研究报告（2014）（赠阅读卡）

黄群慧　彭华岗　钟宏武　张　蒽 / 编著
2014 年 11 月出版　估价 :69.00 元

◆　本书系中国社会科学院经济学部企业社会责任研究中心组织编写的《企业社会责任蓝皮书》2014 年分册。该书在对企业社会责任进行宏观总体研究的基础上，根据 2013 年企业社会责任及相关背景进行了创新研究，在全国企业中观层面对企业健全社会责任管理体系提供了弥足珍贵的丰富信息。

社 会 政 法 类

社会政法类皮书聚焦社会发展领域的热点、难点问题，
提供权威、原创的资讯与视点

社会蓝皮书

2014 年中国社会形势分析与预测（赠阅读卡）

李培林　陈光金　张　翼 / 主编　2013 年 12 月出版　估价 :69.00 元

◆　本报告是中国社会科学院"社会形势分析与预测"课题组 2014 年度分析报告，由中国社会科学院社会学研究所组织研究机构专家、高校学者和政府研究人员撰写。对 2013 年中国社会发展的各个方面内容进行了权威解读，同时对 2014 年社会形势发展趋势进行了预测。

法治蓝皮书

中国法治发展报告 No.12（2014）（赠阅读卡）

李　林　田　禾 / 主编　　2014 年 2 月出版　　估价 :98.00 元

◆　本年度法治蓝皮书一如既往秉承关注中国法治发展进程中的焦点问题的特点，回顾总结了 2013 年度中国法治发展取得的成就和存在的不足，并对 2014 年中国法治发展形势进行了预测和展望。

民间组织蓝皮书

中国民间组织报告（2014）（赠阅读卡）

黄晓勇 / 主编　　2014 年 8 月出版　　估价 :69.00 元

◆　本报告是中国社会科学院"民间组织与公共治理研究"课题组推出的第五本民间组织蓝皮书。基于国家权威统计数据、实地调研和广泛搜集的资料，本报告对 2012 年以来我国民间组织的发展现状、热点专题、改革趋势等问题进行了深入研究，并提出了相应的政策建议。

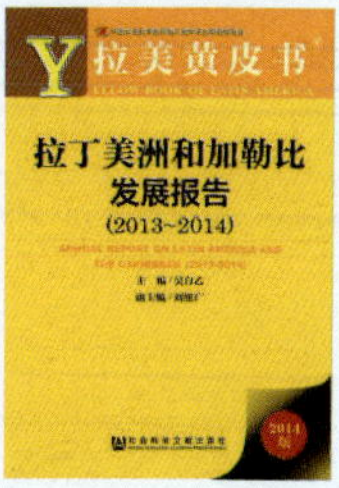

拉美黄皮书

拉丁美洲和加勒比发展报告（2013~2014）（赠阅读卡）

吴白乙 / 主编　2014 年 4 月出版　估价 :89.00 元

◆　本书是中国社会科学院拉丁美洲研究所的第 13 份关于拉丁美洲和加勒比地区发展形势状况的年度报告。本书对 2013 年拉丁美洲和加勒比地区诸国的政治、经济、社会、外交等方面的发展情况做了系统介绍，对该地区相关国家的热点及焦点问题进行了总结和分析，并在此基础上对该地区各国 2014 年的发展前景做出预测。

澳门蓝皮书

澳门经济社会发展报告（2013~2014）（赠阅读卡）

吴志良　郝雨凡 / 主编　2014 年 3 月出版　估价 :79.00 元

◆　本书集中反映 2013 年本澳各个领域的发展动态，总结评价近年澳门政治、经济、社会的总体变化，同时对 2014 年社会经济情况作初步预测。

日本经济蓝皮书

日本经济与中日经贸关系研究报告（2014）（赠阅读卡）

王洛林　张季风 / 主编　2014 年 5 月出版　估价 :79.00 元

◆　本书对当前日本经济以及中日经济合作的发展动态进行了多角度、全景式的深度分析。本报告回顾并展望了 2013~2014 年度日本宏观经济的运行状况。此外，本报告还收录了大量来自于日本政府权威机构的数据图表，具有极高的参考价值。

美国蓝皮书

美国问题研究报告（2014）（赠阅读卡）

黄　平　倪　峰 / 主编　2014 年 6 月出版　估价 :89.00 元

◆　本书是由中国社会科学院美国所主持完成的研究成果，它回顾了美国 2013 年的经济、政治形势与外交战略，对 2013 年以来美国内政外交发生的重大事件以及重要政策进行了较为全面的回顾和梳理。

地方发展类

地方发展类皮书关注大陆各省份、经济区域，
提供科学、多元的预判与咨政信息

社会建设蓝皮书

2014 年北京社会建设分析报告（赠阅读卡）

宋贵伦 / 主编　2014 年 4 月出版　估价 :69.00 元

◆　本书依据社会学理论框架和分析方法，对北京市的人口、就业、分配、社会阶层以及城乡关系等社会学基本问题进行了广泛调研与分析，对广受社会关注的住房、教育、医疗、养老、交通等社会热点问题做了深刻了解与剖析，对日益显现的征地搬迁、外籍人口管理、群体性心理障碍等进行了有益探讨。

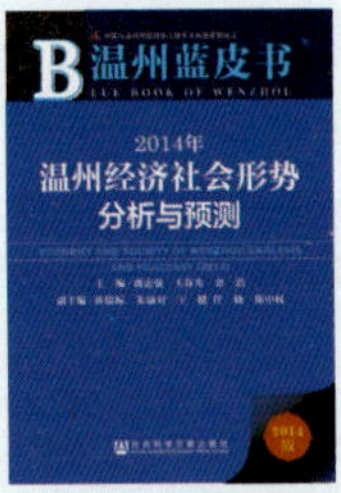

温州蓝皮书

2014 年温州经济社会形势分析与预测（赠阅读卡）

潘忠强　王春光　金 浩 / 主编　2014 年 4 月出版　估价：69.00 元

◆　本书是由中共温州市委党校与中国社会科学院社会学研究所合作推出的第七本“温州经济社会形势分析与预测”年度报告，深入全面分析了 2013 年温州经济、社会、政治、文化发展的主要特点、经验、成效与不足，提出了相应的政策建议。

上海蓝皮书

上海资源环境发展报告（2014）（赠阅读卡）

周冯琦　汤庆合　王利民 / 著　2014 年 1 月出版　估价：59.00 元

◆　本书在上海所面临资源环境风险的来源、程度、成因、对策等方面作了些有益的探索，希望能对有关部门完善上海的资源环境风险防控工作提供一些有价值的参考，也让普通民众更全面地了解上海资源环境风险及其防控的图景。

广州蓝皮书

2014 年中国广州社会形势分析与预测（赠阅读卡）

易佐永　杨　秦　顾涧清 / 主编　　2014 年 5 月出版　　估价 :65.00 元

◆　本书由广州大学与广州市委宣传部、广州市人力资源和社会保障局联合主编，汇集了广州科研团体、高等院校和政府部门诸多社会问题研究专家、学者和实际部门工作者的最新研究成果，是关于广州社会运行情况和相关专题分析与预测的重要参考资料。

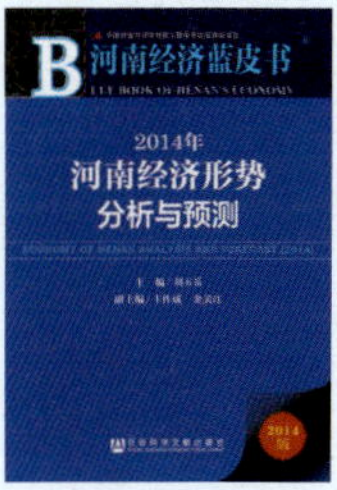

河南经济蓝皮书

2014 年河南经济形势分析与预测（赠阅读卡）

胡五岳 / 主编　2014 年 4 月出版　估价 :59.00 元

◆　本书由河南省统计局主持编纂。该分析与展望以 2013 年最新年度统计数据为基础，科学研判河南经济发展的脉络轨迹、分析年度运行态势；以客观翔实、权威资料为特征，突出科学性、前瞻性和可操作性，服务于科学决策和科学发展。

陕西蓝皮书

陕西社会发展报告（2014）（赠阅读卡）

任宗哲　石　英　江　波 / 主编　2014 年 1 月出版　估价 :65.00 元

◆　本书系统而全面地描述了陕西省 2013 年社会发展各个领域所取得的成就、存在的问题、面临的挑战及其应对思路，为更好地思考 2014 年陕西发展前景、政策指向和工作策略等方面提供了一个较为简洁清晰的参考蓝本。

上海蓝皮书

上海经济发展报告（2014）（赠阅读卡）

沈开艳 / 主编　2014 年 1 月出版　估价 :69.00 元

◆　本书系上海社会科学院系列之一，报告对 2014 年上海经济增长与发展趋势的进行了预测，把握了上海经济发展的脉搏和学术研究的前沿。

广州蓝皮书

广州经济发展报告（2014）（赠阅读卡）

李江涛　刘江华 / 主编　2014 年 6 月出版　估价 :65.00 元

◆　本书是由广州市社会科学院主持编写的“广州蓝皮书”系列之一，本报告对广州 2013 年宏观经济运行情况作了深入分析，对 2014 年宏观经济走势进行了合理预测，并在此基础上提出了相应的政策建议。

文化传媒类

文化传媒类皮书透视文化领域、文化产业，
探索文化大繁荣、大发展的路径

新媒体蓝皮书

中国新媒体发展报告 No.4(2013)（赠阅读卡）

唐绪军 / 主编　2014 年 6 月出版　估价 :69.00 元

◆　本书由中国社会科学院新闻与传播研究所和上海大学合作编写，在构建新媒体发展研究基本框架的基础上，全面梳理 2013 年中国新媒体发展现状，发表最前沿的网络媒体深度调查数据和研究成果，并对新媒体发展的未来趋势做出预测。

舆情蓝皮书

中国社会舆情与危机管理报告（2014）（赠阅读卡）

谢耘耕 / 主编　2014 年 8 月出版　估价 :85.00 元

◆　本书由上海交通大学舆情研究实验室和危机管理研究中心主编，已被列入教育部人文社会科学研究报告培育项目。本书以新媒体环境下的中国社会为立足点，对 2013 年中国社会舆情、分类舆情等进行了深入系统的研究，并预测了 2014 年社会舆情走势。

文化建设蓝皮书
中国文化建设发展报告（2014）
著(编)者:江畅　孙伟平　2014年3月出版 / 估价:69.00元

文化品牌蓝皮书
中国文化品牌发展报告（2014）
著(编)者:欧阳友权　2014年5月出版 / 估价:75.00元

文化软实力蓝皮书
中国文化软实力研究报告（2014）
著(编)者:张国祚　2014年7月出版 / 估价:79.00元

文化遗产蓝皮书
中国文化遗产事业发展报告（2014）
著(编)者:刘世锦　2014年3月出版 / 估价:79.00元

文学蓝皮书
中国文情报告（2014）
著(编)者:白烨　2014年5月出版 / 估价:59.00元

新媒体蓝皮书
中国新媒体发展报告No.5（2014）
著(编)者:唐绪军　2014年6月出版 / 估价:69.00元

移动互联网蓝皮书
中国移动互联网发展报告（2014）
著(编)者:官建文　2014年4月出版 / 估价:79.00元

游戏蓝皮书
中国游戏产业发展报告（2014）
著(编)者:卢斌　2014年4月出版 / 估价:79.00元

舆情蓝皮书
中国社会舆情与危机管理报告（2014）
著(编)者:谢耘耕　2014年8月出版 / 估价:85.00元

粤港澳台文化蓝皮书
粤港澳台文化创意产业发展报告（2014）
著(编)者:丁未　2014年4月出版 / 估价:69.00元

地方发展类

安徽蓝皮书
安徽社会发展报告（2014）
著(编)者:程桦　2014年4月出版 / 估价:79.00元

安徽社会建设蓝皮书
安徽社会建设分析报告（2014）
著(编)者:黄家海 王开玉 蔡宪　2014年4月出版 / 估价:69.00元

北京蓝皮书
北京城乡发展报告（2014）
著(编)者:黄序　2014年4月出版 / 估价:59.00元

北京蓝皮书
北京公共服务发展报告（2014）
著(编)者:张耘　2014年3月出版 / 估价:65.00元

北京蓝皮书
北京经济发展报告（2014）
著(编)者:赵弘　2014年4月出版 / 估价:59.00元

北京蓝皮书
北京社会发展报告（2014）
著(编)者:缪青　2014年10月出版 / 估价:59.00元

北京蓝皮书
北京文化发展报告（2014）
著(编)者:李建盛　2014年5月出版 / 估价:69.00元

北京蓝皮书
中国社区发展报告（2014）
著(编)者:于燕燕　2014年8月出版 / 估价:59.00元

北京蓝皮书
北京公共服务发展报告（2014）
著(编)者:施昌奎　2014年8月出版 / 估价:59.00元

北京旅游绿皮书
北京旅游发展报告（2014）
著(编)者:鲁勇　2014年7月出版 / 估价:98.00元

北京律师蓝皮书
北京律师发展报告No.2（2014）
著(编)者:王隽　周塞军　2014年9月出版 / 估价:79.00元

北京人才蓝皮书
北京人才发展报告（2014）
著(编)者:于淼　2014年10月出版 / 估价:89.00元

城乡一体化蓝皮书
中国城乡一体化发展报告·北京卷（2014）
著(编)者:张宝秀 黄序　2014年6月出版 / 估价:59.00元

创意城市蓝皮书
北京文化创意产业发展报告（2014）
著(编)者:张京成 王国华　2014年10月出版 / 估价:69.00元

创意城市蓝皮书
青岛文化创意产业发展报告（2014）
著(编)者:马达　2014年5月出版 / 估价:69.00元

创意城市蓝皮书
无锡文化创意产业发展报告（2014）
著(编)者:庄若江　张鸣年　2014年8月出版 / 估价:75.00元

服务业蓝皮书
广东现代服务业发展报告（2014）
著(编)者:祁明 程晓　2014年1月出版 / 估价:69.00元

甘肃蓝皮书
甘肃舆情分析与预测（2014）
著(编)者:陈双梅 郝树声　2014年1月出版 / 估价:69.00元

甘肃蓝皮书
甘肃县域社会发展评价报告（2014）
著(编)者:魏胜文　2014年1月出版 / 估价:69.00元

甘肃蓝皮书
甘肃经济发展分析与预测（2014）
著(编)者:魏胜文　2014年1月出版 / 估价:69.00元

甘肃蓝皮书
甘肃社会发展分析与预测（2014）
著(编)者:安文华　2014年1月出版 / 估价:69.00元

甘肃蓝皮书
甘肃文化发展分析与预测（2014）
著(编)者:周小华　2014年1月出版 / 估价:69.00元

广东蓝皮书
广东省电子商务发展报告（2014）
著(编)者:黄建明 祁明　2014年11月出版 / 估价:69.00元

广东蓝皮书
广东社会工作发展报告（2014）
著(编)者:罗观翠　2013年12月出版 / 估价:69.00元

广东外经贸蓝皮书
广东对外经济贸易发展研究报告（2014）
著(编)者:陈万灵　2014年3月出版 / 估价:65.00元

广西北部湾经济区蓝皮书
广西北部湾经济区开放开发报告（2014）
著(编)者:广西北部湾经济区规划建设管理委员会办公室
广西社会科学院 广西北部湾发展研究院
2014年7月出版 / 估价:69.00元

广州蓝皮书
2014年中国广州经济形势分析与预测
著(编)者:庾建设 郭志勇 沈奎　2014年6月出版 / 估价:69.00元

广州蓝皮书
2014年中国广州社会形势分析与预测
著(编)者:易佐永 杨秦 顾涧清　2014年5月出版 / 估价:65.00元

广州蓝皮书
广州城市国际化发展报告（2014）
著(编)者:朱名宏　2014年9月出版 / 估价:59.00元

广州蓝皮书
广州创新型城市发展报告（2014）
著(编)者:李江涛　2014年8月出版 / 估价:59.00元

广州蓝皮书
广州经济发展报告（2014）
著(编)者:李江涛 刘江华　2014年6月出版 / 估价:65.00元

广州蓝皮书
广州农村发展报告（2014）
著(编)者:李江涛 汤锦华　2014年8月出版 / 估价:59.00元

广州蓝皮书
广州青年发展报告（2014）
著(编)者:魏国华 张强　2014年9月出版 / 估价:65.00元

广州蓝皮书
广州汽车产业发展报告（2014）
著(编)者:李江涛 杨再高　2014年10月出版 / 估价:69.00元

广州蓝皮书
广州商贸业发展报告（2014）
著(编)者:陈家成 王旭东 荀振英
2014年7月出版 / 估价:69.00元

广州蓝皮书
广州文化创意产业发展报告（2014）
著(编)者:甘新　2014年10月出版 / 估价:59.00元

广州蓝皮书
中国广州城市建设发展报告（2014）
著(编)者:董皞 冼伟雄 李俊夫
2014年8月出版 / 估价:69.00元

广州蓝皮书
中国广州科技与信息化发展报告（2014）
著(编)者:庾建设 谢学宁　2014年8月出版 / 估价:59.00元

广州蓝皮书
中国广州文化创意产业发展报告（2014）
著(编)者:甘新　2014年10月出版 / 估价:59.00元

广州蓝皮书
中国广州文化发展报告（2014）
著(编)者:徐俊忠 汤应武 陆志强
2014年8月出版 / 估价:69.00元

贵州蓝皮书
贵州法治发展报告（2014）
著(编)者:吴大华　2014年3月出版 / 估价:69.00元

贵州蓝皮书
贵州社会发展报告（2014）
著(编)者:王兴骥　2014年3月出版 / 估价:59.00元

贵州蓝皮书
贵州农村扶贫开发报告（2014）
著(编)者:王朝新 宋明　2014年3月出版 / 估价:69.00元

贵州蓝皮书
贵州文化产业发展报告（2014）
著(编)者:李建国　2014年3月出版 / 估价:69.00元

海淀蓝皮书
海淀区文化和科技融合发展报告（2014）
著(编)者:陈名杰 孟景伟 2014年5月出版 / 估价:75.00元

海峡经济区蓝皮书
海峡经济区发展报告（2014）
著(编)者:李闽榕 王秉安 谢明辉（台湾）
2014年10月出版 / 估价:78.00元

海峡西岸蓝皮书
海峡西岸经济区发展报告（2014）
著(编)者:福建省人民政府发展研究中心
2014年9月出版 / 估价:85.00元

杭州蓝皮书
杭州市妇女发展报告（2014）
著(编)者:魏颖 揭爱花 2014年2月出版 / 估价:69.00元

河北蓝皮书
河北省经济发展报告（2014）
著(编)者:马树强 张贵 2013年12月出版 / 估价:69.00元

河北蓝皮书
河北经济社会发展报告（2014）
著(编)者:周文夫 2013年12月出版 / 估价:69.00元

河南经济蓝皮书
2014年河南经济形势分析与预测
著(编)者:胡五岳 2014年3月出版 / 估价:65.00元

河南蓝皮书
2014年河南社会形势分析与预测
著(编)者:刘道兴 牛苏林 2014年1月出版 / 估价:59.00元

河南蓝皮书
河南城市发展报告（2014）
著(编)者:林宪斋 王建国 2014年1月出版 / 估价:69.00元

河南蓝皮书
河南经济发展报告（2014）
著(编)者:喻新安 2014年1月出版 / 估价:59.00元

河南蓝皮书
河南文化发展报告（2014）
著(编)者:谷建全 卫绍生 2014年1月出版 / 估价:69.00元

河南蓝皮书
河南工业发展报告（2014）
著(编)者:龚绍东 2014年1月出版 / 估价:59.00元

黑龙江产业蓝皮书
黑龙江产业发展报告（2014）
著(编)者:于渤 2014年10月出版 / 估价:79.00元

黑龙江蓝皮书
黑龙江经济发展报告（2014）
著(编)者:曲伟 2014年1月出版 / 估价:59.00元

黑龙江蓝皮书
黑龙江社会发展报告（2014）
著(编)者:艾书琴 2014年1月出版 / 估价:69.00元

湖南城市蓝皮书
城市社会管理
著(编)者:罗海藩 2014年10月出版 / 估价:59.00元

湖南蓝皮书
2014年湖南产业发展报告
著(编)者:梁志峰 2014年5月出版 / 估价:89.00元

湖南蓝皮书
2014年湖南法治发展报告
著(编)者:梁志峰 2014年5月出版 / 估价:79.00元

湖南蓝皮书
2014年湖南经济展望
著(编)者:梁志峰 2014年5月出版 / 估价:79.00元

湖南蓝皮书
2014年湖南两型社会发展报告
著(编)者:梁志峰 2014年5月出版 / 估价:79.00元

湖南县域绿皮书
湖南县域发展报告No.2
著(编)者:朱有志 袁准 周小毛 2014年7月出版 / 估价:69.00元

沪港蓝皮书
沪港发展报告（2014）
著(编)者:尤安山 2014年9月出版 / 估价:89.00元

吉林蓝皮书
2014年吉林经济社会形势分析与预测
著(编)者:马克 2014年1月出版 / 估价:69.00元

江苏法治蓝皮书
江苏法治发展报告No.3（2014）
著(编)者:李力 龚廷泰 严海良 2014年8月出版 / 估价:88.00元

京津冀蓝皮书
京津冀区域一体化发展报告（2014）
著(编)者:文魁 祝尔娟 2014年3月出版 / 估价:89.00元

经济特区蓝皮书
中国经济特区发展报告（2014）
著(编)者:陶一桃 2014年3月出版 / 估价:89.00元

辽宁蓝皮书
2014年辽宁经济社会形势分析与预测
著(编)者:曹晓峰 张晶 张卓民 2014年1月出版 / 估价:69.00元

流通蓝皮书
湖南省商贸流通产业发展报告No.2
著(编)者:柳思维 2014年10月出版 / 估价:75.00元

内蒙古蓝皮书
内蒙古经济发展蓝皮书(2013~2014)
著(编)者:黄育华　2014年7月出版 / 估价:69.00元

内蒙古蓝皮书
内蒙古反腐倡廉建设报告No.1
著(编)者:张志华　无极　2013年12月出版 / 估价:69.00元

浦东新区蓝皮书
上海浦东经济发展报告（2014）
著(编)者:左学金 陆沪根　2014年1月出版 / 估价:59.00元

侨乡蓝皮书
中国侨乡发展报告（2014）
著(编)者:郑一省　2013年12月出版 / 估价:69.00元

青海蓝皮书
2014年青海经济社会形势分析与预测
著(编)者:赵宗福　2014年2月出版 / 估价:69.00元

人口与健康蓝皮书
深圳人口与健康发展报告（2014）
著(编)者:陆杰华　江捍平　2014年10月出版 / 估价:98.00元

山西蓝皮书
山西资源型经济转型发展报告（2014）
著(编)者:李志强 容和平　2014年3月出版 / 估价:79.00元

陕西蓝皮书
陕西经济发展报告（2014）
著(编)者:任宗哲　石英　裴成荣　2014年3月出版 / 估价:65.00元

陕西蓝皮书
陕西社会发展报告（2014）
著(编)者:任宗哲 石英 江波　2014年1月出版 / 估价:65.00元

陕西蓝皮书
陕西文化发展报告（2014）
著(编)者:任宗哲 石英 王长寿　2014年3月出版 / 估价:59.00元

上海蓝皮书
上海传媒发展报告（2014）
著(编)者:强荧 焦雨虹　2014年1月出版 / 估价:59.00元

上海蓝皮书
上海法治发展报告（2014）
著(编)者:潘世伟　叶青　2014年1月出版 / 估价:59.00元

上海蓝皮书
上海经济发展报告（2014）
著(编)者:沈开艳　2014年1月出版 / 估价:69.00元

上海蓝皮书
上海社会发展报告（2014）
著(编)者:卢汉龙 周海旺　2014年1月出版 / 估价:59.00元

上海蓝皮书
上海文化发展报告（2014）
著(编)者:蒯大申　2014年1月出版 / 估价:59.00元

上海蓝皮书
上海文学发展报告（2014）
著(编)者:陈圣来　2014年1月出版 / 估价:59.00元

上海蓝皮书
上海资源环境发展报告（2014）
著(编)者:周冯琦　汤庆合　王利民　2014年1月出版 / 估价:5

上海社会保障绿皮书
上海社会保障改革与发展报告（2013~2014）
著(编)者:汪泓　2014年1月出版 / 估价:65.00元

社会建设蓝皮书
2014年北京社会建设分析报告
著(编)者:宋贵伦　2014年4月出版 / 估价:69.00元

深圳蓝皮书
深圳经济发展报告（2014）
著(编)者:吴忠　2014年6月出版 / 估价:69.00元

深圳蓝皮书
深圳劳动关系发展报告（2014）
著(编)者:汤庭芬　2014年6月出版 / 估价:69.00元

深圳蓝皮书
深圳社会发展报告（2014）
著(编)者:吴忠 余智晟　2014年7月出版 / 估价:69.00元

四川蓝皮书
四川文化产业发展报告（2014）
著(编)者:向宝云　2014年1月出版 / 估价:69.00元

温州蓝皮书
2014年温州经济社会形势分析与预测
著(编)者:潘忠强 王春光　金浩　2014年4月出版 / 估价:69.00

温州蓝皮书
浙江温州金融综合改革试验区发展报告（2013~20
著(编)者:钱水土　王去非　李义超
2014年4月出版 / 估价:69.00元

扬州蓝皮书
扬州经济社会发展报告（2014）
著(编)者:张爱军　2014年1月出版 / 估价:78.00元

义乌蓝皮书
浙江义乌市国际贸易综合改革试验区发展报告（2013~2014）
著(编)者:马淑琴 刘文革 周松强
2014年4月出版 / 估价:69.00元

云南蓝皮书
中国面向西南开放重要桥头堡建设发展报告（2014
著(编)者:刘绍怀　2014年12月出版 / 估价:69.00元

长株潭城市群蓝皮书
长株潭城市群发展报告（2014）
著(编)者:张萍　2014年10月出版 / 估价:69.00元

郑州蓝皮书
2014年郑州文化发展报告
著(编)者:王哲　　2014年7月出版 / 估价:69.00元

中国省会经济圈蓝皮书
合肥经济圈经济社会发展报告No.4(2013~2014)
著(编)者:董昭礼　　2014年4月出版 / 估价:79.00元

国别与地区类

G20国家创新竞争力黄皮书
二十国集团(G20)国家创新竞争力发展报告(2014)
著(编)者:李建平 李闽榕 赵新力
2014年9月出版 / 估价:118.00元

澳门蓝皮书
澳门经济社会发展报告(2013~2014)
著(编)者:吴志良 郝雨凡　　2014年3月出版 / 估价:79.00元

北部湾蓝皮书
泛北部湾合作发展报告(2014)
著(编)者:吕余生　　2014年7月出版 / 估价:79.00元

大湄公河次区域蓝皮书
大湄公河次区域合作发展报告(2014)
著(编)者:刘稚　　2014年8月出版 / 估价:79.00元

大洋洲蓝皮书
大洋洲发展报告(2014)
著(编)者:魏明海 喻常森　　2014年7月出版 / 估价:69.00元

德国蓝皮书
德国发展报告(2014)
著(编)者:李乐曾 郑春荣等　　2014年5月出版 / 估价:69.00元

东北亚黄皮书
东北亚地区政治与安全报告(2014)
著(编)者:黄凤志 刘雪莲　　2014年6月出版 / 估价:69.00元

东盟黄皮书
东盟发展报告(2014)
著(编)者:黄兴球 庄国土　　2014年12月出版 / 估价:68.00元

东南亚蓝皮书
东南亚地区发展报告(2014)
著(编)者:王勤　　2014年11月出版 / 估价:59.00元

俄罗斯黄皮书
俄罗斯发展报告(2014)
著(编)者:李永全　　2014年7月出版 / 估价:79.00元

非洲黄皮书
非洲发展报告No.15(2014)
著(编)者:张宏明　　2014年7月出版 / 估价:79.00元

港澳珠三角蓝皮书
粤港澳区域合作与发展报告(2014)
著(编)者:梁庆寅 陈广汉　　2014年6月出版 / 估价:59.00元

国际形势黄皮书
全球政治与安全报告(2014)
著(编)者:李慎明 张宇燕　　2014年1月出版 / 估价:69.00元

韩国蓝皮书
韩国发展报告(2014)
著(编)者:牛林杰 刘宝全　　2014年6月出版 / 估价:69.00元

加拿大蓝皮书
加拿大国情研究报告(2014)
著(编)者:仲伟合 唐小松　2013年12月出版 / 估价:69.00元

柬埔寨蓝皮书
柬埔寨国情报告(2014)
著(编)者:毕世鸿　2014年6月出版 / 估价:79.00元

拉美黄皮书
拉丁美洲和加勒比发展报告(2014)
著(编)者:吴白乙 刘维广　　2014年4月出版 / 估价:89.00元

老挝蓝皮书
老挝国情报告(2014)
著(编)者:卢光盛 方芸 吕星　2014年6月出版 / 估价:79.00元

美国蓝皮书
美国问题研究报告(2014)
著(编)者:黄平 倪峰　　2014年5月出版 / 估价:79.00元

缅甸蓝皮书
缅甸国情报告(2014)
著(编)者:李晨阳　　2014年4月出版 / 估价:79.00元

欧亚大陆桥发展蓝皮书
欧亚大陆桥发展报告(2014)
著(编)者:李忠民　　2014年10月出版 / 估价:59.00元

欧洲蓝皮书
欧洲发展报告(2014)
著(编)者:周弘　　2014年3月出版 / 估价:79.00元

葡语国家蓝皮书
巴西发展与中巴关系报告2014（中英文）
著(编)者:张曙光　David T. Ritchie
2014年8月出版 / 估价:69.00元

日本经济蓝皮书
日本经济与中日经贸关系发展报告（2014）
著(编)者:王洛林 张季风　2014年5月出版 / 估价:79.00元

日本蓝皮书
日本发展报告（2014）
著(编)者:李薇　2014年2月出版 / 估价:69.00元

上海合作组织黄皮书
上海合作组织发展报告（2014）
著(编)者:李进峰 吴宏伟 李伟　2014年9月出版 / 估价:98.00元

世界创新竞争力黄皮书
世界创新竞争力发展报告（2014）
著(编)者:李建平　2014年1月出版 / 估价:148.00元

世界能源黄皮书
世界能源分析与展望（2013~2014）
著(编)者:张宇燕 等　2014年1月出版 / 估价:69.00元

世界社会主义黄皮书
世界社会主义跟踪研究报告（2014）
著(编)者:李慎明　2014年5月出版 / 估价:189.00元

泰国蓝皮书
泰国国情报告（2014）
著(编)者:邹春萌　2014年6月出版 / 估价:79.00元

亚太蓝皮书
亚太地区发展报告（2014）
著(编)者:李向阳　2013年12月出版 / 估价:69.00元

印度蓝皮书
印度国情报告（2014）
著(编)者:吕昭义　2014年1月出版 / 估价:69.00元

印度洋地区蓝皮书
印度洋地区发展报告（2014）
著(编)者:汪戎 万广华　2014年6月出版 / 估价:79.00元

越南蓝皮书
越南国情报告（2014）
著(编)者:吕余生　2014年8月出版 / 估价:65.00元

中东黄皮书
中东发展报告No.15（2014）
著(编)者:杨光　2014年10月出版 / 估价:59.00元

中欧关系蓝皮书
中国与欧洲关系发展报告（2014）
著(编)者:周弘　2013年12月出版 / 估价:69.00元

中亚黄皮书
中亚国家发展报告（2014）
著(编)者:孙力　2014年9月出版 / 估价:79.00元

皮书大事记

☆ 2012年12月，《中国社会科学院皮书资助规定（试行）》由中国社会科学院科研局正式颁布实施。

☆ 2011年，部分重点皮书纳入院创新工程。

☆ 2011年8月，2011年皮书年会在安徽合肥举行，这是皮书年会首次由中国社会科学院主办。

☆ 2011年2月，“2011年全国皮书研讨会”在北京京西宾馆举行。王伟光院长（时任常务副院长）出席并讲话。本次会议标志着皮书及皮书研创出版从一个具体出版单位的出版产品和出版活动上升为由中国社会科学院牵头的国家哲学社会科学智库产品和创新活动。

☆ 2010年9月，“2010年中国经济社会形势报告会暨第十一次全国皮书工作研讨会”在福建福州举行，高全立副院长参加会议并做学术报告。

☆ 2010年9月，皮书学术委员会成立，由我院李扬副院长领衔，并由在各个学科领域有一定的学术影响力、了解皮书编创出版并持续关注皮书品牌的专家学者组成。皮书学术委员会的成立为进一步提高皮书这一品牌的学术质量、为学术界构建一个更大的学术出版与学术推广平台提供了专家支持。

☆ 2009年8月，“2009年中国经济社会形势分析与预测暨第十次皮书工作研讨会”在辽宁丹东举行。李扬副院长参加本次会议，本次会议颁发了首届优秀皮书奖，我院多部皮书获奖。

社会科学文献出版社
SOCIAL SCIENCES ACADEMIC PRESS (CHINA)

社会科学文献出版社成立于1985年，是直属于中国社会科学院的人文社会科学专业学术出版机构。

成立以来，特别是1998年实施第二次创业以来，依托于中国社会科学院丰厚的学术出版和专家学者两大资源，坚持“创社科经典，出传世文献”的出版理念和“权威、前沿、原创”的产品定位，社科文献立足内涵式发展道路，从战略层面推动学术出版的五大能力建设，逐步走上了学术产品的系列化、规模化、数字化、国际化、市场化经营道路。

先后策划出版了著名的图书品牌和学术品牌“皮书”系列、“列国志”、“社科文献精品译库”、“中国史话”、“全球化译丛”、“气候变化与人类发展译丛”“近世中国”等一大批既有学术影响又有市场价值的系列图书。形成了较强的学术出版能力和资源整合能力，年发稿3.5亿字，年出版新书1200余种，承印发行中国社科院院属期刊近70种。

2012年，《社会科学文献出版社学术著作出版规范》修订完成。同年10月，社会科学文献出版社参加了由新闻出版总署召开加强学术著作出版规范座谈会，并代表50多家出版社发起实施学术著作出版规范的倡议。2013年，社会科学文献出版社参与新闻出版总署学术著作规范国家标准的起草工作。

依托于雄厚的出版资源整合能力，社会科学文献出版社长期以来一直致力于从内容资源和数字平台两个方面实现传统出版的再造，并先后推出了皮书数据库、列国志数据库、中国田野调查数据库等一系列数字产品。

在国内原创著作、国外名家经典著作大量出版，数字出版突飞猛进的同时，社会科学文献出版社在学术出版国际化方面也取得了不俗的成绩。先后与荷兰博睿等十余家国际出版机构合作面向海外推出了《经济蓝皮书》《社会蓝皮书》等十余种皮书的英文版、俄文版、日文版等。

此外，社会科学文献出版社积极与中央和地方各类媒体合作，联合大型书店、学术书店、机场书店、网络书店、图书馆，逐步构建起了强大的学术图书的内容传播力和社会影响力，学术图书的媒体曝光率居全国之首，图书馆藏率居于全国出版机构前十位。

作为已经开启第三次创业梦想的人文社会科学学术出版机构，社会科学文献出版社结合社会需求、自身的条件以及行业发展，提出了新的创业目标：精心打造人文社会科学成果推广平台，发展成为一家集图书、期刊、声像电子和数字出版物为一体，面向海内外高端读者和客户，具备独特竞争力的人文社会科学内容资源供应商和海内外知名的专业学术出版机构。

中国皮书网

发布皮书研创资讯，传播皮书精彩内容
引领皮书出版潮流，打造皮书服务平台

栏目设置：

- □ 资讯：皮书动态、皮书观点、皮书数据、 皮书报道、皮书新书发布会、电子期刊
- □ 标准：皮书评价、皮书研究、皮书规范、皮书专家、编撰团队
- □ 服务：最新皮书、皮书书目、重点推荐、在线购书
- □ 链接：皮书数据库、皮书博客、皮书微博、出版社首页、在线书城
- □ 搜索：资讯、图书、研究动态
- □ 互动：皮书论坛

www.pishu.cn

中国皮书网依托皮书系列“权威、前沿、原创”的优质内容资源，通过文字、图片、音频、视频等多种元素，在皮书研创者、使用者之间搭建了一个成果展示、资源共享的互动平台。

自2005年12月正式上线以来，中国皮书网的IP访问量、PV浏览量与日俱增，受到海内外研究者、公务人员、商务人士以及专业读者的广泛关注。

2008年10月，中国皮书网获得“最具商业价值网站”称号。

2011年全国新闻出版网站年会上，中国皮书网被授予“2011最具商业价值网站”荣誉称号。

皮书数据库

中国社会科学院 社会科学文献出版社

首页 数据库检索 学术资源群 我的文献库 皮书全动态 有奖调查 皮书报道 皮书研究 联系我们 读者荐购

权威报告　热点资讯　海量资源

当代中国与世界发展的高端智库平台

皮书数据库 www.pishu.com.cn

皮书数据库是专业的人文社会科学综合学术资源总库，以大型连续性图书——皮书系列为基础，整合国内外相关资讯构建而成。包含七大子库，涵盖两百多个主题，囊括了近十几年间中国与世界经济社会发展报告，覆盖经济、社会、政治、文化、教育、国际问题等多个领域。

皮书数据库以篇章为基本单位，方便用户对皮书内容的阅读需求。用户可进行全文检索，也可对文献题目、内容提要、作者名称、作者单位、关键字等基本信息进行检索，还可对检索到的篇章再作二次筛选，进行在线阅读或下载阅读。智能多维度导航，可使用户根据自己熟知的分类标准进行分类导航筛选，使查找和检索更高效、便捷。

权威的研究报告，独特的调研数据，前沿的热点资讯，皮书数据库已发展成为国内最具影响力的关于中国与世界现实问题研究的成果库和资讯库。

皮书俱乐部会员服务指南

1. 谁能成为皮书俱乐部会员?

- 皮书作者自动成为皮书俱乐部会员；
- 购买皮书产品（纸质图书、电子书、皮书数据库充值卡）的个人用户。

2. 会员可享受的增值服务：

- 免费获赠该纸质图书的电子书；
- 免费获赠皮书数据库100元充值卡；
- 免费定期获赠皮书电子期刊；
- 优先参与各类皮书学术活动；
- 优先享受皮书产品的最新优惠。

阅读卡

3. 如何享受皮书俱乐部会员服务?

（1）如何免费获得整本电子书?

购买纸质图书后，将购书信息特别是书后附赠的卡号和密码通过邮件形式发送到pishu@188.com，我们将验证您的信息，通过验证并成功注册后即可获得该本皮书的电子书。

（2）如何获赠皮书数据库100元充值卡?

第1步：刮开附赠卡的密码涂层（左下）；

第2步：登录皮书数据库网站（www.pishu.com.cn），注册成为皮书数据库用户，注册时请提供您的真实信息，以便您获得皮书俱乐部会员服务；

第3步：注册成功后登录，点击进入“会员中心”；

第4步：点击“在线充值”，输入正确的卡号和密码即可使用。

皮书俱乐部会员可享受社会科学文献出版社其他相关免费增值服务

您有任何疑问，均可拨打服务电话：010~59367227　QQ:1924151860

欢迎登录社会科学文献出版社官网(www.ssap.com.cn)和中国皮书网（www.pishu.cn）了解更多信息

皮书数据库
www.pishu.com.cn

皮书数据库三期即将上线

- 皮书数据库（SSDB）是社会科学文献出版社整合现有皮书资源开发的在线数字产品，全面收录“皮书系列”的内容资源，并以此为基础整合大量相关资讯构建而成。

- 皮书数据库现有中国经济发展数据库、中国社会发展数据库、世界经济与国际政治数据库等子库，覆盖经济、社会、文化等多个行业、领域，现有报告30000多篇，总字数超过5亿字，并以每年4000多篇的速度不断更新累积。2009年7月，皮书数据库荣获“2008~2009年中国数字出版知名品牌”。

- 2011年3月，皮书数据库二期正式上线，开发了更加灵活便捷的检索系统，可以实现精确查找和模糊匹配，并与纸书发行基本同步，可为读者提供更加广泛的资讯服务。

更多信息请登录

中国皮书网
http://www.pishu.cn

中国皮书网的BLOG [编辑]
http://blog.sina.com.cn/pishu

中国皮书网 http://www.pishu.cn

皮书微博 http://weibo.com/pishu

皮书博客 http://blog.sina.com.cn/pishu

皮书微信 皮书说

请到各地书店皮书专架 / 专柜购买，也可办理邮购

咨询 / 邮购电话： 010-59367028　59367070　　**邮　　箱：** duzhe@ssap.cn

邮购地址： 北京市西城区北三环中路甲29号院3号楼华龙大厦13层读者服务中心

邮　　编： 100029

银行户名： 社会科学文献出版社

开户银行： 中国工商银行北京北太平庄支行

账　　号： 0200010019200365434

网上书店： 010-59367070　qq：1265056568

网　　址： www.ssap.com.cn　　www.pishu.cn

中国社会科学院创新工程学术出版资助项目

世界经济黄皮书
YELLOW BOOK OF WORLD ECONOMY

2014年 世界经济形势分析与预测

WORLD ECONOMY ANALYSIS AND FORECAST (2014)

主　编／王洛林　张宇燕
副主编／孙　杰

社会科学文献出版社
SOCIAL SCIENCES ACADEMIC PRESS (CHINA)

图书在版编目(CIP)数据

2014年世界经济形势分析与预测/王洛林，张宇燕主编．—北京：社会科学文献出版社，2014.1
(世界经济黄皮书)
ISBN 978-7-5097-5318-7

Ⅰ.①2… Ⅱ.①王… ②张… Ⅲ.①世界经济形势-分析-2013 ②世界经济形势-经济预测-2014 Ⅳ.①F113.4

中国版本图书馆CIP数据核字（2013）第278707号

世界经济黄皮书
2014年世界经济形势分析与预测

主　　编／王洛林　张宇燕
副 主 编／孙　杰

出 版 人／谢寿光
出 版 者／社会科学文献出版社
地　　址／北京市西城区北三环中路甲29号院3号楼华龙大厦
邮政编码／100029

责任部门／皮书出版中心（010）59367127
电子信箱／pishubu@ ssap. cn
项目统筹／邓泳红
经　　销／社会科学文献出版社市场营销中心（010）59367081　59367089
读者服务／读者服务中心（010）59367028
责任编辑／任文武
责任校对／李文明
责任印制／岳　阳

印　　装／北京季蜂印刷有限公司
开　　本／787mm×1092mm　1/16
印　　张／27.25
版　　次／2014年1月第1版
字　　数／441千字
印　　次／2014年1月第1次印刷
书　　号／ISBN 978-7-5097-5318-7
定　　价／69.00元

本书如有破损、缺页、装订错误，请与本社读者服务中心联系更换
▲ 版权所有　翻印必究

世界经济黄皮书编委会

主　编　王洛林　张宇燕

副主编　孙　杰

编审组　王洛林　张宇燕　孙　杰　何　帆　宋　泓
姚枝仲　高海红　张　斌　王　新　郗艳菊

主要编撰者简介

王洛林 男，1938年6月出生，湖北武昌人，1960年毕业于北京大学经济系，曾任厦门大学副校长、中国社会科学院常务副院长；现任中国社会科学院特邀顾问，中国社会科学院研究生院教授、博士生导师。研究领域包括国际贸易、国际投资、世界经济、宏观经济和金融等。代表性作品有《世界经济形势分析与预测》（主编）、《关于国有外贸企业转换经营机制的几个问题》（1995）、《日元贬值及其对亚洲经济的影响》（1999）、《日本的通货紧缩性经济危机》（2000）、《日本金融考察报告》（2001）、《未来50年——中国西部大开发战略》（2002）、《后发地区的发展路径选择》（2002）、《中国西部大开发政策》（2003）等。

张宇燕 男，经济学博士，中国社会科学院世界经济与政治研究所研究员、所长。中国世界经济学会会长，中国国际关系学会副会长，中华美国学会副会长。曾先后就读于北京大学和中国社会科学院研究生院。主要研究领域包括国际政治经济学、制度经济学等。著有《经济发展与制度选择》（1992）、《国际经济政治学》（2008）、《美国经济论集》（2008）等。

孙　杰 男，中国社会科学院世界经济与政治研究所研究员。中国世界经济学会常务理事。主要研究领域包括国际金融、公司融资和货币经济学。著有《货币和金融：金融制度的国际比较》（1998）、《汇率与国际收支》（1999）和《资本结构、治理结构和代理成本：理论、经验和启示》（2006）等。

摘　要

2013 年的世界经济依然行进在坎坷复苏的道路上。发达经济体经济复苏继续巩固，美国和日本经济进入低速增长通道，欧元区结束衰退并呈复苏迹象。新兴市场与发展中经济体步入结构调整进程中，伴随着大宗商品价格低迷、外需下降以及发达经济体量化宽松政策“退出”预期提升等因素，经济增长进一步放缓。

回顾 2013 年世界经济的总体形势，可以看出 2013 年世界经济呈现诸多新的特点，主要有以下几个方面：美国货币政策调整蓄势待发但其影响已经显现；欧洲一体化在曲折中继续前行；日本经济在“安倍经济学”的刺激下回升明显；发达经济体央行合作日趋密切且职能发生变化；新兴市场经济体对外资异动的脆弱性凸显；大宗商品价格整体下滑但能源价格基本稳定；技术突破使能源革命面临新的选择；区域自由贸易区谈判方兴未艾；中国更加积极地参与全球经济治理。随着复苏的巩固，全球就业市场不断改进，失业率有所回落，物价低稳运行，财政平衡状况继续改善，但贸易增长仍然缺乏强有力的支撑，对外直接投资增长亦明显乏力，部分发达经济体公共债务再攀新高。

2014 年，世界经济增长仍面临如下不确定因素：一旦美国开始实施退出量化宽松的政策，就意味着全球风险资产的重新定价，导致资本流动加剧，引起资产价格、汇率和国际收支的变动，从而引发全球经济的动荡；如果美国两党不能就长期的债务上限问题达成协议，可能会对包括美国经济在内的世界经济带来负面影响；欧元区债务危机仍存在进一步恶化的可能性，其对经济的负面作用仍不可低估；“安倍经济学”最终效果如何仍是一个大问号；一些新兴市场经济体将面临经济硬着陆的风险；大宗商品价格总体企稳，但仍会在一定时期和一定条件下出现波动；TPP 谈判将会对亚太地区乃至全球贸易格局产生深远影响，而跨大西洋贸易与投资伙伴协定（TTIP）谈判、区域全面经济伙伴关系（RCEP）谈判等区域贸易谈判也会成为影响双边和多边经贸关系的因素；中国仍将是引领全球经济增长的主要引擎之一。

预计2014年全球经济仍将维持中低速增长，略高于2013年的水平。

目录

Y I 总论

Y II 国别与地区

Y III 专题篇

YⅣ 热点篇

YⅤ 世界经济统计与预测

皮书数据库阅读使用指南

总论

Overview

Y.1

2013～2014年世界经济形势分析与展望

张宇燕　徐秀军*

摘　要：

2013年的世界经济仍旧行进在坎坷复苏的道路上。发达经济体经济复苏继续巩固，美国和日本经济进入低速增长通道，欧元区结束衰退并呈复苏迹象。新兴市场与发展中经济体步入结构调整进程中，伴随大宗商品价格低迷、外需下降以及发达经济体"退出"预期提升等因素，经济增长进一步放缓。随着复苏的巩固，全球就业市场不断改进，失业率有所回落，物价低位运行，财政平衡状况继续改善，但贸易增长仍然缺乏强有力的支撑，对外直接投资增长亦明显乏力，部分发达经济体公共债务再攀新高。展望2014年世界经济，美国"退出"量化宽松及其溢出效应、发达经济体的债务问题、区域贸易谈判进展、贸

* 张宇燕，中国社会科学院世界经济与政治研究所研究员；徐秀军，中国社会科学院世界经济与政治研究所副研究员。

易和投资保护主义等诸多因素值得关注，预计全球经济增长仍将维持在中低速的水平上。

关键词：

世界经济　退出政策　公共债务　新兴市场

一　概述

2012年世界经济增长按PPP计算为3.2%、按市场汇率计算为2.6%。[①] 从截至2013年10月的世界经济形势来看，可以推断2013年世界经济将比2012年的增长水平出现一定幅度下滑，但复苏基本得以巩固，劳动力市场有所改善，物价总体保持稳定，大宗商品价格整体下滑。与此同时，国际贸易与对外直接投资未能扭转上年度的低速增长态势，增长动力明显不足。在公共债务问题上，主要经济体改善有限，债务风险依然存在。

在上年度的报告中，我们对2013年全球经济增长的判断低于世界银行和国际货币基金组织（IMF）等国际经济机构同年度的预测水平。IMF预计，2013年世界经济增长率按购买力评价（PPP）计算为2.9%、按市场汇率计算为2.3%，比该组织在2012年10月的预测数据分别下调了0.7个和0.6个百分点，而与上年度本报告预测数据相比，分别低0.6个和0.5个百分点。[②] 在上一年度报告中，我们提出的影响2013年世界经济走势的八个因素

① 如无特别说明，本报告中引用的国际货币基金组织（IMF）、世界贸易组织（WTO）、经合组织（OECD）、联合国贸发会议（UNCTAD）、欧盟统计局等机构的数据均来自截至2013年10月各机构网站数据库。由于数据的获取问题，同一指标不同时间段的数据可能来自不同机构，这可能会对分析带来一定偏差，但不会对分析结论产生实质上的影响。

② 2012年10月IMF公布的《世界经济展望》报告估计，2012年世界经济增长速度按PPP计算为3.3%、按市场汇率计算为2.6%，2013年10月公布的2012年按PPP计算的GDP增长率比这一预测数据下调0.1个百分点，按市场汇率计算的GDP增长率维持不变。在上年度报告中，我们对2013年世界经济增长的预测是，按购买力评价（PPP）计算的增长率为3.5%、按市场汇率计算的增长率为2.8%。这一水平低于世界银行在2012年6月预测的按PPP计算3.9%、按市场汇率计算3.0%和国际货币基金组织（IMF）于2012年10月预测的按PPP计算3.6%、按市场汇率计算2.9%，略高于经合组织（OECD）于2012年11月预测的按PPP计算3.4%的经济增速。

均不同程度地发挥了影响。例如，美国的债务上限问题、美欧日等发达经济体释放的流动性问题、欧洲债务危机、贸易保护主义、大宗商品市场的不确定性以及地区安全危机等问题都成为影响世界经济的重要因素。我们提出的美国存在规避“财政悬崖”的可能性，很可能进一步推出非常规货币政策，欧洲债务危机整体上维持在可控水平，但不排除个别重债国债务危机恶化等判断均符合世界的实际运行情况，这为展望世界经济的走势提供了较为可靠的参考。

从一年来世界经济的发展态势可以看出，上年度报告预测高于实际情况的原因主要在于未能较为准确地估计欧元区以及新兴经济体的经济走势。2012年欧元区经济增长率为-0.6%，成为继2009年后出现的又一次负增长。进入2013年，尽管欧洲央行和欧元区各国采取了一系列政策措施来缓解欧债危机并进行财政整顿，但未能根本改善财政和银行业面临的严峻形势，区内经济疲弱的大势短期内仍难按市场预期发生逆转。2013年8月欧盟统计局数据显示，2013年第一季度和第二季度欧元区经济与上年同期相比分别萎缩1.1%和0.7%。根据IMF预测数据，2013年欧元区GDP增长率为-0.4%，比该机构上年同期预测值下调0.6个百分点。

同时，新兴市场与发展中经济体经济放缓步伐超出预期。根据IMF预测数据，2013年新兴市场与发展中经济体的经济增速为4.5%，比该组织2012年10月预测数据下调了1.1个百分点。[①] 新兴市场与发展中经济体经济增速放缓的主要原因在于外部需求进一步萎缩以及主要新兴经济体经济结构调整升级力度加大。

此外，在上年度报告中，我们预测2013年原油价格低于2012年的105美元/桶，波动区间为80～100美元/桶。[②] 从截至2013年10月的世界原油市场发展形势来看，2013年原油价格比上年略有下降的可能性较大。也就是说，2013年原油价格在发展趋势上基本符合上年度本报告的预期。但我们仍对一些因素对2013年原油价格的影响预计不足，比如，美国持续和不断强化的量

---

① 如无特别说明，本报告中世界与各国家群体的GDP增长率均指按PPP计算得出的实际增长率。

② 原油价格为英国布伦特轻质原油、迪拜中质原油和西得克萨斯中间基（WTI）重质原油价格的简单平均值。

化宽松政策（QE3 和 QE4）、全球其他主要央行宽松货币政策所提供的流动性、中东地区的动荡局势未有太大改观等。

二　2013 年世界经济总体形势回顾

2013 年的世界经济仍旧行进在坎坷复苏的道路上。为了较为全面地反映 2013 年世界经济总体发展状况，下面我们将从经济增长、就业状况、物价水平、贸易与投资、公共债务五个方面一一加以述评。

（一）增长：增速放缓但复苏基本巩固

2013 年的世界经济延续了上一年的经济下行趋势，多数国际经济机构一年来数次下调早先对世界经济增长的预期。2013 年 10 月 IMF 预测数据显示，2013 年世界经济增速为 2.9%，比上年下降 0.3 个百分点。其中发达经济体经济增速为 1.2%，比上年下降 0.3 个百分点；新兴市场与发展中经济体经济增速为 4.5%，比上年下降 0.4 个百分点。

发达经济体经济总体低速运行，复苏仍在巩固，但各主要经济体之间仍存在差异。具体来说，美日经济复苏继续巩固，进入低速增长通道，欧元区仍难走出衰退。根据 IMF 预测数据，2013 年美国经济增长率为 1.6%，比上年下调 1.2 个百分点；日本经济增长率为 2.0%，与上年持平。2013 年 11 月美国美国经济分析局数据显示，2013 年前三个季度美国 GDP 同比增长分别为 1.3%、1.6% 和 1.6%，支撑经济稳定增长的动力仍主要源于相对稳定的个人消费。但据美国白宫经济顾问委员会主席弗曼（Jason Furman）的测算，美国政府持续 16 天的“关门”将使第四季度的经济增长率下降至少 0.25 个百分点。[①] 2013 年 9 月日本内阁府数据显示，2013 年第二季度日本 GDP 较上一季度增长 0.9%，换算成年率增长 3.8%，实现连续三个季度正增长。受日元贬值和股市大幅上涨的影响，个人消费和出口成为拉动日本经济的主引擎。根据 IMF 预测，2013 年欧元区经济增长率为 -0.4%。但在第二季度，由于居民消费出

---

① 新华社华盛顿 2013 年 10 月 24 日电。

现反弹，欧元区表现强于预期。欧盟统计局数据显示，2013 年第二季度欧元区 GDP 较第一季度增长 0.3%，创下 2011 年第一季度以来的最大环比增幅。

新兴市场与发展中经济体经济总体持续放缓，但表现不尽相同。IMF 预计 2013 年新兴市场与发展中经济体的增长率为 4.5%，比上年下降 0.4 个百分点。目前，新兴市场与发展中经济体仍处于转变经济方式的进程中，同时大宗商品价格低迷、外需下降以及发达经济体退出预期提升等因素也促进了经济的进一步放缓。分地区来看，中东欧地区发展中国家表现较好，IMF 预计 2013 年增长 2.3%，较上年上升 0.9 个百分点；而中东北非地区和独联体国家经济增幅下降显著，IMF 预计 2013 年平均增长 2.1%，分别较上年下降 2.5 个和 1.3 个百分点。分国别来看，金砖国家中的巴西和印度增长势头好于上年，IMF 预计 2013 年分别增长 2.5% 和 3.8%，较上年分别提高 1.6 个和 0.6 个百分点；而俄罗斯和南非经济下滑幅度较大，IMF 预计 2013 年分别增长 1.5% 和 2.0%，分别下降 2.9 个和 0.5 个百分点；中国经济将维持 7.5% 左右的增长水平。

（二）就业：有所改善但程度有限

在美国，随着经济复苏的进一步巩固，就业市场不断改进，但劳动参与率持续下降。2013 年，美国失业率维持了上年度的下降趋势，并始终控制在 8% 以下。美国劳工部数据显示，2013 年 11 月美国失业率为 7.0%，比 1 月下降 0.9 个百分点，而与此次金融危机后的最高点相比，则下降高达 3.1 个百分点。① 但不可忽视的是，美国的劳动参与率持续下降，越来越多的人选择离开就业市场。2013 年 8 月美国劳动参与率仅为 63.2%，与 2007 年相比，下降了 2.8 个百分点。失业率下降难以掩盖劳动参与率下降给美国经济和社会带来的风险。

在欧洲，随着欧元区经济结束长达 18 个月的衰退，复苏迹象在就业市场

① 尽管美国失业率在官方统计上低于 8%，并呈下降趋势，但据一些经济学家的测算，美国劳动力市场仍存许多负面因素。2013 年 5 月 30 日，前里根经济顾问委员会主席、美国哈佛大学经济学家马丁·费尔德斯坦（Martin Feldstein）教授在上海所做的一场题为“美国经济与货币政策”的专题演讲中指出，在美国失业率为 7.5% 时，如果算上就业不足和完全失业人员，所占劳动人口的比例将达到 15%。

开始有所反映。总体上，劳动力市场呈复苏态势，但青年失业率仍居高不下，各国失业率差距亦呈扩大趋势。欧盟统计局数据显示，2013 年 5 月，欧元区 17 国失业率达 12.1%，创历史新高。希腊失业率高达 27.6%，再度刷新纪录；西班牙失业率达到 26.9%。7 月，欧元区失业率降至 12%，8 月仍保持在这一水平，这表明随着宏观经济回暖，就业市场的恶化趋势有所扭转。但重债国希腊和西班牙，失业率仍分别高达 27.9% 和 26.2%；而德国失业率则为 5.2%。青年失业率居高不下仍是困扰欧洲各国的头等大事。8 月，欧元区 25 岁以下年轻人失业率为 23.2%，欧盟为 23.7%。其中，希腊 25 岁以下年轻人失业率高达 61.5%；表现最好的德国，也达到了 7.7%。

在日本，就业市场总体表现较好，失业率比上年进一步回落。日本总务省数据显示，2012 年日本失业率为 4.4%，比上年下降 0.2 个百分点；2013 年 1 月至 8 月，日本失业率进一步下降至 4.1%，相比其他主要发达经济体，表现最好。其中，8 月失业率为 4.1%，比上月上升 0.3 个百分点，为 3 月以来首次出现恶化；8 月平均有效求人倍率为 0.95，表明 100 个求职者有 95 个就业岗位，环比上升 0.01。8 月失业率的上升主要由于经济回暖后重新进入求职市场和转职人数增加。

在新兴市场国家，就业形势总体稳定，但部分国家仍维持较高的失业水平。中国人社部数据显示，2013 年前三个季度中国城镇新增就业持续增长，新增就业 1066 万人，第三季度末城镇登记失业率为 4.0%，低于上年末的 4.1%。巴西国家地理统计局数据显示，2013 年 9 月巴西共有 130 万人登记失业，失业率为 5.4%，较上年平均失业率下降 0.1 个百分点。俄罗斯联邦统计局数据显示，2013 年 9 月失业率为 5.3%，较上年下降 0.7 个百分点。南非国家统计局数据显示，2013 年第 3 季度失业人口为 460.9 万，失业率为 24.7%，较上年下降 0.4 个百分点。

（三）物价：保持低稳

总体来看，2013 年全球通货膨胀水平将与上年基本持平或略有下降，这与经济增长速度放慢、需求不振有直接关系。其中，发达经济体的通胀水平明显回落，而新兴市场与发展中经济体的通胀水平略有回升，新兴市场与发展中经济体的通胀水平总体上高于发达经济体，并且两者之间的差距呈现扩大趋势。

发达经济体物价水平显著下降。OECD数据显示，2013年前三季度OECD国家的消费者物价指数（CPI）同比上涨1.6%，比上年平均水平下降0.7个百分点。分国别来看，前三季度美国CPI同比上涨1.6%，比上年平均水平下降0.5个百分点；德国、法国、意大利和英国CPI同比分别上涨1.5%、0.9%、1.4%和2.7%，分别较上年平均水平下降0.5个、1.1个、1.6个和0.1个百分点；同期日本CPI上涨0.0%；而希腊、瑞典和瑞士甚至面临通货紧缩风险，前三季度CPI分别同比上涨-0.5%、-0.1%和-0.3%。温和的通货膨胀固然对消费者有利，但如果物价下跌的影响蔓延开来，则可能很快引发通货紧缩，从而造成经济进一步放缓。

新兴市场与发展中经济体的物价水平温和回升，但总体可控。IMF预测数据显示，2013年新兴市场与发展中经济体通胀率为6.2%，比上年上升0.1个百分点。分地区看，发展中亚洲、拉美与加勒比地区和中东北非地区的通胀率分别为5.0%、6.7%和12.3%，分别较上年上升0.3个、0.8个和1.5个百分点；独联体国家①的通胀率为6.5%，与上年持平；中东欧和撒哈拉以南非洲地区的通胀率分别为4.1%和6.9%，分别较上年下降1.7个和2.1个百分点。分国别看，截至2013年9月中国通胀水平略有下降，而巴西、印度、俄罗斯和南非均有不同程度的上升。OECE数据显示，前三季度中国CPI同比上涨2.5%，比上年平均水平下降0.1个百分点；同期印度、俄罗斯、巴西和南非CPI同比分别上涨11.1%、7.0%、6.4%和5.9%，分别比上年平均水平上升1.8个、1.9个、1.0个和0.2个百分点。

（四）贸易与投资：增长几近停滞

2013年国际贸易难以扭转上年的低速增长态势。2012年全球贸易增速大幅下降，全球货物出口额为18.40万亿美元，增长0.45%，而2011年则增长19.87%；2012年剔除物价和汇率变动因素后的全球货物贸易量增长2.1%，

① 在统计上包括格鲁吉亚。

低于2011年的5.2%。[1] 2013年，全球贸易几近停滞的状态仍未得到改善。IMF数据显示，2013年上半年全球货物出口额（FOB）为9.07万亿美元，同比增长0.4%；进口额（CIF）为9.06万亿美元，同比增长-0.3%。相比发达经济体，新兴市场与发展中经济体的贸易表现要好，但仍维持在较低水平。IMF数据显示，2013年上半年新兴市场与发展中经济体出口额为3.86万亿美元，同比增长1.0%；进口额为3.59万亿美元，同比增长3.5%。另据2013年9月WTO（2013）预测数据，2013年全球货物贸易额增长约2.5%，低于4月预测的3.3%。其中，发达经济体的出口和进口分别增长1.5%和-0.1%，发展中经济体的出口和进口分别增长3.6%和5.8%。WTO预测数据收窄表明贸易增长缺乏稳定的支持因素。欧洲经济衰退、新兴经济体经济增长放缓等负面宏观经济因素对全球贸易造成了较大冲击。除此之外，贸易保护主义仍是一个不可忽视的因素，并且贸易保护主义的形式变得更加隐蔽。英国经济政策研究中心（CEPR）发布的《全球贸易预警》报告显示，2008年11月至2013年9月，全球共有贸易保护措施3784项，其中不公平的贸易保护措施891项；仅2012年6月至2013年9月全球新增贸易保护措施1354项，其中不公平的贸易措施254项。[2] 根据WTO的测算，2008年10月，至今，二十国集团（G20）成员采取的贸易保护措施，可能对世界贸易起到3%的抑制作用。贸易增速放缓的同时，主要经济体外部经济失衡进一步缓解。IMF预测数据显示，2013年美国经常账户余额占GDP的比例为-2.7%，比上年略有下降；德国为6.0%，比上年下降1.0个百分点；中国为2.5%，与上年基本持平。

2013年国际投资形势较上年有所好转，但增长明显乏力。2012年，全球外国直接投资（FDI）活动大幅萎缩。联合国贸发会议（UNCTAD）数据显示，2012年全球FDI流入1.35万亿美元，较上年下降18.2%。从国家类别来看，发达经济体FDI流入和流出额分别为0.56万亿美元和0.91万亿美元，较上年分别下降31.6%和23.1%。其中，欧元区FDI流入和流出额下降幅度最大，分别为56.3%和47.2%。发展中经济体FDI流入额为0.70万亿美元，较

① 数据来自WTO数据库。

② Simon J. Evenett, *The 14th Global Trade Alert Report: What Restraint? Five Years of G20 Pledges on Trade*, London: Centre for Economic Policy Research, September 2013.

上年下降 4.4%；流出额为 0.43 万亿美元，增长 1.0%；转型经济体 FDI 流入和流出额分别为 874 亿美元和 555 亿美元，较上年分别下降 9.3% 和 23.9%。该机构预测数据显示，2013 年全球 FDI 将与 2012 年持平，其上限为 1.45 万亿美元。全球 FDI 的增长停滞既受全球宏观经济环境恶化等因素影响，也与投资政策中保护主义倾向加大有关。2012 年，全球对外国投资加强监管和限制的政策措施达到 25%，一些国家加强了对外国投资的监管，通过产业政策收紧对外资的审查和监督程序。此外，在跨国并购的准入方面，一些国家的要求更加严格，并限制战略性产业的外资介入。在国际政策领域，新签投资协定持续下滑。2012 年全球新签了 20 个双边投资协定以及 10 个含有投资条款的其他国际协定，新签国际投资协定从 20 世纪 90 年代高峰期时每周 4 个下降至 2010 ~2012 年平均每周 1 个。

（五）公共债务：改善有限且风险犹存

由于复苏持续巩固，2013 年发达经济体的财政平衡状况总体上继续改善，财政赤字占 GDP 比例进一步下降。2013 年 10 月 IMF 数据显示，2012 年发达经济体财政赤字占 GDP 比例为 5.9%，比上年下降 0.5 个百分点，预计 2013 年发达经济体财政赤字占 GDP 比例将降至 4.5%。其中，2012 年欧盟与欧元区财政赤字占 GDP 比例分别为 4.2% 和 3.7%，分别比上年下降 0.2 个和 0.5 个百分点，预计 2013 年欧盟财政赤字占 GDP 比例将继续下降 0.8 个百分点至 3.4%，欧元区财政赤字占 GDP 比例将继续下降 0.6 个百分点至 3.1%；2012 年美国财政赤字占 GDP 比例为 8.3%，比上年下降 1.4 个百分点，预计 2013 年美国财政赤字占 GDP 比例将继续下降 1.5 个百分点至 5.8%。但 2012 年日本财政赤字占 GDP 比例比上年上升 0.2 个百分点至 10.1%，预计 2013 年日本财政赤字占 GDP 比例将有所改善，下降 0.6 个百分点至 9.5%。

但是，发达经济体政府债务水平改善缓慢，部分国家政府债务占 GDP 比例持续上升。2013 年 10 月 IMF 预测数据显示，2013 年发达经济体政府债务占 GDP 比例为 107.7%，较上年轻幅下降 0.2 个百分点。但美国、欧元区和日本等主要发达经济体政府债务再度攀升，政府的偿债能力经受严峻考验。在美国，随着私人部门去杠杆化，政府部门的去杠杆化势头仍在继续，政府债务占

GDP 比例从 2007 年的 66.5% 急剧飙升至 2013 年预计中的 106%，由此引发了 10 月美国民主党和共和党围绕进一步提高债务上限的激烈争论，一度使部分政府部门“关门”。2013 年欧元区政府债务占 GDP 比例预计达到 95.7%，较上年上升 2.7 个百分点；日本政府债务占 GDP 比例预计高达 243.5%，较上年上升 5.5 个百分点。2013 年德国政府债务占 GDP 比例呈现收窄趋势，预计为 80.4%，较上年下降 1.5 个百分点。公共债务居高不下使发达经济体公共财政的可持续性面临巨大挑战，极大地侵蚀了财政政策的调整空间，也无疑为其未来经济持续复苏埋下了重大隐患。

新兴市场经济体的财政状况显著好于发达经济体，公共债务水平进一步下降。为了刺激经济，一些新兴市场国家采取了较为宽松的财政政策，财政赤字水平总体有所上升。2013 年 10 月 IMF 预测数据显示，2013 年新兴市场与发展中经济体财政赤字占 GDP 比例为 2.3%，比上年上升 0.6 个百分点。其中，2013 年巴西、印度、俄罗斯和南非财政赤字占 GDP 比例分别为 3.0%、8.5%、0.7% 和 4.9%。政府债务方面，新兴市场经济体的负债水平远低于发达经济体，并得到进一步改善。2013 年新兴市场与发展中经济体政府债务占 GDP 比例预计为 34.7%，比上年下降 0.8 个百分点。其中，2013 年巴西、中国、印度、俄罗斯和南非政府债务占 GDP 比例预计分别为 68.3%、22.9%、67.2%、14.1% 和 43.0%。除中国外，其他金砖国家政府债务占 GDP 比例均有不同程度的上升。这表明，巴西、印度等新兴经济体也存在较大的债务压力。

三　2013 年世界经济运行的特点或变化

回顾 2013 年世界经济的总体形势，可以看出 2013 年世界经济呈现诸多新的特点和变化。归纳起来，主要有以下几个方面。

（一）美国货币政策调整蓄势待发

金融危机后，美国推出了一系列非常规的货币政策，为市场注入了大量的流动性。2013 年 1 月起，美联储实施了新一轮的数量宽松政策（QE4），每月购买450亿美元资产，替代上年底到期的“扭曲操作”（OT）工具，加上QE3每月购买400亿美元的抵押贷款支持证券（MBS），美联储每月资产购买额达到850亿美元。除了量化宽松之外，美联储继续将利率保持在0～0.25%的极低水平。美国当前的这些货币政策在客观上为美国经济注入了动力。2013年前三季度美国经济同比增长1.5%，尽管增速缓慢但失业率三年来一直在下降，政府财政状况正在改善之中，家庭资产负债表逐步得到修复，新房开工率和房价均显著上升，股价上扬带来的财富效应拉高了消费支出，页岩气开发引致的能源价格下降促进了耐用消费品消费和制造业发展，物价保持在较低水平。随着复苏巩固，关于“退出”① 数量宽松政策的讨论甚嚣尘上，呈呼之欲出之势。尽管截至2013年11月，美联储仍未宣布“退出”政策，并且即使在2013年内实施“退出”，也很可能是渐进的，但仍不能阻止这一拟议中的政策对市场带来的冲击。早在2013年6月，美联储主席伯南克关于调整美国货币政策的发言，就引发了全球股市大跌，导致短期资本大举流出新兴市场国家，印度尼西亚、印度等新兴市场国家遭遇资产价格暴跌、本币汇率急剧贬值、外汇储备流失等一系列挑战，个别国家经济甚至处于危机边缘。

（二）欧洲一体化在曲折中继续前行

欧盟作为世界第二大经济体，虽说2013年负增长几成定局，但其经济收缩幅度在收窄，最后走出衰退也完全有可能。除了人口老龄化和不统一的社会经济政策外，掣肘欧洲经济增长的因素还包括银行金融系统资产负债表的修复和各国间因国内政治矛盾而出现的政策不协调问题。但值得关注的是，在应对债务危机过程中，欧盟和欧元区内部机制体制的一体化进展非常显著，尤其是财政和金融监管一体化进程得到了大力推进。2012年10月，欧元区永久性救助基金——欧洲稳定机制正式生效；2013年1月1日，《欧洲经济货币联盟稳定、协调与治理公约》（即“财政契约”）正式生效，欧洲财政联盟由此迈出重要一步。2013年10月，欧洲央行公布对欧元区银行业进行全面审查评估的

① 准确地讲，美国的“退出”政策是指“削减数量宽松规模”（Taper），具体做法是逐步缩减每月850亿美元的资产购买直至停止购买。下文所提及的美国“退出”政策也均同此。

标准，将启动银行业全面审查，要求所有接受审查的124家银行满足核心资本充足率不低于8%的要求。银行业全面审查的推进，将为建立欧洲银行业联盟打下基础。11月，欧央行就“单一清算机制”（SRM）发表申明，提出当欧央行全面履行监管职责时将建成SRM，并且SRM范围将包括参与SRM的欧盟成员国的全部信贷机构。此外，在扩员问题上，欧盟在2013年取得了很大进展。2013年6月25日，欧盟总务理事会决议原则同意重启停滞3年的土耳其入盟谈判；6月28日，欧盟峰会通过决议正式批准开启塞尔维亚加入欧盟的谈判；7月1日克罗地亚正式加入欧洲联盟，成为欧盟第28个成员国；7月9日，欧盟28个成员国的经济和财政部长正式批准拉脱维亚于2014年1月1日加入欧元区。

（三）“安倍经济学”效果初现

2012年底以来，以“三支箭”为核心内容的“安倍经济学”构成了日本经济政策的主要特征。所谓“三支箭”，是指非传统的货币政策、扩张性的财政政策以及鼓励私人投资的经济增长战略。2012年12月20日，日本央行宣布新增10万亿日元购买日本国债，实施新一轮的量化宽松措施。2013年1月11日，安倍内阁推出《紧急经济对策》，日本财政共计投入10.3万亿日元，如果将地方政府支出和民间投资包括在内，总规模将达到20.2万亿日元。由于实行了宽松的货币政策，2012年10月以来的一年间，日元对美元累计贬值约25%。尽管2%的通胀目标多数人认为未来一年多难以实现但经济增长率确实表现不俗，股价虽有起伏却总体上扬，得到美国容忍的日元大幅贬值推动了出口。从2013年上半年的情况来看，“安倍经济学”给低落的日本经济注入了强力“兴奋剂”，经济复苏看上去很有起色。日本内阁府数据显示，2013年第二季度日本GDP同比增长2.6%，实现连续三个季度的正增长。日本财务省数据显示，2013年前三个季度日本出口分别同比增长3.4%、7.1%和12.8%。尽管对“安倍经济学”表示质疑或有所保留的也大有人在，但从目前来看，其对日本经济的提振作用已经显现。

（四）发达经济体央行合作日趋密切且职能发生变化

2013年10月底，欧洲央行（ECB）发布声明，包括美联储、欧洲央行、日本央行、英国央行、加拿大央行和瑞士央行六家主要发达经济体央行决定将“临时双边流动性互换协议”转至长期协议，实现货币互换协议常态化，继续作为“审慎流动性支持”，以防止全球金融紧缩。这表明主要发达经济体央行之间的合作日趋紧密。尽管其效果还有待评估，但其意图多样，影响深远，也进一步反映出央行职能的日益拓展。传统上，中央银行的职能主要包括维持物价稳定、维护金融稳定和危机时融资（在常规期内禁止为财政融资）。然而，金融危机以后，传统货币政策的空间日趋缩小，财政政策的作用也十分有限，这使得主要发达国家中央银行职能发生了明显变化。总体上看，这些变化主要体现在以下三个方面：①央行主要职能为通过管理资产负债表来提供或创造流动性，而确定利率水平并非央行必尽之义务；②央行货币政策尤其是非常规货币政策具有财政和收入分配的政策含义，央行和政府已在银行税收、有序破产清算方面展开博弈；③央行对系统性重要银行进行监管的同时加强与国外央行及监管部门的合作与协调（Goodhart，2010）。上述三点和央行的传统职能存在较大区别，并成为当前发达经济体央行发挥作用的主要领域。

（五）新兴市场经济体对外资异动的脆弱性凸显

一般而言，新兴市场经济体面临资本流入突然停止时的脆弱性可以通过以下四个变量进行测算：一是经常账户余额，二是短期外债与外债还本付息额占外汇储备比重，三是信贷增长，四是金融开放度（基于 Chinn-Ito measure）。由此估算出2012年1月至2013年9月各新兴市场经济体的“资本冻结指数”（The Capital-freeze Index）如下（最高风险值为20）：土耳其最高，为17；罗马尼亚和波兰分别为15和13；墨西哥、哥伦比亚、秘鲁、阿根廷、印度尼西亚、智利、匈牙利、巴西、埃及、乌克兰和印度介于10～13之间；南非为8，俄罗斯与越南均为7，中国为5，沙特为4.9。[①] 2013年下半年，由于预期美国货币政策将发生变化，投资者纷纷退出那些经常账户赤字大、短期外债占比高、内部资产负债表失衡和对外开放度高的新兴市场经济体。其直接和显著的后果是部分新兴市场经济体的汇率和股市受到冲击。

① *The Economist*, September 21st－27th, 2013, p. 66.

1至11月，印度、巴西、印尼和土耳其月平均汇率对美元分别贬值12.3%、12.8%、23.8%和26.8%，其月平均股价波动幅度分别为13.7%、20.6%、17.2%和22.8%。这亦表明新兴市场经济体市场表现与发达经济体货币政策之间存在较高的关联性。

（六）大宗商品价格整体下滑但能源价格基本稳定

2013年全球大宗商品价格受经济放缓、需求下降等因素影响，相比上年再度出现下降。UNCTAD数据显示，从截至2013年9月的全球大宗商品市场发展情况来看，大宗商品整体价格从2月起连续8个月出现同比下降。2013年9月，按现价美元计算的大宗商品价格指数同比下降10.3%，比上年12月下降13.0个百分点；按特别提款权（SDR）计算的大宗商品价格指数同比下降9.4%，比上年12月下降12.6个百分点。其中，9月所有食品价格下降14.5%，比上年12月下降19.8个百分点。但1月至9月农业原材料价格波动较大，4月同比下降16.5%，为2012年11月以来的最高降幅；8月负增长出现逆转，同比上涨2.0%；9月再度同比下降0.6%。金属与金属矿继4月同比下降9.9%之后，在8月出现反弹，同比上涨1.8%；9月同比下降5.0%，比上年12月下降7.8个百分点。尽管大宗商品价格整体下滑，但2013年能源价格基本保持稳定。UNCTAD数据显示，2013年1月至9月原油平均价格为103.9美元/桶，较上年平均价格仅下降1.1美元/桶。

（七）技术突破使能源革命面临新的选择

在能源领域，页岩气革命日益成为全球经济的新亮点。近年来，一方面，随着全球可再生能源开发和利用技术发展遇到瓶颈，成本下降的空间变得非常有限；另一方面，页岩气开发技术上的重大突破，带来了天然气产量的迅速提升。2004年以来，美国页岩气产量年均增长达到40%以上，至2009年超过俄罗斯，美国一举成为世界上最大的天然气生产国，其中增加的主要产量来自页岩气。2012年，美国页岩气占天然气总量的比例已从2000年的1%上升到37%，达到2653亿立方米。美国借助页岩气改变了能源结构，降低了其对国际能源市场的依赖。页岩气为美国振兴石化产业提供了新的动力，也为塑料、轻工、建筑、农业、电子和医疗等其他相关产业提供了难得的投资机会。在加拿大，2012 年页岩气产量大约达到美国的 50%。据此，一些分析家认为，美国和加拿大有可能成为第二个中东。在中国，2012 年页岩气产量 2500 万立方米，预计 2013 年将迅速提升到 2 亿立方米。BP 公司预测，2030 年全球页岩气产量将达到 2011 年的 3 倍，致密油产量则将在 2011 年基础上增长 6 倍。尽管法国禁止使用水力压裂技术开采页岩气，但页岩气的大规模开发和利用的潮流不可逆转，绿色、替代能源发展受到巨大挑战，全球能源发展模式重新回到依靠技术创新开发不可再生能源的轨道上来。

（八）区域自由贸易区谈判方兴未艾

与 WTO 多边贸易机制进程受阻形成对比，区域自由贸易协定谈判却如火如荼。根据 WTO 统计数据，截至 2013 年 10 月，全球有 260 项区域贸易协定正式生效执行，其中 2013 年新增 9 项；另外有 4 项已签署待执行，有 33 项正在谈判。全球主要经济体均已启动新一轮的自由贸易区谈判。截至 2013 年 10 月，美国主导的“跨太平洋伙伴关系协定”（TPP）已举行 19 轮磋商，谈判议题包含商品和服务的各个方面，主要有知识产权保护、劳工标准、环境标准、促进中小企业发展、金融监管、竞争政策和经济立法等。2013 年 5 月，由东盟十国发起，并邀请中国、日本、韩国、澳大利亚、新西兰、印度共同参加的“区域全面经济伙伴关系”（RCEP）第一轮谈判在文莱举行。2013 年 6 月，美国与欧盟正式启动“跨大西洋贸易与投资伙伴协定”（TTIP）谈判，将讨论农业、服务业、航空等领域的开放问题，并提出两年内完成谈判。TPP 和 TTIP 涵盖了主要的发达国家和亚太经济体，一旦建成将形成新的国际贸易与投资标准和规则，并对未来全球经济治理结构变化产生深远影响。这尤其表现在，新一轮的多边自由贸易区谈判使全球贸易体系形成两种不同的发展方向：一种是 WTO 框架下多边贸易体系的继续推进；另一种是以区域自由贸易区谈判为基础的全球贸易体系的“板块化”。尽管 WTO 已达成多哈回合“早期收获”协议，但由于区域自由贸易谈判所带来的冲击，WTO 在全球贸易体系中的主导作用仍令人担忧，多边贸易体系分裂的风险依然没有得到根本缓解。

（九）中国加快培育参与和引领国际经济合作

2013 年以来，中国在全球经济治理中扮演了更具建设性的角色，尤其是在创建更加公平开放的国际贸易和投资环境、加强国际货币金融合作、完善国际货币金融体系等方面，中国更加积极地参与并发挥了重要作用。首先，中国更加积极地推动国际贸易与投资谈判。2013 年 4 月，中国与冰岛签署自由贸易协定；5 月，中国与瑞士签署《关于结束中国—瑞士自由贸易协定谈判的谅解备忘录》。至此，中国已签署 12 项自由贸易协定，涉及 20 个国家和地区。当前，中国积极推动的自由贸易协定谈判有 6 项，分别是中国与韩国、海湾合作委员会（GCC）、澳大利亚、挪威，以及中日韩自贸区（CJK FTA）、“区域全面经济合作伙伴关系”（RCEP）协定谈判，涉及 22 个国家。7 月，第五轮中美战略与经济对话达成多项重要共识，并确定开展双边投资协定（BIT）实质性谈判，这是中国实施开放战略、加强与外部世界融合的又一重大举措。9 月，中国提议同中亚国家共同建设“丝绸之路经济带”，以进一步促进双方的经贸合作。其次，中国更加积极推动国际货币金融合作。2013 年 3 月，第五次金砖国家领导人会晤期间，中国与其他四国领导人共同筹划建立新的开发银行和应急外汇储备库。9 月，中国明确提出成立上海合作组织开发银行和上海合作组织专门账户的主张，以加强上海合作组织成员间的金融领域合作。10 月，中国倡议筹建“亚洲基础设施投资银行”，为包括东盟国家在内的本地区发展中国家基础设施建设提供资金支持，从而促进本地区互联互通建设和经济一体化进程。在货币合作上，2013 年 1 月至 10 月中国人民银行与新加坡金融管理局、巴西央行、英格兰银行、匈牙利央行、阿尔巴尼亚银行、冰岛央行、印度尼西亚银行和欧洲央行签署或续签了累计规模为 11155 亿元的双边本币互换协议。此外，中国还积极推动金砖国家货币金融合作以及 IMF、世界银行等国际货币金融机构的份额和治理结构改革，并成为全球经济治理的重要参与者之一。

（十）世界经济统计方法转换影响深远

2013 年以来，一些关于调整世界经济统计方法的讨论与实践，打破了人们对一些经济指标的传统认识。这其中，最值得关注的是美国等发达经济体GDP核算方法的改变以及附加值贸易统计方法的初步运用。2013年7月，美国开始调整GDP统计方式，将原来不包含在GDP统计范围内的企业研发、娱乐文化支出以及退休金等指标加入统计数据中。这是自1999年将电脑软件纳入GDP统计以来的最大调整。在上述无形资产纳入GDP核算指标后，所带来的直接后果是美国GDP规模将增加3%，相当于增加一个阿根廷的GDP规模。除此之外，它还会导致重新评估各项经济政策，并对经济增长动因进行新的认识。随着经济全球化的深化以及全球产业链的形成，商品在被最终消费之前，会多次以中间产品的形式在世界各国流通。为了更准确反映全球化时代的国际贸易现实情况，2013年1月，OECD和WTO在巴黎首次发布了附加值贸易数据库。与衡量双边贸易往来的传统贸易统计方法不同，附加值贸易统计法以单个商品在全球生产链上不同经济体产生的附加值为基础进行贸易统计。根据OECD的测算，按照这一统计方法，2009年中国对美贸易顺差将减少25%。尽管目前附加值贸易统计方法仍未替代传统统计方法，但它将引发人们对不同经济之间贸易差额的重新认识，并有助于人们更好地理解国际产业链。

四　影响2014年世界经济走势的因素

展望2014年的世界经济走势，有以下几个方面的因素值得关注。

其一，美国货币政策调整的时间、力度和速度。尽管市场对美国退出数量宽松政策已有很强的预期，并且“退出”将经历减小购债规模、停止购债、抛售债券、调高利率等渐进过程，但是，一旦美国开始实施退出数量宽松的政策，就意味着全球风险资产的重新定价，加剧国际资本流动，引起汇率和国际收支的变动，进而为全球经济增添不确定性。

其二，新一轮的美国债务上限问题。由于美国两党在2014年财政预算以及提高债务上限问题上的分歧，美国联邦政府非核心部门一度“关门”。尽管10月16日美国两党在给予联邦政府临时拨款和提高公共债务上限问题上达成妥协，但美国的债务问题并未得到根本解决，民主党和共和党对立依旧。如两党互不妥协，势必会引起全球金融市场的恐慌。

其三，尽管欧元区债务危机总体上得到了一定缓解，但不排除个别国家债务问题暴露或进一步恶化的可能性。如果某些、尤其是个别系统重要性国家主权债务风险上升，欧洲的复苏将不可避免地受到影响，并会拖累全球增长。此外，欧元区国家为调整公共部门平衡表所推行的财政紧缩政策将有可能加剧经济下行风险，从而进一步推高政府债务，政府的偿债能力和财政的可持续性将面临更加严峻的考验。

其四，安倍经济学最终效果仍存悬念。当前日本面临的老龄化问题远非安倍经济学能成功应对的，特别是3~4年后随着日本“婴儿潮”一代开始大规模退休，支撑国债市场的国内储蓄将减少。当将近两倍半于GDP的政府债务不得不靠敏感易变的国外投资者时，日本也就成为高风险国了。日本现政府的经济政策并未触及深层次的结构改革，难以化解深重的老龄化问题，延长了那些早该倒闭的“僵尸企业”的寿命。降低全球最高企业所得税率和提高消费税都将是双刃剑，在稳定债务、鼓励投资和避免抑制消费之间很难三全其美。当日元贬值带来的红利递减或消失时，出口部门亦将面临新的挑战。

其五，一些新兴市场经济体仍将面临经济硬着陆的风险。由于面临外部需求的不确定性和各种国内的挑战，部分新兴市场经济体的经济仍将面临超出预期的下行风险。这其中，同为金砖国家的印度和巴西值得关注。过去十年，印度的繁荣主要得益于全球流动性增强和其他新兴市场繁荣的带动，但现在这些因素可能不再。① 巴西经济的结构性问题日益突出，庞大的社保体系、沉重的赋税、日益萎缩的制造业、严重落后的基础设施成为经济增长的瓶颈，加上严峻的通胀形势，使巴西面陷入困境。严重倚重能源资源出口的俄罗斯、对外脆弱性高的土耳其、墨西哥及部分中东欧国家，其经济表现也特别值得关注。

其六，大宗商品价格总体企稳，但仍会在一定时期和条件下出现波动。在供给方面，由于美伊谈判取得进展以及叙利亚问题达成暂时妥协，中东地区石油出口的阻碍因素将会减少，同时美国天然气产量将继续提高，这些将成为能源价格稳定的积极因素。但在一定范围内，全球石油供应受阻的风险仍将存

① Ruchir Sharma, Breakout Nations. *In Pursuit of the Next Economic Miracles*. New York: W. W. Norton & Company, Inc., 2012.

在，并由此引起原油价格的波动。总体而言，在不考虑不可预测的自然灾害的条件下，2014年原油价格将继续维持在2013年的水平，波动范围为95～105美元/桶。但由于美国货币政策调整所引起的流动性变化不排除原油价格进一步下降的可能性。此外，食品、农业原材料、金属与金属矿等其他大宗商品的价格能否回升值得关注，这将会对有关粮食、资源生产国和消费国经济带来直接影响。

其七，区域贸易安排的影响将会逐步显现。根据TPP各谈判方的最新设想，计划2013年完成谈判并缔结协定。尽管从目前的情况看，实现这一目标仍面临很多困难，但美国等主要谈判方一直没有停止推动最终建成TPP的努力。一旦TPP建成，将会对亚太地区乃至全球贸易格局产生深远影响。同时，TTIP谈判、RCEP谈判等区域贸易谈判也会成为影响双边和多边经贸关系的因素。这些区域贸易投资安排能否有效遏制贸易与投资保护主义势头，仍是个不小的问号。

其八，中国仍将引领全球经济增长的主要引擎之一。当前，一些学者和分析人士对不成熟的金融体系、较高的地方政府债务以及过热的房地产市场表示担忧，并预言中国经济将出现“硬着陆”，甚至发生崩溃。其实，当前中国经济增速是全球经济不景气、国内进行结构调整和产业升级情况下的正常水平，也与中国当前的潜在经济增长率相符合。所谓潜在经济增长率，是指一个国家或地区在各种资源得到最优和充分配置条件下所能达到的正常经济增长率。根据测算，未来十年中国的平均潜在增长率为7.0%～7.5%。这表明在当前和今后一个时期，中国有条件和有能力继续保持经济健康发展势头，国内需求特别是消费需求将持续扩大，对外投资也将大幅增加，并继续成为世界经济的重要引擎。

此外，一些地区安全和自然灾害等突发事件，亦可能对全球经济业绩产生影响。伊核问题的缓和或解决，朝鲜半岛局势的变化，便是其中的两件。

五　2014年世界经济形势展望

2013年10月IMF预测数据显示，2014年按PPP计算的世界经济增长率为3.6%。这其中，发达经济体整体增长2.0%，美国2.6%，日本1.2%，欧元区1.0%；新兴市场和发展中经济体整体增长5.1%，中国7.3%，印度5.1%，巴西2.5%，俄罗斯3.0%，南非2.9%。按市场汇率计算，2014年世界经济增长3.0%。2013年6月，世界银行预测2014年按PPP和市场汇率计算的世界经济增长率分别为3.8%和3.0%。2013年5月，联合国预测2014年按PPP和市场汇率计算的世界经济增长率分别为3.8%和3.1%，分别较2013年1月预测数据下调0.2个和0.1个百分点。2013年5月，OECD预测2014年按PPP计算的世界经济增长率为4.0%。

鉴于目前世界经济的基本状况以及发展趋势上所呈现的种种迹象，并基于2013年世界经济整体运行的描述与分析，本报告认为，2014年全球经济复苏道路仍将十分曲折，经济大幅回暖的可能性不大，但相比2013年，经济增速很可能会出现小幅上扬，即按PPP计算的增长率为3.2%，按市场汇率计算的增长率为2.6%。

参考文献

Evenett, Simon J.（2013a）, *GTA's Pre - G8 Summit Report: Protectionism's Quiet Return*, London: Centre for Economic Policy Research, June 2013.

Evenett, Simon J.（2013b）, *The 14th Global Trade Alert Report: What Restraint? Five Years of G20 Pledges on Trade*, London: Centre for Economic Policy Research, September 2013.

Goodhart, C. A. E.（2010）, "The Changing Role of Central Banks", *BIS Working Papers*, No. 326.

IMF（2013a）, *World Economic Outlook: Hopes, Realities, and Risks*, April 2013

IMF（2013b）, *World Economic Outlook: Transitions and Tensions*, October 2013.

OECD（2013）, *OECD Economic Outlook*, May 2013.

UNCTAD（2013a）, *World Investment Report* 2013: *Global Value Chains: Investment and Trade for Development*, June 2013.

UNCTAD（2013b）, *Trade and Development Report* 2013: *Adjusting to the Changing Dynamics of the World Economy*, September 2013.

United Nations（2013a）, *World Economic Situation and Prospects* 2013, January 2013.

United Nations（2013b）, *World Economic Situation and Prospects* 2013: *Update as of Mid -*

2013, May 2013.

The World Bank (2012), *Global Economic Prospects: Managing Growth in a Volatile World*, June 2012.

The World Bank (2013), *Global Economic Prospects: Assuring Growth over the Medium Term*, January 2013.

WTO (2013), *World Trade Report* 2013: *Factors Shaping the Future of World Trade*, 2013.

国别与地区

Country/Region Study

Y.2

美国经济：波动背后的稳定

孙　杰*

摘　要：

尽管在过去的一年中，美国经济经历了财政悬崖和全球经济放缓的冲击而表现出一定的波动，但是作为美国经济重要支撑的私人消费对经济增长的贡献却大体保持了稳定，体现出美国经济增长的内在稳定性在增强。税收增加和支出缩减使得美国的财政状况出现了一定的好转；通货膨胀在低水平上徘徊；失业率继续下降；出口增速放缓的同时进口也出现下降，对经济增长呈现中性影响。在这种情况下，市场对美联储缩减量化宽松幅度的预期不断上升。

关键词：

量化宽松　财政巩固　通货膨胀　结构性失业

---

* 孙杰，中国社会科学院世界经济与政治研究所研究员，主要研究领域为金融学。

2012 年美国经济的实际增长率为 2.8%，比我们在 2012 年 9 月提出的预测区间上限高出 0.4 个百分点，主要是因为美国在 2013 年 7 月对 GDP 的统计进行了调整，2012 年的 GDP 增长速度被上调了 0.6 个百分点。如果按照调整前公布的初值，则正好处于我们预测的下限位置上。在过去的一年中，尽管美国政府开支和海外需求对经济增长形成了拖累，但是国内经济持续好转，消费增长，房价回升，信贷状况变得更加宽松，因此出现了量化宽松政策可能逐渐收紧的预期。按照 GDP 统计调整以后的口径，2013 年美国的经济增长可能比 2012 年略低，在 1.5% ~1.7% 之间，2014 年美国的经济增长率可能进一步回升到 2% 左右。

一　经济增长的稳定因素逐渐明显

2013 年 7 月，美国经济分析局公布了新的国民收入账户统计方法，使得相关的历史统计数据出现了明显的变化。我们在这里也采用调整后的数据。新发布的数据显示，金融危机以后，美国常用的季调年化环比实际季度经济增长率波动相当明显，但是如果使用其他国家常用的年化同比实际季度经济增长率，则美国经济增长的表现要稳定一些。从 2012 年第 3 季度到 2013 年第 2 季度，同比季度增长率分别为 3.1%、2.0%、1.3% 和 1.6%，环比季度增长率分别为 2.8%、0.1%、1.1% 和 2.5%。因此，如何评价美国的经济增长形势就成了一个值得深入研究的问题，并且关系到对未来量化宽松货币政策的预期。

1. 影响经济增长的因素：私人消费稳定，投资波动，政府开支拖累

按照新的国民收入统计，2012 年美国个人消费、国内私人投资、净出口和政府开支在 GDP 中的比重分别是 68.6%、15.3%、-3.4% 和 19.5%。个人消费的变动对美国经济稳定增长的影响是举足轻重的。从 2012 年第 3 季度到 2013 年第 2 季度，不论是个人消费对环比增长率的贡献还是对同比增长率的贡献都大体稳定，其中环比贡献分别为 1.15 个、1.13 个、1.54 个和 1.21 个百分点，同比贡献分别为 2.2 个、2.0 个、1.9 个和 1.8 个百分点。较低的通货膨胀、失业率持续下降和个人可支配收入上升等原因是导致个人消费贡献稳定的主要因素。个人消费代表了内生性增长动力，所以，尽管美国经济增长依然低于其潜在水平，但是已经出现了企稳的趋势。

2012 年第 3 季度美国经济出现了比较明显的环比增长，从 1.2% 上升到了 2.8%。其中，消费和净出口的贡献虽稍有下降，但大体稳定，而投资和政府支出出现的强劲增长，成为推动经济增长的核心动力。在个人消费基本稳定的情况下，美国经济增长主要受到私人投资和政府支出的影响。金融危机发生以后，美国政府出台了经济刺激法案，允许企业的投资支出在当年提取 50% 的折旧，2010 年更将提取折旧的比例提高到 100%，结果使得投资成为促进美国经济复苏的主要动力。但是到了 2012 年，折旧比例又降回到 50%，投资随之转为疲软。到了 2012 年第 3 季度，由于减税政策即将到期，又出现了一个抢先投资的情况。私人投资对经济增长的贡献从上一个季度的 -0.23 个百分点大幅度提高到 0.99 个百分点。由于存货调整速度最快，因此成为投资调整的重点，存货增加明显。另外，由于美国在 2012 财政年度内军事行动不多，因此在第 3 季度积累了一些军费额度。为了防止下一个年度军费被国会削减，美军采取了突击花钱的办法，导致这个季度国防开支对经济增长的贡献从上个季度的 -0.05 个百分点提高到 0.6 个百分点，最终使政府开支对经济增长的贡献从 0.05 个百分点提高到 0.67 个百分点。私人投资和政府开支两项总计对经济增长的贡献比上个季度增加了 1.84 个百分点，从而导致 2012 年第 3 季度的经济增长比第 2 季度提高了 1.6 个百分点。

2012 年第 4 季度，存货投资浪潮开始消退，政府支出再度收紧，而美国经济增长受到财政悬崖的影响，① 大幅度下降到 0.1%，创下了金融危机以来的第二个新低。② 从影响经济增长的具体因素来看，几乎所有国内因素都出现了下降。其中，政府开支对经济增长的贡献下降最明显，从 0.67 个百分点变

① 有关美国的财政悬崖问题，请参阅 2012 年黄皮书美国经济第三部分。简单地说，就是对 2013 年初减税政策到期，使得美国税收上升而经济增长出现大幅度下降的预期。

② 如果都从初值比较看，2011 年第 1 季度美国经济增长为 0.4%，高于 2012 年第 4 季度，也就是说这次应该是金融危机以来美国经济增长的最低点。但是近期美国将 2011 年第 1 季度的经济增长数据大幅度调整到 -1.3%，远远低于目前公布的 2012 年第 4 季度增长率。在财政悬崖威胁下的 2012 年第 4 季度经济增长最终数据是否会低于 2011 年第 1 季度？我们认为可能性很大。

成了 -1.31 个百分点，拖累变动达 1.98 个百分点，其中变化最大的还是国防开支，从 0.6 个百分点变成了 -1.22 个百分点，拖累了 1.82 个百分点。这在一定程度上显示出国防开支是政府开支中最具有弹性的部分。国内私人投资的拖累也很明显，达到了 1.35 个百分点，其中存货调整的拖累达到了 2.6 个百分点，对经济增长的贡献从上个季度的 0.6 个百分点急剧下降为 -2 个百分点。个人消费的贡献虽然也从 1.15 个百分点下降到 1.13 个百分点，但是幅度有限，说明美国经济的基本面因素在财政悬崖的冲击下依然表现稳定。当然，美国国内经济需求的下降也造成了进口的减少，使得净出口对经济增长的贡献从 -0.03 个百分点上升到 0.68 个百分点，在一定程度上减轻了私人投资和政府支出下降给经济增长造成的拖累。

进入 2013 年以后，美国经济逐渐从财政悬崖的阴影中走了出来。在个人消费大体保持稳定的情况下，国内投资随着经济基本面因素的好转而逐渐恢复，政府开支紧缩的拖累也慢慢得到缓解。

2013 年第 1 季度，所有因素都显示出美国经济从财政悬崖冲击中走出来的迹象，季调环比年化的经济增长率恢复到 1.1%。在服务支出出现较大增长的推动下，个人消费对经济增长的贡献从 1.13 个百分点上升到 1.54 个百分点；通过补充前期消耗的存货，私人国内投资的贡献从 -0.36 个百分点提高到 0.71 个百分点；政府支出的拖累也从 1.31 个百分点减少到 0.82 个百分点。随着国内需求的上升，进口出现了较大幅度的提高，同时由于国际市场需求的下降，出口出现下降，最终使得净出口拖累了经济增长 0.28 个百分点，但总体影响不大。

2013 年第 2 季度维持了第 1 季度的回暖趋势，经济增长率进一步回升到了 2.5%。尽管个人消费的贡献有所下降，但是国内私人投资的贡献呈现更大幅度的上升，政府支出的拖累也从 0.82 个百分点进一步下降到 0.18 个百分点，净出口对经济增长的贡献表现为中性。

总之，从 2012 年第 3 季度到 2013 年第 2 季度的一年间，虽然美国经济增长由于财政悬崖的影响呈现一定的波动，但主要是因为国内私人投资的波动。政府开支的拖累在后三个季度呈现不断下降的趋势，而作为经济中最重要支柱的私人消费则始终保持大体稳定。因此，可以说美国经济增长的基本面因素经受了外部冲击的影响，显示出内在的稳健性。具体见表 1。

表 1　总需求各部分对 GDP 的贡献度

单位：%

季度	2012 年第 1 季度	2012 年第 2 季度	2012 年第 3 季度	2012 年第 4 季度	2013 年第 1 季度	2013 年第 2 季度
GDP 增长率	3. 7	1. 2	2. 8	0. 1	1. 1	2. 5
个人消费支出	1. 98	1. 28	1. 15	1. 13	1. 54	1. 21
商品	1. 04	0. 5	0. 84	0. 85	0. 85	0. 73
耐用品	0. 69	0. 21	0. 59	0. 74	0. 43	0. 45
非耐用品	0. 35	0. 28	0. 25	0. 1	0. 43	0. 28
服务	0. 94	0. 78	0. 31	0. 29	0. 69	0. 48
私人国内投资	1. 57	-0. 23	0. 99	-0. 36	0. 71	1. 48
固定投资	1. 21	0. 68	0. 39	1. 63	-0. 23	0. 9
非住宅	0. 68	0. 53	0. 04	1. 13	-0. 57	0. 53
住宅	0. 53	0. 15	0. 35	0. 5	0. 34	0. 37
存货变化	0. 36	-0. 91	0. 6	-2	0. 93	0. 59
净出口	0. 44	0. 1	-0. 03	0. 68	-0. 28	0
出口	0. 56	0. 51	0. 05	0. 15	-0. 18	1. 11
进口	-0. 12	-0. 41	-0. 08	0. 53	-0. 1	-1. 11
政府消费和投资	-0. 28	0. 05	0. 67	-1. 31	-0. 82	-0. 18
联邦政府	-0. 2	-0. 02	0. 69	-1. 19	-0. 68	-0. 12
国防	-0. 36	-0. 05	0. 6	-1. 22	-0. 57	-0. 03
非国防	0. 16	0. 04	0. 08	0. 03	-0. 11	-0. 09
州和地方政府	-0. 08	0. 07	-0. 02	-0. 12	-0. 14	-0. 06

注：经过季节调整的年化环比季度数据。

资料来源：美国经济分析局。

2. 美国 GDP 统计方法调整的影响

GDP 作为国民经济统计中最重要、最基础的指标，其统计方法的变化不仅反映了经济活动的演变，更反映出人们对经济增长因素认识的变化，同时也会影响经济分析的诸多结果。

2013 年 7 月，美国经济分析局公布的第 14 次国民收入与支出账户综合修订说明和调整结果，最核心的变化是将研发支出资本化，也就是将研发支出等纳入固定投资。[①] 这种变化体现出来的一个明确理念是将研发支出看做是投资

① 此外，还包括文学艺术娱乐、住宅类资产所有权转移成本资本化、定额养老金计划虚拟交易以及统一工薪核算处理等。

而不是消费，因为它与固定投资一样，不仅会推动当期经济增长，也会增加未来的收益，因此具有资产的属性，在技术、知识和信息时代已经成为创新和增长的重要来源。

尽管在理论上可以将研发投资纳入固定投资，但是在联合国统计委员会中却存在着长期未决的争议。因为研发存在风险，所以在原则上必须根据研发的预期效益来确定其价值，失败的研发只能算作成本，记作中间消耗，而不能计入固定资产。此外，基础理论研发的所有权是开放的，所以对研发效益的归属也存在不少技术上的困难。如何准确倒推历史上的研发存量也是研发资本化的障碍。尽管如此，美国还是在全球范围内率先修订了统计方法。这其中有着深刻的原因。

事实上，随着美国工业化和城市化的完成，住宅、建筑和设备等基础设施投资比重不断下降，信息设备和知识产权产品（软件、研发和娱乐与文艺创作等）投资比重不断上升，这进一步提高了生产效率，成为美国的突出优势和强大实力。特别是在2008年金融危机以后，由于缺乏明确的投资方向，传统硬件投资增长缓慢，而为了寻找新的增长源泉，无形资产投资上升很快。然而即使如此，美国这次统计调整的时点也耐人寻味。

按照这种新的口径，1929～1945年美国按照现价计算的GDP水平平均增加1.6%，1959～2002年平均增加2.6%。更重要的是，按照新的统计方法，美国在此次金融危机中的衰退就没有此前数据显示的那样严重，之后的复苏也变得更加强劲。2012年的GDP总量也可以从15.7万亿美元上升到16.2万亿美元，提高了3.6%，GDP增长速度也被调高了0.6个百分点。由于投资的上升，美国的储蓄也发生了相应的改善。2013年第1季度的美国储蓄率（国民总储蓄/总国民收入）从14%提高到了17%。当然，按照这种新口径计算的GDP还可以使得美国沉重的债务负担得到些许的缓解。

3. 对2013年经济增长的预测和对2014年的展望

从总的形势来看，在过去几年中一直困扰美国经济的一些不利因素正在得到逐渐缓解，特别是欧洲的金融紧张局势得到了一定的缓解，美国国内的消费者信心明显改善，信贷紧缩状况也有所缓解。但是与此同时，依然不能忽视国际经济形势不确定性给美国金融市场和出口造成的潜在风险。

就影响美国经济增长最主要的国内个人消费来说，其对经济增长的贡献自2010年开始就已经出现了积极的变化，其间虽然有所波动，但是在过去的几个季度中依然显示出相对稳定的趋势。造成这种变化的原因主要包括：①尽管当前的失业水平依然比较高，但是失业率在持续下降，已经从2012年7月的8.2%下降到2012年8月的7.3%；②非农员工每周工作时间已经从2009年上半年的33.8小时恢复到危机前的34.5小时，小时工资也从22.2美元上升到24美元；③个人储蓄率从2012年第4季度开始出现了明显的下降，从危机后大约5.5%的水平下降到3%左右，进一步支持了消费；④房地产市场的回升、零利率和股票价格上涨，不仅财富效应明显，而且使得居民家庭负债率下降，财富收入比率得到持续改善。在上述诸因素的支持下，消费者信心指数从2012年8月的61.3迅速上升到2013年8月的81.5。因此，从趋势上看，消费对美国经济增长的有力支持不会出现根本性的逆转。

在危机以后，投资的波动一直是造成美国经济波动的一个重要原因。事实上，即使在危机以前，投资也一直呈现周期性的波动，只不过在那时，这种周期性波动主要体现在固定投资的波动上，而在危机以后，存货调整造成的波动变得更加明显。值得注意的是，最近房地产市场呈现复苏趋势，不论是新房销售、新房开工、空置率还是房地产价格都出现了比较明显的好转，抵押贷款利率水平也出现了一定的上升。另外，尽管在前期由于折旧政策的刺激使得美国一度出现了爆发性的投资，但是主要体现在存货投资上。从与固定投资关系更加密切的公司融资市场的情况来看，在2013年第1季度，公司部门的流动性比率达到了近20年来的最高点，而债务比率则依然处于这期间的平均水平以下。稳健的财务状况使得公司债券的评级上升，公司融资成本下降，公司债、商业票据和银行贷款，特别是长期融资工具存量上升。小企业的融资状况虽依然受到抑制，但是融资条件也得到了改善。因此，我们预期在未来一段时间内，公司投资尽管还可能呈现一定的波动性，但是总体应该是稳步提升的。

与投资类似，净出口在危机以后美国经济的复苏初期发挥了重要的支撑作用，但是从2012年中开始，这种积极作用开始下降。由于海外市场不景气，到2013年第1季度，美国的货物和劳务出口下降了1%，其中对日本的出口下降尤其明显。虽然到第2季度有了一些反弹的迹象，但是按照这样的情况，要实现出口倍增计划可能会面临一定的困难。在危机以后，美国净出口对经济增长的贡献主要还是由于国内进口下降造成的。随着美国经济的稳定增长，其对进口的需求也在上升。不过，由于大宗商品价格维持稳中有降的局面，所以美国经常项目赤字也一直维持在2%～3%的水平上，没有明显的恶化。2013年第2季度净出口对经济增长的影响为中性。因此，尽管净出口可能会有波动，但是从一段较长时段来看，总体趋势和基准水平变化不大。

在2013财年，不论是联邦政府还是州和地方政府，财政预算状况都非常紧张。在支出方面，由于预算约束和海外军事行动支出缩减导致联邦政府购买下降等因素的共同作用，政府开支明显拖累了经济增长。在收入方面，由于减税政策到期、“两房”上缴财政部的收入上升，加之增税的影响，美国政府的收入上升，财政赤字占GDP的比例从2012年的7%迅速下降到4%，并且预计在未来几年中还将继续下降。尽管如此，美国的公共债务负担依然沉重，政府支出难以改变拖累美国经济增长的局面。

总之，考虑到危机以后，投资和净出口是造成美国经济增长波动的主要原因，政府支出拖累经济增长的局面在近期不会得到根本改善，所以个人消费能否稳定就成为决定美国经济走势的关键。按照GDP统计调整以后的口径，2013年美国的经济增长可能比2012年略低，维持在1.5%～1.7%的区间内。2014年可能会进一步上升到2%左右。

二　趋向收紧的量化宽松

从2012年开始，尽管从美联储的声明中还看不到有关量化宽松政策可能逐渐收紧的直接表述，但是我们还是可以从一些蛛丝马迹中感受到相关的争论。不过总体来说，美联储尚处于犹豫不决、摇摆不定的时期。目前，这种倾向就更加明显。2013年9月18日美联储作出不调整QE的决定甚至使得市场预期落空。2014年可能是美国货币政策转向的关键一年。

1. 货币政策的目标之争：从埃文斯规则到美联储主席的选择

尽管在学术上也存在争论，但是有关货币政策目标的一般观点仍然是维持物价稳定，只有在此基础上才会考虑到促进增长的问题。如果说在面临2008年的全球金融危机冲击时，美联储采取了超常规的货币政策以刺激经济还可以理解的话，那么在量化宽松货币政策一直持续将近5年之久，且美国经济早已走出衰退的情况下，市场出现对政策退出的预期就完全合乎情理了。

2011年秋，美国的通货膨胀水平一度上升到标题CPI接近4%，核心CPI超过2%的临界水平。2012年初美联储的公告就明确了其对通货膨胀的容忍程度是PCE价格指数不超过2%。恰恰在那时，当核心CPI这个之前市场普遍认为是美联储衡量通货膨胀的指标已经超过2%的时候，以PCE价格指数衡量的通货膨胀还可以勉强维持在2%以下。这种巧合不能不使得人们感到美联储在努力寻找维持量化宽松，以刺激经济增长的理由。事实上，在金融危机以后每一次公开市场委员会（FOMC）的议息会公告中，我们屡屡可以看到“为了追求更强劲的复苏”这样的字样，① 之后才是控制通货膨胀的有关表述。似乎美联储的货币政策目标已经发生了悄然的改变，经济增长变成了第一位的目标，而物价稳定成了第二位的目标。即使美联储主席伯南克有关不惜以通货膨胀来抵抗衰退的观点多么的广为人知，但现在的问题是衰退已经过去，甚至复苏也已经完成，② 那么为什么还要坚持量化宽松的货币政策呢?

在2012年底美联储的公告中又出人意料地明确了退出量化宽松政策的一个双重标准（后来被称为埃文斯规则的货币政策新框架），即只要失业率在6.5%以上，未来1~2年的通货膨胀预测值不高于2.5%，美联储就将维持0~0.25%的超低利率政策。在2013年2月美联储提交给国会的货币政策报告中，特别增加了一页题为“货币政策战略及其长期目标”的声明文字，开宗

① 事实上，早在2010年，美国经济分析局就宣布危机已经过去。而按照惯常的思路，当衰退已经过去，经济进入复苏阶段时，宽松的货币政策也就应该退出了。所以，追求更强劲复苏的提法本身就已经与常规的货币政策有了很大的差异。而在2013年9月18日美联储的议息会公告中甚至出现了“支持迈向最大就业和价格稳定进程”的提法。

② 诚然，危机以后美国经济增长的平均水平依然没有达到危机前，但是经济学家普遍认为危机以后美国经济的潜在增长率已经下降，因此认为美国仍然处于复苏阶段的说法也是值得商榷的。

明义地将促进最大就业列为首要目标，其次才是价格稳定。值得注意还有作为第三个目标的适度长期利率水平。这份声明还强调，由于货币政策对经济活动和价格水平的影响具有时滞，因此货币政策决策依据的是公开市场委员会的中期展望和长期目标，而美联储对失业率区间和长期通货膨胀目标的判断分别处于5.2% ~6%和PCE价格指数2%的区间内。

将失业率纳入货币政策目标最先是由芝加哥联储主席查尔斯·埃文斯提出的。在2011年9月，当美国面临通货膨胀压力的时候，埃文斯首先提出失业率7%和通货膨胀3%的退出门槛。① 2012年11月埃文斯又将这个门槛下调到失业率6.5%和通货膨胀2.5%的水平上，② 并最终在12月12日的议息会上得到采纳。

当然，这种转变实际上也反映出了美联储公开市场委员会内部一些人的观点。作为伯南克的忠实拥趸，美联储副主席珍妮特·耶伦不仅在金融危机后一直支持执行超低的利率政策以刺激经济，而且即使是在2010年美国经济走出危机以后也坚持认为美国高失业将持续存在，从而使得经济增长速度长期低于潜在水平，通货紧缩的风险高于通货膨胀的风险。所以她认为宽松的货币政策未必导致通货膨胀，她甚至认为2%的通货膨胀目标应该被视为趋势值而非上限，从而给宽松的货币政策提供了更大的空间，零利率政策可以维持到2016年。从理论上看，埃文斯和耶伦实际上将货币政策从泰勒规则关注通货膨胀和产出缺口的传统扩展到通货膨胀和失业，因而在货币政策目标上更偏重于对经济基本面和失业率的关注。而且有研究表明，货币政策在紧缩和扩张时也是不对称的，与经济扩张期相比，在经济收缩期，货币当局可能面临因经济衰退和失业率增加等带来的政治压力，进而影响货币政策的制定和执行。③

但是很显然，长达5年的量化宽松不仅在力度上，而且在持续时间上都是美国历史上绝无仅有的，因此对未来通货膨胀压力的担心也不是没有道理，更何

① 参见埃文斯2011年7月在伦敦的讲演稿：The Fed's Dual Mandate Responsibilities and Challenges Facing U.S. Monetary Policy。

② 参见埃文斯2012年11月在多伦多的讲演稿：Monetary Policy in Challenging Times。

③ Gerlach（2000）、Bec等（2002）、Nobay和Peel（2003）、Ruge - Murcia（2002，2004）以及Cukieman和Gerlach（2003）等人的文献表明，在经济周期的不同阶段，货币当局所面临的损失函数可能是不同的。

况从量化宽松的实际效果看也远没有想象的那么有效。所以萨默斯和耶伦在美联储主席职位上的竞争实际反映了在美国货币政策理念和目标上保守和激进的竞争与选择。2013 年 10 月 9 日耶伦最终获得奥巴马提名预示着美联储对就业的关注度将加大，对通货膨胀的容忍度将上升，量化宽松可能会再持续一段时间。

2. 量化宽松的刺激效果：对经济增长、失业和通货膨胀的影响

图 1 显示，从 2008 年爆发金融危机以来，三轮量化宽松政策在基础货币的增长速度上得到了非常明显的反映，但是反映实际经济活动的 M1 和 M2 的增长却远没有那么明显，量化宽松释放出来的流动性并没有进入实体经济领域推动经济增长。如果说前两轮量化宽松多少还使得 M1 和 M2 出现了微弱的同步变动趋势，那么第三轮量化宽松对 M1 和 M2 的增长已经明显失去了联动效果。换言之，在第一轮量化宽松以后，居民和企业手中的货币立即得到了增长，尽管在幅度上远不能与基础货币的增长相提并论，但还是能够缓解紧缩的压力。值得注意的是，与第一轮量化宽松后 M1 和 M2 随之立即出现增长的趋势不同，在第二轮量化宽松以前，M1 和 M2 已经开始了爬坡的过程，QE2 的到来可能只是延续了这个趋势，因此在 QE2 到顶以后，M1 和 M2 的增长就立即表现出同步下降。然而，2012 年秋季以来的第三轮量化宽松尽管有效地使基础货币得到了增长，但是并没有改变 M1 和 M2 原有的增长趋势，甚至 M1 增长继续呈现下滑，说明 QE3 释放出来的基础货币并没有流入居民和企业手中而达到刺激经济的作用。因此，如果仅就货币政策对 M1 和 M2 的扩张效应来说，QE3 是完全没有作用的。

那么，三轮量化宽松释放出来的大量货币流到什么地方去了呢？图 2 或许可以给我们一些答案。随着三轮量化宽松，商业银行在美联储的超额储备也随之出现了上升。也就是说美联储通过购买各类资产投放的基础货币转手又以商业银行超额储备的形式回流到美联储。粗略估计，从 2012 年 9 月到 2013 年 7 月，QE3 一共释放出大约 8500 亿美元的基础货币，与此同时，商业银行在美联储的超额储备增加了大约 6000 亿美元。由于大量基础货币回流美联储，也导致货币乘数，特别是 M1 和 M2 的乘数节节下降。

量化宽松投放出来的货币大部分回流美联储，自然对通货膨胀、实体经济和失业率的影响不再显著。结果，一方面，PCE 价格指数的波动主要被动地反

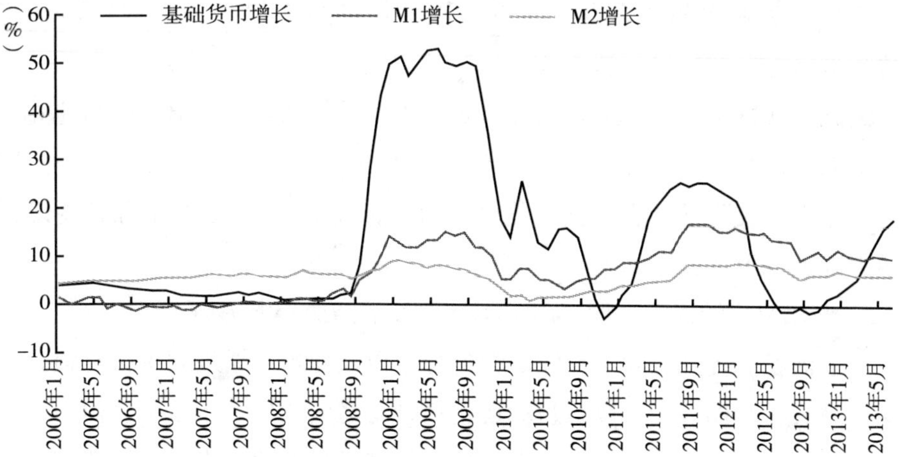

图 1　美国货币供给同比月度增长率

资料来源：美国经济分析局。

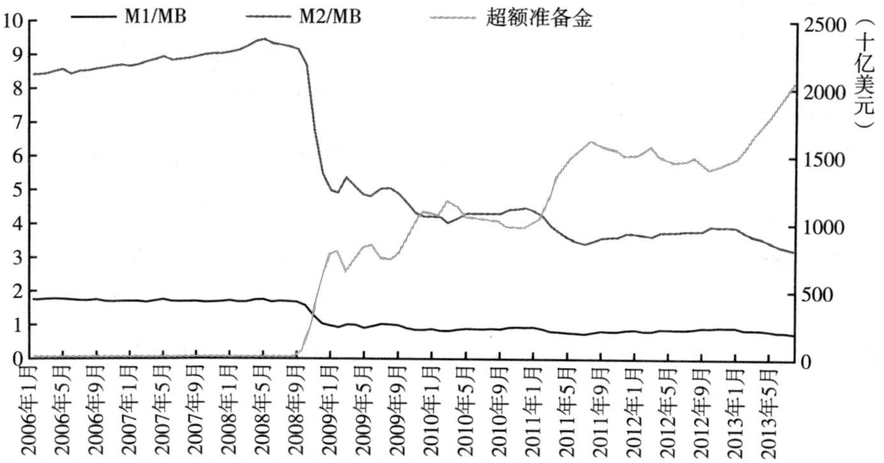

图 2　美国货币乘数与超额准备金

资料来源：美国储联网。

映了全球经济形势和大宗商品价格波动的影响,① 而在全球经济增长缓慢的情况下，国际大宗商品价格的平稳也使得美国的通货膨胀得到有效抑制；

① 准确地说，就输入型通货膨胀的影响而言，PCE 价格指数反映了输入型通货膨胀的直接影响和间接影响，而核心 PCE 价格指数只能剔除输入型通货膨胀的直接影响，却无法剔除其间接影响，即无法剔除由于食品和能源价格上涨造成的其他商品价格上涨的影响，所以核心 PCE 依然会随大宗商品价格的波动而波动，只是幅度变小。

另一方面，失业率的变动也仅随着美国经济的自然增长而呈现缓慢下降的趋势。

因此，从量化宽松对实体经济刺激的角度看，在连续推出三轮量化宽松货币政策以后，其有效性已经大大下降，特别是当个人消费对经济增长的贡献稳定趋势已经比较明显以后，没有预设期限和额度的 QE3 是否还有必要维持原有的力度就值得认真考虑了。

3. 量化宽松的稳定效果：对利率水平和债务负担的影响

在前面我们提到，除了传统的物价稳定以及在埃文斯规则中得到强化的失业率之外，美联储的货币政策目标还包括维持适度长期利率水平这样一个较少被提及和讨论的内容。当然，从促进稳定经济增长的角度来说，维持一个适度的长期利率水平从而有利于投资和储蓄自然是有一定道理的。但为什么利率问题在此刻被明确提出？适度的含义又是什么呢？

毫无疑问，在货币政策对美国实体经济增长的刺激作用日渐式微的情况下，美联储连续推出三轮量化宽松一定还有更深层原因的。在 2011 年世界经济黄皮书中我们曾经指出，量化宽松的实际目的可能已经从直接经济刺激转变为压低利率水平，从而避免巨额政府债务的刚性利息支出过高，进而给年度财政支出带来压力而引发债务危机。在财政收入没有明显增长的情况下，刚性利息支出的增加显然要挤占其他正常的财政支出，否则美国就会出现国债违约的大问题。按照 2011 年的预测，美国财政支出中国债利息支出占比将从 2010 财年的5%上升到2015 财年的13%，需要挤占8%的财政支出，而这显然是非常困难的。因此，尽管那时美国经济已经走出了衰退，但是美联储依然要维持零利率政策。现在这种情况出现了一些积极的变化。除了通货膨胀、经济增长以及 GDP 统计口径调整等一系列有助于降低政府债务指标的因素外，2012 年底此前一系列的减税政策到期使得美国的财政收入得到了明显的提高。按照白宫预算办公室的年度预测，在 2013 财年，财政赤字占 GDP 的比例将从 2012 财年的决算的 7%下降到 6%，而如果按照国会预算办公室在更严厉的减支假定下给出的预测，则应该进一步下降到 4%。因此，2013 年的预测与 2012 年的预测相比，即使按照白宫的预测数据，2013 财年国债利息支出占财政支出的比例将由 6.5%下降到 6%，2014 年更将进一步从 7.96%下降到 5.89%，到

2015财年将从2012财年的9.61%下降到6.48%。事实上，这个比例与2011、2012财年的实际值已经没有太大的差距了。显然，随着对未来国债利息支出占比预测数值的下降（见表2），为防止出现政府债务危机而维持零利率的必要性也随之下降，推出量化宽松以维持零利率的必要性也就没有那么紧迫了。

表2　近年来白宫预算办公室对国债利息对财政支出占比预测的变化

财年	2010	2011	2012	2013	2014	2015
2010年预测值	5.04e	6.54e	9.13e	11.13e	12.25e	13.02e
2011年预测值	5.67	5.41e	6.48e	8.51e	10.49e	12.58e
2012年预测值	5.67	6.38	5.92e	6.51e	7.96e	9.61e
2013年预测值	5.67	6.38	6.23	6.04e	5.89e	6.48e

资料来源：根据白宫预算办公室网站数据整理。

总之，从美联储自己认定的失业、通货膨胀和适度利率几个角度看，现实数据虽不能坚定支持退出量化宽松的结论，但是在未来一段时间内，放慢量化宽松的步伐是完全可能的。

三　有所好转的财政状况

金融危机以后，美国的财政状况急剧恶化，沉重的政府债务负担和高企的财政赤字成为威胁经济稳定的首要因素，同时也抑制政府开支和经济增长。白宫与国会在压缩政府预算和提高债务上限问题上屡屡争斗，甚至因此造成了2011年美国国债被降级，2013年联邦政府被迫关门的险境。而值得注意的是，在2013财年，美国的财政状况却出现了好转迹象。

1. 年度财政状况出现好转

2012年曾经被广泛关注的财政悬崖问题最终以白宫与国会双方都作出一定妥协的方式平稳度过，美国经济增长虽然受到短暂的影响，但是并没有出现急剧下降，也没有改变年度趋势。相反，借助于减税到期的政策，政府财政状况出现了好转迹象。

按照一般的财政政策自动平衡理论分析，对于危机后的美国财政状况我们不仅要分析基本财政赤字的变化，更要分析所谓结构财政赤字的变化，① 也就是当前财政巩固措施所导致的结构性财政赤字的下降。在金融危机以后，通过实施2008 年经济刺激法案、2009 年复苏与再投资法案，以及 2010 年税收减免、失业保险再授权和创造就业法案，美国的结构财政赤字占 GDP 的比例从2007 年的 1.25% 上升到了 2010 年的 7%。因此，从 2011 年开始，美国财政政策开始从扩张转向收缩，通过实施 2011 年预算控制法，到 2012 年，结构赤字对 GDP 的占比从 6.25% 下降到 4.5%。借助于税收减免到期、海外军事行动开支缩减和预算控制法给政府开支确定的限额，预计到 2013 年将进一步下降到 2.25%。即使如此，国会并不满足，所以在未来 1 ~2 年内美国政府还要进一步加强财政巩固。

按照白宫预算管理办公室在 2013 年 7 月发布的《中期评价报告》中提供的最新预测数据，在 2013 财年中财政总收入将从 2012 财年 2.45 万亿美元大幅度增长到 2.78 万亿美元，在 GDP 中的占比也从 15.8% 提高到 17.3%，而在国会强大的减赤压力下，在财政支出方面却维持在与 2012 财年 3.54 万亿美元大体相当的水平，在 GDP 中的占比从 22.7% 下降到 22.0%，财政赤字从2012 财年的 1.08 万亿美元骤减到 7590 万亿美元，在 GDP 中的占比从 6.0% 直落为 4.7%。在此，我们还有必要指出两点：第一，发布这套数据时新的 GDP 调整数据还没有公布，当时对 2013 年 GDP 的预测值仅为 16.08 万亿美元，而调整后仅 2012 年的美国 GDP 就达到了 16.24 万亿美元，所以等 2013 财年的决算数据发布以后，实际情况肯定会更好；第二，白宫中期评价报告中的数据也比白宫预算管理办公室提供的年度预测数据要乐观，主要表现为减支的效果更好，当时对财政支出的预测高达 3.68 万亿美元，而对财政收入的预测也仅有 2.71 万亿美元。减支和增收都比预期要好，导致目前美国财政状况的改善速度比预期的更快。

由于美国的财政刺激基本停止，且在零利率环境下，在美国财政支出中

① 结构财政赤字指的是剔除随经济周期变化而造成政府财政收入和支出变化以后的财政赤字。换言之，结构性财政赤字主要是由在衰退时为刺激经济而采取扩张性财政政策造成的。

的国债利息支出基本维持不变，所以2013财年美国财政状况的改善几乎全部来自基本财政赤字的缩减，从2012财年的8670亿美元下降到5210亿美元。从导致美国财政状况明显出现好转的具体收入项目来看，随着个人所得税减免到期，个人所得税增长最多，从2012财年的1.13万亿美元提高到了1.31万亿美元，其次是社保工资税，从5700亿美元提高到了6740亿美元。与此同时，随着美国经济的缓慢增长，公司所得税也从2420亿美元提高到2790亿美元。而在支出方面，国防开支和行政开支等自主项目都得到了缩减，预计分别从2012财年的6710亿美元和6140亿美元下降到2013财年的6270亿美元和5880亿美元，成为减支的主要科目。相反，在社会保险、医疗保险和公共医疗补助等刚性支出项目方面却都有不同程度的提高，三项总和从2012财年的1.48万亿美元上升到2013财年的1.58万亿美元。因此，尽管财政巩固必然对经济产生紧缩效应，但是从目前美国的情况看，首先还是以增收作为改善财政状况的主要手段，其次在节支方面也以政府开支为主，而在社会福利方面甚至更宽松。这一方面是为了维持社会的稳定，另一方面也是民主党兑现承诺和争取选民的需要，从而为两党在国会预算审批上的争斗埋下了伏笔。

在州和地方政府层面，同样受益于税收减免的到期和经济增长，财政收入也有所增长。但是增收部分主要用于雇员工资，市政建设支出大幅度下降，因而对经济增长的拖累明显。

2. 降低债务压力依然迫切

年度财政状况的改善固然非常重要，但美国政府仍然债务缠身，降低债务负担的任务非常严峻。

从图3中我们可以看出，就公共债务总额来说，从20世纪90年代以来大致经历了三个阶段：在2000年以前，公共债务的增长比较缓慢，[①] 甚至一度出现停滞，平均年度增长2760亿美元；从2000年到2008年，公共债务的增长开始加速，8年间平均年度增长上升到6158亿美元；而从2009年开

① 事实上从20世纪60年代当美国经济完全从二战的债务中走出来以后，公共债务对GDP的比例就一直在30%到50%的区间内波动。

始，公共债务开始了急剧加速的过程，平均每年增加 14112 亿美元。如果考虑到 GDP 的增长，以公共债务对 GDP 的占比来看美国的债务负担，则可以发现在第一个时期，11 年间从 49. 6% 上升到 58. 2%，平均每年上升 0. 78 个百分点。在此期间其曾一度在 1995 年第 2 季度达到 65. 1%，但很快由于经济增长使得债务负担又开始下降；在第二个时期则在 8 年间从 57. 5% 上升到 77. 4%，平均每年上升了 2. 48 个百分点；在第三个时期更在短短 3 年间从 77. 4% 上升到 100%，平均每年提高 7. 5 个百分点。因此，不论是从债务绝对额还是从相对负担来看，2008 年金融危机以后，空前的衰退和经济刺激使得美国财政赤字快速累积，公共债务迅速膨胀，并在 2010 年达到了高峰，一年之内公共债务就增长了 14970 亿美元。不过，从 2011 年美国开始财政巩固以后，公共债务对 GDP 的占比增长开始放缓，2012 年以来随着美国年度财政赤字开始下降，公共债务对 GDP 占比的增长甚至出现了迟滞。

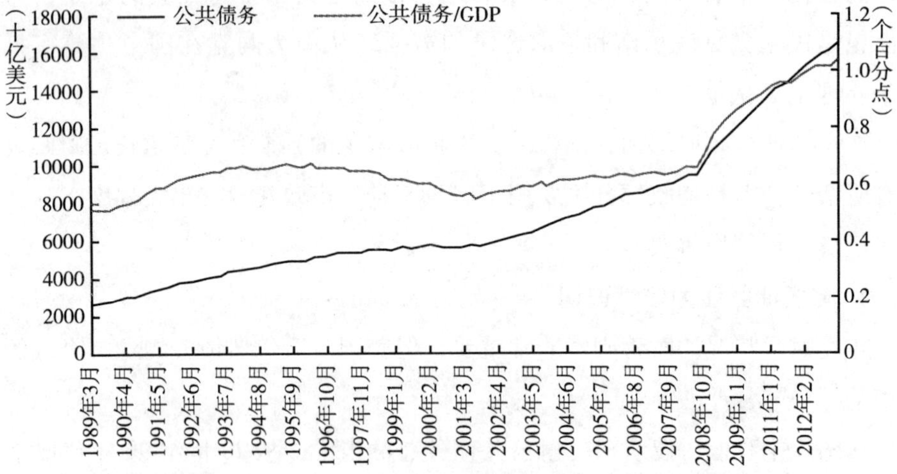

图 3　美国公共债务负担

资料来源：CEIC 数据库。

应该看到，美国从 2011 年以来的“财政巩固”的确遏制了公共债务恶化的情况，但是这也仅仅是抑制了它的高速增长。不可否认的是，目前美国的债务负担依然非常沉重。

欧洲的主权债务危机表明，当一个国家公共债务负担过高以后，市场对公共债务要求的风险贴水就会上升，国债的再融资成本也随之提高。从理论上讲，只要公共债务的融资成本超过经济增长率，则国债的滚动融资就难以为继，就可能会出现违约和债务危机。从目前的情况看，尽管美国的公共债务负担逐渐稳定，但是已经非常接近爆发债务危机的欧洲国家的水平。

美国没有爆发债务危机，甚至依然维持相当高的国债评级的原因可能有很多，比如美国的经济增长潜力强于欧洲、劳动力市场更加灵活、可以通过美元的国际货币地位转嫁债务、美联储通过量化宽松坚决压低市场利率水平、掌握国债评级的话语权等。从 2009 年以来，总体来说，美国的国债收益率一直维持在相当低的水平上，[①] 表明美国国债在市场上依然很抢手，价格还很高，或者说即使仅提供很低的收益率也不难销售出去。

从日本和欧元区国家的正反两方面经验看，外债负担特别是外国投资者持有国债的比例可能是导致债务危机更重要的原因。在危机以前的 2007 年，美国净国际债务头寸一度降低到 12%，但是在危机以后迅速上升，到 2012 年已经达到了 22%，超过了欧元区的平均水平。与此同时，外国投资者在美国国债中的持有比重也从 24% 上升到 34%，美联储和美国政府的持有比例从 50% 下降到 40%。可以说美国公共债务的稳定和可持续性已经在相当大的程度上将其风险转移到外国投资者手中。应该指出的，在这期间美联储和美国政府持有的国债虽然也在增加，但是不仅增长速度低于国债的发行量，而且更低于外国投资者持有量的增长。当然，外国投资者的态度又取决于美国的经济形势和全球的市场状况。在这种情况下，美国显然不能对自己的债务状况高枕无忧。

经济形势好转就应该退出量化宽松，而一旦退出利率水平又会上升，债务负担就会加重。由此来看，最稳妥的政策顺序应该是先将债务负担降低到可持续水平上以后再退出量化宽松。但是，当前的经济形势和对未来通货膨胀预期的压力已经将量化宽松的退出问题提出来了。更严重的挑战是，按照美国国会

① 相对来说，在 2010 年美国国债发行高峰和 2012 年底面临财政悬崖威胁的时候，曾经出现过两次有限的波动；在 2011 年白宫与国会出现债务上限之争的时候，只是日度数据出现了短暂的波动，月度数据几乎没有得到反映，而随后美国国债被降级也没有引起市场大的波动。

预算办公室的预测，到 2017 年美国的国债收益率将出现大幅度的上升，政府的国债利息负担就会随之上升，爆发债务危机的风险也会增加。这意味着留给美国解决债务问题的时间已经非常有限了。

3. 美国财政状况展望

对美国财政状况的展望主要取决于对经济增长和财政收支状况的预测。

对于未来 10 年内美国经济增长以及通货膨胀、失业率和长短期利率水平的预测，目前白宫预算管理办公室与国会预算办公室之间的差距不大，且波动周期基本一致。就经济增长率来讲，到 2016 年将达到峰值，分别是 3.6% 和 4.4%；以 CPI 表示的通货膨胀在 2015 年以后稳定在 2.2% 左右的水平上；失业率逐渐下降，到 2017 年稳定在 5.6% 左右的自然失业率水平上；长短期利率水平都逐渐上涨，特别是在 2016 年前后比较明显，且国会的预测数值也高于白宫的预测数值。

在这个基础情景之上，白宫和国会也分别给出了他们对未来 10 年美国财政状况的预测。由于国会对经济增长的预期比白宫要乐观一些，所以国会对财政收入的预测也比白宫要乐观一些，不过基本趋势大致与经济增长一致，都在 2016 年前后达到高点，此后虽有波动，但是基本维持在这个水平上。以 2015 年财政收入对 GDP 占比为例，国会的预测数据是 19.3%，而白宫的预测数据是 18.5%。在财政支出方面，由于国会更倾向于政府减支，白宫虽然也承诺减支，但是显然力度和决心距离国会的预期还有一定的距离。2015 年财政支出占 GDP 的比例，国会和白宫的预测数据分别是 21.4% 和 22%。因此最终财政赤字占 GDP 的比例自然也有一定的差距，不过从 2013 财年以后，也都大致稳定下来（见表 3）。同样，国会预测数值与白宫预测数值之间的差距也意味着他们之间的争斗将一直延续下去。

总的来看，美国未来 10 年的财政状况会稳定下来，债务总额也将得到控制，从而使得债务负担得到缓和。值得注意的是，随着美国老龄化问题的逐渐加剧，刚性开支会从 2014 年的 2.2 万亿美元上升到 2023 年的 3.6 万亿美元，相反，自主开支将从 2012 年的 1.29 万亿美元下降到 2013 年的 1.21 万亿美元，到 2014 年进一步下降到 1.17 万亿美元。因此，尽管从预测数据看美国

表 3　CBO 与 OMB 对未来十年美国财政状况的预测

财年		2012	2013	2014	2015	2016	2017	2018	2019	2020	2021	2022	2023
CBO	财政收入/GDP	15.8	17.5	18.3	19.3	19.2	18.9	18.8	18.7	18.7	18.8	19.0	19.1
	财政支出/GDP	22.7	21.5	21.6	21.4	21.5	21.3	21.4	21.7	21.9	22.1	22.6	22.6
	财政赤字/GDP	-7.0	-4.0	-3.4	-2.1	-2.3	-2.4	-2.6	-3.0	-3.2	-3.3	-3.6	-3.5
OMB	财政收入/GDP	15.8	17.3	18.0	18.5	18.8	18.9	19.1	19.3	19.5	19.8	19.9	20.1
	财政支出/GDP	22.7	22.0	22.4	22.0	21.9	21.5	21.5	21.9	22.0	22.2	22.4	22.2
	财政赤字/GDP	-7.0	-4.7	-4.5	-3.5	-3.1	-2.6	-2.4	-2.5	-2.6	-2.4	-2.4	-2.1

资料来源：根据 Congressional Budget Office（2013），*Updated Budget Projections*：*Fiscal Years* 2013 *to* 2023，Office of Management and Budget（2013），*Mid-Session Review*：*Budget of the U. S. Government*，*Fiscal Year* 2014 中相关表格整理。

的财政收入有所提高，但是刚性开支和利息支出的上升会给政府自主开支的减支带来新的压力。另外，上述所有这些预测是建立在美国海外军事行动支出下降的基础上的，一旦国际形势出现突发情况，美国的财政赤字又会再次恶化。

2013 年 10 月，国会拒绝通过白宫预算导致政府被迫关门。应该看到，国会和白宫在医保预算问题上产生分歧是完全正常的，但是它们之间的争斗也反映出了党派之争，是美国两党在竞选中观点激化的延续。2011 年的债务上限危机导致美国国债被降级的教训犹在，国会又一而再，再而三地以预算相要挟，将党派之争置于国家利益，甚至全球市场稳定之上。虽然在最后关头双方又达成了妥协，但是共和党与民主党之间的这种胆小鬼游戏已经成了威胁美国经济稳定的一个新变数。

四　微观经济形势稳定后的隐忧

在金融危机以后的一段时间内，美国的宏观和微观经济形势都出现了明显的反弹，但是随后受制于债务问题的威胁，美国宏观经济形势呈现不确定波动，而公司部门的微观业绩却继续得到改善和恢复，表现出明显的反差。然而，从 2011 年中开始，随着宏观经济环境的好转，公司的经营环境虽然得到了改善，但是企业经营业绩却失去了继续增长的势头，宏观和微观的经济形势似乎出现了逆转。

1. 公司财务和融资条件改善，但业绩增长停顿

连续的量化宽松政策使得利率水平一直稳定在最低的水平上，这不仅降低了财政部的国债利息负担，同样也改善了公司部门的融资环境。美联储在其货币政策报告中指出，非金融公司部门总资产中的流动性比率在经历金融危机的冲击以后再次达到了最近20年的最高点，债务对总资产的比例也相应下降。公司部门稳健的财务状况使得公司债券的违约率创下历史新低，工商贷款的违约率也相应下降。公司信用等级的提高和低利率导致了非金融公司部门持续扩大融资，特别是长期融资出现上升趋势。结果，不论是投资级还是投机级的公司债券发行量都上升明显，而商业票据则变化不大。与此同时，尽管与大中企业相比，小企业的信贷需求依然不能得到满足，美国商业银行资产中低于100万美元的商业贷款存量变化不大，但是小企业的贷款条件得到了改善。

值得注意的是，在2013年上半年，被穆迪提升信用等级的公司债券却比被它降级的债券少。造成这种情况的原因主要是美国实体经济部门的销售和盈利增长从2011年开始就进入了平台期，直到2013年第2季度也没有明显的改观。尽管美国的制造业在经历金融危机的冲击以后，销售在2011年中就恢复到危机前的水平，而利润在2009年底就迅速恢复到了危机前的水平，并且在2011年中达到了危机前的150%，但是在此后的两年中停止了增长（见表4）。如果从美国制造业出货量和新增订单的季调同比月度增长率来看就更加明显，经过危机的冲击以后，在2010年初增长达到顶点以后就一路下降，在最近一年中的最高增长速度始终没有超过5%。美国的工业产出指数目前已经接近危机前的水平，产能利用率则在2011年中就进入了平台期，但是其绝对水平依然比危机前略低。

另一个更值得注意的问题是，在公司部门融资不断上升的情况下，企业投资的增长速度并没有出现明显变化，依然维持中等速度的状态。私人投资是美国经济走势的一个先行指标，在金融危机爆发前，美国的私人投资实际上从2006年第2季度就进入了负增长的轨道，一直持续到经济增长反弹高点的2009年第4季度。此后虽然有所波动，但是从没有出现连续两个季度的负增长。其间由于税法对折旧率的调整和税收优惠政策到期的冲击，投资增长在2011年底和2012年底出现过异常。如果剔除这些影响，公司融资的上升并没

表 4　美国制造业的销售和盈利

单位：十亿美元

季度	制造业		耐用品		非耐用品	
	销售	税后利润	销售	税后利润	销售	税后利润
2008Q2	1682.5	100.2	761.1	24.2	921.4	75.9
2008Q3	1673.5	118.6	757.2	33.9	916.2	84.6
2008Q4	1403.7	-73.2	688.0	-62.8	715.7	-10.4
2009Q1	1230.6	37.3	601.9	-7.1	628.6	44.4
2009Q2	1223.8	50.0	578.2	-3.9	645.5	54.0
2009Q3	1299.3	93.6	611.9	31.0	687.4	62.6
2009Q4	1356.5	106.0	635.2	35.2	721.3	70.8
2010Q1	1386.4	111.2	643.9	48.4	742.4	62.7
2010Q2	1427.0	106.2	673.0	58.1	753.9	48.1
2010Q3	1456.9	124.0	694.6	59.4	762.2	64.5
2010Q4	1485.0	137.0	695.0	66.6	789.9	70.4
2011Q1	1573.5	146.1	715.5	68.4	858.0	77.7
2011Q2	1618.0	152.2	716.1	67.6	901.9	84.6
2011Q3	1643.9	148.0	741.8	70.2	902.1	77.8
2011Q4	1649.1	148.3	753.7	77.8	895.4	70.4
2012Q1	1690.9	146.4	776.9	70.7	914.0	75.6
2012Q2	1650.2	146.0	773.8	67.1	876.4	78.8
2012Q3	1650.9	135.7	771.2	61.7	879.6	74.0
2012Q4	1677.1	135.3	780.7	59.7	896.4	75.6
2013Q1	1666.9	150.7	773.4	69.3	893.5	81.4
2013Q2	1664.8	142.1	789.9	65.6	874.9	65.6

资料来源：美国人口普查局。

有明显带动投资的增长。商业银行的工商信贷在最近一年间甚至出现了下降趋势，从 2012 年 6 月的 12% 下降到 2013 年 5 月的 8%。

不过，相比非住宅投资，住宅投资在 2011 年以后出现了比较明显且相对稳定的增长势头。伴随着经济增长，低房价和低利率不仅使得房贷违约率下降，而且对住宅的需求逐渐上升，房地产市场逐渐活跃，空置率下降，开工率上升，销售量增长。但是与此同时，房价和住房抵押贷款利率也开始上升，使得住房购买力和新屋销售在 2013 年初达到顶点以后又出现了下降的趋势。

2. 生产率、工资、企业利润和通货膨胀之间的互动

毫无疑问，公司部门微观经济的状况最终取决于企业的效率。目前不论是从非农企业人均产出还是从小时产量来看，在经历了危机后的短暂反弹以后，自2011年以来，季度同比增长率一直处于低位，特别是在最近一年中表现得更加明显。数据显示，金融危机以后，在美国非金融企业的劳动力比例出现了明显的下降，从而造成了每小时产出的相应上升，而劳动力比例的下降又不可避免地造成了平均工资水平的下降。这在2010年以前表现得十分明显，正好解释了美国公司部门在遭到危机冲击以后能够迅速其出调整、扭亏为盈的基本原因。此后，工资水平相对稳定，而缓慢的劳动生产率增长使得2011年中以后公司部门的盈利增长也变得缓慢甚至停顿。也就是说，在危机后最初反弹复苏阶段，微观经济调整迅速，盈利状况很快攀升并超过危机前水平的主要原因在于劳动力比例下降、工资水平降低以及工作时间从危机时的低点逐渐恢复到正常水平前的增长等因素共同作用的结果。而在2011年以后，上述因素呈现的稳定趋势又造成了企业效益增长的停滞。

我们在前面曾经指出，不论是核心CPI还是核心PCE都只能剔除输入型通货膨胀的直接影响而无法剔除其间接影响，所以只能降低外部冲击的力度而不能完全消除。从2008年秋天到2011年，随着世界经济增长反弹，全球大宗商品的价格持续回升，逐渐推高了美国的通货膨胀水平，并且在2011年秋季达到了美联储应该收紧货币政策的临界点，以至于美联储明确作为货币政策松紧门槛的是核心PCE而非核心CPI，来为延续量化宽松争取些微的空间。但是此后对美联储来说非常幸运的是，从那时开始，全球大宗商品市场价格就呈现稳定的趋势，输入型通货膨胀压力立即得到了缓解，而与此同时，国内工资上涨趋势也得到了抑制，最终，不论是以核心CPI还是以核心PCE来衡量的美国通货膨胀水平都出现了大体稳定且稳中有降的局面。2013年7月，核心PCE仅为1.18%，远远低于埃文斯规则的加息门槛，核心CPI也仅达到1.7%。通货膨胀压力的下降无疑为量化宽松的货币政策提供了有利的环境。

3. 就业市场好转，但结构转型压力依旧

2008年金融危机对美国经济政策的最大影响可能就在于随后出现的持续时间超长的高失业状态，以至于美联储不得不采取埃文斯规则来进行货币政策沟通，管理货币政策预期。与通货膨胀不同，失业率虽然成了货币政策走向的决定因素，但是失业率本身的走向却主要是由微观经济形势决定的。[①]

如果以8%作为高失业的标志，那么在二战以后，美国只在20世纪70年代初的石油危机和80年代初的货币主义试验阵痛期出现过两次超过8%的高失业时期，持续时间分别是从1975年1～12月的12个月和从1981年11月到1984年1月的27个月。而此次危机则造成了从2009年2月到2012年8月整整连续43个月的高失业。到2013年8月也才下降到7.3%。如果按照这个速度，达到6.5%的埃文斯准则标准可能最快也要到2014年初。也就是说，从失业压力的角度看，宽松的货币政策可能要维持将近5年之久。

那么为什么这次衰退会造成如此长时期的高失业呢？不少人提出了不同于一般周期性失业的结构性失业解释。从行业失业率统计看，在危机爆发以后，虽然各行业的失业率都出现了明显上升，但是以建筑、自然资源和维修行业以及生产、运输和搬运行业的失业率增加最明显，从危机前6%～7%的水平急剧上升到15%～20%。显然，失业率的这种行业分布与这次危机的行业特点是相符的。不过有意思的是，从2010年初以来，这两个行业的失业率持续下降，到2013年8月已经接近了危机前的失业率水平。但是，这最多只能说明相关行业的复苏。在前面我们已经指出，危机以后，美国的劳动用工比例开始下降，这意味着失业率的下降可能伴随着劳动参与率的下降，因为这些行业的用工需求毕竟下降了。所以，我们还有必要从行业空职率来分析造成美国当前高失业长期持续的原因。我们发现，其实不仅是在危机以后，甚至从有行业空职率统计的2000年底开始，在私人部门非农就业的8个行业中，建筑业和制造业的空职率就一直是最低的，而专业和商业服务行业以及教育和保健服务行业的空职率一直是最高的。毫无疑问，行业空职率反映了美国经济结构转换中劳动力供给的结构性矛盾。指望多余的建筑业和制造业工人来填补专业和商业服务领域以及教育和保健服务领域的职位空缺显然是不现实的。因此，美国持久的高失业本身实际反映了一种结构性失业，而这种劳动力供给结构的转换一

① 美联储在货币政策报告中增加的有关长期目标和货币政策报告的声明中明确指出，长期通货膨胀率主要是由货币政策决定的，而就业水平则是由影响劳动市场结构和动态的非货币政策因素决定的。

定是漫长的，在此期间偏高的失业率水平也是一种正常的现象。

从常理上说，长期的高失业一定伴随着失业者失业持续时间的延长，因为他们长期脱离职场，再就业出现困难。从这次危机造成失业的具体情况来看，我们发现几乎从危机刚刚爆发的时候开始，总失业人口中长期失业者的比重就迅速增加，短期失业者的比重迅速下降。[①] 到 2009 年底，仅仅过了大约 15 个月，失业者的平均失业时间就从危机前的 17 周上升到 30 周，也就是说危机后失业者的再就业概率很低。而在此后的 18 个月中，失业者的平均失业时间才从 30 周缓慢上升到 40 周左右。尽管在此期间失业问题事实上成了美国宏观经济政策的关注核心，但实际上美国的劳动市场已经开始出现转暖的迹象，失业者的流动性开始上升。在维持了大约一年的平台期以后，美国失业者的平均失业时间从 2013 年开始下降，到 2013 年 8 月缓慢下落到 37 周的水平上。但与此同时，长期失业者在总失业人口中的占比仅从 45% 缓慢下降到 37% 的水平上。所以，从目前有关失业情况的指标看，美国的就业市场正在开始转暖。但是，从结构性失业的角度看，即使是当前美国失业率开始下降，不仅自然失业率可能上升，失业持续时间也可能会维持在高于以往平均水平的幅度上。总之，美国的失业状况有好转，但是不会达到历史最好水平。也许正是由于这个原因，埃文斯规则才将失业率设定在 6. 5% 这个偏高的水平上。

五　外部经济的影响：稳定与潜在冲击

从 2013 年开始，在美联储给国会提交的两期货币政策报告中都有意无意地淡化了以往外部经济影响的内容。不过，从国际贸易和资本流动的变化中，我们还是可以发现一些问题。我们的分析显示，美国的再工业化进程即使没有明显促进出口，但是对于改善美国的经常项目具有重要的作用，而美国资本项目的波动则意味着对于在很大程度上依赖资本流入来维持国际收支平衡的美国经济来说，潜在的不确定因素依然存在。

---

① 按照美国劳工署的定义，失业 27 周以上即为长期失业，而我们在这里将失业 14 周以下的失业者定义为短期失业。

1. 出口和进口同步放缓

金融危机以后，美国提出了再工业化和出口倍增计划，并且在前几年取得了比较理想的效果，然而这种趋势在2012年出现了一些变化，2013年这种趋势变得更加明显。

从总体贸易情况看，自2010年美国的出口增长率跃上两位数以后，一直持续了将近两年，其间虽经受了日本大地震的冲击，月平均同比增长速度（算术平均）仍达到了13.58%。但是，从2011年11月以后，出口同比增长跌回到一位数，并且维持了一路阴跌的走势。2012年月平均同比增长速度下降到4.42%，2013年前7个月更进一步下降到1.98%。由于2012年的出口仅为2.21万亿美元，从现在的情况看，2013年的出口很难超过2.5万亿美元。按照这样的速度，出口总额要从2009年的1.57万亿美元倍增到2014年的3.14万亿美元，希望非常渺茫。欧洲等发达经济体债务缠身，新兴市场增长减速，无疑都制约了美国出口的增长。从2010年以来，美国对发达经济体的出口增长非常有限，特别是从2012年第3季度以来甚至连续出现了负增长。由于新兴市场从美国的进口已经基本与发达国家持平，因此，从2012年以来，美国对新兴市场的出口增长明显放缓对美国总出口的影响非常显著。

相比暗淡的出口情况，美国进口的衰减程度更严重，2013年的前7个月甚至出现了负增长。当然，目前的美国经济与2009年已经完全不同，不仅走出了衰退，而且在国内消费需求的支持下宏观形势逐渐趋于稳定。在这种情况下，进口出现停滞显然是不正常的。2013年以来，美国国内市场的零售额虽然也出现了波动，但是总体情况还是明显好于负增长的进口。与此同时，零售库存也保持了稳定，制造业的出货量则大体保持了与国内零售额的同步波动。这种情况意味着美国的再工业化即使没有推动出口，至少减轻了国内市场对进口的依赖。

从美国货物贸易和服务贸易增长的对比中我们也可以发现，尽管全球经济出现了减速的迹象，导致美国货物贸易出口增长明显下降，但是美国服务贸易的出口所受到的冲击要小得多。2012年美国服务贸易出口的月度同比平均增长率为4.96%，而2013年前7个月服务贸易出口的月度同比平均增长率为4.49%。相比之下，2012年和2013年美国货物贸易出口的月度同比平均增长率分别为4.18%和0.91%，受全球经济增长放缓的冲击十分明显。因此，虽然美国的货物贸易在全球具有明显的比较优势，但是毫无疑问，美国的服务贸易在全球的比较优势更明显。目前美国的服务贸易额大约仅为货物贸易额的40%，但其对美国贸易收支的稳定作用值得重视。按照美国经济分析局的数据，从2012年第3季度到2013年第2季度美国经常项目的逆差为4128.5亿美元，而在此前一年中为4535.3亿美元，减少了406.8亿美元。

2. 资本流动的数量和结构波动依旧

与贸易渠道相比，美国作为全球重要的金融市场，金融项目下的资本流动对美国自身和全球经济的影响更重要。这种重要性对美国来说是必须保持资本流入以维持美元的稳定，对其他国家，特别是规模小、易受冲击的新兴市场来说，流入/流出美国游资的改变都可能对其宏观经济的稳定产生重大影响。

在2012年初凸显的欧洲主权债务风险逐渐平息以后，美国私人对外直接投资和证券投资也随之恢复，但值得注意的是，美国开始将其在海外银行和券商的债权变现并撤回国内。而外国投资者在美国投资方面，2012年第2季度一度出现了罕见的回流，但是在此后的4个季度中又恢复了流入状态。其中，官方资本的主要流入方向还是美国国债，但是在2013年第2季度也出现了减持。私人资本流入虽然在总量上大体保持了稳定，但是其资产持有形式也出现了类似的变化，值得引起我们的注意。从2013年以来，私人资本也开始减持美国国债，转而增持美国金融机构的债权。

由于经常项目赤字相对稳定，金融项目的波动使得美国的国际收支余额也呈现较大的波动，而外国投资者持有美元资产的转换也表现了他们对美元资产风险评估的变化。

六　结论

尽管在过去的一年中，美国经济经历了财政悬崖和全球经济放缓的冲击而表现出一定的波动，但是作为美国经济重要支撑的私人消费对经济增长的贡献大体保持了稳定，体现了美国经济的内在稳定性在增强。与此同时，税收增加和支出缩减使得美国的财政状况出现了好转的迹象；公司部门的盈利水平虽然没有明显增长，但失业率继续下降；出口放缓的同时进口也出现下降，对经济增长呈现中性影响。在这种情况下，市场对美联储缩减量化宽松幅度的预期不断上升。

在近期美国经济增长面临的不确定性主要包括：第一，美联储缩减量化宽松的幅度、进度及其对经济增长的影响；第二，全球经济，特别是在美联储缩减或退出量化宽松以后，新兴市场的经济增长及其对美国经济的影响。美联储加息以后对美国债务负担及其可持续性的影响则是威胁美国经济稳定的长期不确定性因素。从目前的情况看，我们认为，美联储对缩减量化宽松幅度的态度将是审慎的，会综合考虑退出时机和国内外影响。2013 年的经济增长可能略低于 2012 年的水平，处于 1.5% ~1.7% 的预测区间内，2014 年则可能逐渐回升到 2% 左右的水平。

参考文献

U. S. Census Bureau (2013), *Second Quarter 2013 Data from the Quarterly Financial Report: U. S. Manufacturing, Mining, Wholesale Trade and Selected Service Industries*, September 9, 2013.

Board of Governors of the Federal Reserve System (2013), *Monetary Policy Report to the Congress*, July 17, 2013.

Bureau of Economic Analysis (2013), *Results of the 2013 Comprehensive Revision of the National Income and Product Accounts*, July 31, 2013.

Congressional Budget Office (2013), *Updated Budget Projections: Fiscal Years 2013 to 2023.*

Office of Management and Budget (2013), *Analytical Perspectives: Budget of the U. S. Government, Fiscal Year 2014.*

Office of Management and Budget (2013), *Mid-Session Review: Budget of the U. S. Government, Fiscal Year 2014.*

Y.3

欧洲经济：经济复苏缓慢

东 艳*

摘 要：

2012 年下半年以来，欧洲债务危机风险逐渐下降，金融状况好转，带动了实体经济回暖。但外部需求的下降、财政巩固政策的紧缩效应、不确定的市场环境、限制性信贷政策等因素使欧洲，特别是欧元区经济的复苏较为缓慢，2013 年欧洲经济增长率将为负。由于货币政策仍较为宽松、财政紧缩政策有所放缓、外部需求恢复等因素的推动，预计 2014 年欧洲将实现正增长。

关键词：

欧洲经济　主权债务危机　经济前景

随着欧洲应对主权债务危机的各项政策逐渐发挥作用，2012 年下半年以来，欧洲债务危机的风险下降，但经济复苏较为缓慢。2012 年，欧盟和欧元区经济出现了负增长，2013 年第二季度欧洲经济开始出现反弹，预计 2013 年欧盟和欧元区经济仍将处于负增长状态，欧洲经济全年增长率为 -0.1%，而欧元区的增长率则为 -0.3% ~ -0.5%。我们在上年度黄皮书的报告中认为："2013 年欧洲经济将缓慢调整，经济增长率由负转正，但经济增长仍不稳定。"欧洲经济复苏缓慢的总体趋势与我们的预期相符，但欧洲经济的复苏速度低于我们的预期。预计 2014 年欧洲经济将恢复正增长，欧洲经济全年增长率为 1.2% ~1.4%，而欧元区的增长率则为 0.9% ~1.1%。

---

* 东艳，经济学博士，中国社会科学院世界经济与政治研究副研究员，主要研究领域为国际贸易。
感谢许冰清同学在数据整理方面所做的工作。

一　2012～2013年总体经济状况

1. 欧洲经济增长状况

2012年下半年以来，欧元区各项危机纾困措施逐渐发挥作用，欧洲债务危机的风险下降，但欧洲经济仍复苏缓慢。2012年欧盟GDP增长率为-0.4%，欧元区为-0.6%。从季度数据看，从2012年第三季度至2013年第二季度，欧盟按年率计算的实际GDP环比增长率分别为0.1%、-0.4%、0%和0.4%，欧洲经济在2013年逐渐好转，出现企稳反弹势头。欧元区经济在经历了自2011年第四季度以来连续六个季度的环比负增长后，2013年第二季度GDP下滑幅度有所缓和，环比增长率为由负转正，为0.3%。2012年第三季度至2013年第二季度，欧洲各国经济形势呈现一定的差异（见表1）。

表1　欧洲国家GDP环比增长速度

单位：%

	2011年		2012年				2013年	
	第3季度	第4季度	第1季度	第2季度	第3季度	第4季度	第1季度	第2季度
比利时	0	0	0.1	-0.4	0	-0.1	0	0.2
德国	0.4	0.1	0.7	-0.1	0.2	-0.5	0	0.7
爱沙尼亚	1	-0.2	2.3	-0.1	1.3	0.5	-0.1	-0.2
爱尔兰	0.1	0.4	-0.6	0.8	-1	-0.2	-0.6	—
希腊*（同比）	-5.0	-7.5	-6.7	-6.4	-6.7	-5.7	-5.6	-4.6
西班牙	-0.3	-0.4	-0.4	-0.5	-0.4	-0.8	-0.4	-0.1
法国	0.2	0.2	0	-0.3	0.2	-0.2	-0.2	0.5
意大利	-0.1	-0.7	-1	-0.6	-0.3	-0.9	-0.6	-0.3
塞浦路斯	-1	-0.2	-0.3	-1	-0.8	-1.5	-1.7	-1.8
卢森堡	0.6	0.2	-1	0.6	-0.2	2.2	-1.6	—
马耳他	0.1	0.1	-0.2	1	0.6	0.2	0.1	0.7
荷兰	-0.3	-0.7	-0.3	0.4	-0.9	-0.6	-0.4	-0.2
奥地利	-0.1	0	0.4	0.2	0.1	-0.1	0.1	0.1
葡萄牙	-0.5	-1.7	-0.1	-1	-0.8	-1.9	-0.4	1.1
斯洛文尼亚	-0.3	-0.6	-0.5	-1.3	-0.4	-1	-0.5	-0.3

续表

	2011年		2012年				2013年	
	第3季度	第4季度	第1季度	第2季度	第3季度	第4季度	第1季度	第2季度
斯洛伐克	0.7	1	0.4	0.3	0.2	0.1	0.2	0.3
芬兰	0.7	-0.2	0.4	-1.5	-0.3	-0.8	-0.2	0.2
欧元区(17国)	0.1	-0.2	-0.1	-0.3	-0.1	-0.5	-0.2	0.3
保加利亚	0.2	0.1	0.3	0.1	0.1	0.1	0.1	-0.1
捷克共和国	0	-0.2	-0.5	-0.5	-0.3	-0.3	-1.3	0.6
丹麦	-0.3	-0.3	0.2	-0.8	0.9	-0.7	-0.2	0.5
克罗地亚	-0.4	-0.4	-0.9	-0.4	-0.3	-0.4	0	—
拉脱维亚	1.2	0.9	1.2	1.6	1.5	1.2	1.2	0.7
立陶宛	0.8	1.3	0.3	0.6	1.5	0.7	1.3	0.7
匈牙利	0	0.3	-1.5	-0.5	0	-0.5	0.6	0.1
波兰	0.8	1	0.3	0	0.4	0.1	0.2	0.4
罗马尼亚	2.5	-0.9	-1	1.4	-0.5	1	0.4	0.5
瑞典	1.2	-1.3	0.8	0.9	0.2	-0.2	0.3	-0.2
英国	0.6	-0.1	0	-0.5	0.7	-0.2	0.3	0.7
欧盟(27国)	0.2	-0.2	-0.1	-0.3	0.1	-0.4	0	0.4
冰岛	2.2	0.5	3	-6	4.1	0.3	4.4	-6.5
挪威	2	0.1	1.7	0.4	-0.5	0.2	-0.1	0.8
瑞士	-0.2	0.2	0.5	0	0.7	0.3	0.6	0.5
前南斯拉夫的马其顿共和国	3.3	7.5	-20.2	12.1	4.3	—	—	—
塞尔维亚	-0.2	-0.5	-1.9	1.6	-0.9	0	1.9	—

注：按年率计算的环比季度数据，经过季节和工作日调整。

*希腊的环比数据无法获得，表中为未经季节调整的GDP季度同比数据。

资料来源：Eurostat，ECB：*Statics Pocket Book*，September 2013。

（1）陷入欧洲债务危机的国家仍处于衰退中，一些国家受危机影响也处于经济低迷期

从2012年第三季度至2013年第二季度，陷入欧洲债务危机的国家，如希腊、塞浦路斯、意大利、葡萄牙、西班牙等国依旧处于经济衰退中。危机也影响了斯洛文尼亚、荷兰、捷克、芬兰、克罗地亚等国的宏观经济形势。这些国家在报告期的经济增长率为负。

希腊经济继续处于衰退中，从2012年第三季度至2013年第二季度，希腊GDP季度同比增速分别为-6.7%、-5.7%、-5.6%及-4.6%。大规模的财

政巩固、实际工资下降及出口下降使希腊经济处于收缩之中。2013 年第三季度，旅游业的收入提高对希腊经济增长起到了一定的促进作用，但希腊在短期内还难以走出经济低迷。塞浦路斯长期以来被外国投资者作为“避税天堂”，银行业出现了盲目的扩张。2011 年，由于塞浦路斯银行爆发了金融危机和债务危机，塞浦路斯银行业危机对实体经济影响严重，紧缩的信贷政策、财政巩固政策、劳动力市场恶化等因素影响了塞浦路斯的消费和投资增长。2012 年塞浦路斯经济下滑了 2.4%，2013 年仍处于衰退中。在 2013 年第一和第二季度，塞浦路斯 GDP 同比增长率分别下降了 1.7% 和 1.8%。意大利经济从 2012 年第三季度以来一直处于萎缩中，GDP 季度环比增速分别为 -0.3%、-0.9%、-0.6% 及 -0.3%，财政紧缩政策和限制性信贷政策延长了意大利的经济衰退。葡萄牙大规模财政紧缩政策及外部需求的疲软使其经济处于收缩状态。2012 年葡萄牙 GDP 增长率为 -3.2%，这是该国自 1975 年以来经历的最大幅度的经济下滑。2013 年第二季度，在外部需求和国内建筑业投资的支撑下，葡萄牙在连续 10 个季度的经济萎缩后首次实现环比正增长，增长率为 1.1%，但同比增长率仍为 -2%，预计葡萄牙 2013 年 GDP 增长率为 -2.3%。西班牙经济自 2011 年中期进入经济衰退，目前经济仍未走出萎缩。财政紧缩政策、收紧的信贷政策、私人部门债务减免，以及欧洲经济的下行压力等因素影响了西班牙的需求。2012 年西班牙 GDP 增长率为 -1.4%，预计 2013 年为 -1.7%。

匈牙利、捷克、斯洛伐克、波兰和斯洛文尼亚等东欧国家对欧盟经济的依赖性较高，欧洲债务危机使这些国家受到了较大冲击。斯洛文尼亚、匈牙利和捷克等国在 2012 年主权债务状况恶化，市场悲观情绪上升，使得这些国家的融资成本明显上升。近年来，斯洛文尼亚因受欧债危机等因素影响，经济陷入衰退。2012 年第三季度以来斯洛文尼亚经济继续处于经济萎缩中，GDP 季度环比增速分别为 -0.4%、-1%、-0.5% 及 -0.3%。银行业处于困境、企业债务中不良贷款比率超过 20%。预计 2014 年斯洛文尼亚将进入缓慢复苏期。匈牙利和捷克的债务问题较严重，捷克 GDP 持续下降。荷兰、芬兰、克罗地亚经济均处于下滑状态。

（2）德国、法国、英国等欧洲主要经济体处于低速增长状态

2012 年德国经济增速放缓，第四季度环比负增长，工业产出下降、出口

需求减少，导致德国国内投资增长放缓。2013 年德国经济重新开始缓慢增长，前两个季度 GDP 季度环比增速分别为 0%、0.7%，个人消费和政府支出的增加是促进德国经济增长的主要动力，德国投资（特别是建筑业投资）和外部需求也有所增长。

法国在报告期正在实行严格的财政巩固政策，法国经济在 2012 年第四季度和 2013 年第一季度连续出现环比负增长，而在 2013 年第二季度实现了环比 0.5% 的增长。居民消费支出、对外贸易、商业库存等方面的增长促进了经济的反弹。2013 年法国经济将处于缓慢复苏状态。

英国经济处于低速增长期，从 2012 年第三季度至 2013 年第二季度，英国 GDP 季度环比增速分别为 0.7%、-0.2%、0.3% 及 0.7%。虽然欧元区贸易伙伴需求不足、公共和私人部门去杠杆化等因素给英国经济增长带来了下行的压力，但较为宽松的货币政策、恰当的财政巩固政策等促进了英国经济逐渐迈向稳步增长。

（3）立陶宛、拉脱维亚、爱沙尼亚等新兴经济体经济增长速度有所下降，但仍显示出增长活力

立陶宛、拉脱维亚、爱沙尼亚等国家的经济增长速度高于欧洲其他国家，虽然受欧洲债务危机影响，经济增长率有所下降，但仍显示出较强的增长活力。拉脱维亚是欧盟成员国中经济增长最快的国家，2012 年该国 GDP 增长率为 5.6%，2013 年拉脱维亚前两个季度 GDP 环比增长率分别为 1.2% 和 0.7%。制造业的增长和对外贸易的拉动是拉脱维亚经济增长的主要动力。土耳其、爱沙尼亚 2013 年 GDP 增长率预计为 3% 左右。

2. 欧元区经济增长因素分解

欧元区 GDP 占欧盟 GDP 的 73%，欧元区债务危机的发展及其经济走势对整个欧洲经济表现起主导作用。下面我们将重点对欧元区经济增长因素进行分解，以判断欧洲经济增长的特点和发展趋势。

从支出构成上看，居民消费占欧元区 GDP 总额的比重约为 60%，居民消费的变动是影响欧元区经济走势的重要因素。环比指标显示，自 2011 年第三季度以来，居民消费支出持续下降，2012 年第三季度至 2013 年第一季度，环比增长率分别为 -0.1%、-0.5%、-0.2%，2013 年第二季度，

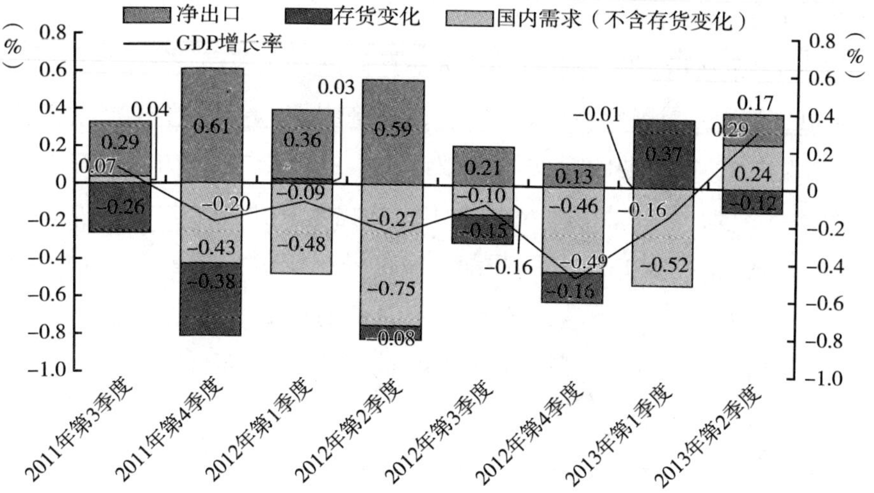

图1　欧元区总需求各部分对 GDP 的贡献度

注：按年率计算环比的季度数据，经过季节调整。

资料来源：根据 Eurostat 相关数据绘制。

居民消费出现反弹，实现了0.2%的环比正增长，成为该季度经济企稳的主要推动力。大宗商品和油价上涨侵蚀了居民的实际收入水平，就业率的下降影响了居民的收入。随着通货膨胀率的降低，以及财政压力的减缓，居民消费将逐渐提高。

欧元区一些国家实施的财政紧缩政策使政府消费对 GDP 增长的贡献微弱。欧元区政府消费支出增长率处于较低水平，2012 年第三季度至 2013 年第二季度，环比增长率分别为 -0.2%、0.1%、0.0%、0.4%。其中，占政府消费支出一半的政府雇员工薪支出持续缓慢下降，反映了欧元区一些国家的政府部门裁员和减薪等状况。

欧元区的固定资本形成总额从 2011 第二季度起开始下降，2012 年第三季度至 2013 年第一季度，固定资本形成总额的环比变动率分别为 -0.4%、-1.2%、-2.2%，对经济增长的贡献为负。影响投资的因素包括周期性的经济低迷、不确定的市场环境、财政紧缩政策、限制性信贷供给以及各部门的调整进程等。2013 年第二季度，在商业信心恢复、资本品生产增加、资本利用率提高等因素影响下，固定资本形成总额出现反弹，环比增长了0.3%。

欧洲债务危机后，欧元区的对外贸易是促进欧元区经济增长的主要动力。2012年第二季度，对外贸易对GDP增长的贡献为0.56个百分点，之后受外部需求下滑及2012年中期欧元实际有效汇率上升的影响，2012年第四季度和2013年第一季度，商品和服务贸易进出口均出现环比负增长。对外贸易对经济增长的贡献下降。2013年第一季度，净出口对GDP的贡献率为-0.01个百分点，而在2013年第二季度，净出口对GDP的贡献率转为正值，为0.17个百分点。从出口国来看，来自发达国家的需求相对较为旺盛，而欧元区对新兴经济体的出口形势不佳。

从增加值角度分析，欧元区各部门延续了自2011年第四季度起的负增长，工业部门（不包括建筑业）增加值在2012年第三季度至2013年第一季度环比增长率分别为-0.3%、-1.7%、-0.4%，需求不振影响了工业部门的经济表现。服务业增加值在2012年第三季度至2013年第一季度呈现小幅度下降，季度环比增长率分别为-0.2%、-0.3%、-0.1%，贸易服务、运输业、餐饮业出现负增长。非市场化的服务业，如教育、公共管理、医疗、社会服务等行业，受财政巩固计划的影响而增长缓慢，但房地产等行业保持正增长。在2013年第二季度，工业增加值连续6个月下降的趋势出现逆转，环比增长率为0.3%。从部门分解看，反弹主要源于工业部门（不包括建筑业）及服务部门的增长，2013第二季度建筑业未走出低谷，对总增长值的贡献仍为负。

3. 物价水平分析

受经济增长速度下滑的影响，欧元区通货膨胀率在2011年第三季度达到3%的最高点后逐步下降，2012年HICP通货膨胀率为2.5%。2013年欧元区的物价水平进一步下降，前8个月HICP通货膨胀率平均值为1.6%，各月HICP均在欧洲央行确定的中期通货膨胀率2%的警戒线之下。总需求低迷、经济复苏缓慢和能源价格下降等因素促使物价水平的下降。

从具体项目分析看，能源和食品类商品占欧元区HICP篮子的30%，对HICP有较强的影响。如图2所示，2012年HICP中能源部分的价格变动率为7.6%，在2013年，能源价格水平变动率出现显著下降，2013年前8个月的平均值为 1.5%。原油价格的下降以及欧元升值带动进口商品价格下降是引发能源价格快速下降的主要因素。食品类价格变动对 HICP 的总体影响不明显，非加工类食品和加工类食品两类价格的反向变动相互抵消。非加工食品类价格继续保持增长的趋势。2011 年 HICP 中非加工食品部分的价格变动率为 3.1%，而2012 年前8 个月的平均值提高到4.45%。此类商品中的水果、蔬菜等受自然因素和季节因素影响大，价格的波动性明显。加工类食品价格变动率 2012 年为 3.1%，2013 年前 8 个月平均值为 2.3%。剔除能源和食品的 HICP 通货膨胀率也呈现下降趋势，非能源工业品价格变动率下降明显，其中，服装和鞋的价格下降显著。而服务业价格变动率则平缓下降。

4. 就业状况分析

欧洲经济的持续低迷影响了欧洲就业状况，失业率居高不下，劳动力市场的表现比经济总体的表现差。2012 年欧盟和欧元区的失业率分别为 10.5% 和 11.4%，2013 年 1 月欧盟和欧元区的失业率分别达到 11.4% 和 12.7% 的高点，之后呈现逐月缓慢下降的趋势。图 3 列出了在 2013 年前 7 个月平均失业率超过 10% 的 14 个国家的劳动力就业状况。陷入欧洲债务危机的国家面临较为严重的失业问题，其中希腊和西班牙情况最严重，失业率分别高达 27.3% 和 26.6%，塞浦路斯、斯洛文尼亚的失业率有较大幅度的上升。就业形势的日益恶化降低了居民可支配收入，影响了居民消费，同时也加重了社会福利负担和财政补贴压力。

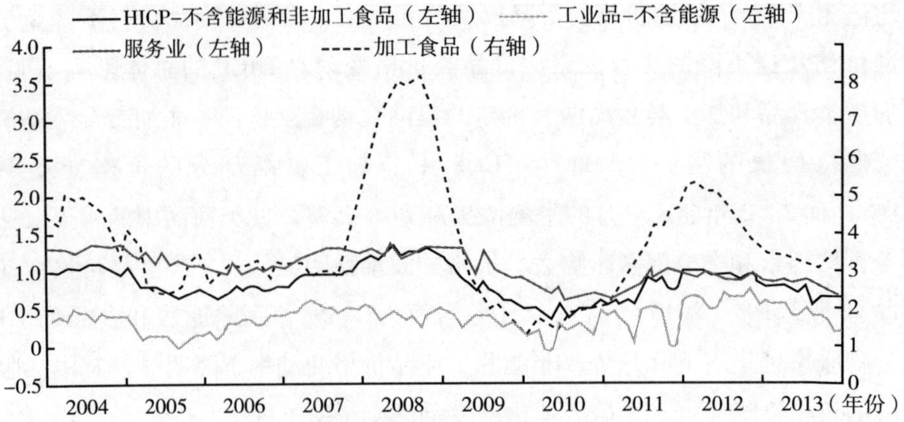

图 2　欧元区消费价格指数及其主要组成部分

注：数据为年变动率，月度数据，期限为 2004 年 1 月至 2013 年 8 月。

资料来源：根据 Eurostat 相关数据绘制。

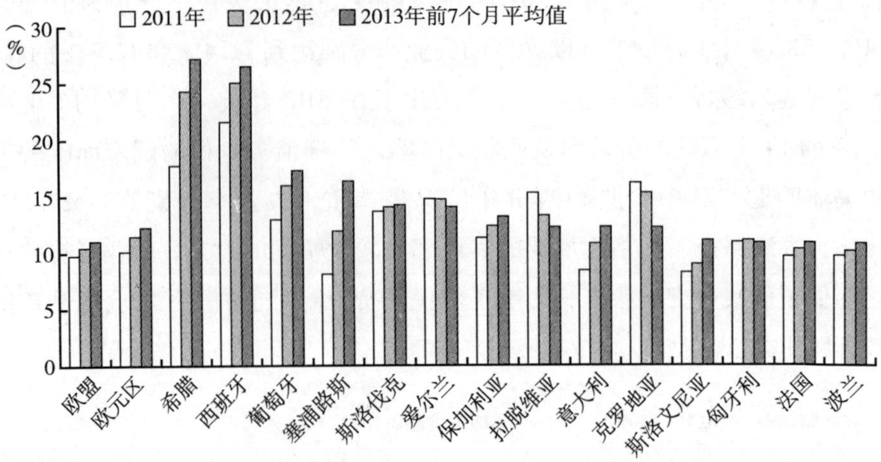

图 3　欧洲国家失业率

资料来源：Eurostats。

二　货币与金融状况

1. 欧洲中央银行实施了适应性的宽松货币政策

在欧洲经济持续低迷和失业率居高不下、美国和日本等国实施量化宽松货币政策、欧元区较低的通货膨胀率提供了降息空间等因素的影响下，欧洲中央银行在报告期内实施了适应性的宽松货币政策。这些政策包括降息、继续实施主要再融资操作（MRO）、考虑启动第三轮长期再融资操作（LTRO）等。

2013 年 5 月 8 日，欧洲中央银行采取了降息政策。这是继 2012 年 7 月以来，欧元区再次下调主导利率。2011 年 11 月、2011 年 12 月及 2012 年 7 月，欧洲央行曾三次下调了主导利率、隔夜存款利率和隔夜贷款利率，每次下调 25 个基点（见图 4）。此次调整，主导利率下调 25 个基点，至 0.50% 的历史最低水平，隔夜贷款利率下调 50 个基点至 1.0%，而隔夜存款利率因为已经为零，此次仍保持不变。主导利率的下调有利于欧元区边缘国家的银行从欧洲中央银行获得低息贷款融资，而核心国运行健康的银行则继续通过市场来进行融资。欧元区利率下调后，欧元隔夜平均利率指数（EONIA）和其他短期市场利率仍处于较低的水平，反映出市场仍有较充足的流动性。因为欧元区的原来利息已经很低，降息的作用有限。而其他政策，如“直接货币交易”（OMT）等举措有效地降低了欧元区成员国的借款成本，其效果超过了降息的作用。

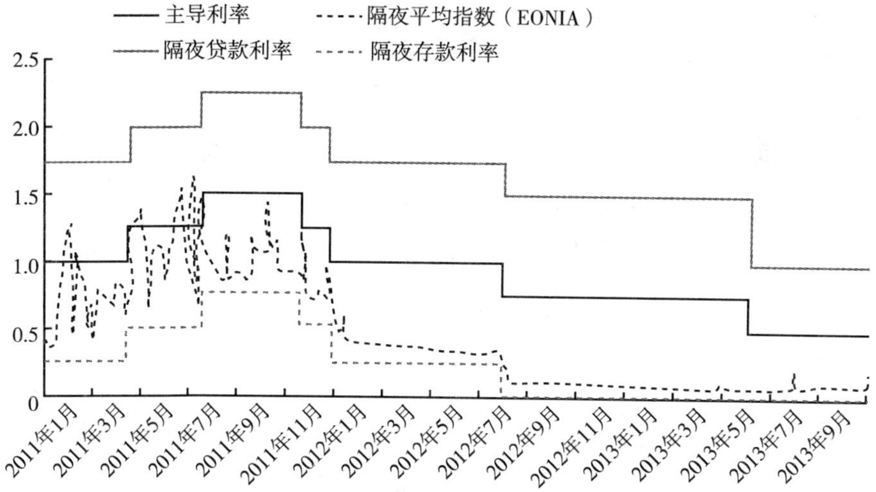

图 4　欧元区央行利率及隔夜平均指数

资料来源：根据 ECB 及 Euribor-EBF 数据绘制。

2012 年 12 月和 2013 年 5 月，欧洲央行决定继续实施主要再融资操作（MRO）措施，并采用固定利率足额供给。欧洲央行行长马里奥·德拉吉 2013 年 9 月表示，欧洲央行根据形势，将考虑是否启动第三轮长期再融资操作

（LTRO），表明欧洲央行将保持宽松的货币政策。

2. 货币供应量增加但私人部门贷款萎缩

欧元区货币供应量（M3）同比增长率在2012年下半年以来呈现缓慢上升后逐渐下降的态势（见图5）。2012年10月前，M3同比增长率自2009年第四季度降至最低点后开始缓慢增加，在2012年10月达到3.9%的高点后开始下降。至2013年8月已经下降至2.3%。M3的组成中，M1（特别是其中的隔夜存款）的年增长率较快，带动M3的增长，2012年第三季度至2013年第二季度，M1的季度同比增长率分别为4.6%、6.2%、6.8%和8.1%。M3中流动性低的资产的需求下降，两年期以下定期存款，及可交易的供给呈现快速下降的趋势，反映了在这些资产回报收益率较低的情况下，市场对其他资产相对较高的回报率的追逐，以及对M3中流动性较强的隔夜存款的追逐。

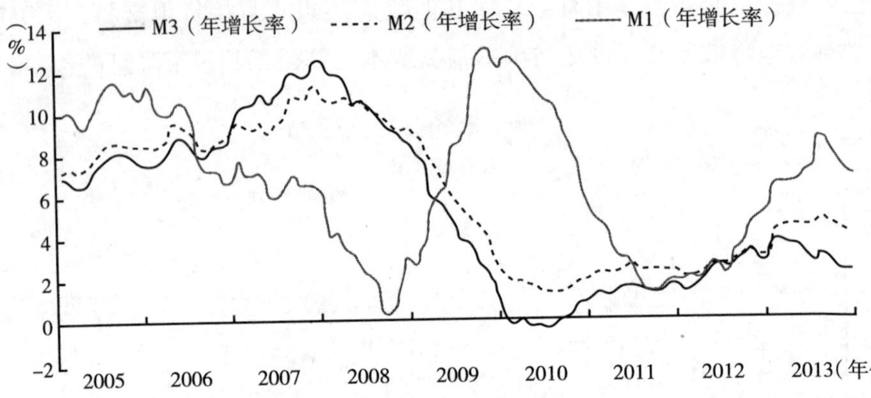

图5　欧元区货币供给的同比增长率

资料来源：根据Eurostat数据绘制，季节调整后的数据。

欧元区货币供给量在增长，但对私人部门的贷款却呈现了萎缩状态。从2012年第三季度至2013年第二季度，欧元区对私人部门贷款同比增长率分别为-1.0%、-1.3%、-1.0%和-1.0%（见表2），而2013年8月份则进一步下降至-2.0%，说明货币政策的传导机制不畅通。欧洲央行虽然采用了宽松的货币政策，但并没有在市场中得到应有的反映。私人部门贷款的下降影响了私人部门投资的恢复以及经济复苏的前景。这一问题在西班牙等国非常突出。2013年7月，西班牙对私人部门贷款下滑10%。

表 2　欧元区的货币供给

单位：%

	占 M3 比重	2012 年		2013 年			
		Q3	Q4	Q1	Q2	6 月	7 月
M1	53.8	4.6	6.2	6.8	8.1	7.5	7.1
流通中的货币	9.0	5.3	3.0	1.7	2.7	2.1	2.4
隔夜存款	44.8	4.5	6.9	7.8	9.3	8.7	8.1
M2 - M1(其他短期存款)	39.2	1.3	1.6	1.3	0.1	0.1	0.0
两年期以下定期存款	17.6	-0.9	-1.8	-3.7	-5.9	-5.6	-5.7
3 个月期可赎回通知存款	21.6	3.5	4.8	6.0	5.8	5.4	5.3
M2	93.0	3.2	4.2	4.3	4.6	4.3	4.0
M3 - M2(可交易有价证券)	7.0	1.9	-2.3	-8.5	-14.9	-17.0	-16.6
M3	100.0	3.1	3.6	3.2	2.8	2.4	2.2
对欧元区的信贷		0.9	0.5	0.0	-0.1	-0.3	-0.5
对政府部门信贷		9.2	8.3	4.2	3.3	2.7	2.2
对私人部门信贷		-1.0	-1.3	-1.0	-1.0	-1.1	-1.2
长期金融负债(不包括资本和储备)		-4.3	-5.1	-5.1	-4.6	-4.3	-4.0

注：季度数据为平均值，经过季度调整。

资料来源：ECB Monthly Bulletin, September 2013。

3. 欧元区内银行开始偿还三年期的再融资贷款，显示欧洲银行业逐渐正常化

欧洲央行分别在 2011 年 12 月和 2012 年 2 月实施了两轮三年期的长期再融资操作（LTRO）以增加欧元区货币市场的流动性，缓解因市场信心不足而导致的银行间市场融资不畅问题。根据欧洲央行管理委员会在 2011 年 12 月的规定，欧元区银行可以在取得长期再融资贷款一年后，偿还任意金额的贷款。2013 年 1 月和 2 月，欧元区的银行开始向欧洲中央银行偿还三年期再融资贷款，这表明欧元区的银行业逐步恢复正常。在偿还贷款的过程中，会使流动性减少，增加欧元区货币市场利率的上行压力。欧洲央行决定延长固定利率投标的 3 个月期长期再融资操作（LTRO）至 2014 年第二季度，采用固定利率和足额供给方式，以保证欧元区的银行体系获得足够的流动性。

4. 欧洲金融监管机制继续加强

信贷市场的分割是欧洲中央银行面临的重要问题，包括货币政策的传导机制不畅，各国融资利率的分化、边缘国家的家庭和企业贷款利息较高及这些国家的中小企业融资面临困难等。针对这些情况，欧洲中央银行需要在以下方面采取更有利的措施：增强货币政策的传导性、修复银行的资产负债表、降低信贷市场的分割程度、增强投资者的信心、加强银行的调节能力以及加大对具有较强偿付能力的中小企业的信贷供给力度。

欧洲央行正在建立更有力的金融监管框架以重建欧洲金融秩序和和恢复经济稳定。建立金融行业“单一监管机制”（Single Supervisory Mechanism，简称SSM）和“单一清算机制”（Single Resolution Mechanism，简称SRM）是实现欧元区银行业统一的重要环节。在2012年10月中旬的欧盟峰会上，欧元区就银行业单一监管机制达成一致，该机制确定将赋予欧洲央行监管欧元区所有银行的权力。在成员国银行处于困境时，欧洲央行可以直接向这些银行注入流动性，以有效地阻止银行业风险蔓延。2013年7月，欧盟提出建立“单一清算机制”的计划，该计划建议欧盟委员会建立一个新的监管机构，集中行使银行清算的权力，接管以前由欧元区成员国所控制的银行重组和救助权力。

5. 欧元区股市大幅度上涨，债券收益率先降后升

2011年下半年至2013年8月，欧元区股市总体上处于较大幅度上涨的态势，其间经历了几次小幅度的下调，道琼斯EURO STOXX价格指数在2012年6月达到216.2的低点后逐渐上涨，至2013年8月达到284.2点，上涨了31.5%。在2012年第三季度、2012年底和2013年初、2013年5月和2013年8月，股市经历了四次较快幅度的上涨（见图6）。欧元区股市在经济增长动力不足的情况下保持上涨态势，主要由于欧洲经济中的风险下降，欧元区金融稳定性的增加，欧洲央行“直接货币交易”（OMT）等一系列缓解债务危机的措施逐渐发挥作用，以及美国等股市的联动效应。在2011年下半年至2013年8月，美国和日本的股市也有较大幅度的上涨，日本的日经225指数上涨了58.9%，美国标准普尔500指数上涨了26.1%。日本股市受日本央行量化宽松政策，以及安倍政府经济振兴的政策预期影响而上涨。支持美国股市上涨的原因包括美国的量化宽松政策和美国经济的持续好转等。2013年6月，欧元区股市出现了较为明显的下调，当月EURO STOXX股指比上月下降了4.2%，这主要受美联储放缓美国国债购买计划所带来的金融市场的不确定性所影响。

欧元区AAA级政府债券收益在2012～2013年经历了下降后再上升的过

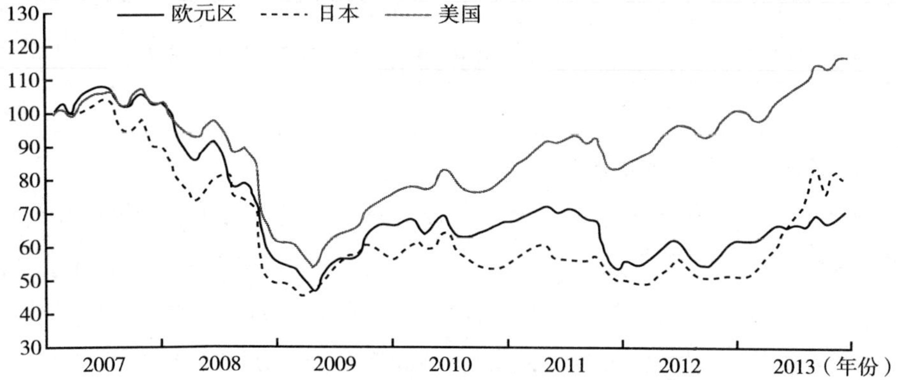

图 6　股票价格指数

注：月度数据，数据期限为 2007 年 1 月至 2013 年 8 月，2007 年 1 月 = 100。欧元区数据为道琼斯 EURO STOXX 价格指数，美国数据为标准普尔 500 指数，日本数据为日经 225 指数。

资料来源：根据 ECB 相关数据绘制。

程，2013 年 5 月 2 日，政府债券收益率达到 1.5% 的低点（见图 7）。政府债券的收益率受欧元区经济形势、利率水平以及美国的国债购买和收益率等因素的影响。2013 年 5 月欧洲中央银行的降息决定导致欧元区政府债券的收益率下降。2013 年 6 月以来，美联储计划放缓美国国债购买，并可能于 2014 年中期退出债券购买方案，这使得美国政府债券收益率增加，其溢出效应使欧元区的政府收益率也相应有较大幅度的增加。同时 2013 年第二季度欧元区经济数据的好转，也带动了欧元区政府债券收益率的提高。

图 7　欧元区 AAA 级政府长期债券收益

资料来源：根据 ECB 相关数据汇制。

三　财政状况

1. 财政收支的总体情况

随着财政巩固措施的实施，欧盟和欧元区财政赤字率保持了自2010年中期的下降趋势（见图8）。2012年欧盟的财政赤字率为4.0%，欧元区为3.7%。2012年欧元区财政支出占GDP的比重比2011年略有上升，增加了0.5个百分点，但财政收入占GDP的比重同期增加了0.9个百分点（见图9）。财政收入相对于财政支出的较快增长促进了财政赤字水平的下降。欧盟委员会预计2013年财政赤字率为2.9%。尽管欧盟和欧元区的财政赤字水平呈现下降趋势，但从具体国家看，在欧元区17国中，2012年有11个国家的财政赤字率位于3%的警戒线之上，其中西班牙、希腊的财政赤字率分别高达10.8%和10%，爱尔兰、意大利、塞浦路斯的财政赤字率有较明显的下降，爱尔兰由2011年的13%下降到2012年的7.5%，意大利由2011年的3.7%下降到2012年的2.9%。

欧盟和欧元区政府债务余额占GDP的比重仍处于较高的水平。欧元区国债余额占GDP的比重由2011年的87.3%进一步攀升至2012年的90.6%（见表3）。2013年这一比重继续上升，利息增长和对金融部门的支持等是主要的影响因素。在欧元区17国中，有12个国家的债务负担率位于60%的警戒线水平之上。西班牙、爱尔兰、葡萄牙、塞浦路斯、英国、法国的债务负担率和赤字率均处于较高的水平。

2. 财政巩固政策由财政紧缩向兼顾经济增长转变

欧元区财政巩固计划的实行对欧元区改善财政状况，降低经济中的风险发挥了较好的作用。但是，随着财政风险的减缓，财政巩固对经济增长的负面影响越来越引起人们的关注。欧元区开始对财政政策的作用目标进行调整，从紧缩财政向促进经济增长的财政政策转向。

2013年7月，欧盟委员会提出，欧元区应该推行“差异性的、增长友好型的财政巩固政策，以促进欧元区发挥增长潜能”。在过去两年中，欧洲通过治理机制改革，加强了对《稳定和增长计划》（SGP）的实施机制的监管，以

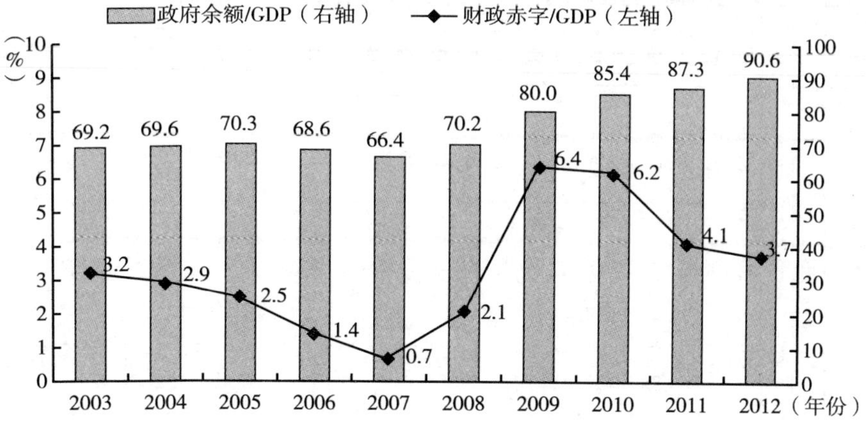

图 8　2003～2012 年欧元区财政赤字与政府债务余额情况

资料来源：根据 Eurostat. 相关数据绘制。

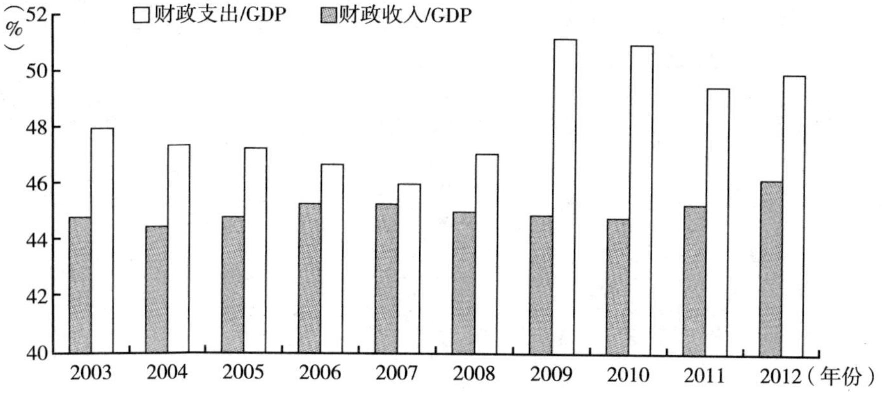

图 9　2003～2012 年欧元区财政收支情况

资料来源：根据 Eurostat. 相关数据绘制。

增强财政纪律、恢复财政的可持续性。其中有一项重要的措施是实行超额赤字程序（Excessive Deficit Procedure，EDP），避免和纠正财政赤字占 GDP 比率超过 3% 及债务余额占 GDP 比重超过 60% 的情形。欧盟通过规定各国达到赤字目标的期限及调整目标来纠正超额赤字，评估各国行动的有效性，并根据情况来放宽达到目标的期限。在 2013 年欧盟整治财政纪律的“欧洲学期”中，欧盟放宽了一些国家达到赤字目标的期限，同时也降低了对一些国家财政调整的要求。2013 年 6 月，欧盟将法国、西班牙、波兰、斯洛文尼亚实现预算赤字

表 3　欧洲部分国家财政状况

单位：%

	财政赤字/GDP						债务余额/GDP					
	2007	2008	2009	2010	2011	2012	2007	2008	2009	2010	2011	2012
欧盟	-0.9	-2.4	-6.9	-6.5	-4.4	-4.0	59.0	62.3	74.6	80.0	82.5	85.3
欧元区	-0.7	-2.1	-6.4	-6.2	-4.1	-3.7	66.4	70.2	80.0	85.4	87.3	90.6
西班牙	1.9	-4.5	-11.2	-9.7	-9.6	-10.8	36.3	40.2	53.9	61.5	69.3	84.2
希腊	-6.8	-9.9	-15.6	-10.8	-9.6	-10.0	107.4	112.9	129.7	148.3	170.3	156.9
爱尔兰	0.1	-7.3	-13.8	-30.5	-13.0	-7.5	25.1	44.5	64.8	92.1	106.4	117.6
葡萄牙	-3.2	-3.7	-10.2	-9.9	-4.4	-6.4	68.4	71.7	83.7	94.0	108.3	123.6
塞浦路斯	3.5	0.9	-6.1	-5.3	-6.3	-6.3	58.8	48.9	58.5	61.3	71.1	85.8
英国	-2.8	-5.0	-11.3	-10.0	-7.7	-6.3	44.2	52.7	67.8	79.4	85.5	90.0
法国	-2.8	-3.3	-7.6	-7.1	-5.3	-4.9	64.2	68.2	79.2	82.4	85.8	90.2
捷克	-0.7	-2.2	-5.8	-4.8	-3.3	-4.4	27.9	28.7	34.2	37.8	40.8	45.8
斯洛伐克	-1.8	-2.1	-8.0	-7.7	-5.1	-4.3	29.6	27.9	35.6	41.0	43.3	52.1
丹麦	4.8	3.3	-2.8	-2.7	-2.0	-4.1	27.1	33.4	40.7	42.7	46.4	45.8
比利时	-0.1	-1.1	-5.6	-3.9	-3.9	-4.0	84.0	89.2	95.7	95.5	97.8	99.6
荷兰	0.2	0.5	-5.6	-5.0	-4.3	-4.0	35.2	33.9	43.5	48.6	49.0	53.0
斯洛文尼亚	0.0	-1.9	-6.3	-6.0	-6.4	-4.0	23.1	22.0	35.0	38.6	46.9	54.1
波兰	-1.9	-3.7	-7.4	-7.9	-5.0	-3.9	45.0	47.1	50.9	54.8	56.2	55.6
冰岛	5.4	-13.5	-9.9	-10.1	-5.6	-3.4	28.5	70.4	87.9	93.0	99.1	99.0
立陶宛	-1.0	-3.3	-9.4	-7.2	-5.5	-3.3	16.8	15.5	29.3	37.9	38.5	40.7
马耳他	-2.3	-4.6	-3.7	-3.5	-2.8	-3.3	60.7	60.9	66.4	67.4	70.3	72.1
意大利	-1.6	-2.7	-5.4	-4.3	-3.7	-2.9	103.3	106.1	116.4	119.3	120.8	127.0
罗马尼亚	-2.9	-5.7	-9	-6.8	-5.6	-2.9	12.8	13.4	23.6	30.5	34.7	37.8
奥地利	-1.0	-1.0	-4.1	-4.5	-2.5	-2.5	60.2	63.8	69.2	72.0	72.5	73.4
荷兰	5.3	4.3	-2.7	-2.8	-1.0	-2.2	45.3	58.5	60.8	63.1	65.5	71.2
匈牙利	-5.1	-3.7	-4.6	-4.4	4.2	-2.0	67.0	73.0	79.8	81.8	81.4	79.2
德国	0.2	-0.1	-3.1	-4.2	-0.8	0.2	65.2	66.8	74.5	82.4	80.4	81.9

资料来源：根据 Eurostat. 相关数据整理。

目标的时间延长两年，将荷兰和葡萄牙的目标时间延长一年，其中葡萄牙在2012年10月已经获准将目标时间延长一年。2012年11月希腊预算赤字实现目标时间被获准延长两年。罗马尼亚、意大利、匈牙利、拉脱维亚、立陶宛被移出超额赤字程序。以上调整反映了欧元区的财政政策从财政紧缩向促进经济增长转变的态势。

从欧元区国家的实践看，各国进行的大规模财政紧缩和结构改革取得了一定的成效。如爱尔兰财政赤字占GDP比重从2011年的13%下降到2012年的7.5%。对于不同经济发展情况，各国对于财政政策的使用应有所区别。其一，对于重债国家如希腊、斯洛文尼亚等，财政巩固仍需要严格进行，以保持公共财政的可持续发展，同时，这些国家的经济复苏也需要注入动力。如希腊需要通过银行业的重建，产品市场的结构改革等增加希腊的国际竞争力，提高产品出口，财政政策应与结构调整相结合，促进这些国家的经济复苏。其二，对于财政赤字占GDP比率压力较小的国家，如意大利2012年财政赤字占GDP比率下降至2.9%。这些国家的债务危机的压力在下降，财政巩固应更重视对经济增长的促进作用。对于获得预算赤字目标时间延展的国家，应该更重视财政政策与结构改革的结合，增加经济增长的潜力，推动财政的可持续发展。

四　汇率、贸易与国际收支

1. 国际收支情况

从2012年第二季度以来，欧盟各季度经常项目均保持顺差。2012年欧盟经常项目顺差为793.7亿欧元（见表4）。2013年前两个季度，经常项目顺差分别为290.7亿欧元和359.0亿欧元。从具体项目来看，欧盟经常项目变动是由于货物贸易逆差逐渐下降，2013年第二季度，货物贸易出现了199亿欧元顺差。欧盟服务贸易顺差在2012年逐渐上升，2013年又略有下降，第一季度和第二季度，欧盟的服务贸易顺差分别为323.5亿欧元和364.8亿欧元。从欧元区的情况看，货物贸易在2012～2013年前两个季度均为顺差，并呈现上升趋势。

表 4 欧盟及欧元区经常项目余额

单位：十亿欧元，%

	2012 年				2013 年	
	第 1 季度	第 2 季度	第 3 季度	第 4 季度	第 1 季度	第 2 季度
欧盟						
经常项目余额	-1.54	5.88	34.84	40.19	29.07	35.90
货物贸易	-32.76	-10.63	-4.34	2.53	-0.13	19.90
服务贸易	31.91	39.90	41.52	40.21	32.35	36.48
收入	17.73	-9.10	16.17	17.71	15.85	-5.74
经常转移	-18.42	-14.29	-18.51	-20.26	-19.01	-14.74
经常项目余额/GDP	-0.05	0.18	1.07	1.24	0.90	1.10
欧元区						
经常项目余额	-2.84	18.34	40.85	66.09	32.53	53.75
货物贸易	6.78	25.68	30.29	36.21	32.50	52.71
服务贸易	16.59	26.33	27.01	22.29	18.90	27.44
收入	12.53	-8.59	12.96	21.55	22.72	1.11
经常转移	-38.74	-25.08	-29.41	-13.96	-41.60	-27.52
经常项目余额/GDP	-0.12	0.77	1.72	2.79	1.37	2.24

资料来源：Eurostat。

在欧盟 28 国中，有 12 个成员国在 2012 年出现经常项目顺差，另外 16 个成员国为经常项目逆差。荷兰、德国、瑞典和卢森堡的经常项目顺差占 GDP 比重较高，分别为 10.10%、6.95%、6.93% 和 5.71%，英国和塞浦路斯经常项目逆差明显，经常项目余额占 GDP 的比重分别为 -11.97% 和 -6.49%。英国持续的大规模经常项目逆差预示经济存在潜在风险。但是在 2013 年第一季度和第二季度，英国经常项目逆差占 GDP 的比重分别下降为 5.5% 和 3.2%，风险下降。

从欧元区的情况看，在货物贸易方面，2012 年进出口增长速度均出现下滑，出口增长速度由 2011 年的 6.4% 下降到 2012 年的 2.5%，进口增长速度由 2011 年的 4.3% 下滑至 2012 年的 -1.1%。出口的下滑一方面源于外部需求的下降，特别是新兴经济体增长速度放缓影响了欧元区对其的出口；另一方面来自欧元实际有效汇率上升，影响了欧元区产品的价格竞争力。2013 年第二季度，欧元区进出口出现恢复性增长，该季度出口环比增长 1.6%，进口环比增长 1.4%。外部经济的逐渐转好促进了欧元区的出口，同时欧元区的复苏对进口有促进作用。

欧元区的经常项目顺差对应着金融项目的逆差。欧元区呈现资金净流出的态势，其中直接投资和其他投资存在资金净流出，而证券投资存在资金净流入（见表 5）。截至 2013 年 6 月，欧元区 12 个月的净流出资金为 2203 亿欧元，净流出金额逐年快速扩大，2012 年同期净流出为 686 亿欧元，其中 2012 年直接投资净流出出现较大幅度的下降。2013 年 6 月，欧元区 12 个月的累计直接投资净流出资金为 806 亿欧元，而在 2012 年 6 月，欧元区 12 个月的累计直接投资净流出资金为 1097 亿欧元。2013 年欧元区对外投资和外国对欧投资均有较大幅度的下降。证券投资的净流入在 2012 年经历较大幅度的下降后，在 2013 年出现增长，证券投资资产和负债均出现明显增长。

表 5　欧元区金融项目余额

单位：十亿欧元

	2012 年	2012 年				2013 年	
		第 1 季度	第 2 季度	第 3 季度	第 4 季度	第 1 季度	第 2 季度
欧元区							
金融项目余额	-146.81	2.04	-19.46	-41.62	-87.76	-37.76	-59.20
直接投资	-64.08	-3.58	-15.18	-4.89	-40.44	-23.63	-11.90
欧元区对外投资	-268.38	-79.94	-65.84	-52.57	-70.03	-65.94	-15.16
外国对欧投资	204.30	76.37	50.66	47.68	29.59	42.31	3.26
证券投资	90.40	-76.78	96.67	-14.79	85.30	10.67	65.55
资产	-184.13	-124.58	60.12	-39.96	-79.72	-105.60	-12.98
负债	274.53	47.79	36.55	25.16	165.02	116.27	78.53
金融衍生品	17.80	-5.34	-8.00	2.82	28.32	9.29	3.36
其他投资	-176.77	89.84	-84.00	-24.64	-157.98	-34.09	-115.01
储备资产	-14.15	-2.11	-8.95	-0.12	-2.97	0.01	-1.20

资料来源：Eurostat。

2. 汇率变动

欧元汇率呈现上升态势。欧元汇率变动主要受市场对欧元区经济前景预期的影响，同时也受利率预期及通货膨胀预期的影响。从欧元对 21 个最主要贸易伙伴货币的名义有效汇率（EER－21）变动来看，在 2012 年 8 月欧元汇率达到低点后，总体处于上升趋势，至 2013 年 8 月，欧元在这一年间升值了 7.3%。欧元升值反映了市场信心的恢复。2012 年下半年以来，欧盟委员会和欧洲央行所采取的一系列措施取得了较好的效果，欧洲央行的“直接货币交易”等欧洲稳定机制的实施、欧洲财政巩固政策的实施和调整等政策，有力地稳定了欧元区的市场秩序。在 2013 年 3 月，塞浦路斯金融危机的爆发造成了全球金融市场的波动，当月欧元 EER－21 比上月下跌 1.39%。之后，市场紧张情绪逐步缓解，欧元又缓慢恢复到上升轨道。但是，欧元升值也给欧洲经济复苏带来了一定的下行压力，欧元区出口增速下降，影响了出口对欧元区经济复苏的拉动作用，同时，欧元的升值也给物价稳定带来了压力，促使欧洲央行采取降息及扩大流动性等政策举措。

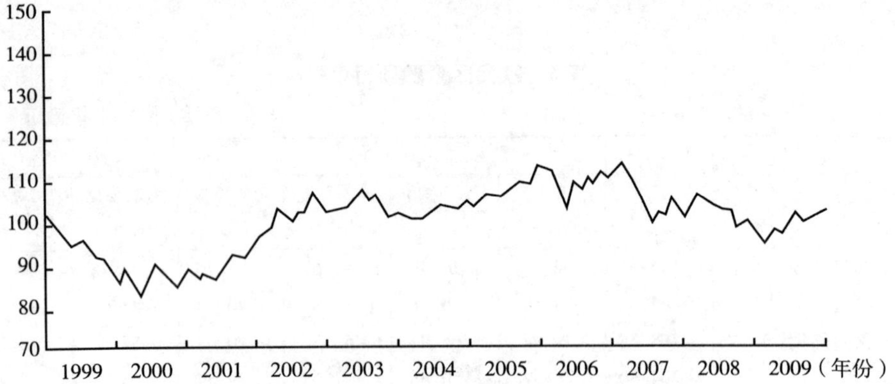

图 10　欧元名义有效汇率（EER－21）

注：月度平均数据，EER－21 为欧元对欧元区外与欧元区的最主要的 21 个贸易伙伴的名义有效汇率。

资料来源：Eurostat。

从双边汇率来看，自 2012 年下半年以来，欧元对美元、日元、英镑和人民币等主要货币总体上看均处于升值状态，至 2013 年 9 月，欧元区汇率对日本升值高达 36.41%，对美元、英镑、人民币分别升值 8.63%、6.78%、4.35%（见图 1）。日本和美国的量化宽松政策造成的本币贬值、欧元区在 2013 年 5 月降息前，欧洲央行规定的主导利率为 0.75%，高于美国和日本等国家的利率水平。利差引发对欧元的需求相对加大，推动欧元汇率的提高。

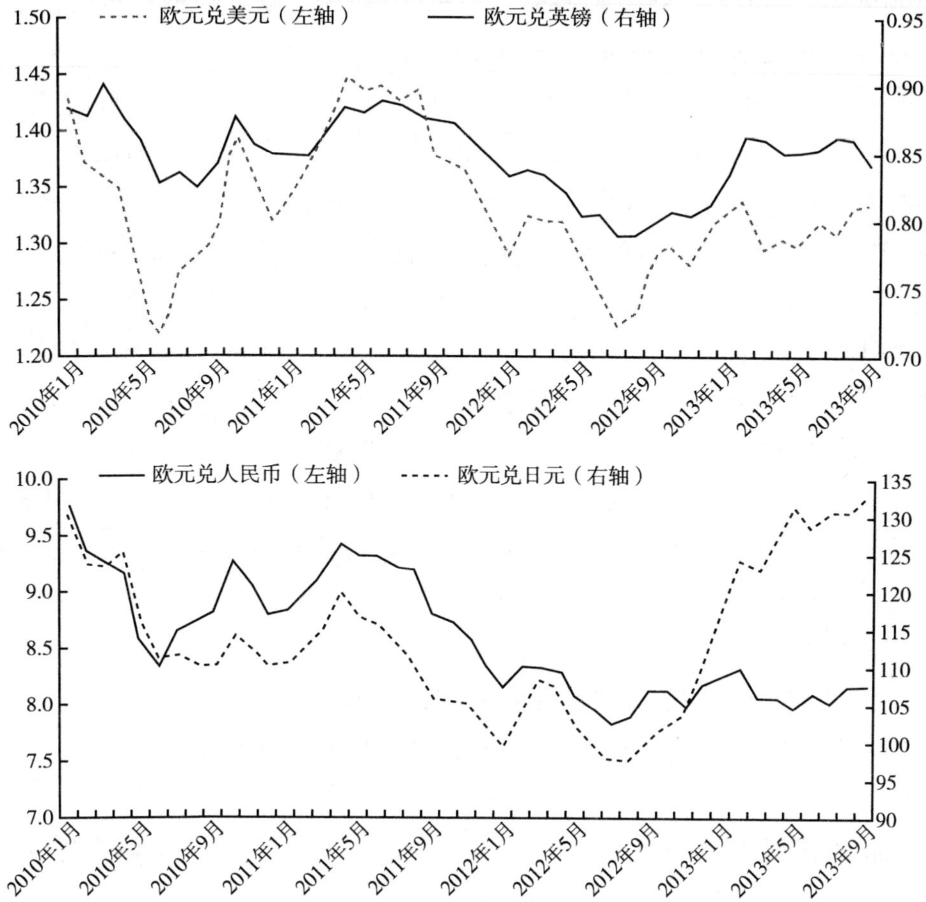

图 11　欧元兑美元、英镑、人民币及日元汇率

注：月度平均数据。

资料来源：Eurostat。

五　对欧洲经济增长的展望

欧洲的各项经济指标显示，随着应对债务危机一系列措施的实施，欧洲债务风险下降，但货币政策的传递不畅，在对私人贷款下降等因素影响下，2012年欧洲经济处于紧缩期。2013 年第二季度，欧洲经济出现向好迹象，GDP 实现了环比正增长。整体上看，2013 年欧盟和欧元区经济仍将出现负增长。预计 2014 年，欧洲经济将逐渐调整，并恢复正增长，欧洲经济全年增长率为 1.2% ~1.4%，而欧元区的增长率则为 0.9% ~1.1%。

展望 2014 年，欧洲经济将逐渐恢复活力。欧洲经济增长的有利因素包括：适应性的宽松货币政策将促进欧元区国内需求的增加，结构改革有助于促进经济增长；能源价格下降等因素也将使欧元区通货膨胀压力继续趋缓，低通货膨胀率将促进实际收入水平提高，扩大居民消费和企业投资；全球经济的恢复性增长将拉动欧洲外部需求，提高欧洲的出口并支持欧洲的内部投资；财政巩固政策向增长友好型转变，对经济增长的负效应下降。2014 年欧洲经济也存在诸多风险因素，包括欧洲的失业率仍然居高不下，公共部门和私人部门的平衡表调整将给经济带来下行压力等。全球货币和金融市场的不确定性将对全球经济稳定性产生负面影响，欧洲一些国家的财政巩固计划仍需严格执行，欧元区一些国家结构调整的力度不足，欧元区各国的金融分割仍较突出，私人部门包括银行业因债务积累所带来的去杠杆化压力较大。此外，全球经济增长低于预期的风险也会影响欧洲经济复苏的稳定性。

2014 年欧洲仍需要继续进行结构调整和改革，以促进经济的稳定发展。欧元区将继续促进物价稳定，扩大国内需求，并保证货币市场的稳定性，降低金融市场分割程度。财政巩固计划需要兼顾促进经济增长和稳定财政纪律，降低税收带来的扭曲，发挥财政自动稳定器的作用。要通过结构改革，降低就业市场的刚性，增加对劳动力的需求，同时要通过产品市场的改革来促进新型经济发展，支持外向型生产企业的发展，促进增长和就业。

参考文献

ECB（2013）, *Monthly Bulletin*, September 2013.

ECB（2013）, *Statics Pocket Book*, September 2013.

IMF（2013）, *World Economic Outlook*: *Hopes*, *Realities*, *Risks*. April 2012.

OECD（2013）, *OECD Economic Outlook*, May 2013.

World Bank（2013）, *Global Economic Prospects*, June 2013.

日本经济：缓慢复苏，风险上升*

冯维江**

摘　要：

2013 年，日本经济在复苏的轨道上前进，内需与外需均出现不同程度的好转，“安倍经济学”的短期刺激效果正在显现。日本政府虽然提出了“日本重振战略”，但公共债务负担高企，劳动力市场虽有所改善但仍缺乏活力，企业的资本配置效率偏低，这些问题短期内无法解决。2014 年消费税税率提高，可能给增长带来负面影响，并冲击民众对“安倍经济学”的信心、影响到结构性改革措施的实施。日元贬值可能因为其他国家的政策反制，无法继续起到大幅刺激出口的作用。预计 2013 年日本实际 GDP 增长约 1.7%，2014 年预计增长约 1.5%。

关键词：

“安倍经济学”　日本重振战略　消费税

2013 年，在“安倍经济学”强力推动之下，日本经济总体来说在复苏的轨道上前进。上半年，受日元贬值和股市大幅上涨的影响，内需成为拉动日本经济的主引擎。下半年，尽管外需表现向好，但刺激政策的不确定性显现，加剧了股市及日元汇率的波动，打击了消费者信心，内需动力不足将拖累增长。预计 2013 年实际 GDP 增长约 1.7%，2014 年预计增长约 1.5%。

---

* 本文得到何帆研究员和孙杰研究员的审阅指正，谨致谢忱但文责自负。

** 冯维江：《日本经济：复苏停滞》，《2013 年世界经济形势分析与预测》，社会科学文献出版社，2013。

一　2012～2013 年总体经济情况

在 2013 年的《世界经济黄皮书》中，我们预计“2012 年日本实际 GDP 增长率预计在 2% 左右，2013 年将回落至 1% 左右”，前者与日本内阁府在 2013 年 3 月公布的 2012 年实际 GDP 增长率 2.0% 基本一致。① 2012 年底，安倍晋三再次当选日本首相后开始推行新的经济政策，日本自民党前干事长中川秀直仿照“里根经济学”（Reaganomics）的构词法提出“安倍经济学”（Abenomics）加以概括。“安倍经济学”的“三支箭”分别是：激进的货币政策、灵活的财政政策和旨在刺激私人部门投资的增长战略。通过这些政策的实施，安倍内阁希望实现日元贬值及摆脱通货紧缩。这些政策在 2013 年的刺激效果超出了我们在上年的预估，在本年黄皮书中，我们上调 2013 年实际 GDP 增长率估算值至 1.7%。

2012 年第 4 季度，日本经济下滑的势头得到遏制，实际 GDP 季调环比增长折年率为 1.1%，避免了连续三个季度出现负增长的局面。这主要得益于私人部门内需的扩张。其中私人消费贡献了 1.2 个百分点（上季度该项对 GDP 的贡献为 -0.9 个百分点），私人住宅投资也贡献了 0.4 个百分点。公共部门消费与投资需求对 GDP 的贡献也略高于上季度，分别贡献了 0.5 个和 0.6 个百分点。外需对 GDP 的贡献依旧为负（-0.2 个百分点），但拖累 GDP 的程度有明显降低。

进入 2013 年，内需进一步发力，外需也开始好转。第 1 季度实际 GDP 季调环比增长折年率上升至 4.1%（见表 1），私人消费的贡献达到 2.1 个百分点，公共部门需求贡献有所下降，但净出口的贡献高达 1.6 个百分点，弥补了公共部门需求的收缩。第 2 季度实际 GDP 季调环比增长折年率仍高达 3.8%，除私人消费仍较强劲、贡献了 1.8 个百分点之外，私人企业设备投资也贡献了 0.7 个百分点。公共部门也表现良好，政府消费与公共投资共贡献了 1.2 个百分点。净出口的贡献较第 1 季度有所下降，但仍维持了正向贡献（0.7 个百分点）。

我们预计 2013 年第 3 季度和第 4 季度会维持缓慢复苏的趋势。由于激进

---

① 此前的初值为 1.9%。

宏观政策刺激效果的递减及带来的风险上升，第3季度、第4季度的实际GDP环比增长折年率可能略低于前两个季度。考虑到2014年第2季度将调高消费税，2013年第4季度及2014年第1季度可能迎来“抢先消费”的高潮，消费的拉动作用在2013年第4季度可能比第3季度更强。鉴于上列因素的影响，我们估算第3季度、第4季度日本GDP季调增长率分别约为1.7%和2.2%，①仍维持正增长趋势。

表1　实际GDP增长率及其各组成部分贡献率

	2012Q1	2012Q2	2012Q3	2012Q4	2013Q1	2013Q2
GDP增长率	5	-1.2	-3.5	1.1	4.1	3.8
私人消费	2.2	0.2	-0.9	1.2	2.1	1.8
私人住宅投资	-0.2	0.2	0.2	0.4	0.2	0
私人企业设备投资	-1.3	-0.4	-1.7	-0.6	0	0.7
私人存货变化	1.3	-1.1	0.6	-0.8	-0.1	-0.7
政府消费	1.3	0.1	0.3	0.5	0	0.6
公共投资	1.3	0.9	0.7	0.6	0.3	0.6
公共存货变化	0.1	-0.1	0	-0.1	0	0
净出口	0.3	-1	-2.7	-0.2	1.6	0.7
出口	1.6	-0.1	-2.7	-1.6	2.2	1.7
进口	-1.3	-0.9	0	1.3	-0.7	-1

注：表中为季调环比增长折年率。

国内工业生产的改善及出口形势的好转，可以支持日本经济在2013年下半年将继续缓慢复苏的判断。2013年6月至8月季调后的工业生产指数分别为94.7、97.9和97.2。其中6月出现自2011年3月大地震以来最大的环比降

① 这是基准情形的估算值，悲观值到乐观值构成的区间是，第3季度（1.7%，2.5%），第4季度（1.6%，3.0%）。东京三菱UFJ银行9月10发布的《日本经济展望》也认为2013年第4季度的增长会快于第3季度，但它们的研究整体上比本报告更加乐观，对这两个指标的估计值分别为3.4%和3.5%。同样乐观的还有日本综合研究所9月发布的《日本经济前景月报》，其估算值分别为3.1%和4.1%，以及大和研究所9月20日发布的《日本经济月度评论》，估算值分别为3.2%和4.2%。英国经济学人信息部（EIU）9月日本报告的估计值折算年率分别为3.2%和2.4%。OECD在9月3日发布的《中期经济评估》（*Interim Economic Assessment*）的估计值则分别为2.6%和2.4%，水平上与我们的估计值更加接近，但在趋势上正好相反。

幅（见图1），这主要是因为汽车业减产所致。不过7、8月份的工业生产指数恢复高位表明，这一下挫只是暂时性的。生产资料工业生产指数和最终需求品工业生产指数的变化情况与整体趋势一致。6月至8月生产资料工业生产指数分别为94、97和96.4，最终需求品工业生产指数分别为96、98.6和97.9。总的来说，第3季度工业生产仍在缓慢扩张。

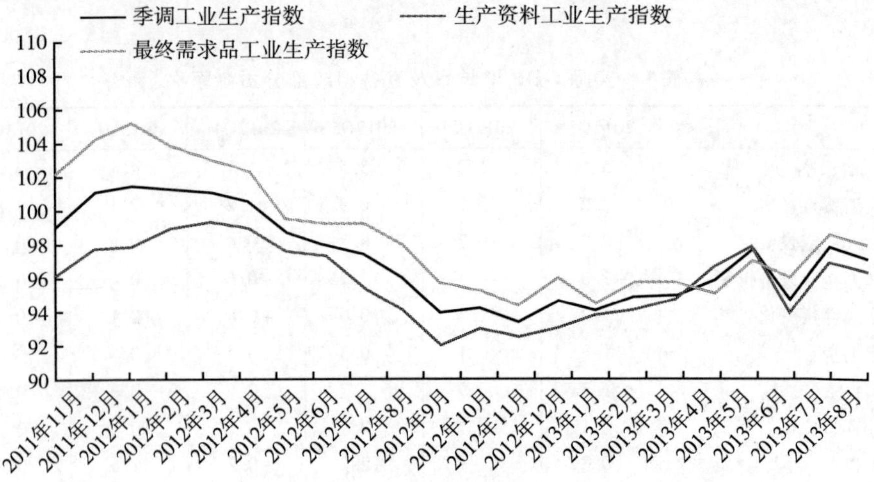

图1　工业生产触底回升

此外，出口也明显趋好。日本对世界出口额季调环比增长率2013年第2季度为2.8%，延续了上季度的正增长态势（第1季度为4.1%）。同比增长率自3月起也进入上涨区间且增长强劲，第2季度同比增长7.1%，进入第3季度后增势更加迅猛，7~8月分别同比增长12.2%和14.6%。从主要出口目的地来看，第1季度及此前相当长时期内对欧盟和中国出口疲软，但是单靠对美出口支撑的局面从5月起发生了根本性改变，日本对中国出口同比增长“转正”并维持较高增速，对欧盟出口同比增速也在6月“转正”并维持高速。具体来说，日本对美国出口依旧保持强劲增长态势，6~8月同比增长率分别为14.6%、18.4%和20.6%；同期，对欧盟出口同比增长率分别为8.6%、16.6%和18.1%，对中国出口同比增长率分别为4.7%、9.5%和15.8%（见图2）。这意味着，日本对欧盟的出口同比增长率自6月以来已经超过了对世界出口的增速，而到了8月，日本对中国的出口同比增速也超过了对世界出口的增速。鉴于对中国的出口在钓鱼岛争端发酵之前占其对外出口比重约为20%，对中国出口增长的恢复将有力支撑其出口复苏及国内经济增长。

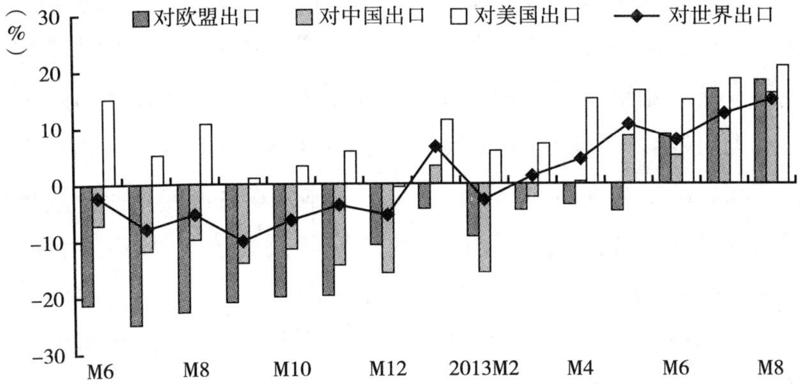

图2　出口明显向好

日本政府对进入2013年以来各月经济形势的定性判断，亦勾勒出日本经济逐渐复苏的轨迹。其内阁府每月公布的经济报告对1~9月经济形势的总看法分别是：1月，经济景气弱，但看到一些触底反弹的迹象；2月，经济仍然疲软，但已经停止下降；3月，经济的一些方面仍然疲软，但最近出现了复苏的迹象；4月，维持了3月的判断；5月，经济缓慢回升；6月，经济稳步回升；7月，经济稳步回升，且复苏可自我维持；8月维持了上月的判断；9月至11月的判断均为经济正在缓慢复苏。[①]

二　货币政策

宽松货币政策是"安倍经济学"的第一支箭，也是短期效果最为明显的一支箭。在2013年1月22日的议息会议上，日本央行重新表述了其货币政策

① 参见http://www5.cao.go.jp/keizai3/getsurei/getsurei-index.html。

框架，明确了实现年通货膨胀率①2%的货币政策目标。为了实现上述目标，日本央行宣布从2014年1月起将无期限地开放购买资产，每月购买约13万亿日元（1450亿美元），其中包括2万亿日元日本政府债券和约10万亿日元短期国债，直至目标实现。议息会议之后，日本央行还与政府一起发布了联合声明，宣布将在对抗通缩和实现可持续的经济增长等方面加强协调。这意味着日本央行准备采取异常宽松的货币政策来配合安倍政府实现由通缩到通胀的转变。为此，对无限量购买资产计划持反对态度的白川方明甚至还提前结束了其央行行长的任期。2013年3月14日和15日，日本众议院和参议院分别批准黑田东彦接任日本央行行长。黑田行长及两位副行长岩田规久男和中曾宏是"安倍经济学"的支持者。黑田3月4日在国会听证会上表示，将不惜一切代价加大货币宽松力度，以尽早摆脱通缩困局。4月黑田主持下的货币当局出台了两年内将基础货币翻倍来实现2%通胀目标的方针。可能的举措包括从购买短期国债转向购买长期国债；改变购买资产类型，除购买国债外，还有可能购买企业债、商业债及票据等；甚至有可能提前启动无限量购买资产计划。这些措施意味着由黑田东彦掌管的日本央行货币政策的重心从维持"超低利率"转向扩大央行的资产负债表。②

对日本激进货币政策的评价，有两种观点。一种观点认为量化宽松政策毫无疑问是正确的，如果像弗里德曼1997年建议的那样早点采取这一政策，刺激日本经济也许会容易得多。③ 从当前的政策效果来看，进入第2季度以后，温和通缩的局面（无论是从CPI还是从核心消费物价增长率来看）的确也出现了改善的迹象。3～5月CPI的负增长一路收窄，分别为－0.9%、－0.7%和－0.3%。到第2季度末，长期通缩的局面甚至得到扭转（见图3）。CPI实现了0.2%的增长，剔除食品的核心CPI增长了0.4%，剔除食品与能源的CPI增长率也由3月的－0.81%，降幅缩小至6月的－0.30%。进入第3季度，遏制通缩的效果进一步显现。7月和8月，CPI增长率分别为0.70%和0.91%。

---

① 剔除了生鲜食品的核心通货膨胀率。

② 谷源洋：《"安倍经济学"带来争议与忧虑》，国际网，2013年3月20日。

③ Stephen Kirchner认为，弗里德曼对日本的判断是正确的，参见孔莹晖编译《CEEM智库半月谈》，2013年5月1日。

剔除食品的核心 CPI 增长率分别达到 0.60% 和 0.80%。截至 8 月，核心 CPI 已经连续第三个月上升，且 8 月的增速为近五年来最快，这表明为遏制持续 15 年之久的通缩进行的努力正在稳步取得进展。

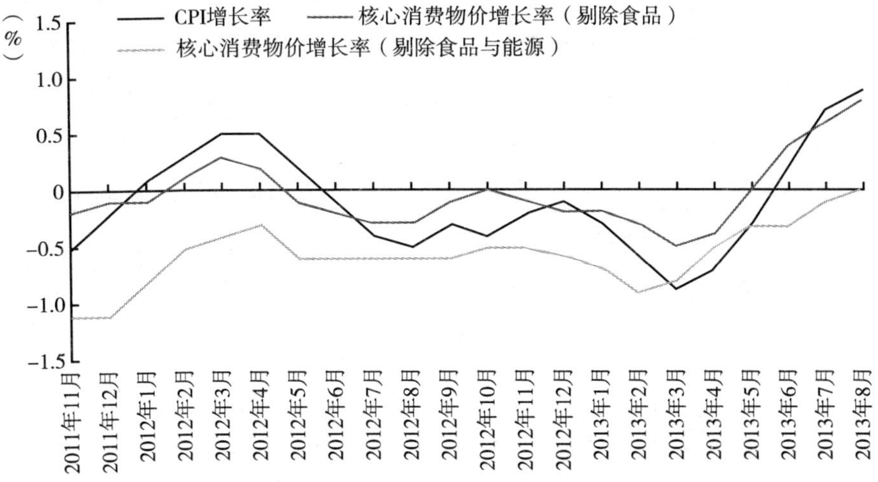

图 3　近期 CPI 由负转正

“安倍经济学”的第一支箭对股票市场和日元汇率的影响更是立竿见影。自安倍当选首相到 2013 年 3 月，日经 255 指数上涨了近 20%。东证主板市场（东证一部）2013 年 1～3 月交易额较 2012 年同期增长 7 成左右，占全球市场份额超过 10%，创出时隔 7 年左右的最高水平。下半年，刺激政策负面效果显现，股价波动加剧，但日经 225 指数仍在 9 月冲上 14456 点，这是 2007 年 12 月以来的最高值，与年初相比涨了近 30%。股市回暖也反映了市场对政府力图消除通缩、实现持续增长的积极努力的信心增加。从理论上讲，随着资产价格的上升，企业抵押品价值随之上升，这也能帮助它们获得更大规模的贷款用于投资，从而刺激投资。在汇率方面，受宽松货币政策影响，日元贬值明显。自 2013 年初到 7 月初，日元对美元贬值了约 15%，加上此前的贬值，总体贬值程度超过 20%。进入下半年，贬值的趋势有所放缓并且波动增加，但总体上日元汇率仍将维持在低位。

另一种观点则认为激进的货币政策带来了更多的不确定性，未必能取得合意的效果。例如，张明（2013）认为，激进的货币政策无法解决人口老龄化、生产率增长缓慢等需求及供给层面因素造成的日本经济增长停滞问题。蓄意压低日元汇率的做法影响了“亚洲四小龙”乃至美国等经济体的出口竞争力，最终会招致它们的不满与反对，并非长久之计。通过提高通货膨胀预期来刺激消费与投资的努力可能会带来滞胀。① 另有研究指出，随着基准债券收益率上涨至1%以上，对于其负面效果（如资产价格泡沫、债券价格的急剧下跌以及极度货币宽松的退出困难等）的担忧情绪日渐弥漫。②

我们认为，安倍经济学的第一支箭短期内取得了成效，但中长期是否会带来负面后果以及负面影响的程度取决于另外两支箭的绩效。

三　财政政策

灵活的财政政策是“安倍经济学”的第二支箭。具体的做法主要是通过补充或追加预算来扩大公共支出，拉动经济增长。5 月 15 日，日本国会批准 2013 年政府预算案，其规模达 92.6 万亿日元，这是日本有史以来规模最大的预算案。如果加上此前的 2012 年度补正预算，规模已超过 100 万亿日元。安倍政府希望通过公共事业支出促使经济触底反弹。作为经济刺激举措的一部分，安倍政府投入约 5.2 万亿日元的公共事业费，并重点投向道路和桥梁等老化基础设施的维护方面。但是，如此大规模的支出计划将进一步加重日本的债务负担，这也凸显“安倍经济学”在经济刺激和财政稳健间求得平衡所面临的困难。

2013 年 10 月 1 日，日本首相安倍晋三宣布将按照原计划继续推进增税措施，2014 年 4 月 1 日将消费税税率由目前的 5% 提高到 8%。这意味着一年将有 7.5 万亿日元（约合 750 亿美元，相当于人均 600 美元）③ 到 8 万亿日元④ 从消费者手中转移至国库（见表 2）。此次增税是前任政府在 2012 年与两个现

① 张明：《日本拼了?!》，《中国外汇》2013 年第 8 期。

② Akio Egawa：《安倍经济学：是否指向正确的方向》，参见熊爱宗编译《CEEM 智库半月谈》，2013 年 7 月 1 日。

③ Yuka Hayashi：《增税与刺激日本政府要双管齐下》，华尔街日本中文版，2013 年 9 月 30 日。

④ 《日本首相安倍将宣布上调消费税和经济刺激计划》，路透中文网，2013 年 10 月 1 日。

表 2　日本政府 2013 年以来的财政刺激措施

时间	资金规模	用途	来源
1 月 11 日内阁会议通过	20.2 万亿日元	中央资金中 3.8 万亿日元用于“重建与防灾对策”，3.1 万亿日元用于“经济增长带动财富增加”，3.1 万亿日元用于“安心生活和搞活地区经济”，其中约一半将用于灾后重建项目	中央政府投入 10.3 万亿日元，为此日本财务省发行了 5.5 万亿日元规模的建设债券来融资。地方及私人部门资金 9.9 万亿日元
3 月 27 日	13.2 万亿日元	养老金、医疗、低保等社会保障预算为 54323 亿日元，公共项目约 15427 亿日元，拨给地方政府的财政转移支付为 36678 亿日元	过渡性预算
10 月 1 日公布	5 万亿日元	2020 年东京奥运会的公共工程开支、促进企业增加资本及工薪支出的税惠措施，面向低收入者的现金补贴和购买住宅的支持措施，提前结束用于支持 2011 年大地震和海啸重建的企业附加税	未来的消费税收入

资料来源：作者根据日本财务省公报及有关报道整理。

任执政党达成一揽子方案的举措之一，是在两年内将消费税率提高一倍的第一步。法律规定，政府必须确定经济强劲程度足以承受增税的冲击，之后才能付诸实施。安倍晋三宣布如期增税，表明日本政府判断经济形势改善势头良好。10 月 1 日日本央行短观调查显示，日本 7～9 月大型制造业信心连续第三个季度改善，这也为安倍晋三决定增税提供了依据。

批评“安倍经济学”第二支箭的一些观点指出，日本政府财政政策过于重视公共投资支持经济增长的效果，而忽视了财政整顿。近期日本公共债务突破 1000 万亿日元大关（约合 10.18 万亿美元），是日本经济规模的两倍多，为发达国家之最。在这样的背景之下，人们意识到政府在通过规模空前的印钞措施来压低日元汇率、提高通货膨胀率，长期持有收益率极低的日本政府债券的意愿会大为降低。根据 Hoshi 和 Ito 的模拟结果①，日本债务规模将会在 2024 年超过私人部门储蓄，这意味着日本政府到 2024 年将无法在国内出售更多的

① Hoshi, T., and T. Ito (2012). Defying Gravity: How Long Will Japanese Government Bond Prices Remain High? NBER Working Paper 18287.

政府债券。日本政府目前仍能够以不到0.7%的利率水平借入10年期资金。但随着债务规模的不断扩大，对日本政府信用情况的信心危机可能导致借款利率大涨并损及经济。

增税则是财政整顿的重要步骤，意在建立一个可以增加财政收入的“永久性”解决机制，向债券投资者展示政府管控庞大债务的决心。但是，在日本克服通缩的关键时期，增加消费税可能重挫经济复苏的势头。为了减轻增税政策对经济景气的冲击，日本政府举行阁僚会议，决定了与消费增税相关的一揽子经济刺激对策。日本媒体报道，刺激政策将包括大约5万亿日元（约合510亿美元）规模的补充预算和1万亿日元（约合102亿美元）规模的企业减税等措施。

刺激措施与增税并行是希望将增税抑制增长的负面影响限制到最小，同时为未来经济的可持续发展奠定基础。要实现这样的政策效果，必须满足的条件是刺激措施带来的经济增长能够弥补增税造成的资金由私人部门向公共部门转移带来的效率损失。否则，短期内税率提升可能带来政府收入上升，但长期来看，可能因为增长乏力、税源萎缩而降低收入。一些人提出上次（1997年）将消费税由3%提升至5%的政策应为此后十多年日本经济停滞负主要责任，就出于这样的考虑。为此，刺激措施的支出流向选择非常重要。

据悉，安倍政府的刺激计划包括2020年东京奥运会的基础设施工程开支、促进企业增加资本支出的税收优惠措施，以及提前结束用于支持2011年大地震和海啸重建的企业附加税。为了取悦选民，其中相当部分还会投入到对低收入者、购房者和购车者提供的现金补助上。如果缺乏足够的结构性改革（如微观层面的资本配置优化与企业治理改革），这些开支将无法重振私人部门的经济活力，反而会造成资源的扭曲，导致日本经济丧失动力，以及政府债务负担进一步加重。

四　企业与就业

“安倍经济学”的第三支箭是通过结构性改革来增强私人部门的活力。2013年6月14日，日本政府正式出台以“日本重振战略”为名的经济增长战略和中长期经济财政运营指引。根据这一战略，日本政府计划提出“产业竞争力强化法案”，[①] 通过减税等优惠措施刺激企业设备投资，争取使今后三年民间设备投资增长10%，恢复到2008年全球金融危机之前的水平（每年70万亿日元）。日本政府还计划在东京等大都市创设“国家战略特区”，吸引外国投资和人才，并且要加快TPP等自贸协定谈判，未来五年内将自由贸易区下的贸易规模从现在的占总贸易比重19%提高至70%（见表3）。

表3　日本重振战略的主要成果目标

政策项目	主要成果目标
激活民间部门	• 3年内，设备投资恢复到2008年全球金融危机之前的水平（每年70万亿日元，2012年度为63万亿日元）
	• 开业率超过停业率，开业/停业比率达到10%，和美、英水平相当（目前约为5%）
	• 扩大医药品、医疗器械、再生医疗等医疗相关产业的市场规模，到2020年达到16万亿日元（目前为12万亿日元）
	• 今后10年内推进6次产业化过程中，制定农业、农村整体所得倍增战略
	• 2020年，取得26万亿日元的境内外能源市场份额（目前为8万亿日元）
	• 今后10年内，PPP/PFI事业规模扩大到12万亿日元（目前为4.1万亿日元）
吸引和培养人才	• 到2020年，女性就业率（25~44岁）达到73%（目前为68%）
	• 今后5年内，失业时间在6个月以上的劳动者减少2成，普通劳动者的再就业率达到9%（2011年为7.4%）
	• 今后10年内，入围世界大学排名前100名的达到10所以上
	• 2020年前留学生人数增加一倍（留学生的数量从6万人增加到12万人）
开创新的市场领域	• 今后5年内，科学技术创新排名世界第一（根据世界经济论坛发表的数据，目前日本排名为第5名）
	• 2018年前，贸易合作协议比率达到70%（目前为19%）
	• 2020年前，中型企业、小微企业等出口额达到2010年的2倍
	• 2020年前，基础设施的订单金额达到30万亿日元（目前为10万亿日元）
	• 2020年前，外国企业的对日直接投资金额扩大2倍，达到35万亿日元
	• 2013年访日外国旅行者超过1000万人次，2030年超过3000万人次

注：PPP（Public Private Partnership），政府和民间合作高效地运营公共服务。PFI（Private Finance Initiative），依托民间资金和技术能力、经营能力进行公共设施建设、运营管理等做法。

资料来源：参见三菱东京UFJ银行《“安倍经济学”的成长战略》，《BTMU（China）经济观察》第30期，2013年8月15日。

---

① 日本政府决定在2013年10月15日召开临时国会，争取在临时国会上通过“产业竞争力强化法案”。

结构性改革成功的关键在于重振日本企业。这需要政府采取措施，帮助企业更加有效地配置资本。日本私人部门的资本/产出比率为5.8∶1，而美国仅为2.9∶1，这意味着日本每一单位私人资本创造的产出仅相当于美国的一半。对此，政府应采取更多措施去帮助日本企业更加有效地配置资本。比如：简化监管程序；鼓励企业和员工更加自由地签订工作合同，从而为雇用和解雇员工创造更便捷的条件；将38%的全球最高企业税率降至具有全球竞争力水平；为企业间股权并购免税；放松管制，允许企业关闭破产的分支机构，或将效率更高的部门拆分出来独立运营；等等。①

“日本重振战略”的具体措施中包括了“支援企业重组”等内容，也试图通过排除某些就业障碍（如针对阻碍女性就业的等待入托儿童问题，将实施《快速缓解入托难计划》）增加就业及转变职业方向的便利性（见表4），但减免企业税等更容易产生直接效果的措施仍付诸阙如。总体来说，“日本重振战略”涉及的面太过宽泛，目标又过于长期化，远远超出了以短命著称的日本内阁的政治生命周期。这些具体措施能够得到何种程度的落实，并不确定，其对企业、就业等微观层面产生的短期或直接的效果迄今尚不明显。

表4　“日本重振战略”的具体政策

行动计划	具体措施
日本产业振兴计划	• 促进生产设备的升级换代，研究制定包括企业税制在内的支援政策 • 在供给过剩领域，制定指导方针、促进重组 • 研究制定经营重组税收制度，支援企业重组 • 重新审视个人担保制度 • 实施“快速缓解入托难计划” • 从初等、中等教育阶段开始加强英语学习 • 创设“国家战略特区” • 向民间开放公共设施等运营权（扩大 PPP/PFI 的应用）

① Lawrence B. Lindsey, Daniel Loeb：《日本“第三支箭”的正确目标》，参见朱振鑫编译《CEEM全球智库半月谈》，2013年7月15日。

续表

行动计划	具体措施
战略市场创造计划	• 在互联网上销售普通医药品 • 大幅扩大先进医疗 • 实施电力系统改革 • 推进农林水产第6次产业化 • 强化农地责任人竞争，防止农地集中、防止弃耕弃地 • 放宽访日外国旅客的签证发放条件
进军国际计划	• 在基础设施出口方面，加强首脑、阁僚层面的顶层推进，强化政府民间合作体制 • 中型、微小企业的进军海外支持体制 • 彻底强化政府的吸引海外投资支援体制

资料来源：同表2。

尽管到目前为止，日本企业尚无“质”上的转变，但经营利润等“量”的指标在刺激政策短期效应影响之下已有所改善。日本财务省9月发布的调查数据显示，2013年第2季度日本企业（除金融、保险业之外）经常利润同比大幅增长24.0%（上季度为增长6.0%），季调环比增长10.5%（上季度为7.1%）。其中，制造业企业利润增长尤其明显，2013年第2季度同比增长高达51.5%（上季度为28.3%），季调环比增加13.1%（上季度为18.4%）。这是自2012年第4季度以来，连续3个季度季调环比正增长。9月日本经季调后的制造业采购经理人指数（PMI）升至52.5（见图4），已经连续第七个月处于荣枯分水岭50的上方，并创下2011年2月以来最快扩张步伐（第二、三位的高值分别出现在2013年6月和8月，分别为52.3和52.2）。从分项来看，日本9月PMI产出分项指数从8月的53.5升至53.8，为2011年2月以来最高；日本9月PMI新出口订单分项指数从8月的49.3升至53.3，为2013年3月以来最高。此外，景气动向先行指数（CI）2013年5月创下国际金融危机（2007年6月）以来的最高值110.4，6月和7月有所下降（分别为107.3和107.9），但仍维持在较高水平。景气扩张先行指数（DI）7月为70.0，自2012年12月以来已经连续8个月在50以上，这意味着经济活动自2012年底以来总体上呈上升趋势，这一趋势已延续到第3季度。

劳动力市场的改善也表明经济正处于复苏轨道之上。日本总务省2013年10月1日公布的数据显示，日本8月失业率意外小幅走高，但有效求人倍率

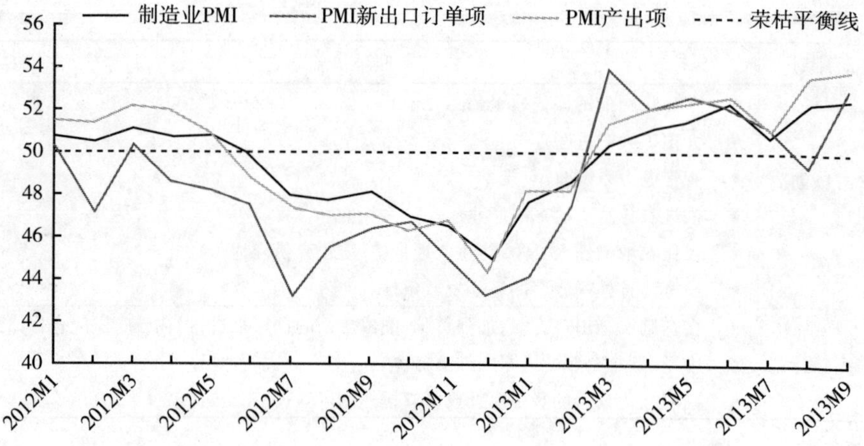

图4　PMI显示近期制造业达到大地震以来最快扩张速度

资料来源：CEIC，世界经济预测与政策模拟实验室。

达到五年多来最高水平。8月季调失业率为4.1%（见图5），背离了6月以来的下行态势（6月和7月季调失业率分别为3.9%和3.8%），恢复至3~5月的水平。8月就业人数达到6310万人，同比增加29万人，连续8个月实现同比增长。8月失业人数271万人，同比减少6万人，连续39个月出现下降。此外，日本厚生劳动省公布的数据显示，2013年8月份日本经季节性因素调整后的有效求人倍率升至2008年5月以来最高的0.95，这意味着每100位日本求职者平均可获得95个工作机会。就业人数增长、失业人数收缩，并且市场上的工作机会较为充足，这表明日本劳动力市场活力仍在改善。

长期来看，少子老龄化是日本就业面临的最大问题，但是安倍政府计划执行的一些政策可能会起到一定的缓解作用。例如，鼓励妇女参与就业。日本女性就业参与率目前为63%，是发达国家中最低的。这既有文化方面的原因，也有政策方面的原因。如果进行一些政策上的调整，比如设立国家出资的幼儿园，鼓励女性工作，那么该比率可能上升。考虑到瑞典等国女性就业参与率高达80%，即便因为文化差异无法让日本女性参与率达到同等水平，但通过政策刺激将其提升为70%看来是可行的。①

① Andy Mukherjee：《安倍经济学能够解决日本人口难题》，路透社《热点透视》，2013年3月14日。

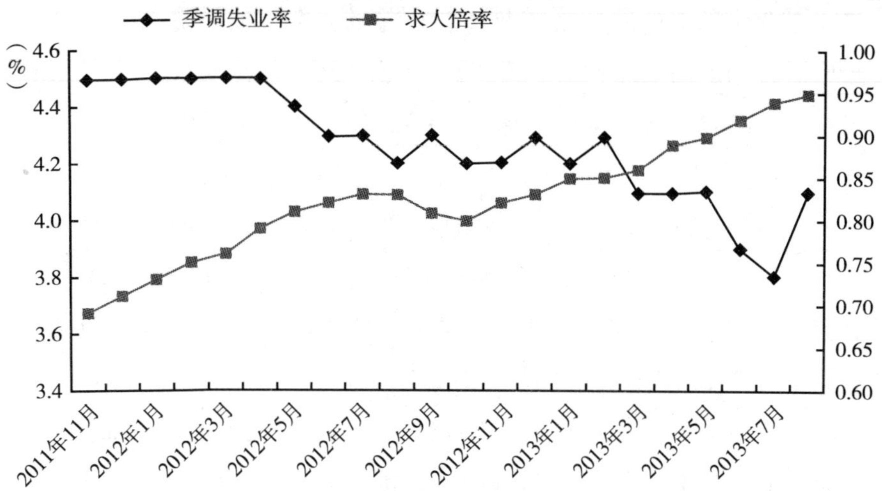

图5 就业机会持续增加

资料来源：日本总务省、厚生劳动省，世界经济预测与政策模拟实验室。

五 国际收支

2012年是日本经常项目状况最糟糕的年份。全年有3个月（1月、11月和12月）经常项目出现逆差，即便是国际金融危机冲击下的2009年也只有1个月出现逆差。全年经常项目盈余只有48237亿日元，这是日本自1985年有可比较数据以来最低的经常项目盈余。经常项目状况恶化主要是因为商品贸易赤字的扩大，2012年商品贸易赤字规模高达58141亿日元，较上年扩大了260%。商品贸易赤字的扩大是出口明显下降和进口大幅增长共同影响的结果。一方面，日本当年商品出口同比下降了2.37%，特别是向主要出口目的地中国和欧洲的出口下降明显，同比分别下降了10.4%和17.7%；另一方面，由于核电站关闭等因素导致对能源的进口需求增加，日本2012年矿物燃料（主要是液化天然气和石油）进口大幅增长，[①] 致使进口额同比增长了4.16%。维持经常项目余额为正的主要因素是庞大的海外投资收益。在日元升值的背景

① 2012年矿物燃料进口较上年增长额占全部进口增长额的82.6%。

下，日本企业大举推进海外企业及资源权益的并购，成果显著。2012 年海外直接投资收益创下历史新高，达到 42142 亿日元，同比增加 10.3%。证券投资收益较上年略有下降（同比下降 1.5%），但仍高达 93960 亿日元。

进入 2013 年之后，经常项目收支差额自 2010 年以来的下降趋势基本得到遏制（见图 6）。2013 年 2 月至 7 月连续维持顺差状态，前 7 个月累计顺差 37887 亿日元，较 2012 年同期仅下降了 659 亿日元。作为参照，2011 年 1～7 月累计经常项目余额比 2010 年同期下降了 42224 亿元，2012 年 1～7 月累计经常项目余额较 2011 年同期亦下降了 27235 亿日元。

经常项目中商品贸易逆差虽然仍在扩大，但扩大的速度在下降，并趋于稳定。2011 年 1～7 月累计商品贸易余额比 2010 年同期余额下降了 53278 亿元，2012 年 1～7 月累计商品贸易逆差较 2011 年同期扩大了 24476 亿日元，2013 年 1～7 月累计比 2012 年同期只扩大了 23800 亿日元。服务贸易逆差 2013 年 1～7 月累计为 9173 亿日元，较上年同期缩小了 3843 亿日元。

投资收益的迅速增加仍是维持日本经常项目盈余的重要原因。2013 年 1～7 月，直接投资收益累计 36583 亿日元，同比大幅增长了 36.4%；同期证券投资收益累计 65330 亿日元，也较上年增长了 14.2%。

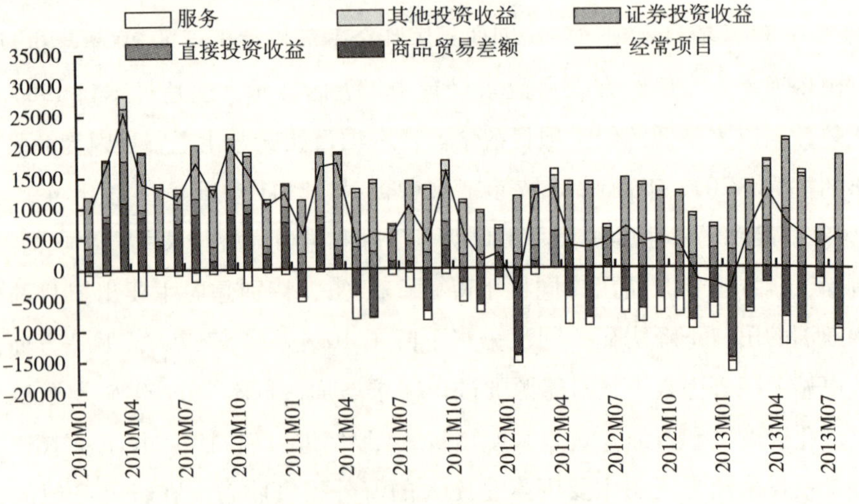

图 6　经常项目余额下降趋势有所缓解

资料来源：Wind 数据库，世界经济预测与政策模拟实验室。

六　中日经贸投资关系

2013年中日贸易下滑的势头得到遏制。第1季度，日本总体出口形势趋好，但对中国出口仍然疲软，共计27129亿日元，同比下降5.7%（降幅较前两个季度的12%和14%有所收窄），同期日本对世界出口同比增长了1.2%；自中国进口38837亿日元，同比增长8.6%，同期日本自世界进口同比增长8.1%。对世界出口同比增长率由上个季度的-5.5%转为正增长，且明显好于对中国出口，说明第1季度日本出口整体向好，但对华出口下降的势头仍未扭转。

第2季度，中日政治对峙对外贸的负面影响有所缓解，日本对华贸易无论是出口还是进口都有所好转。4~6月，日本对中国出口合计31246亿日元，同比增加4.4%，虽然仍低于同期日本对世界出口的同比增长率（7.1%），但较之上季度的负值，已有本质上的改善；同期日本自中国进口42285亿日元，同比增长14.2%，已经明显高于日本自世界全部进口的同比增长率（10.4%）。

进入第3季度，中日政治与外交对峙对双边贸易的负面影响进一步缓解，日本对华贸易无论是出口还是进口都明显好转（见图7）。7月，日本对中国出口计11039.3亿日元，同比增加9.5%；同期日本自中国进口14920.5亿日元，同比增长18.4%，说明中日贸易已经回暖。8月，日本与中国贸易增速进一步回升。对中国出口11188亿日元，同比大幅增长15.8%，高于对全世界出口的同比增速（14.6%），结束了自2011年10月以来连续22个月对中国出口同比增速低于对世界出口同比增速的状态。8月日本自中国进口14232.5亿日元，同比增长17.6%，亦高于自全世界进口额的同比增速（16.1%）。中日钓鱼岛争端已经长期化，双方的经贸合作方对此已有充分的预期。如果没有新的冲击性事件发生，中日贸易未来有望维持缓慢恢复的势头。这对日本贸易整体向好将构成有力的支撑。

从双边贸易额的变化情况看，中日关系恶化以来，中国自日本的进口显著下降，但日本自中国的进口放缓程度相对更低。这反映了双边贸易中，日本更依赖于中国进口。从贸易产品结构来看，日本自中国进口的主要是机械与电机

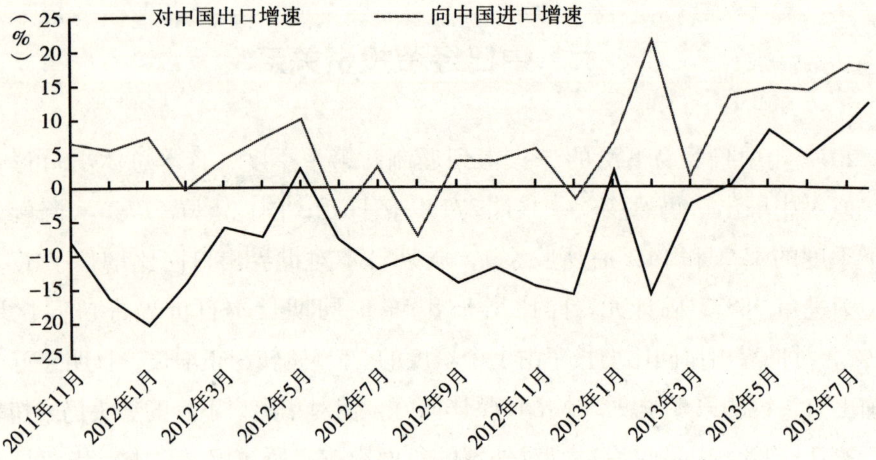

图7 对中国进出口同比增速显著回升

资料来源：CEIC，世界经济预测与政策模拟实验室。

（Electrical Machinery）等生产资料（这两项在自华进口中的占比在40%以上），日本国内的生产对这些生产资料的依赖程度较高，比较不易受双边关系影响，从而造成日本自中国进口相对稳定。作为最终消费品的制造品占比的变化可以更敏感地反映双边关系。进入第2季度之后，日本自中国进口的制造品价值的上升及其占全部进口比重的上升和趋稳，也反映出中日经贸关系有所好转。2013年4月，日本自中国进口的制造品占比由3月的10.7%上升至11.8%，5月进一步上升至12%，6月略微下降至11.7%，7月及8月均恢复至11.9%的水平，与2012年9月日本政府宣布“购岛”引发中日关系急剧恶化前的水平大致相当。

“购岛”事件引起中日关系迅速恶化之后，日本对华直接投资增速明显下滑。从2012年第3季度到2013年第2季度，日本对华直接投资同比连续4个季度负增长并呈现加速下滑态势，分别为-11.4%、-18.0%、-23.1%和-38.6%。进入第3季度，日本对华直接投资仍维持同比下降之势，但下降速度似有所放缓，7月同比增速为-12.6%。除了双边关系等政治因素之外，中国制造业成本上升可能对日本对华直接投资下滑产生了更持久的影响。2013年9月中国制造业采购经理调查显示，45.9%的企业反映劳动力成本上涨，

29.7%的企业反映运输成本上涨。① 在可预见的将来，制造业成本上升的趋势可能难以逆转。

七　2014 年经济形势展望

从各机构的估计及预测数据看，多数机构认为日本 2014 年的经济增长慢于 2013 年（见图 8）。其中以财年为单位的预测显示出的增长率差异，比以历年为单位的增长率差异更大，这主要是因为各方均认为 2014 年 4 月提升消费税税率会给经济增长带来明显的影响。预测 2014 年增长快于 2013 年的机构，其理由是原先的预测模型中没有考虑 10 月 1 日宣布的 5 万亿日元刺激计划。②但是没有证据表明，计划中的 5 万亿日元刺激计划对 2014 年增长的拉动能比 2013 年超过 30 万亿日元的补充预算的拉动效应更大。

2014 年日本经济复苏面临的风险正在扩大。首先，“安倍经济学”的短期红利可能正在用尽，股市的大幅波动表明信心开始动摇。如果消费税率上升带来的负面效应超出预期，短期效应带来的民众对“安倍经济学”的信任可能突然崩溃，这将延缓后续的结构性改革计划，甚至造成整个重振战略的失败。

其次，日本难以持续的公共债务负担仍然缺乏清晰的解决方案。“第二支箭”直接推高了公共债务，目前全靠日本央行的资产购买计划来拉低收益率，控制偿债成本。但是，如果日本央行一直通过加强购债政策来使政府借贷成本维持在低水平，则很可能会加快日元贬值的速度，提高通胀预期，使投资者更不愿意持有政府债券，导致日本央行必须启动新一轮购债方案，③ 这本身就是不可持续的。

再次，日元贬值带来的出口增长在 2014 年可能因其他国家的政策反制而被削弱。2013 年 4 月，IMF 发布的《亚太经济展望》指出，日本的新政策对亚洲经济体可能有两大影响，即金融溢出效应和贸易溢出效应。从金融溢出效

① 中国物流与采购联合会：《2013 年 9 月份中国制造业 PMI 为 51.1%》，http：//www.chinawuliu.com.cn/lhhkx/201310/01/257966.shtml。

② Credit-suisse，Japan Economics/Fixed Income Weekly，26 September 2013，https：//www.credit-suisse.com/investment_ banking/doc/japan_ economics_ weekly.pdf.

③ Desmond Lachman：《通向日本危机之路》，参见孔莹晖编译《CEEM 智库半月谈》，2013 年 6 月 15 日。

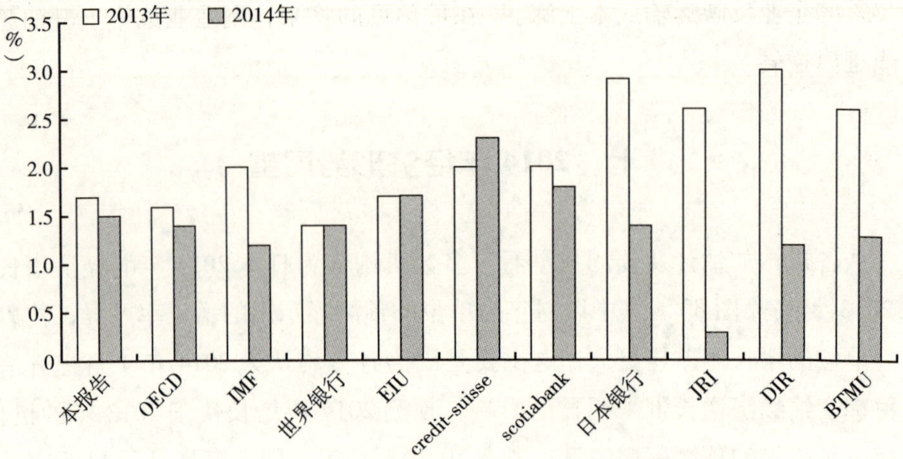

图 8　各机构对 2013～2014 年日本实际 GDP 增长率的估计及预测

注：EIU（经济学人信息部）；DIR（大和总研）；BTMU（三菱东京 UFJ 银行）；JRI（日本总研）；credit-suisse（瑞士信贷）；scotiabank（丰业银行）。图中日本银行、JRI、DIR、BTMU 的估计及预测为财年，其他为历年。

应来看，日元相对贬值可能使亚洲其他经济体成为国际资金频繁大进大出的风险聚集地。尤其对货币整体在升值，通货膨胀率相对较低，利率水平又在本地区颇有吸引力的国家，在日元贬值的大背景下，很容易成为国际资本流入的目的地。从贸易溢出效应来看，日元贬值降低了日本最终产品出口对手（例如韩国等国）的竞争力。如果贬值态势继续，包括美国在内的盟友也很难顶住国内压力，从而会采取反制措施。美国财政部曾经在向国会提交的《国际经济和汇率报告》中点名批评日本，认为日本不应采取针对别国的日元“竞争性贬值”政策，并表示美国将密切关注日本当局大规模资产购买货币政策。

最后，美联储量化宽松货币政策退出可能成为日本经济风险的引爆点。2013 年 8 月中旬，受美联储政策退出预期影响，新兴经济体需求大幅下降，已经造成日本 9 月出口增速远不及预期，贸易逆差大幅提升。除了贸易渠道外，资本流动亦是美元政策影响日本经济的重要渠道。美国一旦收紧货币投放闸门，利率将随之上升，可能引发日本资本外流。任其外流将影响日本经济复苏；而提升利率不仅会对经济复苏产生直接的紧缩效果，加重因提升消费税率带来的负面冲击，还可能提升政府债务偿付负担，加剧债务崩盘的风险。美联储量化宽松货币退出很可能在2014年初启动，加息可能在2015年中开始，而日本《消费税增税法案》确定的提升消费税率的两个时间节点也正是2014年4月和2015年10月。届时，内外冲击交织到一起，可能对日本经济复苏进程造成严重打击。

考虑到上述风险的存在，我们赞同多数机构的意见，认为2014年日本的经济增长率将低于2013年，预计为1.5%。

参考文献

冯维江：《日本经济：复苏停滞》，《2013年世界经济形势分析与预测》，社会科学文献出版社，2013。

谷源洋：《"安倍经济学"带来争议与忧虑》，国际网，2013年3月20日。

Stephen Kirchner：《弗里德曼对日本的判断是正确的》，参见孔莹晖编译《CEEM智库半月谈》，2013年5月1日。

张明：《日本拼了?!》，《中国外汇》2013年第8期。

Akio Egawa：《安倍经济学：是否指向正确的方向》，参见熊爱宗编译《CEEM智库半月谈》，2013年7月1日。

Yuka Hayashi：《增税与刺激　日本政府要双管齐下》，华尔街日本中文版，2013年9月30日。

《日本首相安倍将宣布上调消费税和经济刺激计划》，路透中文网，2013年10月1日。

Hoshi, T., and T. Ito (2012), Defying Gravity: How Long Will Japanese Government Bond Prices Remain High?, NBER Working Paper 18287.

Lawrence B. Lindsey, Daniel Loeb：《日本"第三支箭"的正确目标》，参见朱振鑫编译《CEEM智库半月谈》，2013年7月15日。

Andy Mukherjee：《安倍经济学能够解决日本人口难题》，路透社《热点透视》，2013年3月14日。

中国物流与采购联合会：《2013年9月份中国制造业PMI为51.1%》，http://www.chinawuliu.com.cn/lhhkx/201310/01/257966.shtml。

Credit-suisse, Japan Economics/Fixed Income Weekly, 26 September 2013, https://www.credit-suisse.com/investment_banking/doc/japan_economics_weekly.pdf.

Desmond Lachman：《通向日本危机之路》，参见孔莹晖编译《CEEM智库半月谈》，2013年6月15日。

Y.5

亚太经济：增长面临多重挑战*

杨盼盼**

摘　要：

本文回顾了2012～2013年亚太地区各经济体的表现，具体发现如下：亚太地区的经济增长出现分化，区内新兴市场经济体增速放缓，发达经济体复苏加快，总体经济增速仍高于全球经济增长水平；通货膨胀的压力趋于缓和；货币出现了普遍贬值趋势；经常账户逆差规模和顺差规模总体缩窄。本文分析了区内7个主要经济体的情况，亚太地区各国在2014年仍将面临多重挑战。

关键词：

亚太地区　经济增长　经济前景

一　2012～2013年总体经济状况

2012年，亚太地区17个国家的加权平均经济增速达到4.5%，同年全球经济增速为3.2%；2013年，根据国际货币基金组织发布的《世界经济展望》（*World Economic Outlook*，下称WEO）10月的预测数据，亚太地区17个国家的加权经济增长率为4.4%，而同期全球经济增长率为2.9%。相比2012年，

* 感谢张斌研究员、孙杰研究员对全文的修改建议，感谢CEEM研究团队徐奇渊副研究员、冯维江副研究员、茅锐博士、梁永邦博士、黄懿杰对亚太国家国别情况的修改建议。当然文责自负。

** 杨盼盼，中国社会科学院世界经济与政治研究所世界经济预测与政策模拟实验室助理研究员，研究领域为国际金融。

2013 年全球经济增速放缓了 0.3 个百分点，亚太地区经济放缓了 0.1 个百分点。分区域来看，发达国家和发展中国家的经济增长开始出现分化，主要发达国家经济增长回暖，经济放缓主要来自新兴市场国家；从亚太区域来看，本区域新兴经济体的加权增速从 2012 年的 6.4% 下降至 6.3%，下降了 0.1 个百分点，本区域发达经济体的加权增速从 2012 年的 2.1% 上升至 2.2%，上升了 0.1 个百分点。作为新兴市场经济较为活跃的亚太地区，已经成为全球新兴市场增速放缓的一个重要来源，这为全球经济的平稳发展敲响了警钟。2013 年亚太经济的进一步放缓说明，上一年黄皮书中我们所担忧的刺激计划后遗症以及改革压力上升的负面影响，已经给这一地区的经济蒙上阴影。

图 1 中横坐标显示了 2012 年亚太地区 17 个国家的实际 GDP 增速，纵坐标显示了 2013 年这些国家的实际 GDP 增速预测值。从图 1 中可以发现：（1）中国、老挝、柬埔寨、菲律宾、印度尼西亚、缅甸、越南、马来西亚 2013 年的经济增长率在平均值之上（横轴上方是高于本地区 2013 年经济增速的国家），构成亚太经济增长的主力。然而，这些经济增长的主力国家中，仅有老挝和越南两个国家的经济增长速度快于 2012 年，其余国家的经济增长速度均慢于 2012 年。放缓的经济体包括区域内规模最大的经济体中国，也包括东盟地区的领头羊印度尼西亚及东盟地区的重要经济体马来西亚和菲律宾。（2）印度、新加坡、泰国、韩国、新西兰、日本、澳大利亚、文莱、加拿大的经济增长率在均值以下，其中，印度、新加坡、韩国、文莱的经济增速超过了 2012 年，日本的经济增速与上一年基本持平，泰国、新西兰、澳大利亚和加拿大的经济增速下滑。其中泰国和澳大利亚的经济下滑明显，泰国下滑幅度达到了 3.4 个百分点，直接从上一年带动亚太经济增长的国家跌落至平均增速以下，且经济陷入衰退，而澳大利亚经济增速也下降了 1.2 个百分点。

2012 年，亚太国家经济增长相对于上一年，放缓的经济体和增长反弹的经济体几乎各自占据半壁江山，而 2013 年亚太国家经济增长出现恶化，经济增长加速的国家少于经济增长放缓的国家，这一情形对于高速增长（经济增速高于亚太地区加权平均增速的国家）的国家而言更加显著。经济增长放缓或维持不变的国家包括泰国、澳大利亚、马来西亚、印度尼西亚、柬埔寨、新西兰、中国、加拿大、菲律宾、日本等十国（按照放缓程度从高到低排列，

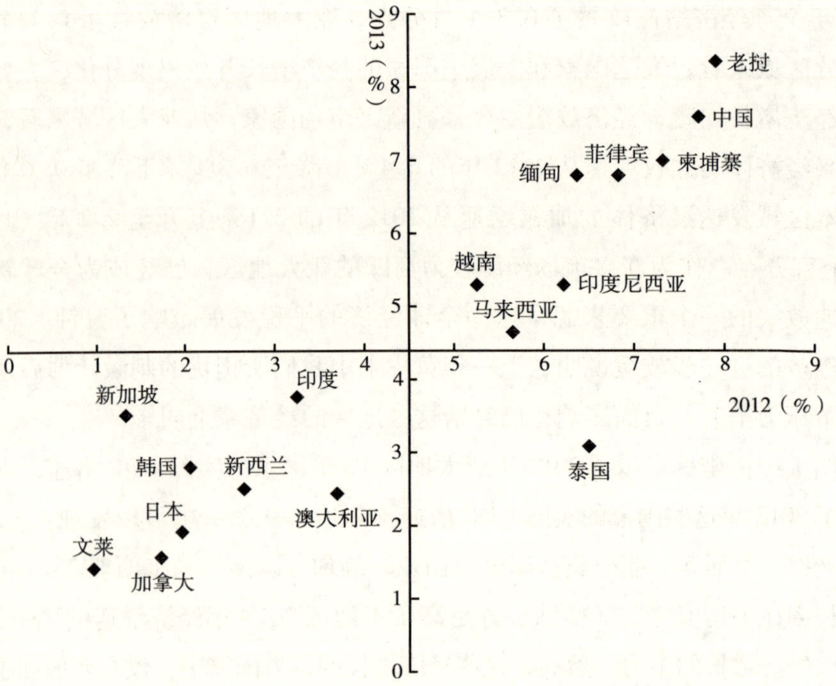

图1　2012 年和 2013 年的亚太经济增长：放缓与反弹兼具

说明：横轴和纵轴分别代表了对应国家在 2012 年和 2013 年的情况，横轴的交叉点为 2012 年 17 国实际 GDP 增速的加权平均值（4.5%），纵轴的交叉点为 2013 年 17 国实际 GDP 增速的加权平均预测值（4.4%）。因此，第一象限（右上）的国家是 2012 年和 2013 年 GDP 增速均快于均值的国家，第二象限（右下）的国家是 2012 年 GDP 增速快于均值但 2013 年 GDP 增速慢于均值的国家；第三象限（左下）的国家是 2012 年和 2013 年 GDP 增速均慢于均值的国家；第四象限（左上）的国家是 2012 年 GDP 增速慢于均值但 2013 年 GDP 增速快于均值的国家。

资料来源：国际货币基金组织 2013 年 10 月世界经济展望（WEO）数据库。

其中菲律宾和日本的经济增长基本与上年持平），经济增长加速的国家包括越南、缅甸、老挝、文莱、印度、韩国、新加坡等七国（按照加速程度从高到低排列）。但是，和 2012 年例如澳大利亚、新西兰、日本、泰国等国出现经济增长的大规模反弹相比，2013 年各个国家的经济增速相对于上年的变化较为缓和，除了新加坡增速上升了 2.2 百分点之外，其他国家的经济增长率变动均在 1 个百分点以内。除此之外，和上年相比，2013 年经济出现好转的多是小型经济体，对于本地区经济增长的带动影响有限。接下来对各国经济增长加速或放缓的原因进行简单分析。

经济增长放缓或持平的国家

泰国经济增速比上年放缓了3.4个百分点，原因是2011年洪灾的低基数使得经济在2012年取得了高速增长，2013年这一影响已逐渐消退，经济放缓在情理之中，私人部门消费放缓较快，最低工资政策的积极影响正在逐渐消退，随着灾后重建工作的完成，私人部门的投资也在放缓，但由于政府已经宣布了一系列的基础设施建设计划，预计政府部门的投资仍将加速。泰国2013年第1季度和第2季度已经出现了连续两个季度环比负增长，技术上陷入衰退。

澳大利亚2013年经济放缓了1.2个百分点。这是因为2012年经济的高增长来源于基期效应和投资扩张：2011年上半年澳大利亚遭受了特大洪灾，经济增长受到大幅度打击，随后的灾后重建又带来了投资的大幅度扩张，使得澳大利亚2012年全年的经济增长水平为3.6%，然而，进入2013年以来，澳大利亚的私人部门投资放缓，这一方面是由于灾后重建的结束，另一方面，澳大利亚关键的采矿部门发展已经到达了峰值。总体而言，澳大利亚重回之前的经济增长速度较为困难，经济增长将稳定在一个温和水平。

马来西亚经济继续放缓，本年度经济增速下降了0.94个百分点。这一放缓主要来源于两个方面：一方面投资规模正向合理水平复归，此前高投资水平来自大量的基础设施建设，属于经济刺激计划的一部分，而到了2013年，经济刺激计划正在逐步退出；另一方面外需仍然疲软，这使得马来西亚的出口仍旧拖累经济增长。相对而言，2013年私人部门的消费水平仍较稳健，政府对特定人群的补助计划有助于私人部门消费的加强。

印度尼西亚尽管2013年开局尚可，但是之后经济形势迅速恶化。印度尼西亚当局降低对燃油的补贴直接导致了通货膨胀大幅度上升，本国经常账户余额和财政余额处于双赤字局面。在外部环境急转直下的情况下，印度尼西亚卢比大规模贬值，资本外逃严重。在这样的情势下，印度尼西亚被迫采取紧缩的货币政策，而同时财政政策扩张的空间也进一步缩窄，加剧了印度尼西亚经济的放缓。

柬埔寨2013年经济增长仅略有放缓，但经济增速仍然在7%以上。经济小幅放缓的原因主要由于政府开支的下降，消费和固定资产的投资均快于上年，显现出经济体的活力，柬埔寨在危机之前的经济增速超过10%，目前距离这一水平仍有距离，但是出口导向型的制造业已经进入快速复苏阶段，带动经济增长。除此之外，基础设施建设投资和外商直接投资也带来了经济的快速增长，预计未来仍具有较大增长潜力。

新西兰2013年经济增速略有下降。和澳大利亚一样，地震重建投资增加使得新西兰2012年的经济增长水平较高，然而这一影响在2013年已经不存在，故经济增速下降。除此之外，第2季度出现的严重干旱天气也导致新西兰的乳产品制造和出口受到负面影响。

中国经济与上年相比增速放缓，反映出中国经济的复苏进程相对缓慢，投资的增速放缓，经济的复苏动力仍然较为微弱，长期增长有赖于结构性改革。

加拿大经济增长略有放缓，主要是受到了来自阿尔伯塔省洪水和魁北克罢工的负面冲击，但是私人部门的消费和投资持续高涨，出口部门也有所好转，抵消了负面冲击的不利影响，未来经济存在房地产市场过热的隐忧。

菲律宾经济增速基本与上年持平，菲律宾经济的增长主要来源于私人消费部门，侨汇和政府转移支付均促使了消费的快速扩张；私人部门投资仍然受到投资环境的限制，且主要是由公共部门投资带动；出口仍处于萎缩状态，给经济增长带来负面影响。

日本经济在2013年增速较2012年基本持平，在第2季度出现了轻微放缓，出口增速减速、私人部门去库存加快以及“安倍经济学”刺激政策效力的递减，都使得日本经济出现更快增长的可能性不高。

经济加速增长的国家

新加坡经济增长加速，比上年高2.2个百分点，复苏进程开始加速，出口部门和私人消费部门都开始上升，特别是外需的复苏对新加坡经济重拾动力有着非常积极的作用。与此同时，政府固定资产投资计划也将带来投资的上升。

韩国经济的增长速度比上年上升了0.8个百分点。增长的主要来源是政府于2013年4月宣布的一项财政刺激计划带来政府消费的大幅度上升，同时税收优惠和低利率政策也使私人部门的消费出现上升，固定资产投资增加也将得益于促进房地产发展的政策措施，但是出口仍疲软。

印度经济增长比上年增加了0.6个百分点。上年印度经济增速只有3.2%，是十年以来的新低。政府采取了一系列结构性改革措施，包括取消多个部门外资准入限制、为基础设施投资开通快速通道等。这些措施都使得2013年的经济增长有所好转，但是受到美联储量化宽松政策退出预期的影响，资金从新兴市场国家撤离，印度经济仍然受到较大负面影响，目前经济复苏并不尽如人意。

文莱经济稳定增长。由于油气出口是文莱经济增长的主要来源，目前油价波动较为缓和，因此文莱经济增长也较平稳。

老挝经济增长强劲的原因主要有两个：第一，投资增速强劲，包括中老铁路在内的多个大规模的基础设施建设工程促进了投资的增长，外商直接投资势头强劲；第二，出口受发达国家外需疲软的影响较小，与中国之间的贸易依旧稳健，以旅游业为代表的服务业发展迅速，因而经济增长前景良好。

缅甸经济增速提升了0.5个百分点。目前来自中国等国家的大规模基础设施建设、石油开采项目是促进缅甸投资扩张的重要因素，这成为其经济增长的直接动力。但是，缅甸私人部门消费水平仍然较低，预计伴随着经济增长，私人部门的消费水平也将大幅度增加。

越南经济增速基本与上年持平。由于2012年是越南自1999年以来经济增长最差的一年，因此，越南距离此前的高速增长仍然有很远的路要走。越南经济增长放缓一方面是因为外需因素导致经济赖以增长的出口部门迟迟未见恢复，另一方面是因为2011年开始的通货膨胀严重地打击了国内消费者和国外投资者的信心。与此同时，越南的结构性改革进展缓慢，致使信心迟迟未能恢复。这些因素都导致经济难以快速好转。

二　通货膨胀压力上升

在2012年，亚太地区17个经济体的加权通货膨胀率为3.5%，而包括亚太地区在内的全球平均水平为4.0%，亚太地区的加权通货膨胀水平低于全球水平。2013年，17个亚太经济体的通胀率平均水平预计达到3.7%，略微低于全球平均水平3.8%。在全球通货膨胀水平回调的背景下，亚太地区的通货膨胀水平却出现了一定上升。不过，这17个经济体承受的通货膨胀压力各不相同，需要具体进行分析。结合经济增长率和通胀率，图2给出了

17个经济体在2013年的通货膨胀表现。在图2中，横轴代表经济增速，纵轴代表通胀率，图中的直线为趋势线，代表着亚太国家的平均趋势水平，可以用来作为各个国家承受通货膨胀压力的一个参照线：在趋势线以下的国家，说明其在经济增长率较高的同时，承受了较低的通胀率；而在趋势线以上的国家则相反。如果把趋势线看作一条压力线，则目前来看，承受到通货膨胀压力的国家主要包括印度、越南、印度尼西亚、老挝、缅甸及世界。通货膨胀压力较低的国家包括文莱、加拿大、日本、澳大利亚、新西兰、韩国、泰国、新加坡、马来西亚、菲律宾、柬埔寨、中国。这些国家通货膨胀与经济增速的配合较为合理，并且所有国家的通货膨胀水平均在亚太地区加权通货膨胀水平之下，通胀压力较为缓和。因此，亚太国家通货膨胀水平上升的主要来源是原来那些通胀承压国的压力进一步上升带来的。和2012年的情况相比，除了老挝的通胀压力发生了显著的上升外，其他国家并未发生显著变化。总体而言，2013年亚太国家面临的通货膨胀压力与之前年份相比并没有明显变化。

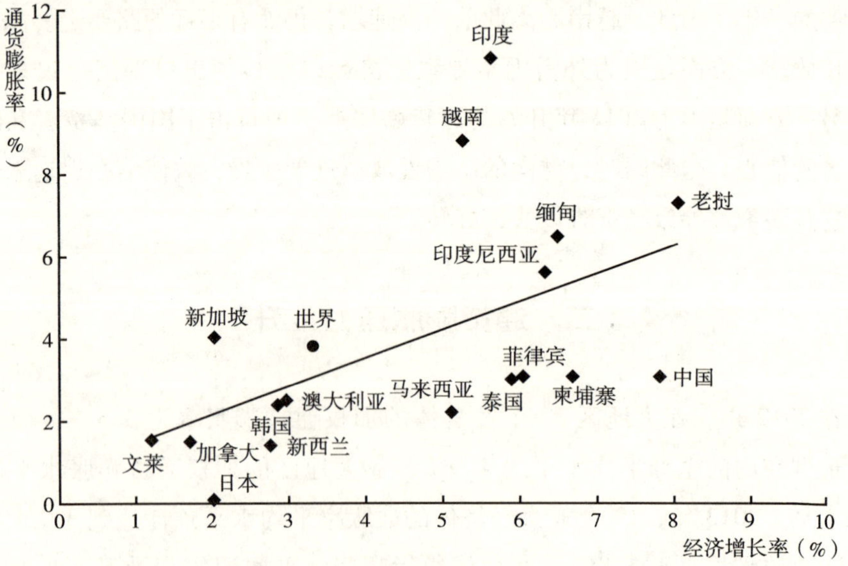

图2　2013年亚太地区各经济体的经济增长率、通胀率

资料来源：国际货币基金组织世界经济展望（WEO）数据库。

接下来分析通胀压力较大的主要国家的通货膨胀成因。

食品价格上升仍然是印度通货膨胀的一个重要原因。尽管这一因素在第2季度得到缓和，但是通货膨胀的预期仍然较高，特别是政府计划降低对燃油的补贴，这意味着燃油价格的上升。印度卢比贬值也是通货膨胀的重要原因，这使得贸易品价格上升。除此之外，印度还面临着供给面短缺的因素，导致通货膨胀压力进一步增大。

越南的通货膨胀已经有所缓和，下降的主要原因是全球大宗商品价格未见明显上升，且越南的经济增长并未加速。未来如果经济继续复苏，越南可能会面临更大的通货膨胀压力。

印度尼西亚通货膨胀突然上升的根本原因在于政府取消了对燃油的补贴，这使得汽油和柴油价格迅速上涨，也带来了交通运输成本和电力价格的上升。除此之外，受美联储量化宽松政策退出预期的影响，资金流出使印度尼西亚卢比的贬值非常严重；食品价格上升和最低工资的上升也推升了通货膨胀压力。

老挝的进口主要来自泰国，两国间汇率对老挝的通货膨胀至关重要。2013年以来泰铢对老挝基普大幅升值，这使得老挝的通货膨胀率迅速上升，同时经济的快速增长、货币供应量的迅速上升也是通货膨胀的重要原因。

缅甸的通货膨胀率上升主要由于食品价格的上升。除此之外，2013年以来货币供应量的大幅上升也是通货膨胀的原因。

上述经济体中的绝大部分在上年已经面临着较大的通货膨胀的压力，不过在当时，央行主要选择了容忍通货膨胀，甚至采取进一步宽松的货币政策。但是2013年以来，外部环境的不确定性进一步增加，部分国家央行的政策也出现了明显的转向。这其中，以印度和印度尼西亚央行的态度最为明确。印度货币政策2013年以宽松开局，但之后受到美联储量化宽松政策退出预期的影响，货币政策开始从紧。拉詹就任印度央行行长之后，这一货币政策取向变得更加明确。预计未来印度仍然将在保持投资与商业环境稳定和避免资金进一步外逃之间进行平衡。

越南、缅甸和老挝的货币政策仍然是相对宽松的，对于通货膨胀的容忍度较高，更加关注经济增长。越南的通货膨胀有所缓和，但是经济增长仍然没有回到正常的运行轨道，因此货币政策的重心从控制通货膨胀转向维持经济增长。央行采取信贷扩张政策，2013年的目标是使信贷增速达到12%。但是从目前的情况来看，通货膨胀有加剧的趋势，因此越南央行在未来仍然面临取舍。缅甸中央银行的货币政策独立性仍待加强，尽管通过了新的中央银行法案以提升货币政策独立性，但是目前没有见到紧缩性的货币政策。老挝并没有采取紧缩性货币政策，信贷扩张政策仍在持续，存在潜在的坏账风险。

三　货币贬值趋势明显

图3绘制了2013年8月末亚太地区各经济体货币对美元汇率与上年同期相比的波动率，我们将此作为2012~2013年亚太各国货币的汇率走势变动图。从图3中不难看出，2013年亚太各国货币贬值幅度明显，在17个主要亚太经济体中，仅仅只有中国、老挝、韩国这三个国家的货币处于升值趋势，其中人民币的升值幅度位居榜首。但是这样的升值幅度远远无法和其他国家的贬值幅度相提并论，2013年亚太国家中有14个国家出现了货币贬值，其中日本、澳大利亚、印度、印度尼西亚的贬值规模超过10%。

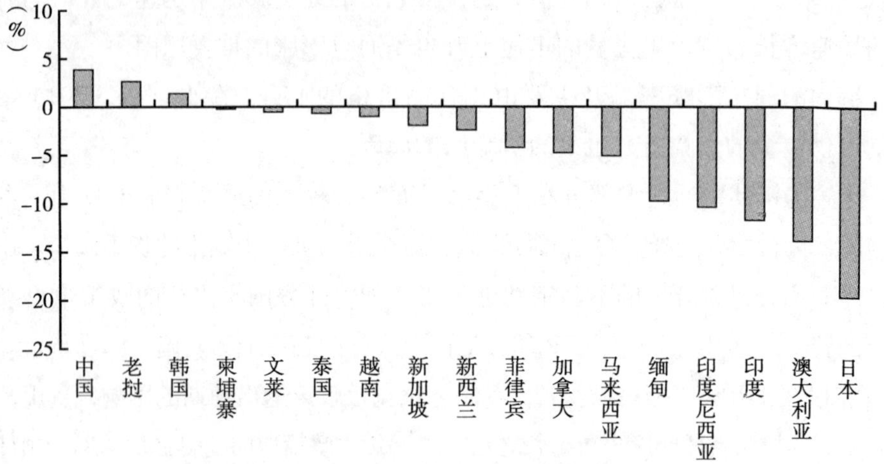

图3　2013亚太地区各经济体货币的汇率走势

说明：反映的是2013年8月末该国经济体对美元的汇率的上年同比增速，其中正数表示升值。

日元的贬值与安倍经济学是分不开的，而安倍经济学的重心之一就是宽松的货币政策，且到目前为止日本央行并没有紧缩货币政策的打算。这一强烈的宽松意愿使得日元的贬值幅度非常大。通过日元贬值促进出口也是当局的政策考量。这些因素都使得日元维持在一个相对较低的水平。

此前澳元一直维持在相对强势的水平，然而其经常账户却一直存在逆差。因此，澳元的贬值在某种意义上符合澳大利亚利益。澳元贬值的原因包括：全球大宗商品价格的走软对澳大利亚出口打击较大；澳大利亚经济走势的不确定性增加；中国的经济增速放缓，投资者担心澳大利亚的经济受到影响；受到美联储量化宽松政策退出预期的影响，资金更多地配置于安全资产，导致资金从澳大利亚流出。

印度卢比和印度尼西亚卢比贬值的原因与澳元贬值类似。大的背景都是美联储量化宽松政策的退出，导致资金从新兴市场撤离，这也是我们观察到亚太新兴市场经济体出现贬值的共同原因。但是印度卢比和印度尼西亚卢比成为亚太地区新兴市场过去一年表现最差的货币，还有其他原因。首先，两个国家都出现了双赤字现象，即所谓的经常账户赤字和财政余额赤字，本币一直面临贬值压力，资本外流加剧了这一贬值压力；其次，两个国家都面临着严重的通货膨胀；最后，在外部环境面临较大不确定的情形下，仍积极推动国内结构化改革，束缚了经济的灵活性，导致投资者的预期发生改变。

四　经常账户走势

2013 年，亚太地区 17 个经济体的经常账户总体而言未出现方向性的变化，目前有 9 个顺差国和 8 个逆差国。目前，经常账户顺差超过 4% 的国家有 4 个，分别是文莱、新加坡、越南和韩国，这其中除韩国之外，其他国家的经常账户余额与上一年相比均出现下降，总共有 5 个顺差国的经常账户余额出现下降；经常账户赤字占 GDP 比重超过 4% 的国家有 5 个，赤字国中除了印度尼西亚和老挝之外，其他国家的经常账户均出现了不同程度的改善。

在顺差国中，我们重点关注新加坡、马来西亚和菲律宾顺差缩窄的情况。新加坡的顺差仍然维持健康水平，顺差幅度略有缩窄。这是因为主要出口目的国复苏相对缓慢，然而新加坡国内需求却有所上升，与此同时服务贸易余额出现赤字，收益项也是赤字，因此总体而言顺差出现缩窄情况。马来西亚经常账户顺差缩窄的原因仍然是以外需为主。由于欧盟区是马来西亚最重要的出口市场，欧元区经济并未好转，因而马来西亚的出口仍然受到严重的影响，加之国内旺盛的需求带来进口品的上升，马来西亚经常账户顺差的幅度进一步缩小。马来西亚顺差的好转仍然有赖于外部市场的好转。菲律宾货物贸易仍然维持赤字，中国经济的放缓给菲律宾的出口造成不利影响，但是侨汇收入的上升降低了一部分货物贸易赤字的不利影响。

在逆差国当中，印度、澳大利亚和印度尼西亚尤为引人关注。印度政府已经采取了一系列进口限制措施以抑制进口，但是由于本国通货膨胀高企，民众对于进口黄金的需求十分旺盛，抑制进口的措施效果有限。此外，由于印度卢比的贬值，进口价格进一步攀升，同时对于原油进口的需求仍然较高，进口规模仍将上升，对经常账户赤字构成压力。澳大利亚是大宗商品的出口国，由于全球经济的放缓以及天气因素导致的供给中断，澳大利亚2012年的货物贸易出现了逆差，这是造成其经常账户逆差规模扩大的重要原因。然而，这一情形在2013年有所改变，贸易已经由逆差转为顺差，在一定程度上抵消了澳大利亚经常账户收益项为负的影响，使得逆差规模缩窄。印度尼西亚的经常账户逆

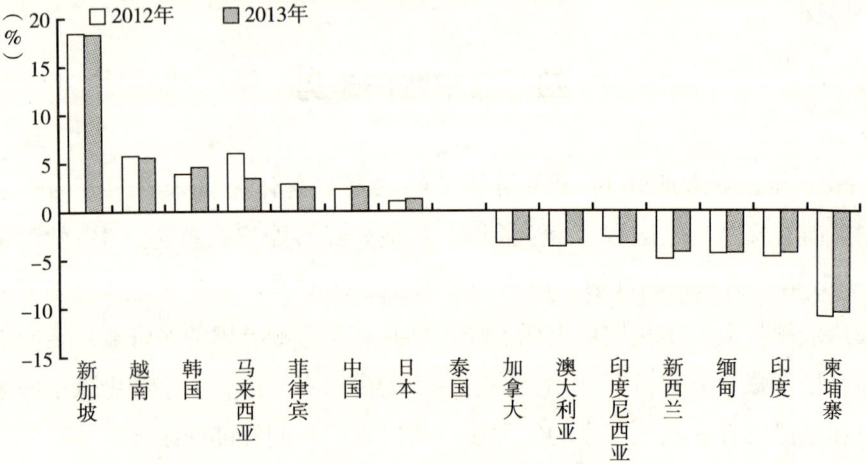

图4　2012年和2013年亚太地区各经济体的经常账户余额占GDP走势

说明：文莱两年经常账户余额占比分别为48%和45%，老挝分别为28%和31%。由于规模较大，在图上表示较为困难，故剔除。

资料来源：IMF WEO，2013年4月版。

差主要来源于2012年货物贸易顺差的大幅度缩窄，原因是中国等大宗商品需求大国的经济增速放缓，使得出口大幅度下降。与此同时，印度尼西亚此前燃油补贴使得油价一直处于低位，这部分的进口需求上升很快。除此之外，印度尼西亚的外债规模正在上升，预计未来外债支付也将带来通货膨胀压力的上升。

五　主要经济体的经济形势

以下我们将介绍亚太地区主要经济体的经济形势。这些主要经济体包括中国、印度、日本、韩国、澳大利亚、加拿大、印度尼西亚。这7个国家同时也是二十国集团（G20）的成员国。

中国经济。中国经济在2012年出现了显著的放缓，2012年经济增长率为7.7%，是进入21世纪以来的最低值。这一放缓趋势延续到2013年上半年，上半年的同比增速降至7.6%。进入2013年下半年，中国经济出现了回暖态势，此次回暖主要得益于外部需求的好转，对东盟、美国和欧盟的出口均出现上升。此外，受到政策刺激的影响，固定资产投资也出现了回暖。然而，本轮经济回升态势可能是不可持续的。一方面，外部环境仍然存在较大不确定性，美国财政困局严重性凸显，量宽退出预期仍不明朗，亚太地区与中国经贸关系紧密的新兴市场国家走势不定；另一方面，中国正在经历的结构性改革，产业结构调整可能带来潜在产出的下降及产出波动的上升。预计2014年中国经济增速为7.4%~7.6%。

印度经济。在2012年及2013年上半年，印度经济增长持续放缓，2013年第二季度更是创下2009年以来的新低。从分行业水平来看，印度的农业增长有所恢复，但是制造业以及采矿业出现负增长，8月PMI首次下降至荣枯分界线50以下，制造业的复苏遥遥无期。服务行业的增长也有所下滑，服务业对印度经济增速的贡献超过50%，服务业的持续下滑是导致印度经济下滑的重要原因。总体而言印度经济在2013年仍然低位运行。但是从目前的情况来看，印度的结构性改革正在开启。结构性问题是困扰印度经济增长的根本原因，这一问题如能得到解决，将为印度的长期经济增长提供内生动力。新上任的印度央行行长拉詹一上任就宣布采取大量举措，包括放开银行业管制，普及金融服务，对于货币政策的调控规则也与前任大不相同，印度议会也通过了征地方案和养老金改革法案，期待这些政策能将印度经济早日拉出泥潭。但是从短期来看，前期的投资不足和制度障碍仍然使得印度经济向上调整较为困难，预计 2014 年的经济增速为 4.8% ~5.1%。

日本经济。日本经济在 2012 年呈现前高后低走势，全年实际 GDP 的增长速度为 2.0%。伴随着安倍经济学的实施，2013 年日本经济进入恢复和改善阶段。在 2013 年上半年，受日元贬值和股市大幅上涨的影响，内需成为拉动日本经济的主引擎，外需也在好转，经济增长折年率增长高达 3.8%，下半年仍将延续持续改善的势头。日本内阁府 2013 年 9 月公布的 7 月景气动向指数显示日本的整体经济从 6 月的“变为上升”上调为“呈现改善”，认为日本经济在未来的扩张可能性很高。日本 7 月的失业率下降至 3.8%，回到 2008 年 10 月的水平，且求人倍率上升至 2008 年 6 月以来的最高水平，这表明日本的就业市场也获得了持续改善。日元的贬值趋势支持了日本的出口和复苏，日本央行维持基准利率和资产采购项目的规模不变，并称日本经济正在温和复苏。受到 2014 年增税预期带来的提前消费刺激效应的影响，日本经济的内需仍将延续 2012 年的扩张态势。东京成功申办 2020 年夏季奥运会，也将有助于未来的投资和消费，带动中期经济增长。但是，2014 年日本经济复苏面临的风险正在加大，一方面是安倍经济学对日本经济的刺激效果正在逐渐消退，另一方面日元贬值的不可持续和公共债务问题的沉重负担都将使得目前日本经济的增长动力受到削弱，因此预计 2014 年的经济增速为 1.2% ~1.5%。

韩国经济。韩国经济在 2012 年萎靡不振，经济增长出现了出人意料的放缓。但是进入 2013 年以来，韩国经济增长有了较大改善，第二季度经济增长进一步加快，同比增速上升至 2.3%，环比增速达到 1.1%，韩国经济正处于复苏通道中，且复苏的动力正在不断加强。私人部门的消费贡献了经济增长的很大部分，第二季度私人部门消费同比增长与经济总体增速持平，消费者信心也逐步提高，内需作为经济增长的源泉成为韩国经济复苏的重要动能。韩元的贬值也使得外需表现良好，出口规模上升超出预期，促进了经济增长，出口市场的增加主要来源于欧美发达国家，这表明，发达国家的复苏态势促进了韩国经济的复苏。但是企业投资总体仍然相对低迷，投资作为经济增长的动力较为疲弱，制造业总体发展态势较差，6 ~8 月 3 个月的 PMI 均低于 50 的荣枯线，表明制造业仍处于萎缩状态。鉴于消费和出口的复苏尚不稳健，消费指数最近有走弱的趋势，外部发达经济体增长仍有不确定性，而国内投资又持续低迷，对于韩国经济未来的增长我们仍然持谨慎态度。预计 2014 年韩国经济增速为 3.1% ~3.6%。

澳大利亚经济。受到 2011 年洪灾基期效应的影响，澳大利亚 2012 年全年的经济增长速度较快，但是 2013 年以来澳大利亚经济增长出现了持续的下滑。从目前的情况来看，2013 年第二季度澳大利亚 GDP 增长率为 2.6%，略高于第一季度的 2.5%，但是仍然低于上年的增速 3.7%，预计 2013 年全年的经济增长速度为 2.5% 左右。从投资的情况来看，上半年澳大利亚私人部门的投资有所上涨，而公共部门的投资则大规模下降，房地产投资继续增长，总体的投资水平略有回落。随着矿业投资的回暖，下半年投资可能进一步增加，经济增长将逐渐回升。澳铁矿石供给有望继续加大，且随着全球经济回稳，尤其是中国经济复苏，铁矿石价格可能上涨。预计 2014 年的经济增速在 2.5% ~3% 之间。

加拿大经济。加拿大总体经济维持稳定，但存有隐忧。2013 年以来，加拿大经济增长一改上年下半年的颓势，经济出现了持续增长。2013 年 6 月，经济增长受到了来自阿尔伯塔省洪水和魁北克罢工的冲击。据加拿大央行的估计，这两个冲击分别导致实际 GDP 增速放缓 0.7 个和 0.6 个百分点。然而，这两个冲击是暂时的，随后加拿大经济预计将出现好转。加拿大经济的隐忧来自私人部门杠杆率的激增。由于房产热，加拿大居民部门债务占居民部门可支配收入的比重已经上升至 160%，这一水平在 OECD 国家中是相当高的。政府正在调控房价和稳定增长中作出选择，如果打压房地产的政策过于强势，导致居民部门去杠杆过快进行，进而通过财富效应给私人部门消费施加不利影响，那么对于加拿大未来的经济增长前景不啻一种打击。公共部门的消费与投资预计不会出现较快增长，但是由于企业的经营效率较高，私人部门投资仍将继续扩张，带动经济增长。由于加元贬值，加拿大的出口在 2013 年出现好转，但是仍受到其主要贸易伙伴如中国、美国经济增速放缓的威胁。预计 2014 年的经济增速在 2.0% ~2.5% 之间。

印度尼西亚经济。印度尼西亚经济在进入 2012 年下半年之后就开始放缓，从目前来看就恢复到2011年至2012上半年的快速增长已无可能。进入2013年经济继续放缓，并在第二季度出现大规模的资本外流，导致国内资产价格暴跌和货币大幅贬值。第二季度的经济增长仅为5.8%，跌破6%的增长，成为2010年下半年以来的新低。作为经济增长引擎的私人部门，消费放缓严重，增速仅为5%。私人部门消费放缓的原因，包括本国通货膨胀的持续高企、资本外流趋势影响消费者信心以及资产价格暴跌带来的财富效应。由于私人部门消费占经济增长的比重达70%以上，这势必拖累经济增长。目前政府消费和固定资产的投资又开始高涨，反映出政府刺激经济、力挽狂澜的决心。然而考虑到印度尼西亚的经常账户和财政的双赤字格局没有改变，且通胀压力巨大，因此对于印度尼西亚的经济增长前景我们持担忧态度，预计2014年的经济增速在5%~5.5%之间。

六　2014年亚太经济展望

总体而言，亚太经济在2013年呈现了与之前两年截然不同的态势：新兴市场经济体在2011年至2012年上半年的经济增长盛宴目前已经告一段落，整体呈现向下走势；发达经济体经济增长则出现好转，与全球发达经济体复苏的步调一致。从目前情况来看，亚太国家中的新兴市场经济体在2014年的经济增长风险犹存，不确定性仍大；发达经济体复苏根基尚未稳固，2014年经济增长未必好于2013年。

亚太国家经济增长面临的风险主要有四个：第一，经济基本面恶化的影响。经常账户余额和通货膨胀水平是反映亚太国家经济是否健康的两个最重要的基本面指标，最近经济放缓的国家（如印度、印度尼西亚和越南等）都有经常账户赤字和/或通货膨胀高企的问题，这严重影响了投资者的信心。第二，国际资本流动的影响。美联储量化宽松政策退出预期的影响使得新兴市场在2013年7月和8月遭受了一轮资本外流的热潮，之前新兴市场国家流动性宽松的情况出现逆转，亚太新兴经济体受到严重打击。9月美联储意外将量宽政策退出推迟，短期内给新兴市场以喘息机会，但是中长期内不啻一枚定时炸弹，之后的资本流动料将再度经历波动过程，给亚太地区新兴市场带来重大隐忧。第三，亚太区内各经济体相互依存造成的连锁反应。亚太地区主要经济体增长放缓会给其他国家带来不利影响。例如，中国经济的放缓给亚太国家带来了负面的溢出效应，特别是大宗商品的出口国，包括澳大利亚、加拿大和印度尼西亚等。第四，亚太国家中中国、印度和印度尼西亚等国家开始了结构化改革进程，在中短期内，这会带来经济增长不确定性的上升。

参考文献

中国社会科学院世界经济与政治研究所世界经济预测与政策模拟实验室：《全球宏观经济季度报告》，2013 年第 1 季度。

中国社会科学院世界经济与政治研究所世界经济预测与政策模拟实验室：《全球宏观经济季度报告》，2013 年第 2 季度。

中国社会科学院世界经济与政治研究所世界经济预测与政策模拟实验室：《全球宏观经济季度报告》，2013 年第 3 季度。

Economist Intelligence Unit, Country Reports, 17 countries: Australia, Brunei Darussalam, Cambodia, Canada, China, India, Indonesia, Japan, Korea, Lao P. D. R. , Malaysia, Myanmar, New Zealand, Philippines, Singapore, Thailand, Vietnam, 2013.

IMF, *World Economic Outlook*, October, 2013.

IMF, *World Economic Outlook*, April, 2013.

IMF, *World Economic Outlook Database*, October, 2013.

Y.6

俄罗斯：应警惕滞胀风险

高凌云*

摘　要：

2012~2013年，俄罗斯实际GDP同比增长率呈现明显放缓的态势，俄罗斯经济发展部和主要国际组织均大幅下调了对俄罗斯2013~2014年的增长预测值。同时，尽管俄罗斯目前的通胀水平已从高于7%回落到6.5%左右，但仍超过俄央行目标区间的上限。在贸易顺差急剧下降、资本净流出快速攀升等因素的影响下，从2012年第4季度开始，俄罗斯卢布兑美元汇率明显进入下行通道。俄罗斯目前的整体财政收支仍基本平衡，结构调整也略有成效。在加入WTO以后，俄罗斯还进一步加强了与欧盟、日本等国家和地区的经贸合作，与中国在能源、高科技等重点领域的合作更是具有广阔前景，但与美国的经贸关系因斯诺登事件受到较大影响。未来的主要经济风险，仍然集中在主要贸易伙伴能源需求减弱和国际油价下行等方面，增长前景不容乐观。

关键词：

增速下滑　通胀目标　结构调整

2012年是俄罗斯的大选之年，普京重返克里姆林宫，保证了俄罗斯政治上的稳定和宏观经济政策的连续，全年实际GDP实现了3.4%的同比增长，略低于我们预计的3.7%的增速。但是，自2012年第1季度至今，俄罗斯实际

* 高凌云，博士，中国社会科学院世界经济与政治研究所副研究员，主要研究领域为国际贸易、国别经济。

GDP 增速从 4.6% 逐季下滑到零增长。根据普京提出的以“推动经济增长需要提高生产效率、加大投资和创新力度”为特征的未来几年俄罗斯经济发展思路，俄罗斯政府采取了一系列以增强企业自主投资能力、提升银行投资保障能力、政府加大对基础设施资金投入、改善商业环境并提升吸引外资能力等为主旨的刺激性政策，但效果并不理想。考虑到俄罗斯经济发展面临的主要问题在短期内难有好转，预计 2013 年俄罗斯实际 GDP 增速仅能维持在 1.1% 左右，2014 年的增速约为 2%。未来俄罗斯如果不能很好地解决内部经济结构单一和过于依赖外部需求等问题，其经济很有可能陷入增长停滞和通货膨胀并存的困境。

一　经济增速持续下滑

2012 年，普京重返克里姆林宫，再一次开启了促进俄罗斯经济社会不断发展、实现现代化和国家崛起的道路。5 月 7 日，也就是就任俄罗斯新总统的当天，普京签署了 13 项总统令，涵盖内政、外交、军事、经济和社会多个领域，对新一任俄罗斯政府提出了一系列任务，如：到 2015 年，年度投资总额不低于国内生产总值的 25%；到 2018 年，劳动生产率提高 50%，高技术、高科技商品占国内生产总值的比重提升至 1/3；俄罗斯在国家投资和商业环境领域的全球排名要从目前的第 120 位升至第 20 位，并实现居民实际工资增长 40% ~50%，降低住房贷款利率，提高居民平均寿命的目标；2018 ~2020 年，俄罗斯现代化武器在军队中所占比例要达到 70%；到 2020 年，创造 2500 万个就业岗位；等等。这些任务既体现了普京在竞选前公开发表的治国构想，也回应了对选民作出的承诺，同时也阐述了新任期的行动计划。

2012 年俄罗斯实际 GDP 实现了 3.4% 的增长，经济实力基本恢复到了危机前的水平。2012 年，俄罗斯按当前价格计算的名义 GDP 为 623569.20 亿卢布，同比增长 11.8%；按不变价格计算的实际 GDP 同比增速为 3.4%。其中，俄工业生产领域增长 2.6%，实现外贸顺差 1938 亿美元。另外，俄罗斯政府还成功实现了增加财政收入和控制赤字的任务，财政收支基本平衡。全年财政收入为 234351 亿卢布，同比增长 13%，国家债务总规模只占国内生产总值的 9.6%，远远低于国际警戒水平。更为关键的是，俄罗斯民众能从经济增长中受益，尽管 2012 年的通货膨胀率上升为 6.6%，居民实际收入却增长了 4.2%，同时失业率控制在 5.3% 的水平，失业人口和贫困人口数量均降至 11 年来最低。

但是，从增速的变动趋势来看，受世界主要经济体增长乏力和国内自然灾害等诸多因素的影响，自 2012 年第一季度至 2013 年第二季度，按 2008 年不变价格计算，俄罗斯的实际 GDP 同比增长率呈现出逐渐放缓的确定性态势（见表 1）。其中，2012 年一季度实际 GDP 同比增长率 4.6%，第二季度 4.3%，第三季度 3.0%，第四季度 2.6%。2013 年俄罗斯经济增长延续了 2012 年的基本走势，第一季度实际 GDP 同比增速 1.6%，第二季度增速下降到 1.2%，第三季度降为零。造成增长速度下降的主要原因是：①工业生产停

表 1　俄罗斯 GDP 及其各部分的变动状况

单位：十亿卢布，%

指标名称	2012 年				2013 年	
	Q1	Q2	Q3	Q4	Q1	Q2
实际 GDP（2008 年不变价）	9645.80	10285.20	11247.70	11717.10	9799.30	10411.100
同比增长率	4.60	4.29	3.00	2.63	1.59	0.012
最终消费	7065.10	7337.10	7685.00	8022.90	7377.70	7619.500
同比增长率	5.10	4.52	4.64	4.25	4.42	0.038
家庭消费	5205.70	5472.70	5846.60	6185.20	5522.50	5770.900
同比增长率	7.26	6.47	6.68	6.40	6.09	0.054
政府消费	1821.20	1824.90	1800.90	1799.20	1830.20	1821.900
同比增长率	-0.25	-0.65	-1.14	-2.01	0.49	-0.002
非营利服务机构消费	46.60	46.60	46.20	47.50	47.50	47.900
同比增长率	-3.52	-2.92	-2.53	-2.86	1.93	0.028
资本总积累	1474.80	2157.40	3552.40	3244.10	1295.50	1961.300
同比增长率	13.00	10.77	6.66	5.38	-12.16	-0.091
资本形成总额	1472.80	2191.10	2471.80	3607.50	1473.60	2136.800
同比增长率	22.19	13.04	7.23	1.56	0.05	-0.025
出口	3368.50	3176.50	3245.10	3608.90	3383.10	3306.900
同比增长率	4.20	-2.04	1.89	1.21	0.43	0.041
进口	2118.20	2368.30	2983.70	3033.90	2222.20	2402.000
同比增长率	13.24	5.62	10.53	9.06	4.91	0.014
差错与遗漏	-131.90	-128.20	-228.00	-146.70	21.00	-128.200

资料来源：Wind 资讯。

滞拖累了俄罗斯的经济增长。2013 年上半年，俄罗斯工业除了在 4 月及 6 月呈现微弱增长之外，其他月份均在下滑；电力、天然气和水的生产运输减少了 0.8%，天然气开采减少 0.4%，煤炭开采减少 4.1%。②固定资产投资下降明显。2013 年固定资产投资从 6 月起出现大幅下降，而 7 月俄固定资产投资较上月又下降 7%，导致 1 ~7 月固定资产投资下降 0.7%。③欧洲经济疲软，俄罗斯将能源出口布局东移、谋求更多的亚洲出口份额的情况下，中国经济增长放缓对其也有较大影响。2013 年前 7 个月俄罗斯实现外贸顺差仅为 1048 亿美元，同比下降 12.5%。

考虑到俄罗斯经济增速的急剧下降，俄罗斯经济发展部和 OECD、IMF、世界银行等国际组织均大幅下调了对俄罗斯 2013 年的经济增长预测值。2013 年 5 月，俄罗斯经济发展部预计 2013 年俄罗斯经济增速将会下降为 2.4%；6 月，IMF 将 2013 年俄罗斯经济增长预测值从 3.4% 下调为 2.5%；OECD 将 2013 年俄罗斯经济增速预测值从 3.8% 大幅下调至 2.3%，世界银行也将 2013 年俄罗斯经济增速预测值从 3.3% 下调为 2.3%。2013 年 8 月，俄罗斯经济发展部进一步将俄罗斯经济增速从 2.4% 下调为 1.8%。

围绕俄罗斯经济增速放缓的原因和应该采取何种应对措施，俄罗斯国内存在激烈争论。以普京为代表的一方认为这主要与外部因素有关，全球经济的艰难复苏，特别是欧元区危机是造成俄罗斯经济增长疲弱的原因。以库德林为代表的一方则认为导致俄罗斯经济放缓的主要因素依然在于国内，俄罗斯政府采取的政策对增幅放缓负有责任，俄罗斯真正需要的是深化改革，推动生产性投资增加。

我们认为，俄罗斯目前的经济困局是多方面因素交织的结果。第一，世界经济的缓慢增长态势及原材料价格的不稳定情况会对俄罗斯经济产生一定的负面影响，外部金融市场形势恶化也可能加速资本外逃，促使各企业削减投资。第二，俄罗斯的内需是支持其经济增长的主要动力之一，2013 年上半年俄罗斯经济疲弱已经威胁到了民众生活水平的提高，国内消费信心下跌，俄罗斯民众对总统普京的支持率下滑到 12 年来的低点。第三，美国页岩气革命意味着国际原油价格可能不会随经济复苏而有较大反弹，这势必会对俄罗斯的经济复苏造成负面影响。第四，以抑制通货膨胀为主要目标的、从紧的货币信贷政策导致资金流动性下降，也在一定程度上抑制了经济增速。第五，政府对2014年举办冬奥会的投资已接近尾声。

作为对外依存度比较高的经济体，俄罗斯经济发展在很大程度上与世界整体经济，特别是欧元区经济表现息息相关。如果不改变过度依赖油气出口的结构性缺陷，长期稳定增长就无从谈起。不过，普京的顺利当选将使俄罗斯保持政治上的稳定和经济政策上的连续性。在新的任期里，普京将力图打造其在竞选纲领中提出的“新经济”，即发展创新经济、调整经济结构、转变增长方式，具体措施包括改善投资环境和加快私有化进程等。目前，控制通货膨胀、保持经济平稳发展已成为俄政府2013年和2014年两年的首要施政目标。我们判断2013年俄罗斯经济增速仅能维持在1.1%左右，低于俄罗斯经济发展部的预测值。

二　控制通胀是货币政策的主基调

通胀目标制和自由浮动汇率制是俄罗斯中央银行货币政策的核心。2007年，时任俄罗斯中央银行行长的伊格纳季耶夫宣称俄罗斯将采取自由浮动汇率制度，并选择通货膨胀目标制作为未来的货币政策框架。俄罗斯中央银行货币政策及其目标的变化突出地反映在《2010年及2011~2012年统一货币信贷政策基本方针》和《2011年及2012~2013年统一货币信贷政策基本方针》中。这两份文件要求俄罗斯中央银行应为实行通胀目标制和自由浮动汇率制做好准备。

1. 2012~2013年的通胀目标及实现情况

通胀目标制是以保持较低的和稳定的通货膨胀为目标的货币政策规则或政策框架。其基本含义是，央行明确以物价稳定为目标，首先确定将来某一阶段的目标通胀率，然后根据当前的经济形势对未来的通胀率进行估测，如果预测值高于目标通胀率，则实行紧缩性货币政策，反之则实行扩张性货币政策。根据《2011年及2012~2013年统一货币信贷政策基本方针》和《2011~2013年俄罗斯经济社会发展预测和远景方案》，俄罗斯政府和中央银行将2012、2013年的年度通货膨胀同比增速目标区间分别设定为5%~6%、4.5%~5.5%。但是在2012年11月，俄罗斯央行公布了最新的《2013年及2014~2015年统一货币信贷政策基本方针》。该份文件进一步强调，俄罗斯在未来3

年将保持货币信贷政策的延续性，并在 2015 年完成向通货膨胀目标制过渡。该份新文件最大的变化在于，将原俄罗斯央行 2013 年的通胀目标区间上下限上调为 5% ~6% 。

从 2012 年 1 月至今，俄罗斯的通货膨胀大概经历了三个阶段（见图 1）。2012 年 1 月至 2012 年 4 月为第一阶段，通胀水平从 4. 16% 下降为 3. 57% ；2012 年 5 月至 2013 年 5 月为第二阶段，通胀率从 3. 61% 上涨到 7. 39% ，其中，自 2012 年 9 月起，开始突破目标区间的上限 6% ；2013 年 6 月以后为第三阶段，虽然通胀率仍超过 6% 的上限，但呈现小幅回落的态势。

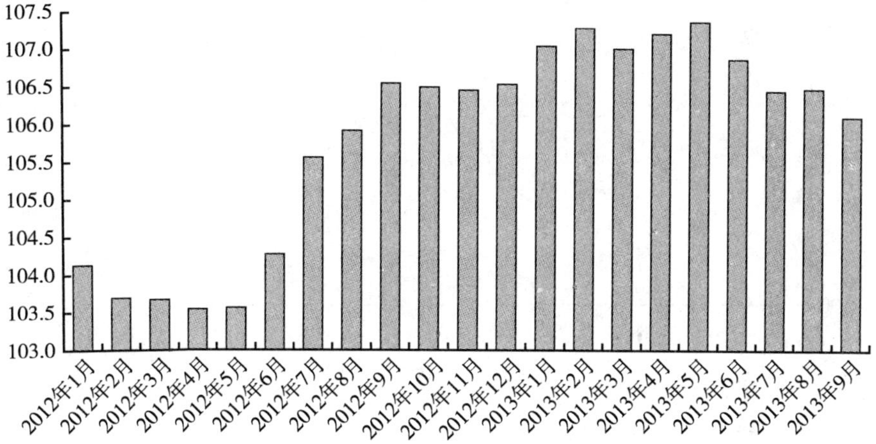

图 1　俄罗斯通货膨胀（CPI）变动情况

资料来源：CEIC 数据库。

第一阶段通胀水平的下降，事实上是起始于 2011 年初，其原因我们在《2012 年世界经济形势分析与预测》黄皮书中已做了详细分析，这里不再重复。第二阶段较为复杂，因为 2012 年和 2013 年导致通胀加剧的原因略有不同。其中，2012 年第 3 、第 4 季度的通胀加剧主要是源于自然灾害导致粮食减产、小麦库存下降，再加上铁路运费上调等因素，引起的食品价格迅速上涨。事实上，食品价格带动整体通胀率上升是俄罗斯通胀变动的基本特征（见图 2）。同时，俄罗斯居民实际可支配收入的上涨加剧了通货膨胀上升的趋势。2012 年俄罗斯居民的实际可支配货币收入与 2011 年相比增长了 4. 2% ；另外，公共部门上调税费也产生了不小的影响。考虑到这一通胀水平对央行的中期通胀目标已经构成风险，在连续 8 个月维持基准利率不变（俄罗斯央行于 2011 年 12 月曾将原基准利率下调 25 个基点至 8%）之后，俄罗斯央行于 2012 年 9 月 13 日宣布上调基准利率 25 个基点至 8.25%。但俄罗斯央行的这一调整并没有阻止通货膨胀的恶化，通胀率在之后的三个月仍然高于央行的目标区间上限，俄罗斯央行紧接着于 2012 年 12 月 10 日宣布，维持基准利率 8.25% 和隔夜拍卖回购利率 5.50% 不变，但上调隔夜存款利率 25 个基点至 4.50%。

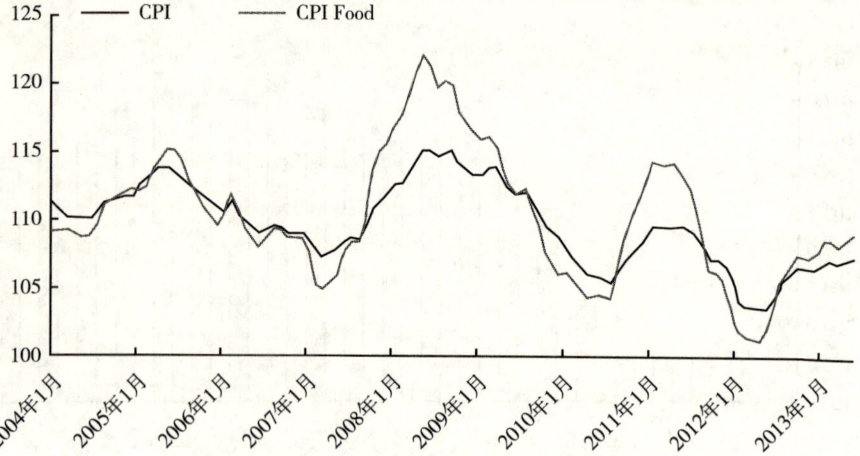

图 2　俄罗斯食品 CPI 与 CPI 的联系

资料来源：CEIC 数据库。

2013 年上半年，俄罗斯通货膨胀步入“7”时代。俄罗斯联邦统计局公布的 2013 年第 1 季度通货膨胀率达到 7.1%，对 4 月、5 月、6 月通货膨胀率进行几何平均得到的第 2 季度通货膨胀率为 7.2%。值得注意的是，这一通胀水平是欧盟各国平均通胀水平的 3.8 倍，欧盟中仅荷兰、爱沙尼亚和白俄罗斯通胀率高于俄罗斯。进入第 3 季度，7 月的通货膨胀率下降了 0.4 个百分点。俄罗斯国家统计局统计数据显示，自 8 月 6 日以来，俄通胀率连续三周保持零增长，8 月末的通胀率基本维持在与 7 月相同的 6.5%，但仍高于通胀目标区间的上限。因此，尽管 2013 年俄罗斯第 1、第 2 季度的经济增速出现较大下降，但 2013 年 8 月，俄罗斯央行仍宣布，将基准利率维持在 8.25% 不变，隔夜存款利率维持在 4.5% 不变，1 天期固定回购协议利率维持在 6.5% 不变，这已是俄罗斯央行连续第 11 个月维持基准利率不变。

尽管俄罗斯央行仍坚持认为，2013 年通胀率不会超过 6%，目前的通货膨胀水平已触顶，下半年将回落到 5% ~6% 的水平，并且，《2013 ~2015 年联邦预算法》在做模拟的时候，更是将 2013 年的通胀水平预设为 5.5%。另外，由于 2013 年俄罗斯粮食作物生长情况良好，粮食市场不存在大幅度波动，我们也预计俄罗斯下半年的通胀水平会进一步放缓。但是，在经济增速持续放缓的背景下，考虑到自然垄断行业（如供水、供电、煤气等公共基础设施）消费价格已从 2013 年 7 月 1 日开始提高，俄罗斯要实现年度 6% 的通胀控制目标，难度仍然很大。

2. 俄罗斯卢布汇率进入下行通道

从 2012 年第 4 季度开始，俄罗斯卢布兑美元汇率明显进入下行通道。原因可能是多方面的。首先，受经济基本面的影响，2012 年第 4 季度以及 2013 年第 1、第 2 季度俄罗斯经济增速继续放缓，通货膨胀超过年度目标上限，经济出现滞账的风险加大。其次，由于俄罗斯银行及驻俄外资银行境外外汇账户增加、向国外投资，以及美联储表示有意退出量化宽松货币政策等原因，俄罗斯的资本外流问题较为严重。而且，相比 2012 年，2013 年第 1、第 2 季度俄罗斯资本外流问题更为明显。2012 年俄罗斯的资本净流出虽比 2011 年降低了 237 亿美元，但 2013 年俄罗斯的资本外流，很可能超过 2012 年的水平。2013 年第 1 季度俄罗斯外流高达 258 亿美元，第 2 季度资本净流出为 120 亿美元，1 ~6 月的总流出额比俄经济发展部预测的 350 亿美元略高。俄罗斯经济发展部的最新预测显示，俄全年资本净流出额将达 700 亿 ~750 亿美元。而且，目前还看不到资本回流的迹象。为稳定投资者预期和减缓卢布贬值，俄央行于 7 月份加大了外汇干预力度，导致其国际储备总额从年初的 5376 亿美元降至 7 月底的 5128 亿美元，降幅为 4.6%。再次，贸易顺差大幅下降。自俄罗斯加入世贸组织以来，俄罗斯的进口总额逐年增长，而近几年俄罗斯出口总额上升的唯一动力是石油和天然气的价格上涨，但在高宏观经济风险和页岩气革命等因素的影响下，石油和天然气价格存在非常大的不确定性。俄经济发展部在其最近的社会经济发展监测报告中指出，2013 年前 7 个月俄罗斯实现外贸顺差仅为1048亿美元，同比下降12.5%。俄罗斯卢布兑美元汇率的走势见图3。

出于对自由浮动汇率制的坚持，2013年俄罗斯在加强金融监管的同时，短期内可能不会推出限制资本外流的措施。2013年7月，俄罗斯总统普京签署了一项关于成立统一金融监管机构的法案，将俄联邦金融市场局对金融市场的主要监管职能划归中央银行。这部法律将俄联邦金融市场局对证券市场、保险市场、信贷市场和养老金投资等领域的监管职能转移至央行的金融监管委员会，该委员会成员会在央行各部门负责人中产生。俄总统新闻局称，在央行基础上成立统一的金融监管机构可以有效解决俄罗斯金融监管机构职能重复的问题，提高金融监管的稳定性和有效性。事实上，俄罗斯在商业规范、投资风险和反腐败方面的排名落后于大多数发展中国家，资本外流是俄经济发展环境的真实写照，是对俄罗斯增长前景所投出的不信任票，更是俄罗斯经济复苏的最大障碍。但是，就资金外流这个俄罗斯经济发展环境中的老大难问题，俄罗斯经济发展部强调，近期俄罗斯将不会利用行政手段来限制资本外流。

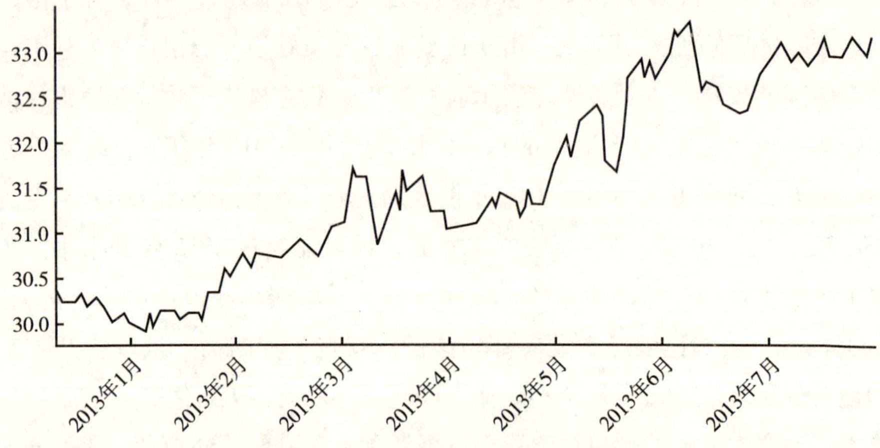

图3　俄罗斯卢布兑美元汇率

资料来源：Wind资讯。

三　财政收支基本平衡

目前，在财政收入方面，俄罗斯确立了和西方发达国家类似的“复税制”

体系，税收已经成为公共收入的主体，其税制结构表现出以间接税为主、直接税为辅的主要特征。根据征税对象可分为：收入税类，如利润税、所得税、资本收入税等；财产税类，如法人或自然人财产税、不动产税、遗产税等；商品税类，如增值税、消费税、销售税等；行为税类，如有价证券业务税、许可证使用收费等；此外俄罗斯还征收自然资源税类，如矿藏使用税、林业税、生态税等。国家预算支出大致可以分为两部分：其一是用于发展物质生产及完善生产部门的资金；其二是非生产领域的维持与发展资金。

1. 俄罗斯财政收支情况

2012～2013 年俄罗斯财政状况整体较好。首先，2012 年，俄罗斯的财政收支实现基本平衡。2012 年四个季度的财政收入均大于支出，全年财政收入总计为 234351 亿卢布，财政支出为 231747 亿卢布，实现财政盈余 2604 亿卢布（见表 1），约占 GDP 的 0.42%。

其次，俄罗斯外债规模较小，远低于其国际储备。目前，俄罗斯的黄金和外汇储备超过 5000 亿美元（见图 4）；而外债方面，2012 年，俄罗斯国家外债总额为 507.7 亿美元。其中，在 2012 年上半年，俄罗斯国家外债总额为 415 亿美元，包括对外发行债券 355 亿美元，欠国际金融机构的债务为 22 亿美元，欠巴黎俱乐部成员国的债务 4.29 亿美元，欠前经济互助委员会成员国的债务 9.75 亿美元，承担前苏联商业债务 5540 万美元，国内发行的国家外汇债券 1100 万美元，提供的外汇担保 10.12 亿美元，其他债务 13 亿美元；在 2012 年下半年，为了吸引外部投资弥补内部投资短缺，俄罗斯提供的外汇担保猛增至 113.9 亿美元，比上半年净增 102.87 亿美元。

再次，在俄罗斯最主要的主权财富基金中，国家福利基金绝对量基本稳定，占 GDP 的比重略有下降，但国家储备基金绝对量和占 GDP 的比重均大幅增加。俄罗斯财政部公布的数据显示，从 2012 年 1～9 月，国家福利基金由 27944.3 亿卢布小幅上涨至 28847.9 亿卢布，占 GDP 的比重则由 5.0% 下降为 4.3%；同期，国家储备基金由 8017.7 亿卢布上升为 28385.8 亿卢布，占 GDP 的比重则由 1.5% 上升为 4.3%。这样，在世界能源价格下跌、国家收入减少时，稳定基金用于补充财政收入的能力大为增强。

表 2　2012Q1 ~ 2013Q2 俄罗斯财政收支结构

单位：十亿卢布

	2012 年				2013 年	
	Q1	Q2	Q3	Q4	Q1	Q2
收入	5103.5	11101.5	16685.2	23435.1	5401.6	11371.7
利润税	568.8	1297.7	1731.6	2355.7	548.5	995.4
收入税	457.7	1006.4	1566.2	2261.5	506.8	1119.3
社会需求税	813	1826.3	2776.8	4103.7	934	2086.5
国内产品增值税	464.8	978.6	1438.4	1886.4	495.3	978.9
进口品增值税	346.4	756.7	1206.1	1659.7	357.4	769.1
国内产品特许权税	166.4	361.6	577.5	783.6	209.9	444.3
进口产品特许权税	11.6	24.4	37.6	53.4	11.9	27.1
聚合收入税	58.1	141.8	205.2	271.3	66.6	158.9
财产税	121.8	351.1	554.2	785.5	127.3	406.1
自然资源使用税	618	1259.5	1857.4	2484.5	637.3	1262.3
债务注销税	0.6	1	1.6	4.2	0.1	0.8
对外贸易	1120.7	2426.1	3625.7	4962.7	1108.5	2320.1
政府资产使用费	150	269.6	504	836.6	120.3	312.1
自然资源费	24.8	52	75.9	132.9	126.2	175.9
捐赠	19	48.1	69	92.1	15.7	33
支出	4583.6	9961.2	15099.8	23174.7	5110.7	10835.4
政府一般性支出	272.1	621.1	946	1437.9	278.6	632.5
政府债务支出	124.7	188	322	386.3	137.1	213.9
国防支出	560.7	966.4	1216.8	1814.1	687.4	1086.1
国家安全和民兵支出	351	757.9	1177.8	1929.2	390.7	876.9
国民经济支出	446.4	1155.2	1913.4	3273.6	513.1	1128
燃料和能源部门支出	13	32.8	40.3	132.8	4.2	14
农林牧渔部门支出	40.3	114.7	176.7	276.5	35.4	128.3
交通	152.2	287	398	622.8	79.1	199.5
道路维护	111	323.3	619	990.5	143.9	342.9
通信和信息支出	6.7	22.9	48.2	92.6	12.5	34.2
研发支出	48.3	90.1	128.7	229.9	84.6	127.9
其他	49.1	217.5	388.4	739.2	118.3	198.5
住房与其他公共服务支出	121.9	334.3	579.9	1075	116.9	348.2
社会文化活动	2697.9	5922.3	8916.5	13215.2	2978.8	6530
余额	519.9	1140.2	1585.4	260.4	290.9	535.3

资料来源：CEIC 数据库。

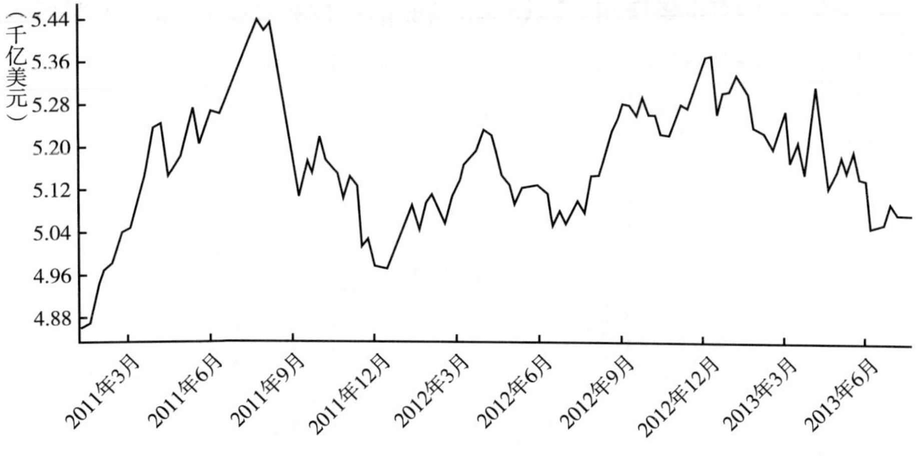

图4　俄罗斯国际储备变动情况

资料来源：Wind 资讯。

2. 工业生产形势与《2013～2015 年联邦预算法》

俄罗斯工业生产增长态势与整体经济的增长态势类似。俄罗斯国家统计局的数据显示，2012 年，俄罗斯工业生产比 2011 年增长 2.6%，略低于 3.2% 的预期增幅。增长主要集中在加工制造业，为 4.1%，其中，轿车生产增长了 13.3%，大型客车和货车增幅分别为 30.7% 和 1.5%；采矿业生产只实现了 1.1% 的增长，其中煤产量增加了 5.2%，石油和凝析气生产增长了 0.9%，但天然气产量减少了 2.7%。进入 2013 年第 1 季度，俄罗斯工业生产同比为零增长。其中，前两个月，俄工业生产同比分别下降 0.8% 和 2.1%，3 月份工业生产实现同比增长 2.6%。1～6 月，工业生产同比仅微幅增长 0.1%，7 月工业生产同比下降 0.6%。7 月，俄制造业采购经理人指数（PMI）下降为 49.2（见图5），是 2011 年 8 月以来首次跌破 50 点大关，也是自 2009 年 12 月以来的最低值，结束了连续 21 个月保持增长的纪录。

为了刺激生产者投资的积极性，2012 年 11 月，根据俄罗斯国家杜马（议会下院）通过的《2013～2015 年联邦预算法》，俄联邦预算将连续三年保持赤字，不过赤字规模将逐年减少。《2013～2015 年联邦预算法》预计，2013 年俄罗斯的预算收入约为 128659 亿卢布，支出为 133873 亿卢布，预算赤字为 5214 亿卢布；2014 年，俄罗斯预算收支分别为 140634 亿卢布和 142070 亿卢布，预算赤字为 1436 亿卢布；2015 年，联邦预算收入预计达到 156155 亿卢布，预算支出为 156260 亿卢布，预算赤字为 105 亿卢布。

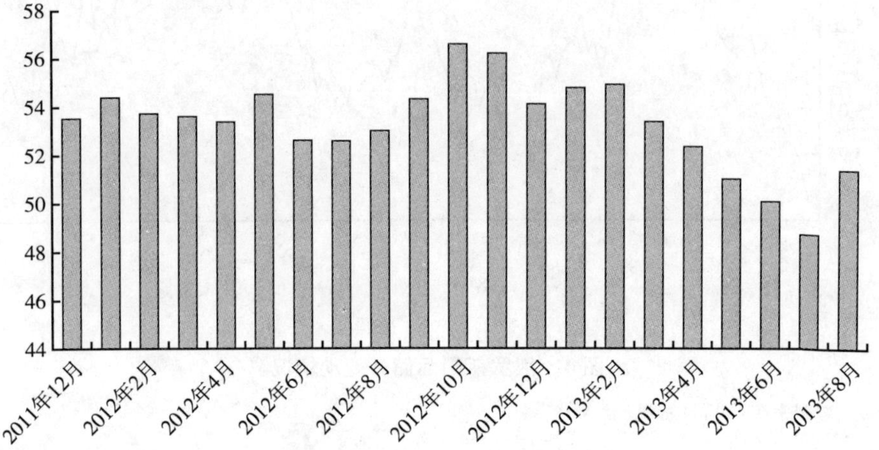

图 5　俄罗斯综合 PMI

资料来源：Wind 资讯。

值得注意的是，此次俄罗斯在制定未来三年联邦预算时首次没有参照原油预测价格，而是参照了按预算规则制定的原油基础价格。2013 ~ 2015 年俄罗斯宏观经济发展指标参照的原油预测价格分别为每桶 97 美元、101 美元和 104 美元，而编制预算参照的基础价格分别为每桶 91 美元、92 美元和 93 美元，参照原油基础价格有助于降低预算风险和减轻油气价格对预算的影响程度。

四　结构调整略见成效

长期以来，俄罗斯经济严重依赖石油天然气出口，油气出口在俄财政收入中所占比重达一半以上，这种经济结构导致俄罗斯经济严重受制于外部经济环境。金融危机后，俄罗斯政府日益意识到经济结构转型对其经济长期可持续发展的重要性和必要性。

普京在总统竞选期间提出，俄罗斯应摆脱对能源原材料出口的过度依赖，发展高效和低能耗的创新型经济。普京认为，未来俄罗斯新经济应该是多元化的，除继续发展现代化的燃料能源综合体外，还要着力建设其他“发达、有竞争力”的行业，其优先方向是制药业、复合材料、化学工业、非金属材料、航空工业、信息技术和纳米技术等高新技术和知识产业。普京希望由此改变俄罗斯作为能源供应者的国际分工角色。成功当选后，普京提出了更为具体的“推动经济增长需要提高生产效率、加大投资和创新力度”的经济发展思路，力图在后危机时代，特别是新兴经济体普遍经济增速下滑的背景下，通过贯彻调整经济结构、推动经济增长的战略，为俄罗斯的经济注入新的动力。

目前，俄罗斯的结构调整可能已初见成效。从俄罗斯能源开采占 GDP 的比重来看，该比重已从 2012 年第 1 季度的 10.31% 下降为 2013 年第 2 季度的 9.64%；从油气出口占总出口的比重来看，该比重已从 2012 年 1 月的 37.5%，下降为 2013 年 6 月的 31.7%（见图 6）。但是油气资源和能源价格处于高位，一方面让俄赚取了大量外汇，但另一方面，也可能会抑制企业的创新动力，特别是能源企业。如果不强化内部的创新能力，培养内生的增长力量，俄罗斯抵御外部风险的能力将很有限，真正做到“推动经济多元化”仍然困难重重。

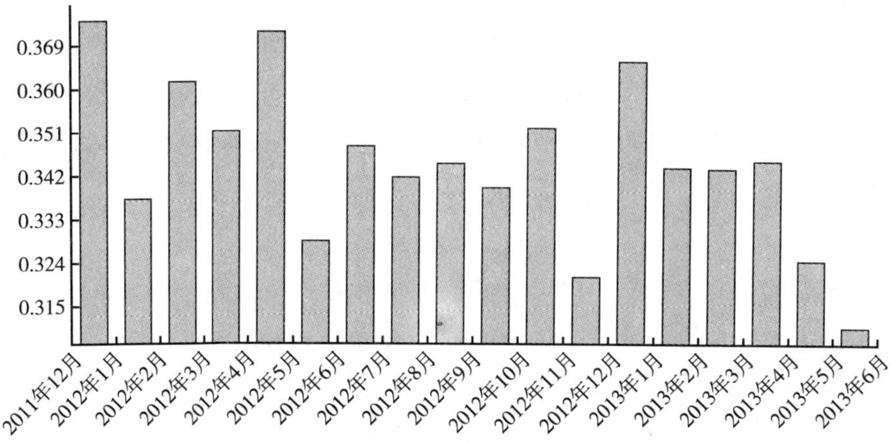

图 6　俄罗斯油气出口在总出口中所占的比重

资料来源：Wind 资讯。

五　经贸合作有喜有忧

加入世界贸易组织（WTO）是俄罗斯经济发展的里程碑。2011 年 12 月 16 日，在日内瓦召开的 WTO 第八次部长级会议上，俄罗斯结束了长达 18 年的马拉松式谈判，正式获准成为 WTO 新成员国。2012 年 7 月，俄罗斯国家杜马通过了俄罗斯加入 WTO 的议案，2012 年 8 月，俄罗斯正式加入世界贸易组织。俄罗斯加入 WTO，不仅可以获得按 WTO 规则进行相应制度调整的红利，而且，通过在 WTO 协议文本中准入门槛、保护期限等方面的有利条款，还可以获得大量额外的收益。

加入 WTO 以后，俄罗斯进一步加强了与欧盟和日本等国家的经贸合作，但与美国的经贸关系因斯诺登事件受到较大影响。首先，欧盟是俄罗斯的主要经贸合作伙伴，普京坚定地表示俄罗斯与欧洲发展经贸合作处于“优先地位”。2013 年 3 月，俄罗斯政府与欧盟委员会在莫斯科签署了 2050 年前能源合作路线图、有关民权保护合作的联合声明，以及确定消费者权益保护领域原则、目标和对话机制的谅解备忘录等多项文件。梅德韦杰夫表示，俄方十分重视发展与欧盟的关系，希望这种关系是友好而高效的，并在战略伙伴关系的道路上发展下去。其次，2013 年 4 月，日本首相安倍晋三访俄。在双方签署的 18 个项目中，至少 15 项是经济类协议，涉及交通运输、能源、金融、投资银行和保险等领域。再次，尽管普京与奥巴马均认为，俄美经贸往来水平落后于双方在此领域的合作潜力，但俄罗斯与美国经贸关系因斯诺登事件陷入低谷。随着斯诺登父亲获得赴俄签证，俄美经贸和外交关系似乎呈现继续恶化的趋势。

中俄经贸合作方面，2013 年中俄贸易同比增速虽然在上半年负增长，但进入第 3 季度后出现好转。2012 年中俄贸易额达到 881.6 亿美元，较上一年增长 11.2%。除了香港和内地的双边贸易额增长了 20.5% 之外，这个增速在中国对外贸易增长率中排名第二。2013 年，如果能在 2012 年贸易增速的基础上提高 2 个百分点，那 2013 年中俄贸易额就能突破 1000 亿美元，提前两年完成 2013 年 3 月 22 日两国领导人会谈时预定的目标。但是，在 2013 年上半年，中俄贸易额与上年同期相比下降了1.2%，为金融危机以后的首次负增长。海关数据显示，1~6月，中俄贸易额为431.77亿美元；其中，中国对俄罗斯出口219.40亿美元，同比增长10.9%；自俄罗斯进口212.37亿美元，同比下跌11.2%。1~7月，双边贸易额累计达到510亿美元，已由上半年的累计同比下降转为持平。1~8月，中俄贸易额达587.1亿美元，同比实现了0.5%的增长。其中，中国对俄罗斯出口310.3亿美元，同比增长9.9%；自俄罗斯进口276.8亿美元，同比下跌8.3%。

尽管中俄贸易表现并不理想，但中俄合作潜力巨大，互补性强，在投资、能源、高科技创新等重点领域的合作具有广阔前景。中国国家主席习近平2013年3月22日在莫斯科克里姆林宫同俄罗斯总统普京举行会谈，两国元首就中俄关系及重大国际和地区问题深入交换意见，就加强中俄全方位战略合作达成重要共识。例如，深化高科技领域合作，推动开展从合作研发、创新到成果商业化、产业化的科技合作；采取积极措施保证《2013~2017年中俄航天合作大纲》项目的执行和完成；加快落实《中俄投资合作规划纲要》；等等。

六　对俄罗斯经济的展望

俄罗斯总统普京在2013年6月第17届圣彼得堡国际经济论坛上，提出了“推动经济增长需要提高生产效率、加大投资和创新力度”的未来几年俄罗斯经济发展思路。之后，他又对政府财经系统的重要人员进行了调整，力图在后危机时代，特别是在新兴经济体普遍经济增速下滑的背景下，通过贯彻调整经济结构、推动经济增长的战略，为俄罗斯的经济注入新的动力。

2013年，俄罗斯新的《2014~2016年联邦预算草案》显示，如果乌拉尔牌原油在2014年出口均价为每桶101美元，那么，2014年俄罗斯预算收入会达到13.57万亿卢布，而预算支出约为13.96万亿卢布，预算赤字预计占GDP的比例仅为0.5%，俄罗斯将实现3%的GDP增速。但是，强调进行经济结构调整，提高创新经济比例，实现经济发展方式转型，减少对能源资源类产品依赖，对俄罗斯而言并非是什么新的课题。未来俄罗斯经济发展的主要风险，仍然是经济结构单一、欧盟等俄主要贸易伙伴能源需求减弱和国际油价下行等。

目前来看，这些问题在短期内很难发生根本性改变，我们预计俄罗斯 2014 年的经济增长率仅会维持在 2% 左右。

参考文献

EIU, *Country Report*: *Russia*, September 2013.

穆丹萍:《入世后的俄罗斯经济及中俄合作前景》,《国际经济合作》2013 年第 6 期。

田春生:《新普京时代俄罗斯经济发展趋势分析》,《俄罗斯学刊》2013 年第 1 期。

田春生:《俄罗斯经济发展及其面临的困惑》,《当代世界》2013 年第 8 期。

中国社会科学院世界经济与政治研究所经济预测与政策模拟实验室:《全球宏观经济季度报告（2012Q3)》。

中国社会科学院世界经济与政治研究所经济预测与政策模拟实验室:《全球宏观经济季度报告（2012Q4)》。

中国社会科学院世界经济与政治研究所经济预测与政策模拟实验室:《全球宏观经济季度报告（2013Q1)》。

中国社会科学院世界经济与政治研究所经济预测与政策模拟实验室:《全球宏观经济季度报告（2013Q2)》。

Y.7

拉美经济：平稳回升，挑战犹在*

熊爱宗**

摘　要：

拉美地区2013年的经济增长率预计为3.0%，与2012年持平。2014年预计将保持平稳回升。由于面临较大的通货膨胀压力，拉美部分国家开始实行紧缩性货币政策，但不少国家仍有进一步放松的空间。在财政政策方面，拉美整体较为健康，具有一定的财政刺激空间。由于对外部经济存在较大依赖性，拉美地区较易受到区外经济波动的影响。2014年，预计美国的复苏基础将会更加稳固，中国经济将会更加稳健，这都将为拉美地区创造有利的国际环境。在保持短期经济稳定的基础上，从中期来看，拉美需要推进结构性改革，以维持经济的可持续发展，并降低对外部经济的依赖。

关键词：

拉美地区　经济形势　前景展望

2013年上半年，受外部不利环境影响，拉美经济继续放缓，预计下半年情况会有所改善，但全年经济增长并不会特别改观，与此同时，全球经济不确定性日益增加，美国量化宽松政策退出、新兴市场经济体动荡等都对拉美地区经济带来影响。预计2013年拉美经济增长在3.0%左右，与2012年持平。到2014年，随着美国经济复苏基础的稳固，以及中国经济的逐步企稳，拉美和加勒比地区有望实现3.1%的经济增速。

---

* 感谢孙杰研究员、张斌研究员对全文的修改建议。文责自负。

** 熊爱宗，中国社会科学院世界经济与政治研究所全球治理研究室助理研究员，研究领域为国际金融、新兴市场。

一　2012 年与 2013 年上半年经济情况

经济增长逐步企稳。联合国拉美和加勒比经济委员会（ECLAC）的统计显示，2012 年，拉美和加勒比地区经济增长率为 3.0%，比 2011 年经济增速下降 1.3 个百分点。从 2012 年全年来看，前三个季度拉美地区经济逐步放缓，第三季度经济增长只有 2.7%。之所以增长放缓，一方面由于该地区投资大幅放缓，另一方面由于对外贸易的恶化。2012 年第四季度，受国际大宗商品价格回升影响，拉美地区经济增长出现暂时性上扬。2013 年低开高走，第一季度经济增长只有 1.9%（见图 1），不过从下半年开始，拉美经济逐步回暖，预计 2013 年全年经济增长率为 3.0%。

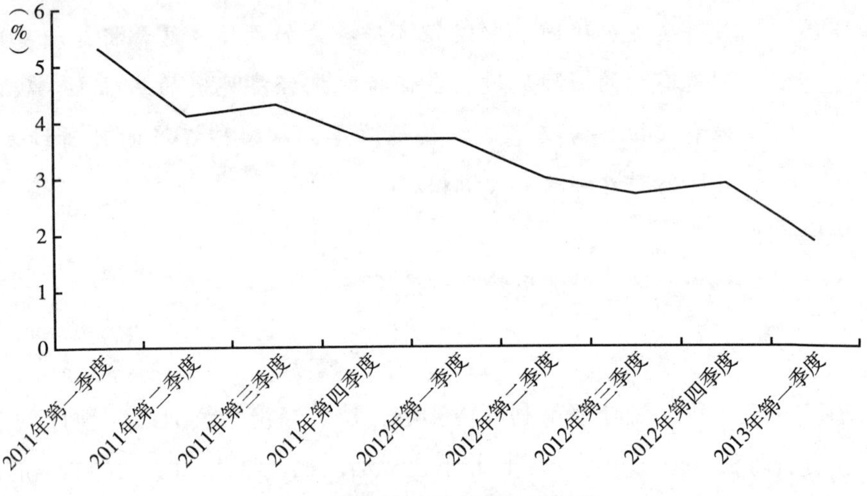

图 1　拉美地区季度经济增长率

资料来源：ECLAC（2013）。

分国家来看，拉美大部分国家在 2012 年经济增速出现不同程度的下滑，其中下滑程度较为严重的国家为阿根廷和巴拉圭，分别较 2011 年经济增速下滑 7.0 个和 5.5 个百分点；海地、乌拉圭、哥伦比亚和厄瓜多尔经济增速下滑也在 2 个百分点以上；巴西、秘鲁、多米尼加、洪都拉斯和智利等国也分别出现不同程度下滑。不过有些国家经济增速却出现逆势上扬，如委内瑞拉在

2012 年经济增速达到 5.6%，较 2011 年上升 1.4 个百分点，哥斯达黎加和古巴等国经济增长情况也有所好转。这在拉美整体经济保持下行的趋势下显得尤为可贵。一些国家如墨西哥和玻利维亚经济增速保持稳定，2012 年经济增速与 2011 年持平。尽管经济增速有不同程度下滑，但是拉美仍有多个国家维持着较高的经济增长水平。2012 年，巴拿马的经济增速仍然高达 10.7%、秘鲁则为 6.3%，其他国家如智利、委内瑞拉、尼加拉瓜、玻利维亚和哥斯达黎加等国的经济增速也都在 5.0% 以上。

拉美国家经济增长出现一定分化，具体表现为一些国家在经过 2012 年第二季度经济增长低谷之后，经济出现回升迹象。这尤以拉美两个大国——阿根廷和巴西——最为明显。2012 年第二季度，阿根廷经济增长陷入停滞，但是从第三季度开始恢复稳步增长，2013 年第二季度经济同比增长重返 8.3%。巴西情况类似，2013 年第二季度其经济增长已从 2012 年第二季度的 0.5% 的低点恢复到 3.3%。但是大部分国家情况并不像这两个国家这样乐观。智利经济增长在 2012 年上半年仍保持上升势头，但是从第三季度开始便一路回落，至 2013 年第二季度已经下降至 4.1%。墨西哥经济增长到 2013 年第一季度已经下降至 0.6%，在第二季度才稍微回升至 1.5%，秘鲁经济情况与其类似。因此，拉美大部分国家仍面临着较大的经济增长压力。

通货膨胀出现轻微回升。2012 年下半年至 2013 年上半年，拉美和加勒比地区通货膨胀处于轻微上升趋势。2013 年 5 月，拉美和加勒比地区总体通货膨胀率为 6%。分地区来看，各地通胀压力不均，南美地区通货膨胀持续高位运行，且近期上升明显，而加勒比地区通胀压力较小，近期保持稳定。

拉美个别国家仍面临着较为严重的通货膨胀压力。委内瑞拉不但是拉美地区同时在世界范围内也是通胀率最高的国家之一。从 2012 年 10 月起，该国通胀一路狂飙，已经从 17.9% 上升到 2013 年 8 月份的 45.4%。阿根廷是这一地区另一个传统的通胀压力持续不退的国家。自 2012 年 8 月该国通货膨胀上升至 10% 之后，便一直徘徊在 10% 以上。除此之外，乌拉圭和巴西等国也面临着持续的通货膨胀压力，近期已突破或接近其通货膨胀目标。

就业状况持续改善。近年来，拉美和加勒比地区失业率不断下降。联合国拉美和加勒比经济委员会和国际劳工组织初步统计显示，2012 年，拉美地区的失业率已经下降到6.4%，相比2011年下降0.3个百分点，为最近几十年的历史低点。预计2013年该地区的平均失业率将会进一步下降至6.2%。在失业率不断下降的情况下，拉美地区的劳动参与率却在不断提高，反映了该地区就业状况的不断改善。2012年，拉美地区的劳动参与率上升到56.5%，比2011年上升0.4个百分点。从国家层面来看，大部分国家的失业率出现下降趋势或保持稳定，只有巴拉圭以及部分中美洲和加勒比地区国家失业率有所上升。

劳动力市场的改善以及由此带来的工资收入的增加进一步刺激了拉美地区的内需增长。2012年，拉美国家整体的实际工资平均上升2.5%，其中，委内瑞拉、巴西、智利、危地马拉和乌拉圭上涨超过3%，而哥伦比亚、哥斯达黎加、墨西哥和尼加拉瓜等实际工资上涨幅度也在2%以上。[①] 在这种情况下，消费成为驱动拉美经济的重要力量。[②] 但是工资的上升也会带来一些负面影响，例如将会增加企业成本，降低企业竞争力，并带来一定的通货膨胀压力等。

汇率波动加剧。从2012年下半年开始，在欧洲债务危机、美国量化宽松政策、全球经济增长形势以及拉美地区内部经济因素的推动下，拉美国家货币的汇率波动加剧，大体表现出三种运行特征。一是部分国家货币持续贬值，这尤以阿根廷为代表。除了受外部因素的影响外，阿根廷比索持续贬值主要来自国内的高通胀以及快速的货币供给。二是部分国家货币经历了先贬值再升值再持续大幅贬值的过程。这以巴西雷亚尔和哥伦比亚比索为代表。三是部分国家货币在2012年下半年一直到2013年第一季度对美元汇率一直处于升值过程，此后则出现对美元汇率的大幅贬值。这尤以墨西哥比索和秘鲁新索尔为代表。2012年9月，美国推出第三轮量化宽松政策，并随之在2012年12月进一步升级，导致国际资本大举涌入拉美地区，成为导致拉美国家货币在2012年底和2013年初升值的重要原因。但是从2013年第二季度开始，整个新兴市场国家经济增长出现乏力迹象，拉美国家经济增长也陷入低迷，从

① ECLAC/ILO, The Employment Situation in Latin America and the Caribbean: Advances and Challenges in Measuring Decent Work. Number 8, May 2013.

② ECLAC, Economic Survey of Latin American and the Caribbean: Three Decades of Uneven and Unstable Growth. 2013.

而导致国际资本出现外流，拉美国家货币开始集体出现对美元大幅贬值。2013 年 9 月，美国量化宽松政策并未按市场预期启动退出，导致部分拉美国家货币再度出现升势。

经常项目逆差继续扩大。受外需疲弱引致出口下降、内需增加带来进口增加，以及贸易条件恶化影响，拉美地区整体继续保持经常项目逆差，并呈现扩大趋势。2012 年，拉美地区的经常项目逆差与 GDP 之比为 1.8%，预计 2013 年将会进一步扩大至 2.0%。经常项目逆差的恶化来自贸易收支的恶化，2013 年，预计拉美地区出口额增长为 4.0%，但是进口额预计增长 6%，导致贸易逆差与 GDP 之比从 2012 年 0.4% 上升到 0.8%。此外，来自欧美地区的侨汇和旅游收入减少，也是导致经常项目逆差扩大的原因之一。

货币政策出现分化。不同的经济运行态势和通货膨胀走势使得拉美国家的货币政策走向出现分化。一部分拉美国家尽管经济增速有所放缓，但是面对较为严重的通货膨胀威胁，不得不保持紧缩性货币政策，这些国家包括巴西、危地马拉和乌拉圭等，从 2012 年下半年起，这三个国家已经数度加息。另一部分国家如哥伦比亚、哥斯达黎加、多米尼加、圭亚那和墨西哥等，由于通货膨胀压力不大，一直维持着较为宽松的货币政策，并希望借此达到刺激经济的目的。

财政政策仍存在一定的刺激空间。随着经济增长的减速，大部分拉美国家加大了财政支出的力度，墨西哥、厄瓜多尔、巴西和哥伦比亚等国财政支出都出现不同程度的增长，但是整体上拉美地区的财政仍维持在较为健康的水平。据国际货币基金组织估计，2012 年，拉美和加勒比地区公共部门基本财政余额与 GDP 之比为 -0.3%，与 2011 年持平，公共部门总债务余额与 GDP 之比估计为 51.4%，较 2012 年上升 1.5 个百分点，但总体仍处于可控范围之内。不过，个别国家仍面临较为严重的财政问题，特别是一些加勒比国家，例如牙买加和格林纳达等，其政府总债务与 GDP 之比已经超过 100%。另外，一些南美国家如巴西、圭亚那、乌拉圭和委内瑞拉等，其政府债务与 GDP 之比已经超过或接近 60%，财政政策空间受到压缩。①

---

① IMF, *Regional Economic Outlook: Western Hemisphere Time to Rebuild Policy Space.* May 13, 2013.

二　主要经济体的经济形势

拉丁美洲和加勒比地区主要国家包括巴西、墨西哥、阿根廷、委内瑞拉、智利和秘鲁等。本部分主要对巴西、墨西哥、阿根廷和委内瑞拉的经济形势进行简要分析。从四国目前的情况来看，除了面临一定的经济增长压力外，各国还面临着各自不同的挑战。

巴西

2012 年巴西经济增长率只有 0.9%，是进入 21 世纪以来除 2009 年以外经济增长最差的一年。不过，从 2012 年下半年起，巴西经济逐步显露出复苏迹象。从 2012 年第三季度开始，在经过第二季度 0.5% 的经济增速低值之后，巴西经济开始缓慢回升，到 2013 年第一季度和第二季度经济同比增速分别上升至 1.9% 和 3.3%。投资大幅回升是刺激经济恢复的主要力量。在 2013 年前两个季度，巴西固定资本形成增速由负转正，并在第二季度达到 13.7%，投资率也恢复至 18.6%。与此同时，巴西的国内消费继续保持稳定，随着劳动力市场的逐步改善以及劳动者收入的提高，消费将继续在推动巴西经济发展中发挥重要作用。虽然下半年经济增速可能较上半年有所放缓，但是 2013 年全年经济增长仍将好于 2012 年，预计 2013 年巴西经济增长 2.5%，2014 年经济增长进一步回升至 2.7% 左右。

但是，巴西经济仍存在着一些风险。

一是面临较大的通货膨胀压力。从 2012 年下半年开始，巴西通货膨胀急剧上升，在 2013 年 1 月再次突破 6%，并随后在 3 月至 6 月持续突破或接近巴西央行设置的 6.5% 的通胀目标上限。通货膨胀不但加剧经济运行风险，同时也引发一系列社会问题。2013 年 6 月，巴西多地爆发百万人的抗议游行，导火索来源于公交车票涨价，这成为通货膨胀问题的一个缩影。为应对通货膨胀，巴西央行 2013 年 4 ~ 10 月，已经连续 5 次提高基准利率。从 7 月开始，巴西通货膨胀得到初步控制，通胀水平有所降低，但 9 月巴西通货膨胀依然高达 5.86%，仍处于较高水平。

二是面临着严重的汇率波动和资本流动波动风险。进入 2013 年，受国内经济减速以及美国退出量化宽松政策预期的影响，国际资本开始从巴西流出，雷亚尔遭遇大幅贬值。从2013年初至8月底，雷亚尔对美元已经贬值16.2%。面对雷亚尔持续贬值，巴西央行多次入市进行干预。8月22日，巴西央行宣布，将通过货币互换以及回购协议向外汇市场提供流动性支持，用以干预市场和阻止雷亚尔贬值并取得初步成效，9月雷亚尔贬值趋势得到遏制。在汇率波动和国际资本流出的双重压力下，巴西国内金融市场动荡加剧，巴西股票市场出现大幅下挫。在美国量化宽松政策退出存在不确定性的情况下，巴西汇率波动和资本流动波动将会一直持续。

墨西哥

2012年墨西哥经济增长3.9%，与2011年持平，但总体呈现不断下降趋势。2012年第三季度墨西哥经济同比增速跌至3.1%，第四季度有所回升，但是随即再次出现大幅放缓。2013年前两个季度，墨西哥经济同比增长率分别为0.6%和1.5%，上半年同比增长只有1.0%。如果按环比计算，则第二季度墨西哥经济萎缩0.7%，为近4年来首次负增长。对美国出口放缓以及政府支出下降是造成墨西哥经济萎靡不振的重要原因。墨西哥与美国同属于北美自贸区，对美国出口存在较大的依赖。目前，墨西哥对美出口约占其总出口比额的78%。进入2013年，尽管美国经济出现复苏迹象，但是并未带动墨西哥对美出口出现显著好转，预计下半年正面带动效应将会逐步显现。墨西哥总统培尼亚上任之初即宣布将推动公共财政的整固，削减公共财政赤字。预计未来财政支出对经济增长难有较大贡献。2013年墨西哥经济增长可能在1.2%左右。到2014年，受美国经济恢复的驱动，墨西哥经济有望回升至3.0%。

面对经济放缓，墨西哥央行开始实施宽松的货币政策。2013年3月8日，墨西哥央行宣布，将该国基准利率下调50个基点。这是该行自2009年7月以来的首次降息，也是二十国集团中自2009年7月以来最后一个启动宽松性货币政策的国家。通货膨胀的走低也为墨西哥央行降息扫清了道路。从2013年第二季度开始，墨西哥通货膨胀基本得到控制，9月通货膨胀率进一步下降至3.39%。在这种情况下，墨西哥央行可以将更多的注意力放到刺激经济增长上。9月6日，墨西哥央行再次下调基准利率25个基点至3.75%，以期进一步对经济形成刺激。

2012 年 12 月，培尼亚·涅托宣誓就职墨西哥新一届总统。上任伊始，培尼亚即宣称将在能源、财税、劳动力市场、教育和卫生等领域推动多项改革，着力提高墨西哥的国际竞争力。这些改革虽然在短期内会对经济增长形成抑制，但有利于长期的经济发展。然而结构改革历来知易行难，未来仍值得观察。从近期来看，墨西哥经济面临的最大挑战来自国际经济环境的高度不确定性。由于对美国经济的高度依赖，美国量化宽松政策退出的不确定性，以及 2013 年 10 月再次出现的财政僵局，都可能对墨西哥经济带来持续性影响。不过从长期看，随着美国经济复苏的稳固，以及墨西哥自身结构改革的推进，墨西哥经济仍具有较大的发展潜力。

阿根廷

2012 年，阿根廷经济增速出现大幅下滑，从 2011 年的 8.9% 滑落至 1.9%。各项经济活动全面大幅放缓，其中私人消费和公共消费增长率从 2011 年的 10.7% 和 10.9% 分别下滑至 4.4% 和 6.5%，固定资本形成增长率由正转负，2012 年萎缩 4.9%，出口大幅萎缩，在 2012 年有一半以上月份负增长。与其他国家不同，阿根廷出口对巴西存在较大的依赖。目前巴西为阿根廷第一大贸易伙伴，对巴西出口占到阿根廷总出口的 20% 左右。由于巴西经济的大幅放缓，导致 2012 年 1 ~9 月阿根廷对巴西出口持续萎缩，此后这一情况才逐步得以扭转。

2013 年上半年阿根廷经济出现好转迹象。第一季度经济同比增长 3.0%，第二季度增幅高达 8.3%，上半年经济同比增长 5.1%。经济好转来自国内需求的持续改善，特别是在第二季度，私人消费与公共消费均出现较大程度涨幅，固定资本形成增速更是一举实现 16.2% 的高速增长，对外贸易从第二季度开始恢复增长，但是复苏基础仍很不稳固。不过随着阿根廷比索的持续贬值，以及重要贸易伙伴巴西经济的恢复，阿根廷对外贸易将会持续改善，从而对经济形成正面拉动。预计 2013 年经济增长在 3.5% 左右，但 2014 年经济增长预计有所放缓至 2.8%。

通货膨胀一直是困扰阿根廷的顽疾。2012 年 9 月，阿根廷通货膨胀再次超过 10%，并在 2013 年 1 月超过 11%。此后虽然逐步回落，但是仍然在 10% 以上。预计 2013 年阿根廷的通货膨胀率依然在 10% 以上。通货膨胀持续居高不下存在多方面原因，包括扩张性的货币政策与财政政策、社会福利开支过大、贸易保护导致国内价格扭曲、不合理的政府债务等。通货膨胀过高不断诱发经济与社会动荡，由此引发的薪资罢工事件在阿根廷层出不穷。2013 年 2 月，阿根廷全国公立学校教师举行罢工，要求政府对教师进行加薪。2013 年 5 月，阿根廷港口工人也进行了为期四天的罢工活动，希望提高工资以应对高涨的通货膨胀。然而工资提高可能会进一步加剧通货膨胀形势，从而形成恶性循环。

委内瑞拉

2012 年，委内瑞拉经济增长 5.6%，是拉美地区为数不多的经济加速增长的国家。除消费增长外，经济增速上升主要来自投资的增长。2012 年，委内瑞拉固定资产形成增速达到 24.1%，为金融危机之后的最高增速。委内瑞拉经济高度依赖石油，2012 年国际原油价格高企，成为委内瑞拉经济高速增长的重要支撑。

2013 年委内瑞拉经济面临失速。2013 年第一季度，委内瑞拉经济增速显著放缓，经济同比增长率只有 0.7%，其中私人消费和政府消费分别增长 3.2% 和 4.1%，固定资产投资增长 9.6%。对外出口出现萎缩，同比下降 13.7%，其中石油出口同比下降 13.4%。第二季度，经济稍微好转，但经济同比增长也只有 2.6%，私人消费成为推动经济增长的主要动力，政府消费增速有所回落，固定资产投资则下降 2.9%。对外出口仍未好转，但是比第一季度萎缩程度有所收窄，同比下降 5.4%。预计委内瑞拉 2013 年经济增长 1.0% 左右。

委内瑞拉新领导人面临新的经济挑战。2013 年 4 月，马杜罗赢得委内瑞拉总统选举胜利，正式宣布就职。不过，面对国内日益增多的棘手问题，马杜罗并不会太轻松，石油价格飞速上涨时代的终结，使得委内瑞拉经济愈显疲弱，国民经济长期发展累积的问题逐渐显露出来，经济减速、通胀高企、财赤上升、债务累积等问题越发严重。以通货膨胀为例，委内瑞拉是目前全球通胀率最高的国家之一，2013 年上半年其物价累计涨幅高达 25%，创下 1996 年以来的最高纪录，其中食品价格累计涨幅更是高达 35.2%。国际投行高盛曾发布报告称，委内瑞拉正从滞胀转向恶性通货膨胀。通货膨胀已经成为委内瑞拉经济发展的重大威胁。

三 拉美地区区内融合与区外依赖

在过去两年中，拉美地区经济有所减速，且经济波动加大。除此之外，大部分国家还面临通货膨胀、货币贬值、债务累积、国际资本流动波动等一系列问题的困扰。这些问题既与各国内部经济结构有关，也与区内经贸合作不足、对外部经济依赖较大有关。

短期来看，拉美地区经济走势仍在很大程度上依赖于世界经济的复苏进程，但是各个国家可能由于与世界经济的联系程度不同，所受到的影响程度会有所差异。在此，我们利用一国出口占 GDP 之比来表示各国与外部经济的联系程度，从而考察拉美各国经济受到世界经济影响的大小。根据图 2，我们可以将拉美国家大致分为三组：第一组包括巴西和哥伦比亚等国，这些国家出口占 GDP 之比在 20% 以下，巴西甚至只有 11.2%。这些国家与拉美其他国家相比，对出口依赖程度较低，经济发展更依赖于国内需求，受到外部经济的影响相对较小。第二组包括智利、墨西哥、秘鲁和阿根廷等国，这些国家出口占 GDP 之比为 20% ~40%，受外部市场影响程度加大。第三组包括巴拿马和巴拉圭等国，出口占 GDP 之比均超过 50%，对外部市场存在较大依赖，受外部经济环境的影响也较大。

在了解各国对外部市场的依赖程度之后，我们还需考察各国出口结构的情况。如果出口结构过于集中，则更易受到出口市场国家经济的影响，而如果一国出口结构呈现多元化，即使对外部市场存在较大依赖，仍可能由于多个出口市场的相互补充而受到的影响较小。从表 1 来看，拉美国家的主要出口市场集中在四个地区，除传统市场美国和欧盟外，一些拉美国家对中国市场的依赖程度近年来也有所增加，与此同时，一些国家对拉美内部市场的倚重越来越大。根据对出口市场的依赖程度不同，拉美国家可以划分为以下几组：第一组，对拉美内部市场存在较大依赖的国家，包括阿根廷、玻利维亚、巴拿马、巴拉圭和乌拉圭等，因此，这些国家更易受到拉美自身经济状况的影响；第二组，对美国市场存在较大依赖的国家，这尤以墨西哥最为典型，其他国家包括哥伦比亚、哥斯达黎加、多米尼加和委内瑞拉等，这些国家受到美国经济影响的程度

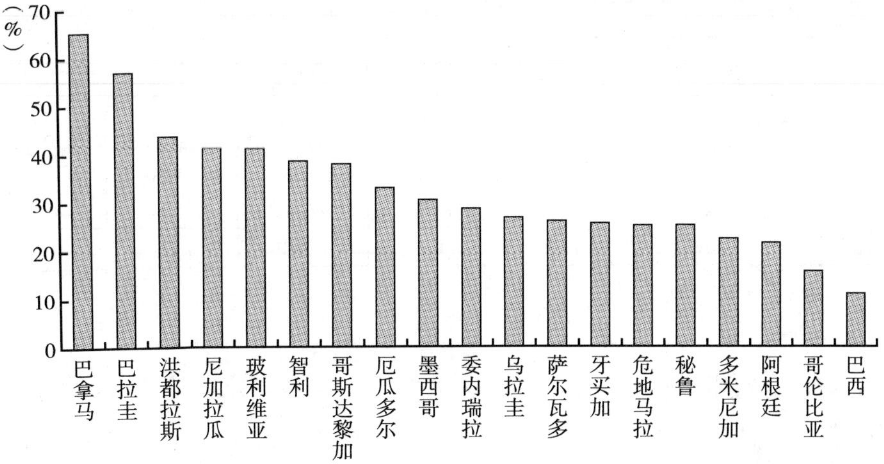

图 2　拉美部分国家与世界经济的联系程度（2011 年）

资料来源：OECD－ECLAC（2012）。

较大；第三组，对中国市场存在较大依赖的国家，包括智利和古巴等，同时，巴西和秘鲁等国家对中国市场也存在一定的依赖性。

表 1　拉美部分国家对出口市场的依赖程度（2011 年）

单位：%

	拉美地区	美国	欧盟	日本	中国	其他
阿根廷	40.6	5.1	16.9	1.0	7.4	29
玻利维亚	59.9	9.6	8.7	5.9	3.7	12.2
巴西	21.7	10.1	20.7	3.7	17.3	26.5
智利	18.1	11.1	17.7	11.1	22.8	19.2
哥伦比亚	17.3	38.1	15.6	0.9	3.5	24.6
哥斯达黎加	29.0	36.6	17.9	0.8	1.9	13.8
古巴	19.8	0.0	21.5	0.4	24.9	33.4
多米尼加	24.9	54.5	8.0	0.6	5.4	6.6
厄瓜多尔	35.7	43.7	12.0	1.6	0.9	6.1
萨尔瓦多	43.3	46.0	6.0	0.9	0.0	3.8
危地马拉	40.8	41.4	6.8	2.0	0.3	8.7
洪都拉斯	28.2	32.8	27.6	0.2	1.7	9.5
墨西哥	7.5	78.7	5.5	0.6	1.7	6.0
尼加拉瓜	41.2	28.7	12.1	0.0	0.0	18.0

续表

	拉美地区	美国	欧盟	日本	中国	其他
巴拿马	66.4	26.3	1.5	2.0	0.3	3.5
巴拉圭	65.7	2.7	9.1	0.9	0.5	21.1
秘鲁	18.1	12.7	18.2	4.8	15.3	30.9
乌拉圭	41.9	3.1	14.9	0.1	6.8	33.2
委内瑞拉	12.7	46.7	6.1	0.0	10.5	24.0

资料来源：ECLAC（2013）。

通过以上两组指标的考察，我们发现拉美大多数国家对外部市场都存在较大的依赖。巴西是少数几个例外国家之一，该国不仅对外依存度较低，而且出口市场较为多元。这使得巴西可以较少受到国外市场波动。哥伦比亚尽管对外依存度也较低，但是由于出口较为集中于美国市场，从而加大了其与外部经济的联动程度。总体上看，拉美国家受到的外部经济因素主要来自本地区内部其他国家和美国，虽然欧盟仍存在较大贸易影响，但是程度已有所下降，中国对该地区的贸易影响力正在上升。

第一，拉美区域经济一体化不断推进，地区内部融合逐渐紧密，但区域内经贸往来仍有待加强。拉美地区存在着众多层次不一的一体化组织，包括美洲玻利瓦尔联盟、南美洲国家联盟、拉美及加勒比国家共同体和太平洋联盟等。其中，太平洋联盟是拉美地区在2012年新成立的一体化组织，近期取得了积极进展。2013年5月，太平洋联盟第七届首脑峰会在哥伦比亚卡利举行，哥伦比亚、墨西哥、秘鲁和智利四国首脑一致同意将从6月30日起取消四国贸易中90%商品的关税，而且将在中期内取消剩下10%商品的关税，以促进这四国间的自由贸易。此次会议还正式接纳哥斯达黎加加入太平洋联盟。2013年8月，在太平洋联盟第九届部长级会议上，墨西哥、智利、秘鲁和哥伦比亚的外交部长和外贸部长结束了延宕近两年的谈判和磋商，就联盟内关税减免问题达成了协议。有学者指出，太平洋联盟是目前拉美地区“最具活力的经济组织”，并可能成为拉美经济发展的“新引擎”。然而从目前来看，拉美地区区域内的贸易占比仍然偏低，显示出拉美整个区域对外部经济体的依赖仍很严重。

第二，美国仍是拉美重要的外部出口市场。近年来，拉美各国在降低对美国经济依赖上进行了大量努力。例如墨西哥总统培尼亚上任以来，积极推行劳工改革、电信改革、能源改革等一系列措施，以期改变墨西哥长期高度依赖美国经济的现状。积极推动地区一体化发展，也被认为是降低对美国经济依赖的重要手段，例如太平洋联盟除促进内部贸易之外，还计划在亚太地区设立联合贸易促进办事处，研究开拓亚洲市场。但是从目前来看，美国仍然是拉美国家最重要的贸易伙伴，除墨西哥外，多米尼加、萨尔瓦多和委内瑞拉等都对美国市场存在较为严重的依赖，因此美国经济走势仍将是影响拉美地区经济走势最为重要的外部因素。

第三，中国经济对于拉美地区的影响日益扩大。中国对拉美地区经济的影响主要体现在两个方面，一是目前中国已是拉美地区第二大贸易伙伴，成为某些拉美国家最大的出口市场，如智利和古巴等，中国经济的好坏将会通过贸易渠道对这些国家产生直接影响。二是中国已经成为全球大宗商品最大的需求国，中国经济的发展将在一定程度上决定大宗商品价格的走势，而大宗商品在拉美出口中占有很大比重。目前大宗商品已成为联系中拉经贸往来的重要纽带，但是随着双方经贸合作的加强，中国与拉美之间的贸易往来将会逐步扩展，中国对拉美经济的影响也将会有所提高。

中国与拉美的经贸关系逐步加强。联合国拉美和加勒比经济委员会相关官员表示，从2000年至2012年，中国与拉美的贸易额增长了22倍，中国与拉美的经贸合作扩大了拉美的出口，促进了拉美的经济增长，减少了拉美对发达市场的依赖。中国经济的持续增长将给拉美地区的发展带来机遇。[①] 2013年5月底至6月初，中国国家主席习近平访问了特立尼达和多巴哥、哥斯达黎加和墨西哥等拉美三国，中国同拉美国家的经贸关系将进一步深化。

四　2014年拉美经济形势展望

预计拉美和加勒比地区经济增长在2014年有望实现反弹。据国际货币基

① 中华人民共和国商务部网站，http://www.mofcom.gov.cn/article/i/jyjl/l/201308/20130800265761.shtml，2013-08-26。

金组织在2013年10月份的预测，拉美和加勒比地区经济在2014年将实现经济增长3.1%，比2013年高出0.4个百分点。从拉美经济内部看，消费增长势头尽管会有所减弱，但仍将是这一地区经济增长的主要推动力，这很大程度上来自该地区向好的就业状况。从外部因素来看，2014年，外部经济的不确定性将会有所降低。美国的复苏基础将会更加稳固，欧洲也将走出衰退的泥潭，恢复正增长，中国经济将会逐步企稳。这都将为拉美地区创造有利的国际环境。

然而，拉美地区整体仍将面临诸多挑战。美国量化宽松政策退出时点、步骤以及进程仍带有极大的不确定性，可能会造成该地区国际资本大规模的流出，经济波动加剧。同时，在逐步退出美国量化宽松政策的过程中，美元面临着较大的升值压力，国际大宗商品价格可能会发生扭转。中国以及其他新兴市场经济体增长疲弱也将为拉美国家带来严重影响。

从中期来看，拉美地区面临的挑战仍是如何提高生产率和竞争力。为了巩固长期增长，提高生产率，拉美国家应推进结构改革，加大对基础设施和人力资本的投资，改善商业和监管环境，逐步提高产品和要素市场的竞争力。这既有利于本地区经济的可持续增长，也可以降低对外部经济的依赖。

参考文献

ECLAC, Economic Survey of Latin American and the Caribbean: Three Decades of Uneven and Unstable Growth. 2013.

ECLAC/ILO, The Employment Situation in Latin America and the Caribbean: Advances and Challenges in Measuring Decent Work. Number 8, May 2013.

IMF, *Regional Economic Outlook: Western Hemisphere Time to Rebuild Policy Space.* May 13, 2013.

IMF, *World Economic Outlook.* October, 2013.

OECD-ECLAC, *Latin American Economic Outlook 2013: SME Policies for Structural Change.* OECD, Paris, 2012.

中国社会科学院世界经济与政治研究所世界经济预测与政策模拟实验室：《全球宏观经济季度报告》，2013年第3季度。

Y.8

西亚非洲经济：在动荡中寻求发展

田　丰*

摘　要：

2013 年，西亚非洲地区两个次区域的经济增长速度和通货膨胀率出现显著分化，同时两个次区域的失业宿疾进一步加重，财政可持续性堪忧，经常账户平衡状况有所恶化。在该地区主要大国中，沙特阿拉伯总体形势较好，未来的挑战主要在于如何促进国内经济协调平衡发展；埃及政治局势动荡不已，经济发展持续低迷；南非由于没有及时通过强有力的改革营造出有利于经济增长的商业环境，已经成为非洲经济增长最缓慢的国家之一。展望未来，西亚非洲地区未来经济发展主要取决于地区安全局势、世界经济未来走势以及大宗商品价格走势。

关键词：

地区动荡　大宗商品价格　西亚北非　撒哈拉以南非洲地区

一　西亚非洲经济形势回顾：2012～2013 年[①]

西亚非洲地区可分为西亚北非地区和撒哈拉以南非洲地区两个次区域。在过去的一年里，西亚非洲地区两个次区域的经济增长速度出现显著分化。2013 年西亚北非地区预计仅增长 2.15%，与 2012 年相比经济增速大幅回落 2.45 个百分点，且低于世界经济平均增长速度（2.87%）。2013 年撒哈拉以南非洲地

* 田丰，博士，中国社会科学院世界经济与政治研究所研究员，主要研究方向为国际贸易、国际投资和经济增长。

① 在没有特别说明的情况下本节数据来自 IMF（2013）。

区经济增长速度预计为5%，相对于2012年小幅提升，且大约为世界经济平均增长速度的两倍。2013年西亚非洲地区两个次区域的通胀走势也有所分化，预计西亚北非地区的通胀水平进一步快速攀升，高达12.3%，而撒哈拉以南非洲地区的通胀水平明显回落，跌至6.9%。失业宿疾进一步加重、财政可持续性堪忧以及经常账户平衡状况有所恶化是西亚非洲地区2012~2013年经济发展中面临的共同问题。

1. 经济“双速”增长

“双速”增长是2013年西亚非洲地区经济增长最突出的特点。如图1所示，西亚非洲地区两个次区域的经济增长速度在2012年大体一致，但在2013年出现显著分化，并且这种经济增速分化的局面预计将延续至2014年。

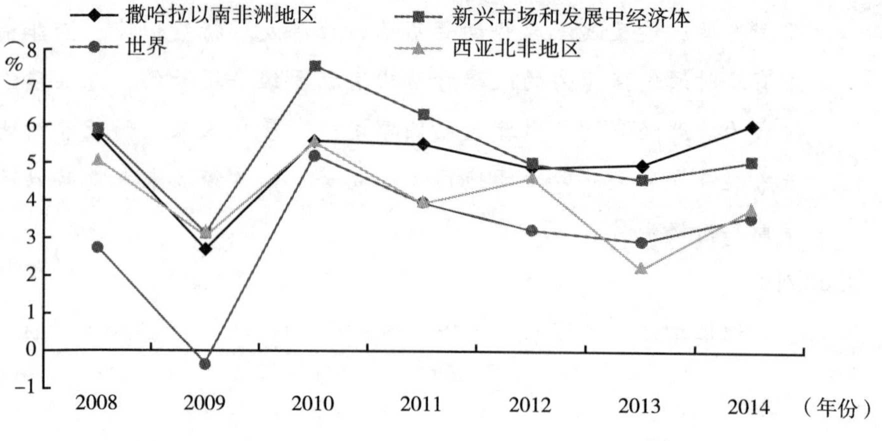

图1　2008~2014年西亚非洲及其他地区的经济增长率

注：纵轴表示经济增长率（%），2013、2014年为预测值。
资料来源：IMF（2013）。

具体而言，2012年，西亚北非地区和撒哈拉以南非洲地区分别增长4.6%和4.9%，不仅增速大体相当，并且均高于世界经济平均增长3.2%的速度。2013年，西亚北非地区预计增长2.15%，撒哈拉以南非洲地区预计增长5%，西亚北非地区的经济增长速度不到撒哈拉以南非洲地区经济增速的一半，只有世界经济平均增长速度（2.87%）的3/4。与2012年相比，西亚北非地区2013年的经济增速更是大幅回落2.45个百分点，仅为2012年经济增速的46%。

由此可见，西亚北非地区经济增速显著放缓是造成2013年西亚非洲地区"双速"经济增长局面的主要原因。从表1可以看出，西亚北非地区经济增速显著放缓的根由在于石油产出大幅下降导致西亚北非石油出口国2013年经济增速大幅降低。伊朗受美国与欧盟制裁影响，石油产量已降至20多年来最低水平。2013年9月份，伊朗石油产量从8月份的每天285万桶下降至263万桶，创近23年新低。[1] 利比亚在卡扎菲政府倒台之后进行了各方面的重建，生产恢复尤其是石油生产的恢复使得利比亚经济在2011年收缩62%的基础上大幅反弹，2012年经济增长率超过104%，是该年度世界增长最快的国家。但2013年8月以来利比亚一些大型油田和出口终端频发抗议和罢工，刚刚恢复元气的利比亚石油产业因而再度陷入危机，石油产量已跌至其产能的1/10，预计2013年利比亚经济增长-5%。沙特充当着世界石油市场稳定者的角色，2012年下半年和2013年上半年随着欧佩克以外成员国石油产出的增长和世界经济增长持续低迷，沙特削减了石油产量，之后随着西亚北非地区地区石油供应的减少，沙特转而增加石油产出。即使如此，沙特著名经济分析机构嘉德瓦（Jadwa）仍然预计，2013年沙特日均生产原油仅为960万桶，低于2012年日均980万桶的产出水平，石油收入预计比2012年减少480亿美元。

西亚北非地区石油进口国在政府支出与信贷恢复性增长的支撑下经济增长相对稳定，2012年增长2%，2013年预计增长2.8%。摩洛哥受不利气候与干旱的影响，2012年的增速仅为2.7%，2013年预计反弹至5.1%。约旦与黎巴嫩也维持了增长势头，2013年分别预计增长3.25%和1.5%。但是部分石油进口国的经济增长因为政局不稳和社会动荡而受到严重冲击。埃及尽管肇始于2012年初的社会动荡在2012年下半年至2013年上半年有所平息，但是由于2013年下半年政局动荡再次加剧，因此埃及经济2013年预计仅增长1.8%。叙利亚内战在2013年进一步加剧，8月底发生的化学武器攻击更是造成逾千人

① 国际能源署2013年10月月度报告，http：//www. iea. org/。

表 1　2008～2014 年西亚非洲地区部分国家经济增长率

单位：%

年份	2008	2009	2010	2011	2012	2013	2014
西亚北非地区	5.04	2.99	5.52	3.90	4.61	*2.15*	*3.77*
撒哈拉以南非洲地区	5.70	2.64	5.61	5.49	4.86	*4.96*	*6.01*
西亚北非地区石油出口国							
阿尔及利亚	2.00	1.70	3.60	2.59	*3.29*	*3.05*	*3.68*
伊朗	0.58	3.95	5.90	*3.03*	*-1.88*	*-1.49*	*1.28*
伊拉克	6.61	5.81	5.86	8.58	*8.43*	*3.66*	*6.34*
科威特	2.48	-7.08	-2.37	6.30	*6.19*	*0.82*	*2.55*
利比亚	2.67	-0.79	*5.02*	*-62.08*	*104.48*	*-5.12*	*25.53*
卡塔尔	17.66	11.96	16.73	12.96	6.24	*5.15*	*5.01*
沙特阿拉伯	8.43	1.83	7.43	8.57	5.13	*3.57*	*4.39*
阿联酋	3.19	-4.80	1.67	3.88	4.37	*4.05*	*3.90*
西亚北非地区石油进口国							
埃及	7.16	4.67	5.15	1.78	2.22	*1.84*	*2.83*
约旦	7.23	5.48	2.31	2.59	*2.80*	*3.25*	*3.50*
黎巴嫩	8.60	9.00	7.00	*1.50*	*1.50*	*1.50*	*1.50*
摩洛哥	5.59	4.76	3.64	4.99	2.70	*5.14*	*3.85*
苏丹	3.04	5.17	2.53	*-1.81*	*-3.27*	*3.91*	*2.54*
叙利亚	4.48	5.91	3.44	*n/a*	*n/a*	*n/a*	*n/a*
突尼斯	4.52	3.11	2.91	-1.94	3.60	*3.00*	*3.70*
撒哈拉以南非洲地区石油出口国							
安哥拉	13.82	2.41	3.41	3.92	*5.20*	*5.58*	*6.27*
刚果	5.57	7.47	*8.75*	*3.42*	*3.83*	*5.79*	*4.82*
赤道几内亚	*13.83*	*-3.57*	*-2.57*	*4.58*	*5.31*	*-1.45*	*-1.94*
加蓬	*1.00*	*-2.90*	*6.74*	*7.05*	*5.57*	*6.64*	*6.84*
尼日利亚	5.98	6.96	7.98	7.36	*6.58*	*6.24*	*7.37*
撒哈拉以南非洲地区中等收入国家							
博茨瓦纳	3.90	-7.84	8.59	*6.10*	*4.18*	*3.93*	*4.11*
喀麦隆	3.63	1.87	3.34	*4.10*	*4.58*	*4.55*	*4.95*
科特迪瓦	2.33	3.75	2.45	-4.73	*9.76*	*8.01*	*8.02*
加纳	8.43	3.99	8.01	15.01	*7.91*	*7.90*	*6.09*
塞内加尔	3.68	2.17	4.28	2.62	*3.54*	*4.02*	*4.59*
南非	3.62	-1.53	3.09	3.46	2.55	2.00	2.93
撒哈拉以南非洲地区低收入国家							
刚果民主共和国	6.16	2.83	7.17	6.88	*7.15*	*6.22*	*10.49*
埃塞俄比亚	11.19	10.04	10.57	11.39	8.55	*7.00*	*7.46*
肯尼亚	1.53	2.74	5.80	4.38	4.56	*5.86*	*6.25*
莫桑比克	6.83	6.33	7.09	7.32	7.40	*7.00*	*8.50*
坦桑尼亚	7.44	6.02	7.04	*6.45*	*6.93*	*6.97*	*7.19*
乌干达	10.43	4.13	6.20	6.18	2.78	*5.65*	*6.48*

注：表格中斜体数字表示该值为预测值。

资料来源：IMF（2013）。

丧生，引起国际强烈反响。虽然埃及和叙利亚不是主要石油生产国，但分别拥有世界主要原油运输中心苏伊士运河以及日输油量达450万桶的苏米德输油管道，因而这两个国家的局势直接影响世界原油市场价格。

撒哈拉以南非洲地区发展势头相对较好，2013年经济增长速度接近5%，高于新兴市场和发展中经济体整体增长水平（4.5%），其中多个非洲国家处于全球经济增长最快国家的行列。2012～2013年，撒哈拉以南非洲地区超过1/3的经济体增长速度高于6%。强劲的内需，特别是资源以及非资源部门投资的增长，强有力地拉动了撒哈拉以南非洲地区的经济发展。处于高位的大宗商品价格支撑该地区部分经济体在自然资源部门的投资。2012年非洲东海岸扩建和新建了多个矿场，西部非洲和东部非洲开采了多口有利可图的油井，勘察发现了一些新矿藏。该地区非自然资源部门投资集中于银行和金融、电信、运输、零售贸易等服务部门。尼日利亚、南非、肯尼亚和加纳等非洲较大经济体由于中产阶级群体正在迅速扩大，吸引了大量投资涌向其迅猛发展的消费者相关服务领域。在一些经济体，非资源部门投资的增长甚至超过资源部门投资的增长。除投资增长外，家庭支出反弹、利率降低、海外汇款流入增加以及相对适宜的天气带来农作物产出增加等因素都是推动该地区经济增长的积极因素。

但是，撒哈拉以南非洲地区的经济发展仍然面临一些挑战。尼日利亚虽然受益于高石油价格，2013年经济增长预期达到6.2%，但受盗油和破坏活动等因素影响，尼日利亚原油产量持续下滑，给政府财政收入带来较大压力；埃塞俄比亚则受到国际市场咖啡价格回落和供应瓶颈的困扰；国内冲突或政治不稳定给南苏丹、中非共和国、马里、几内亚比绍等国的经济增长带来不确定性；劳动力市场动荡拖累了南非经济；财政调整使得斯威士兰出现负增长。

2. 失业宿疾加重

失业率高企是西亚北非地区社会动荡的催化剂，而社会动荡损害经济增长，反过来又加剧失业问题。2012～2013年，突尼斯的失业率超过16%，埃及、伊朗和约旦超过12%，阿尔及利亚也达到10%（见图2）。传统上，旅游业是西亚北非地区的重要就业部门。北非地区2011年旅客数量因为动荡冲突而大幅减少，随着2012年地区总体局势走向稳定，国际游客数量出现较大上升。2012年，前往北非旅游的人数增长8.7%，达到1850万人次，接近2010

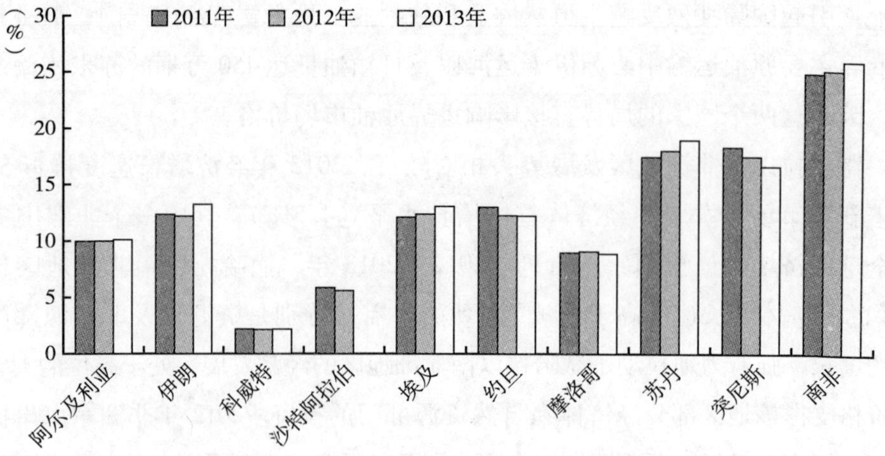

图2　2011～2013年西亚非洲地区部分国家失业率

注：2013年为预期值。
资料来源：IMF（2013）。

年的水平。[①] 2013年由于地区局势再度紧张，北非旅游业重新萎缩。2013年7月赴埃及旅游的外国游客人数为76.5万人次，较上年同期的100万人次下降了23.5%。埃及2013年第二季度旅游总收入为16.7亿美元，同比减少6.63亿美元。[②] 约旦临近叙利亚，受叙利亚局势影响，2013年上半年约旦旅游总收入16亿美元，同比下降了3.3%。[③] 而摩洛哥由于吸引了前往埃及和黎巴嫩的旅游者，就业形势反倒有所好转，预计2013年失业率小幅下降0.1个百分点，达8.89%。部分国家经济结构不合理是造成西亚北非地区失业问题难以缓解的另一个重要原因。西亚北非地区的石油出口国经济严重依赖吸纳就业人数较少的自然资源部门。以伊拉克为例，该国GDP的2/3来自石油部门，但在该部门就业的人数仅占总就业人数的1%。在这种经济结构下，即使石油部门投资和产出增长也不能带来就业的相应增加。大宗商品出口增长带来的本币升值和国内生产成本上升压力会抑制非石油部门的发展，反而不利于改善就业。

① 国际旅游组织，http：//www2.unwto.org。
② 埃及国家统计局，http：//www.capmas.gov.eg/default.aspx。
③ 约旦国家统计局，http：//www.dos.gov.jo/dos_home_e/main/index.htm。

撒哈拉以南非洲地区拥有世界上最年轻、增长最快的就业人口，就业压力沉重。2012～2013 年，该地区最大的经济体南非失业率超过 25%，并且显示出失业率轻微提高的趋势。毛里求斯中央统计局发布的数据显示，2013 年第一季度毛里求斯失业率达 8.7%，高于上年同期的 8.0%，其中 25 岁以下的失业人数占失业人数的 37%；预计 2013 年失业率将达 8.3%，略高于 2012 年 8% 的水平。塞舌尔就业状况有所改善，预计 2013 年失业率为 3.3%。与西亚北非地区类似，虽然投资增长刺激了撒哈拉以南非洲地区的经济增长，但是绝大多数投资活动集中在采矿等资本密集部门，缺乏后向联系。农业和低技能制造业等撒哈拉以南非洲地区主要就业部门吸引的投资却严重不足，难以提高生产率和就业。并且，农业作为撒哈拉以南非洲地区最大的就业部门具有脆弱性和不稳定性，其发展主要依赖雨水，干旱和洪水等恶劣天气都有可能危及农业部门的发展与就业。

3. 通货膨胀“高位双速”运行

西亚非洲是世界上通胀率最高的区域（见图 3）。如果以消费者价格变化衡量通胀水平的话，2012 年西亚北非地区通胀率达 10.8%，撒哈拉以南非洲地区达 9%，均为世界平均通胀水平（4%）的 2 倍多，2013 年西亚非洲地区两个次区域的通胀走势有所分化，预计西亚北非地区的通胀水平进一步快速攀升，高达 12.3%，而撒哈拉以南非洲地区的通胀水平明显回落，跌至 6.9%。

对西亚北非地区的大多数石油出口国而言，通胀形势不那么严峻（见表 2）。阿尔及利亚、伊拉克和利比亚等几个 2012 年通胀水平比较高的经济体，其 2013 年通胀水平预计均大幅回落。沙特、阿联酋和卡塔尔由于食品价格或房屋价格上升，2013 年通胀压力有所加大，不过总体水平仍然控制在 4% 以内。伊朗受国际制裁和货币里亚尔快速贬值的影响，通货膨胀率快速大幅上升，由 2011 年的 21.5% 攀升至 2012 年的 30.5%，预计 2013 年将超过 42%。

西亚北非地区石油进口国的通胀水平整体高于该地区的石油出口国。从趋势看，西亚北非地区石油进口国 2012 年通胀水平上升势头明显，2013 年部分国家物价上升的势头还会延续。约旦、摩洛哥和突尼斯在政府食品和能源补贴支撑下通胀率处于低位，但这些国家为减轻快速上涨的财政负担正在着手削减

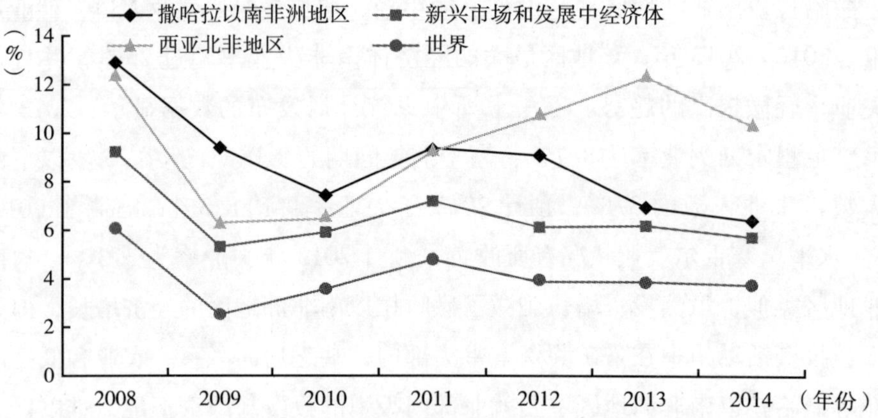

图3　2008~2014年西亚非洲与其他区域的通货膨胀率

注：纵轴表示以年度消费者价格水平变动衡量的通货膨胀率，2013、2014年为预测值。
资料来源：IMF（2013）。

补贴或进行价格改革，预计其消费者价格水平2013年将因此有所上升。埃及2012~2013财年上半年通货膨胀率呈下降趋势，然而近期局势动荡、供应紧张和货币贬值带来了通胀的沉重压力。2012年1月南苏丹完全断绝了向苏丹的石油出口，使得苏丹丧失了其大部分国家收入来源，苏丹货币因而迅速贬值，国内通货膨胀率超过35%。经过协商，南苏丹决定于2013年5月开始向苏丹出口石油，苏丹通胀因而回落至32%。

表2　2010~2014年西亚非洲地区部分国家通货膨胀率

单位：%

年份	2010	2011	2012	2013	2014
西亚北非地区	6.51	9.25	10.76	*12.35*	*10.32*
撒哈拉以南非洲地区	7.41	9.34	9.03	*6.90*	*6.27*
西亚北非地区石油出口国					
阿尔及利亚	3.913	4.522	8.89	*5.008*	*4.5*
伊朗	12.396	21.48	30.5	*42.3*	*29*
伊拉克	2.445	*5.604*	*6.089*	*2.294*	*5.019*
科威特	4.496	4.905	3.199	*3.002*	*3.502*
利比亚	*2.458*	*15.902*	*6.072*	*3.612*	*9.444*
卡塔尔	−2.433	1.923	1.856	*3.746*	*3.974*
沙特阿拉伯	3.801	3.749	2.857	*3.76*	*3.582*
阿联酋	0.878	0.875	0.665	*1.476*	*2.491*

续表

年份	2010	2011	2012	2013	2014
西亚北非地区石油进口国					
埃及	11.7	11.1	8.6	*6.912*	*10.312*
约旦	5.002	4.409	4.772	*5.894*	*3.176*
黎巴嫩	4.476	4.985	6.573	*6.296*	*3.076*
摩洛哥	0.994	0.907	1.287	*2.31*	*2.5*
苏丹	12.99	*18.094*	*35.55*	*32.118*	*27.4*
叙利亚	4.398	*n/a*	*n/a*	*n/a*	*n/a*
突尼斯	4.444	3.529	5.582	*6*	*4.7*
撒哈拉以南非洲地区石油出口国					
安哥拉	14.48	13.484	10.285	*9.18*	*8.499*
刚果	4.983	*1.765*	*5.008*	*5.261*	*2.835*
赤道几内亚	5.32	4.799	3.407	*5*	*5.4*
加蓬	*1.447*	*1.262*	*2.683*	*-1.451*	*2.5*
尼日利亚	13.72	10.841	12.217	*9.879*	*8.193*
撒哈拉以南非洲地区中等收入国家					
博茨瓦纳	6.95	*8.464*	*7.533*	*6.777*	*5.827*
喀麦隆	1.279	2.94	2.383	*2.5*	*2.5*
科特迪瓦	1.366	4.9	*1.31*	*2.944*	*2.5*
加纳	10.709	8.725	9.16	*11.046*	*9.8*
塞内加尔	1.229	3.409	*1.438*	*1.183*	*1.645*
南非	4.271	5	5.654	*5.851*	*5.499*
撒哈拉以南非洲地区低收入国家					
刚果民主共和国	23.464	15.538	2.1	*4.361*	*6*
埃塞俄比亚	8.134	33.232	24.119	*7.225*	*8.186*
肯尼亚	4.309	14.022	9.377	*5.38*	*5*
莫桑比克	12.699	10.351	2.091	*5.528*	*5.625*
坦桑尼亚	7.192	*12.691*	*16.001*	*8.513*	*5.801*
乌干达	3.972	18.677	14.009	*4.954*	*4.866*

注：表格中斜体数字表示该值为预测值。

资料来源：IMF（2013）。

撒哈拉以南非洲地区的部分经济体面临经济过热压力，通胀高企。2012年该地区总体通胀水平为9%，其中石油出口国为10.8%，低收入国家为12.7%，中等收入国家为5.5%。随着全球粮食价格企稳以及多个政府施行审慎货币政策，撒哈拉以南非洲地区2013年的通胀水平预计将普遍回落，其中地区整体通胀率降低至6.9%，石油出口国降至8.7%，低收入经济体降至6.3%，只有中等收入经济体的通胀水平将略微上涨至5.9%。在该地区的石油出口国中，尼日利亚2012年下半年的洪灾严重影响了其农业部门产出，食品价格因而飞涨。2013年，尼日利亚政府采取的紧缩性货币政策和大力恢复农业生产的措施初见成效，通胀水平预计回落至9.9%。该地区低收入国家中，埃塞俄比亚虽然是过去几年世界上经济增长率最快的国家之一，但一直备受高通胀的困扰，2012年其通胀率甚至达到24%。2013年，埃塞俄比亚政府采取了一系列平抑物价的措施，包括政府以合理价格购买和分发小麦、糖和食用油等生活用品，建立专门机构分销进口食品以及控制流通中的货币量。在这些措施推动下，伴随着农业丰收，埃塞俄比亚2013年通胀水平预计仅为7%。坦桑尼亚和乌干达2013年的通胀形势也将随着国内食品与能源供应的改善而迅速好转。在该地区的中等收入国家中，南非通货膨胀形势因南非兰特持续走弱以及燃油价格不断上涨而更加严峻，2013年消费物价水平预计增长5.9%，几乎触及南非储备银行此前设定的目标波动范围（3%~6%）上限。

4. 财政可持续性堪忧

西亚北非地区虽然在2012~2013年仍然保持了财政盈余，但是财政盈余相对于GDP的比例在大幅降低（见图4）。2012年西亚北非地区政府财政盈余与GDP之比为6%，2013年急降至3.7%，几乎只有上一年度的一半。根据IMF 2013年10月发布的《世界经济展望》，西亚北非地区财政状况在未来几年还将继续恶化，甚至在2016年开始出现财政赤字。

地区局势动荡影响了西亚北非一些经济体的财政状况，但该地区财政状况恶化更根本的原因在于财政收支结构不合理。一方面，西亚北非地区政府支出相对于GDP的份额巨大，且主要由政府雇员工资支出和给予民众的生活补贴构成。政府雇员工资具有刚性，而在高通胀、社会动荡的背景下，如果削减民众生活补贴极易引起动乱，因此降低政府支出难度较大。另一方面，西亚北非地区政府收入高度依赖几个有限的部门，容易受到特定商品尤其是石油价格波动的影响。为实现财政的可持续性，西亚北非地区的经济体需要对财政收支进行结构性改革。

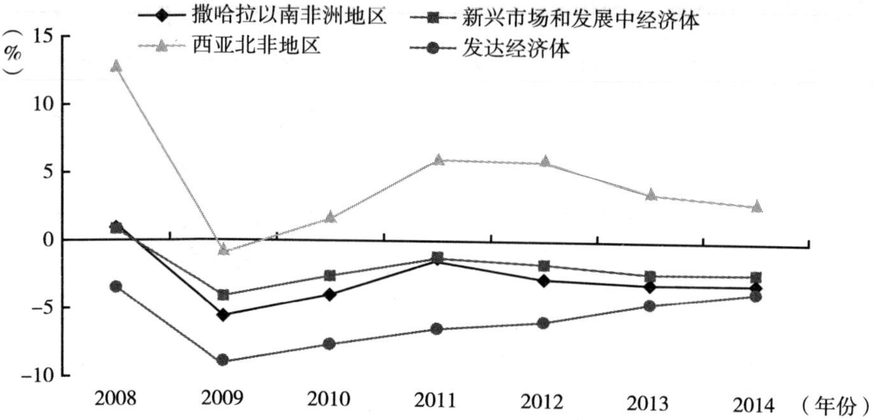

图4　2008～2014 年西亚非洲与其他区域财政状况

注：纵轴表示财政赤字占 GDP 的比例，2013、2014 年为预测值。
资料来源：IMF（2013）。

目前，西亚北非地区以海湾国家①为代表的石油输出国，为落实国家中长期发展规划，加快施行各类社会支出计划，财政支出持续增加。而该地区非海湾国家经济体的财政状况更加紧张。埃及等一些完成政权更迭的国家正在积极促进国内经济复苏，但经济恢复增长尚待时日。2012 年 11 月，埃及穆尔西政府公布了一个长达十年的经济改革计划，致力于通过削减补贴和完善税收制度来减少政府赤字。穆尔西政府被推翻后，埃及新政府于 2013 年 10 月宣布将出台第二个 2014 年经济刺激计划，其总额预计超过 223 亿埃镑（32 亿美元），主要意图是在社会紧张局势下为埃及人创造更多就业机会。黎巴嫩的经济增长受到叙利亚冲突升级的严重影响，不仅政府财政收入减少，政府财政支出也因大量黎巴嫩难民涌入而急剧增加。黎巴嫩 2013 年财政赤字占 GDP 的比例预计将达 10.4%，在 2012 年基础上提高 1.4 个百分点。财政状况不佳使得埃及和黎巴嫩严重依赖国内银行部门的借贷为政府财政赤字融资，其不利影响是公共部门借贷挤出私人部门借贷，提高了银行部门暴露于主权债的风险。突尼斯财政改革因受国内世俗主义者与伊斯兰主义者之间摩擦和暴力冲突加剧的影响而步履维艰。伊朗和摩洛哥由于国内意见分歧，财政改革同样进展迟缓。

① 指海湾阿拉伯国家合作委员会成员国，即沙特、阿联酋、科威特、卡塔尔、阿曼和巴林。

撒哈拉以南非洲地区 2012 ~2013 年财政状况有所恶化（见图 5）。2012 年该地区政府财政赤字占 GDP 的比例上升至 2.8%，而 2011 年该比例仅为 1.3%，预计 2013 年撒哈拉以南非洲地区财政赤字占 GDP 的比例将进一步上升至 3%。总体而言，该地区石油出口国财政状况好于该地区其他国家，安哥拉和刚果保持了财政收支盈余，但值得关注的是安哥拉和加蓬的财政盈余正在大幅萎缩，加蓬甚至出现了财政赤字。该地区另一个产油大国尼日利亚 2013 年上半年石油和非石油收入均明显下滑。由于担心下半年财政收入状况有可能继续恶化，尼日利亚政府希望借助 GDP 测算基准年度调整，扩大 GDP 规模，弱化“财政责任法”对于赤字规模上限的限制。喀麦隆和刚果民主共和国 2013 年财政赤字与 GDP 比例的扩增幅度预计超过 2 个百分点。即使财政赤字压力加大，与发达经济体和拉美国家相比，撒哈拉以南非洲地区政府财政收支平衡的状况仍然较好，特别是赤道几内亚、加纳、肯尼亚和塞内加尔等财政状况较差的国家预计 2013 年情况有所改善。撒哈拉以南非洲地区财政支出增加的主要原因在于，该地区绝大多数国家有旨在提高基础设施的政府支出计划。由于政府收入增长速度相对缓慢且本地金融市场不发达，这些国家希望借助国际资本市场筹资，因此国际市场利

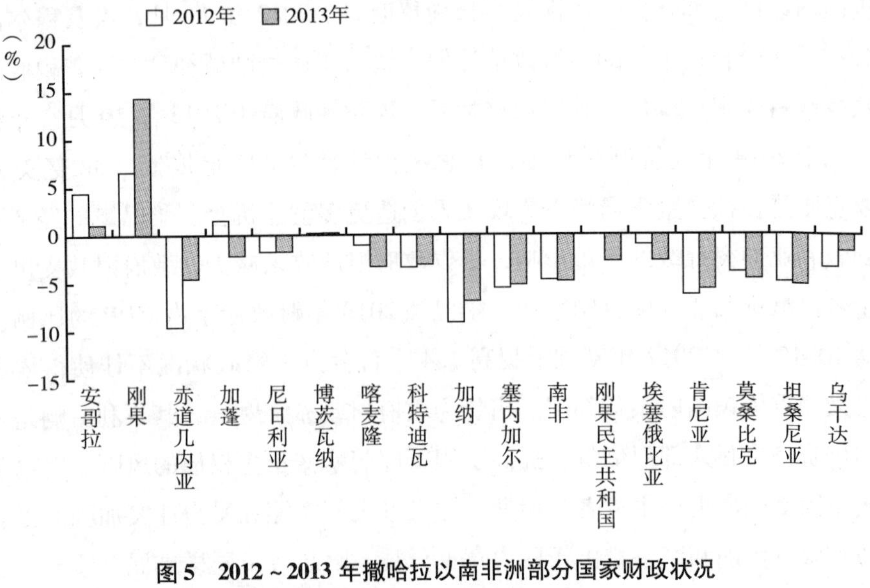

图 5　2012 ~2013 年撒哈拉以南非洲部分国家财政状况

注：纵轴表示财政赤字占 GDP 的比例，2013 年为预测值。

资料来源：IMF（2013）。

率环境以及流动性状况都会对这些国家未来财政状况造成重大影响。

5. 经常账户平衡状况有所恶化

西亚北非地区贸易往来因政治形势不稳定而受到严重影响，经常账户盈余与 GDP 的比例从 2011 年的 14.3% 降低至 2012 年的 13.2%，预计 2013 年将进一步降低至 10.2%（见图 6）。该地区几乎所有石油出口国经常账户盈余与 GDP 的比例都在显著降低。石油进口国则情况不一。2013 年第一季度，埃及和黎巴嫩的出口相对稳定，摩洛哥严重收缩，突尼斯由于农业、纺织业和制成品出口的复苏，出口强烈反弹。约旦由于关闭了与叙利亚的陆地贸易通道，与其他西亚北非国家的贸易严重受损，下降 21.7%，而该贸易占其 2012 年出口的近 50%。

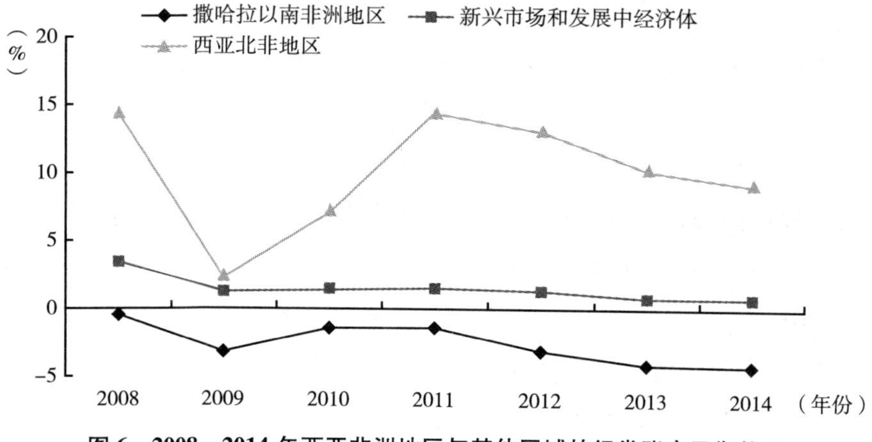

图 6　2008～2014 年西亚非洲地区与其他区域的经常账户平衡状况

注：纵轴表示经常账户余额占 GDP 的比例，2013、2014 年为预测值。

资料来源：IMF（2013）。

2012～2013 年撒哈拉以南非洲地区经常账户赤字与 GDP 的比例有所提高，2011 年该比例为 1.4%，2012 年翻了一番，达到 3%，2013 年预计攀升至 4%。世界经济形势不佳影响了撒哈拉以南非洲地区的工业金属和石油出口，进而导致经常账户不平衡情况加剧，但造成这一状况的部分原因也在于非洲国家未能采取有效措施改善贸易品的供应。近年来，非洲国家试图通过消除贸易壁垒、推动区域一体化来挖掘贸易潜力以促进发展，但是私营部门尚未获得足够的能力与空间来有效利用一体化进程推进所带来的贸易机会。鉴于全球大宗商品价格呈下行趋势，我们预计撒哈拉以南非洲地区经常账户赤字将进一步扩大。虽然尼日利亚、莫桑比克和赞比亚等国受益于矿业领域的投资，产能和出口量有所增长，但受大宗商品价格下跌影响，出口收入不一定能相应增长。值得一提的是，服务贸易，尤其是旅游业，成为多个非洲国家经常账户平衡状况改善的重要推动力量，尤其是佛得角、肯尼亚和毛里求斯等传统旅游目的地，经常账户的状况因旅游者的增长而显著改善。

二　西亚非洲主要国家经济形势①回顾：2012～2013年

2012～2013年，西亚北非石油出口国沙特阿拉伯总体形势较好，未来的挑战主要在于如何促进国内经济协调平衡发展；石油进口国埃及政治局势动荡不已，经济发展持续低迷；非洲大国南非由于没有及时通过强有力的改革营造出有利于经济增长的商业环境，已经成为非洲经济增长最缓慢的国家之一。

1. 沙特阿拉伯：总体形势较好，需要促进国内经济协调平衡发展

2012～2013年沙特经济增长显著放缓，2011年为8.6%，2012年为5.1%，2013年第二季度沙特经济增长2.7%，同比下降2.8个百分点，预计沙特2013年全年经济增长速度为3.6%。沙特经济增速放缓的主要原因是出口收入增幅下降，2011年沙特出口增长8.4%，2012年仅增长4.9%，2013年负增长3.6%。由于外部环境不利是沙特经济增长放缓的主因，因此2013年9月国际著名评级机构惠誉仍然给予沙特国家AA评级，长期本外币发行AA^-评级，展望为积极。

沙特出口收入近90%来自石油部门。2012年下半年和2013年上半年随着欧佩克以外成员国石油产出的增长和世界经济增长持续低迷，沙特削减了石油产量，之后由于西亚北非地区石油供应的减少，沙特转而在2013年第3季度大幅提高原油产量，日产量达1050万桶，创年内新高。即使如此，沙特嘉德

① 在没有特别说明的情况下，本节数据来自IMF国际金融统计数据库（IFS）以及经济学人数据库（EIU）。

瓦投资公司仍然预计，2013年沙特日均生产原油960万桶，比2012年的980万桶的日均产量低20万桶。嘉德瓦投资公司还预计，石油平均价格将由2012年的106美元降至2013年的103美元。受产量和油价双双走低的影响，沙特阿拉伯2013年石油收入预计比上年减少480亿美元。①

美国页岩气革命和非欧佩克国家石油出口的增长使得沙特经济的脆弱性越来越明显。美国从欧佩克成员国进口的石油量在2012年跌至15年最低。国际能源署预测，对欧佩克原油的需求在未来5年将显著下跌。

为促进经济平衡发展，沙特2013年在基础设施建设和工业领域的项目明显增加，项目总投资超过800亿美元，项目支出比上年同期大幅增长。上半年，沙特财政部签署合同共1858项，其中1311项涉及建设项目，合同额达8710万里亚尔（约合2323万美元），主要包括城乡建设、道路、基础设施建设、校舍和医院等建设项目。海湾投资公司（GIC）的一份报告显示，在投资非石油领域方面，沙特在海湾合作委员会成员国中名列前茅，2013年以来在建的非石油项目达170亿美元。此外，沙特积极投身于新能源的开发与利用，在新能源领域的投资位列全球第12名。沙特的经济多元化努力取得了一定成效。根据嘉德瓦投资发布的报告，2013年上半年沙特非石油经济增长4.5%，预测下半年增长率将达到6%。②

失业是沙特经济发展中的另一个重要问题。近日沙特统计局发布消息称，2013年第一季度沙特15岁以上居民综合失业率为5.8%，其中沙特公民男性失业率为6.3%，女性失业率为34.8%；非沙特公民男性失业率为0.2%，女性失业率为1.7%。从2010年到2012年，沙特总体就业率提高了8.5个百分点，而沙特公民就业率仅提高了4.6个百分点，并且沙特就业公民中每十人有九人就职于政府和公共部门。沙特正面临人口快速增长，未来十年将有大量年轻人进入劳动力市场，就业压力更为沉重。沙特需要在私营部门创造足够的就业机会，并帮助本国公民发展与提高进入私营部门工作所需的技能。③

① 沙特嘉德瓦投资公司，http：//www.jadwa.com/en。

② 沙特嘉德瓦投资公司，http：//www.jadwa.com/en。

③ IMF，http：//www.imf.org/external/index.htm。

2. 埃及：政治局势动荡不已，经济发展持续低迷

最近两年来埃及局势多次出现动荡。2011 年 1 月首都开罗和多个省份爆发反政府示威，2 月时任总统穆巴拉克辞职，权力移交军方，11 月埃及举行议会选举，宗教政党获三分之二席位，其中穆斯林兄弟会占据半数。

2012 年 6 月代表穆斯林兄弟会参选的穆尔西在总统选举中获胜，成为埃及历史上首名非军方身份总统。穆尔西就职后，埃及政局出现了短暂稳定期，一度使人们对政局和经济前景燃起信心。穆尔西上台后采取了一系列措施挽救经济，比如提出涉及安全、能源、环境卫生、食品补贴和交通五大类的“百日计划”，积极从国际货币基金组织和世界银行寻求贷款，加快落实阿拉伯国家的资金支持计划，努力从西方国家获取援助等。然而任职不久，穆尔西就颁布了一项新宪法声明，声称总统有权作出一切决定、采取任何措施来保护“革命”，防止国家统一和安全以及国家机构的工作受到威胁。声明同时强调，穆尔西上台后发布的所有总统令、宪法声明、法令及决定在新宪法颁布和新议会选举产生前都是最终决定，任何方面无权更改。该声明严重激化了埃及国内宗教势力与世俗自由派之间的矛盾，再加之穆尔西为削减财政赤字而采取了提高电费、增加烟酒税收、削减补贴等措施，加大了民众的生活压力，国内反对声因而一浪高过一浪。

2013 年 6 月，埃及爆发百万人示威，要求穆尔西下台。7 月 4 日，埃及军方正式宣布穆尔西下台。埃及前总统穆尔西被解职后，埃及国内暴力冲突不断升级，西奈半岛安全形势恶化。8 月 14 日，埃及安全部队对在开罗纳达广场示威的穆尔西支持者进行清场行动，造成数千人伤亡，同时埃及总统府宣布埃及进入紧急状态。从目前情况来看，埃及全国紧急状态将至少延续至 11 月底。

持续的动荡严重损害了埃及经济，埃及 2013 年私人消费增长率将骤降至 3.3%，而前两年都在 5.5% 以上；固定资产投资甚至负增长 2%。旅游是埃及经济增长的支柱产业之一，7 月初以来的动荡导致赴埃及旅游人数骤减。动荡还导致大量工厂停工，交通运输瘫痪，政府财政收入减少，外汇储备下降，埃镑不断大幅贬值。受供应限制，埃及出口贸易大幅降低，2013 年 7 月埃及对外出口额为 104 亿埃镑，相比于 6 月减少了 34 亿埃镑。

面对严峻的经济形势，埃及过渡政府正在积极采取措施，改善国内经济。

沙特、科威特和阿联酋等国已承诺提供总值 120 亿美元的经济援助，其中 50 亿美元已经兑现。在海湾国家的支持下，2013 年 11 月埃及过渡政府宣布了总额约为 32 亿美元的经济刺激计划，预计开工工程将达到 4000 个，新增就业岗位 45 万个。

3. 南非：非洲经济增长最缓慢的国家之一

新千年开始之际，英国《经济学家》杂志曾将非洲称为“没有希望的大洲”。在当时看来，南非经济稳定增长，似乎是非洲大陆的唯一亮点。然而现在，南非是非洲大陆经济增长最缓慢的国家之一，尼日利亚和肯尼亚等诸多撒哈拉以南非洲国家的增速已达南非经济增长速度的两倍。

2012～2013 年南非经济增长显著放缓。2012 年增长 2.5%，低于 2011 年 1 个百分点，预计 2013 年将进一步降低至 2%。这一水平不仅大幅低于撒哈拉以南非洲地区经济增长的平均水平，甚至已经接近世界平均水平。居民消费是南非经济的引擎，2013 年第三季度，南非消费者信心指数仅为 -8，是 10 年来的最低水平，[①] 消费信心不足意味着南非未来经济增长面临较大压力。沉重的个人财政负担迫使南非消费者减少消费。南非国家信贷管理局最新数据显示，在 2021 万信贷消费者中，45% 以上有不良信贷记录；37.59% 的无担保账户出现拖延现象，消费者欠下的非银行类金融机构的款项同比增长 70%。

从三大产业来看，南非农业产出快速增长，由 2011 年的 -0.1% 快速攀升至 2012 年增长 2.3%，2013 年将进一步增长 4%。工业和服务业增速明显放缓，尤其是工业，由 2011 年增长 2.4% 回落到 2012～2013 年增长不到 1%。2013 年第二季度，南非制造业指数提高至 107.9，显示出制造业回暖的迹象。自 2011 年第三季度以来，该指数一直在 102～104 间波动。南非采金业的产量 2012～2013 年一直呈下行趋势，如果设定 2000 年采金量为 100，2013 年第二季度南非黄金产量不到 80，而 2011 年第四季度为 97。

南非 2012～2013 年登记失业率高达 25%。南非统计局季度劳动力调查报告显示，2013 年第二季度南非失业率为 25.6%，是 2012 年第三季度以来的最

① 南非第一国民银行，https://www.fnb.co.za/。

高水平。报告同时发现，南非积极寻找工作的人数增长了12.2万人，主要原因是居民债务偿还压力较大且预计政府救济金增速较往年有所减缓。从分行业的数据看，制造业和农业分别减少就业岗位1.8万个和2.6万个，但建筑、贸易和金融等行业增加岗位10万个。

虽然全球经济前景不佳和主要贸易伙伴经济不振是南非经济增长相对迟缓的部分原因，但更重要的是南非政府没有及时通过强有力的改革营造出有利于经济增长的商业环境。南非投资占GDP的比重还不到20%，与其收入水平相比非常低。这主要是因为南非的高劳动力成本和低生产率使得本国公司倾向于到非洲其他国家投资，而较少在国内雇工。私人投资不足导致在过去十年里南非新增就业岗位总数的85%是公务人员岗位，其结果就是政府规模膨胀，而效率却没有相应提高，供水、电力、学校等公共服务都不尽如人意。

2013年8~9月，由于薪资谈判陷入僵局，南非汽车行业、建筑工人、航空公司、制衣业和黄金矿业相继进行了大规模罢工。经济学人智库（EIU）报告称，单是汽车工人罢工就预计导致每天7亿兰特（约合7000万美元）的损失。罢工严重影响了南非的出口，因为矿业占出口份额的40%，汽车产业占出口份额的12%。受劳资纠纷和教育医疗等公共服务落后的影响，世界经济论坛最新的竞争力报告显示，南非的竞争力排名略有后退，毛里求斯已经超越南非，成为撒哈拉以南非洲地区中最具竞争力的国家。

三　西亚非洲经济展望

2013年西亚非洲地区出现经济“双速”增长的局面，西亚北非和撒哈拉以南非洲这两个次区域的经济增长速度出现显著分化，西亚北非地区预计仅增长2.15%，撒哈拉以南非洲地区预计增长5%。如不出意外的话，这种经济增速分化的局面预计将延续至2014年。2014年，西亚北非地区的经济增长速度预计在3.5%~3.8%的区间范围内，撒哈拉以南非洲地区预计增长幅度在5.9%~6.2%之间。

展望未来，西亚非洲地区未来经济发展主要取决于地区安全局势、世界经济未来走势以及大宗商品价格走势。

西亚非洲地区安全局势走向目前并不明朗。在西亚北非地区，叙利亚问题正陷于僵局，埃及与伊核问题的未来发展充满不确定性。美国主导该地区事务的能力和意愿都明显下降，俄罗斯力量增强，沙特、土耳其、埃及、卡塔尔、伊朗展开激烈的竞争和博弈，都想在变化中争取推动局势朝着对自己更有利的方向发展。在撒哈拉以南非洲地区，极端和恐怖势力渗透速度大大加快，催化剂是西亚北非大动荡导致区域政治真空和武器走私失控。英国智库机构三军研究所（RUSI）在2012年的一份报告中表示，从西非至北非再到东非，非洲可能正在形成一条“不稳定之弧”。非洲三大恐怖组织——索马里青年党、伊斯兰马格里布基地组织和尼日利亚“博科圣地”组织正在形成合流之势。

全球经济复苏起伏不定是西亚非洲地区经济增长的重要风险来源。目前欧元区的紧张局势已经有所缓解，但局面并不稳定，市场情绪容易受到坏消息的打击，一些规模较大、利率较高的欧元区经济体仍然存在信贷冻结风险。政治因素导致美国财政调整前景不明，一旦美国逐步退出数量宽松政策，全球金融市场条件可能发生重大改变。而由于政府财政状况趋紧，诸多西亚非洲经济体越来越依赖外国私人投资来为国内经济增长融资。中国市场吸纳了非洲多种工业金属出口量的近50%，如果中国投资降温的幅度超过预期，大宗商品价格将加速下滑，西亚非洲地区依赖石油、金属和其他矿产品出口收入的国家将受到不利影响。

西亚北非地区能源出口国的经济增长严重依赖原油产出与价格，能源进口国的财政平衡、经常账户平衡、通货膨胀、社会稳定乃至改革进程则与食品价格和补贴紧密相关。在撒哈拉以南非洲地区，农业是重要的产出部门，食品占家庭消费开支的很大比重，贫困人口尤其容易受到食品价格波动的冲击。因此大宗商品价格走势与西亚非洲地区的经济发展息息相关。国际能源署2013年10月预测，2014年全球日均石油需求增长110万桶，但对欧佩克国家的石油需求量将下降至2940万桶/日，而欧佩克以外地区的原油供应量将增长2.5%，达到5590万桶/日。该机构还预测，如果2014年西亚北非地区局势稳定，布伦特原油期货价格跌破每桶100美元的风险增加。IMF预计2014年世界大宗商品（食品）价格指数为165.7，从2011年179.9的峰值明显回落，也低于2013年177的食品价格指数值。然而，虽然全球粮价是决定地区粮价的基础，但局部冲突、当地气候条件、物流状况和基础设施建设等因素会不同程度地影响地区粮食供应和价格，在特定情况下西亚非洲地区部分国家仍然可能出现粮食供应紧张的局面。

参考文献

IMF（2013），*World Economic Outlook: Growth Resuming, Dangers Remain*, International Monetary Fund, October 2013.

World Bank（2013），*Global Economic Prospects*, June 2013.

UNECA（2013），*Economic Report on Africa 2013*, United Nations Economic Commission for Africa, March 2013.

Y.9

中国经济下行的逻辑

——基于经济结构转型的解释

张　斌*

摘　要：

2008年全球金融危机前后，中国经济结构出现了转折性变化。各种角度的结构性指标有一个共同指向：经济活动重心不断向工业部门集中的趋势在危机前后发生了逆转。这样的经济结构变化对于中国的经济增长带来了严重挑战：一方面是缺乏有效的市场机制带动各种要素参与经济活动，即要素参与率下降；另一方面是技术进步空间收窄，即要素生产率下降。本文最后部分提出了对应经济结构转型的短期和长期对策。

关键词：

工业　服务业　垄断　经济增长

一　导言

2008年全球金融危机是中国经济增速趋势变化的分水岭。从趋势上看，中国经济增速在2000～2007年持续上升，2008年金融危机以后持续下降。2000～2007年，平均的GDP季度同比增速达到了10.5%；2009年至2013年第2季度，平均的GDP季度同比增速为9%。如果剔除经济刺激政策的影响，后面这段时期的平均GDP增速会下降更多。从危机后中国经

---

* 张斌，研究员，供职于中国社会科学院世界经济与政治研究所，主要研究领域为开放宏观经济学。

济增长的运行趋势看，剔除掉经济刺激政策影响后的 GDP 增速呈现单边下滑趋势（见图 1），预计 2013 年下降至 7.5% 附近。

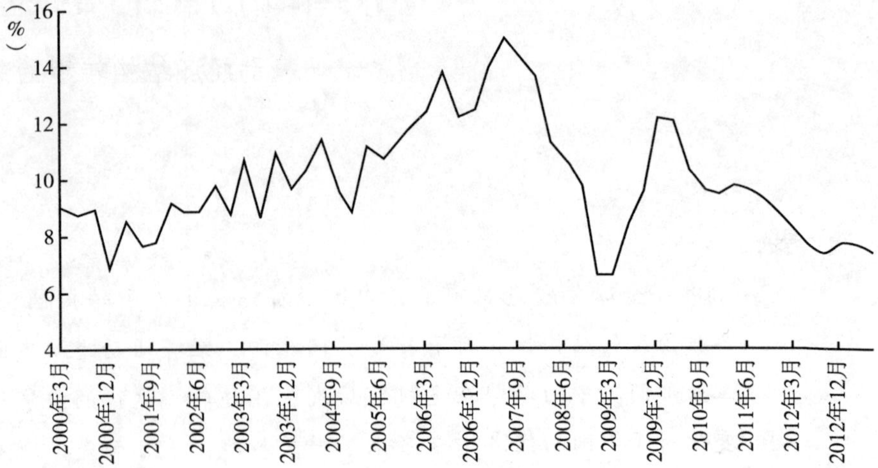

图 1　GDP 当季同比增速

资料来源：Wind 数据库。

对经济增长变化最直观的解释是外部需求的下降。2000～2007 年，净出口平均每年拉动 GDP 增长 1.21 个百分点；2009～2012 年，净出口平均每年拉动 GDP 增长 -0.93 个百分点。仅仅是外需的变化，就能够解释中国经济增速下降超过 2 个百分点。基于支出法对 GDP 增速变化作出的分解，是研究过程中有益的初步观察，但是不能从经济运行机制层面上理解中国经济增长下滑背后的原因，不足以为制定相关对策或者提供相关的预测提供帮助。

从运行机制角度理解经济增速下滑，需要立足于理论框架和相关的实证经验。对经济增长的讨论可以分解为三部分内容的考察：第一，劳动、资本品、土地等要素禀赋变化，及其对经济增长路径的影响。这是增长理论关心的传统话题。第二，要素参与率变化，及其对经济增长路径的影响。要素参与率是指给定要素禀赋的情况下，能够被用于生产活动的要素投入变化，代表性的指标是失业率和劳动参与率、产能利用率等。这是经济周期理论关心的问题，建立在市场失灵和价格黏性基础上的经济周期理论指出，由于市场失灵的存在，要素禀赋并不能得到充分利用。第三，要素生产率的变化，及其对经济增长路径的影响。这也是增长理论关心的传统话题。

对中国经济增速变化的研究中，已经有很多学者关注人口年龄结构变化及其对中国潜在经济增长速度的影响，本文中不再进一步讨论。我们在此重点关注的是第二和第三部分的内容，即要素能不能被充分使用，以及要素生产率的变化。本文观察金融危机前后相关结构性经济指标的变化；然后基于这些观察，提出假说；最后提出政策含义和对策建议。需要说明的是，本文的研究只是初步尝试，在逻辑上未必能做到完整一致，一些判断还需要进一步实证研究的支持。但是本文的分析框架，为理解中国的经济结构转型提供了微观基础，丰富了对中国经济结构转型及其与经济增长关系的理解，并带有丰富的政策含义。希望本文能起到抛砖引玉的作用，吸引更多学者从更微观的角度关注和理解中国经济结构的趋势性变化，提出有价值的决策参考建议。

二　金融危机前后的经济结构变化

本文以 2003～2007 年与 2008～2012 年两个期间作为金融危机前后的两个样本期，从多个角度比较金融危机前后的中国经济结构变化情况。由于数据来源的限制，有些样本的数据达不到 5 年，用到时会有说明。

从支出法看，两个时期相比最突出的变化是净出口在 GDP 中占比由升转降，资本形成在 GDP 中占比上升（见图 2）。消费在 GDP 中占比在前期从 56.9% 下降到 49.6%，后期止跌回稳在 49% 上下一个百分点以内波动。资本形成在 GDP 当中的占比在前期基本稳定，在 41% 上下一个百分点以内波动；后期快速上升，从 41.6% 上升到 48.3%。净出口在 GDP 当中的占比在前期快速上升，从 2.2% 上升至 8.8%；后期从 8.8% 下降到 2.6%。消费、资本形成和出口通常也被看成决定短期内产出水平的三个需求拉动力量，前后两个时期相比，消费对 GDP 增长的年平均贡献率从 39.7% 上升到 48.9%，资本形成对 GDP 增长的年平均贡献率从 48.5% 上升到 57.3%，净出口对 GDP 增长的年平均贡献率从 11.8% 下降到 -6.2%。

从分行业最终使用角度看，金融危机后最突出的变化是最终使用工业品与

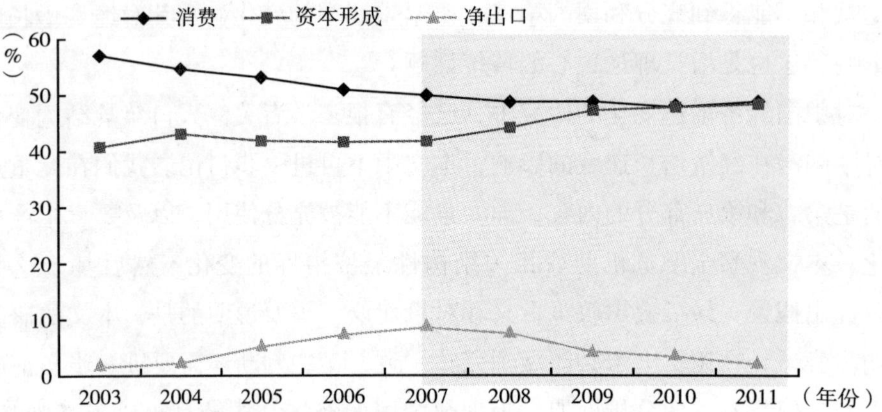

图2　消费、资本形成与净出口在 GDP 中的占比变化

资料来源：Wind 数据。

GDP 之比由升转降，最终使用建筑业与 GDP 之比上升。2003～2007 年，最终使用工业品与 GDP 之比从 25.9% 上升到 32.2%，2008～2009 年下降到 29.1%。最终使用建筑业与 GDP 之比在前期从 23.7% 上升到 24.7%，后期快速上升到 28.2%。最终使用国有服务业与 GDP 之比前后两期基本稳定在 19% 上下一个百分点以内，最终使用非国有服务业与 GDP 之比前期从 22.3% 下降到 18.8%，后期止跌回稳。最终使用农产品与 GDP 之比在前后两期持续下降，从 2003 年的 9.0% 下降到 2009 年的 4.6%（见图 3）。

从中间产品投入结构来看，金融危机后最突出的变化是工业中间投入品与全部中间投入品之比先升后降，服务业中间投入品与全部中间投入品之比先降后升（见图 4）。2003～2007 年，工业品工业中间投入品与全部中间投入品之比从 66.7% 上升到 71.4%，2008～2009 年下降到 70.3%。国有服务业中间投入品与全部中间投入品之比在前期从 5.8% 下降到 5.1%，金融危机后两年内回升到 5.8%。非国有服务业中间投入品与全部中间投入品之比在前期从 18.4% 下降到 16.2%，金融危机后两年内回升到 16.6%。农业中间投入品与全部中间投入品之比在前后两期持续下降，从 8.4% 下降到 6.8%。建筑业中间投入品与全部中间投入品之比在前后两期稳定在 0.5%。

从生产法看，两个时期相比最突出的变化是工业增加值在 GDP 当中占比

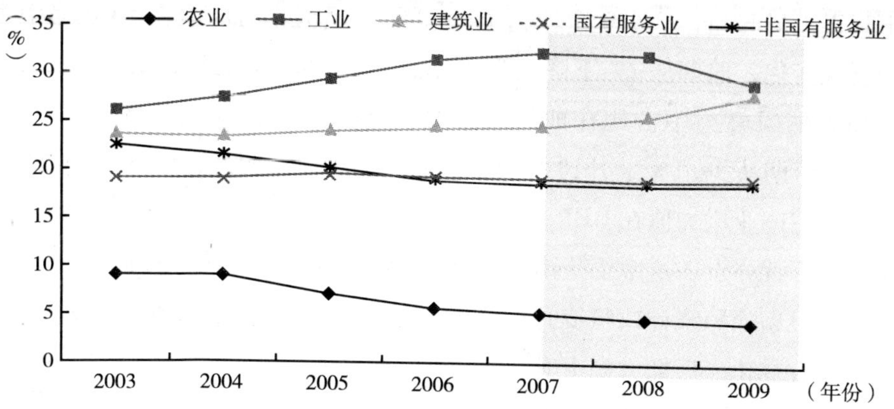

图 3　最终使用品的结构变化

说明：受数据来源限制，金融危机后的样本期包括 2008 年和 2009 年两年；国有服务业与非国有服务业在下文有说明。

资料来源：世界投入产品表（http：//www.wiod.org/），美国大型企业联合会（Conference Board）李晓琴女士计算得到。

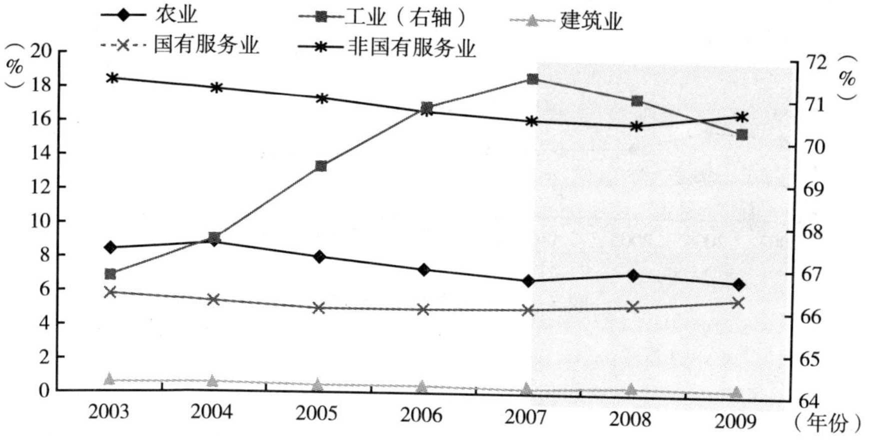

图 4　中间投入品的结构变化

说明：受数据来源限制，金融危机后的样本期包括 2008 年和 2009 年两年；国有服务业与非国有服务业在下文有说明。

资料来源：世界投入产品表（http：//www.wiod.org/），美国大型企业联合会（Conference Board）李晓琴女士计算得到。

的下降，服务业和建筑业增加值在 GDP 当中占比的上升（见图 5）。第一产业增加值在 GDP 当中占比在前期从 14.8% 下降到 11.7%，后期从 11.7% 轻微下降到 10.1%。工业增加值在 GDP 当中占比在前期从 45.9% 下降到 43.5%，后期下降得更加明显，从43.5%下降到38.5%。建筑业增加值在GDP当中占比有转折性变化，前期从7%下降到5.7%，后期从5.7%上升到6.8%。第三产业增加值在GDP当中占比在前后两个时期都有上升，前期从32.3%上升到39.1%，后期从39.1%上升到44.6%。需要特别注意的是，2005年与2004年相比，第三产业增加值在GDP当中占比从31.8%上升到40.3%，一年之内上升了8.5个百分点，这主要是因为2005年起对服务业统计口径的重新定义和调整。如果剔除掉统计口径变化的影响，前期第三产业增加值在GDP当中占比基本没有变化，后期大幅上升。

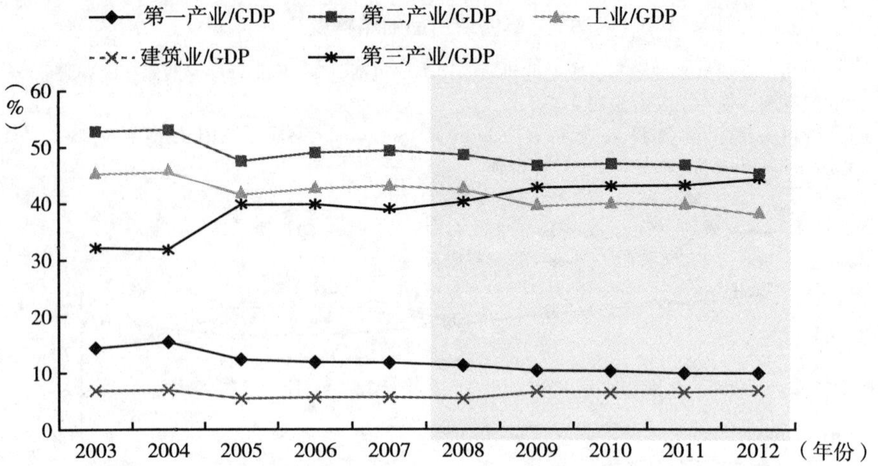

图5　产业增加值的结构变化

资料来源：Wind数据。

两种力量推动了上述经济结构指标的变化。一方面是金融危机以后外部需求的急剧下降，受到负面冲击的主要是工业品部门；另一方面是国内扩张性应对政策，受到正面冲击的主要是建筑业部门。如果完全依靠市场自发力量调节，剔除掉国内扩张性应对政策的影响，经济增速与经济结构变化与现实中看到的会有显著差异。经济增速会有更大程度的下降。资本形成在GDP中的占比、建筑业在最终产品中的占比都会大幅度低于目前水平；消费在GDP中的占比、服务业无论是作为最终产品还是中间投入品的占比都会大幅度高于目前水平。

不同角度下的经济结构指标变化并非孤立发生的，相互之间存在着内在联系。金融危机爆发和刺激内需政策引起了需求结构的大幅变化，对工业品的最终需求下降，对建筑业最终需求上升。最终需求的结构变化带来了中间品投入结构变化，工业品在全部中间投入品中占比由升转降，服务业在全部中间投入品当中占比由降转升。上述变化同时带来了工业增加值与 GDP 之比下降，以及服务业和建筑业增加值与 GDP 之比上升（见图 6）。

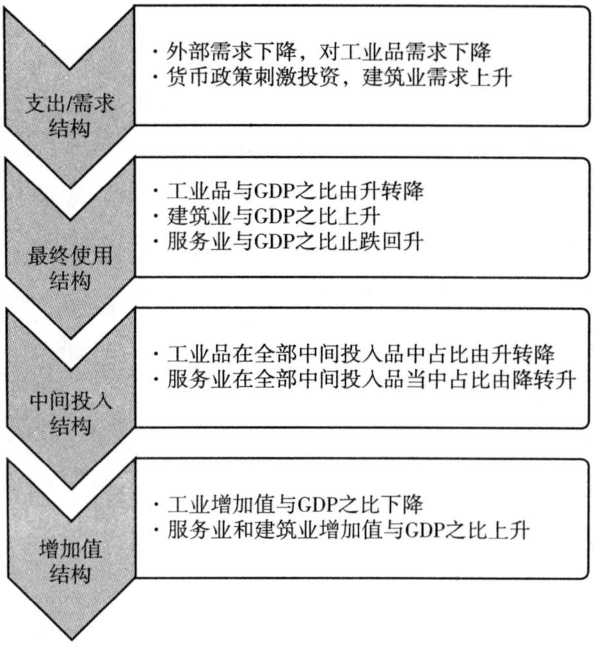

图 6　经济指标之间的内在联系

综合来看，中国经济在金融危机后经济活动重心发生了转移。从最终产品、中间投入品以及增加值等多个角度看，金融危机以前的重心是工业部门，金融危机以后有明显调整，经济活动重心从工业部门向服务业和建筑业转移，向服务业转移主要是市场化力量的结果，向建筑业的转移是因为受到了大规模经济刺激政策的影响。

三　对中国经济增速下降的解释

基于上述危机前后的中国经济结构变化，本文从两个角度考察中国经济结构变化引发的经济增长速度变化。第一个角度是要素参与率的变化。第二个角度是要素生产率的变化。在讨论这两方面的变化之前，有必要结合国情，比较工业部门与服务业部门的差异。

1. 工业部门与服务业部门的差异

工业品部门总体上的市场化程度较高，更加接近充分竞争的市场结构。从市场竞争的充分程度来看，工业品部门可以分为三类，第一类是出口导向和进口替代的制造业；第二类是服务于国内市场的制造业；第三类是以能源部门为代表的非制造业工业部门。前两类基本遵循了公平竞争的市场规则。这包括：①相对自由的市场准入和退出机制；②可以利用灵活的价格机制展开竞争；③相对完善的细分市场；④相对健全的法律、政策等市场基础设施。比较来看，出口导向和进口替代制造业由于同时面临着国内和国际市场竞争，市场完善程度更高。第三类市场竞争的充分程度远低于前两类。从增加值角度看，前两类在最终产品中的占比较大，制造业在工业部门中的比重超过了80%。工业品部门总体上的市场化程度较高。

中国的服务业部门市场化程度较低，整体上更加接近垄断竞争的市场结构。中国的服务业部门分为两类：一类是私人部门主导的服务业，包括水陆交通、餐饮、零售、批发、旅游、房地产、租赁、其他社会与个人服务等，这些服务业的市场竞争较为充分。另一类是国有部门主导的服务业，包括教育、医疗、铁路、航空、邮政与通信、金融中介、社会工作等。这些服务业的市场化程度比较低，市场准入受到严格限制，不同类型的市场参与主体难以做到公平竞争，细分市场不完善，法律和政策等市场基础设施不健全，更加接近垄断竞争的市场结构。从最终使用角度看，国有主导的服务业大概占到了全部服务业的一半，因此可以认为服务业总体上的市场化程度低于工业部门。

工业部门生产技术进步空间大。后进国家的工业品部门更容易获取技术进步，主要有以下几方面原因：其一，国外有现成的标准化技术可供参考和学习；其二，工业品部门生产技术标准化程度较高，易于学习和模仿，也易于推广；其三，可借助国外直接投资或者技术引进，快速弥补生产和经营过程中的关键缺陷；其四，较多的工业部门规模经济优势明显；其五，具有天然的融资优势，可借助通畅的资本积累过程快速提升技术水平。工业部门更容易获得融资支持并形成通畅的资本积累，这一方面是因为工业部门扩张往往是复制已有的较为标准化的生产模式，投资失败率较低；另一方面是因为工业企业的厂房、机器设备、原材料、出口订单等都能给银行做抵押品。即便是相对落后的金融体制，也基本能够满足工业部门的融资需求。

比较而言，服务业部门的技术进步更加困难。服务业产品本身和生产过程的标准化程度低，直接从国外学习和模仿的余地小，生产技术被学习和推广的难度大，投资的失败率较高，多数服务业生产过程不具备规模经济优势。通过增加投资带动服务业生产技术提高也更加困难。由于较高的投资失败率，再加上缺少抵押品，只有较发达的金融体系才能满足服务业的融资需求，而发展中国家往往不具备这样的金融服务体系。

在比较了工业部门与服务业部门在市场结构和生产率方面的差异以后，接下来讨论金融危机后中国经济结构变化对要素参与率与要素生产率的影响。

2. 要素参与率变化

20 世纪 80 年代以来新凯恩斯经济学的发展对于理解市场结构与要素参与率之间的关系有借鉴意义。有必要先简单回顾新凯恩斯经济学的一些重要进展，特别是 Blanchard 和 Kiyotaki （1987）① 关于垄断竞争市场结构与总需求作用关系的分析，然后再回到中国问题。

新凯恩斯经济学指出，在产品市场、劳动力市场、金融市场以及其他市场上普遍存在着非凸性技术、信息不对称以及外部性等问题，并因此带来市场失灵问题，市场失灵会使得社会不能达到充分就业，也就是要素不能充分参与经济活动当中。Blanchard 和 Kiyotaki 比较了垄断竞争市场结构与完全竞争市场结构下的均衡产出水平差异。他们发现垄断竞争的市场结构下的均衡产出水平会低于完全竞争市场结构下的均衡产出水平。完全竞争的市场结构下，产品按照边际成本定价，劳动按照牺牲闲暇的边际效用损失定价，与此对应得到了产品和要素市场联立均衡下的要素价格和产出水平。以完全竞争市场均衡作为参照，垄断竞争市场结构下有以下几个特点：①要素市场上，要素供给者并非价

① Blanchard, Olivier Jean, and Nobuhiro Kiyotaki. "Monopolistic competition and the effects of aggregate demand." *The American Economic Review* (1987): 647 – 666.

格接受者（price taker），而是具有一定市场势力的价格制定者（price setter），要素供给者要求比完全竞争市场结构下更高的要素价格，高出的幅度取决于该要素投入的替代弹性；②产品市场上，厂商并非价格接受者，而是具有一定市场力量的价格制定者，厂商要求高于边际成本的产品价格，高出的幅度取决于该产品的替代弹性；③垄断竞争市场结构下，要素市场与产品市场联立均衡所决定的产出水平低于完全竞争市场结构下的均衡产出水平。

图7比较了完全竞争与垄断竞争市场结构下的要素和产品市场均衡变化，以及最终的均衡产出变化。较高的要素价格水平意味着较高的边际成本和较高的产品价格，对应着较低的产品需求，在要素价格和产品空间内，产品市场均衡曲线向右下方倾斜。较高的要素价格水平对应着较高的要素投入水平，以及较高的产出水平，要素市场均衡曲线向右上方倾斜。无论是在完全竞争还是垄断竞争市场结构下，上述曲线的形状没有变化。区别在于，在给定的要素价格水平上，垄断竞争的要素市场结构下对应着更低的要素投入和产出（或者可以理解为给定要素投入，要求更高要素价格），要素市场均衡曲线向左移动；垄断竞争的产品市场结构下，厂商要求更高的产品价格，与此对应的是更低的产品需求，产品市场均衡曲线向左移动。因此，垄断竞争市场结构下的均衡产出会低于完全竞争市场结构下的均衡产出。

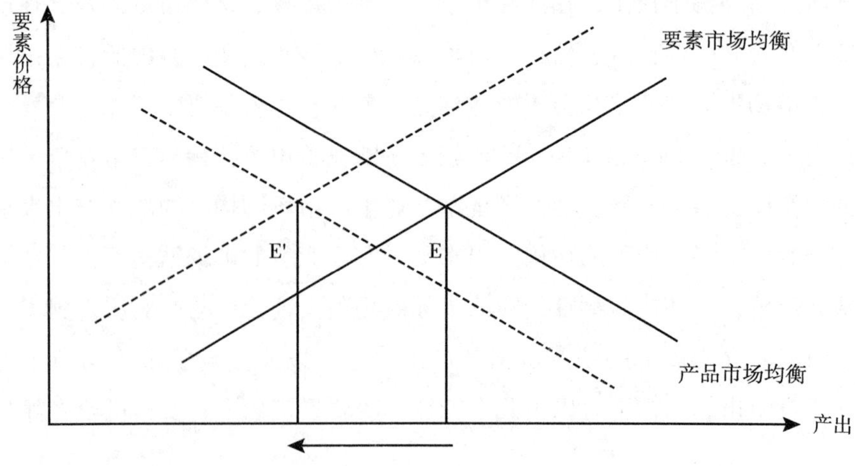

图7　完全竞争与垄断竞争下的市场均衡

Blanchard 和 Kiyotaki 给出了垄断竞争市场结构下均衡产出与完全竞争市场结构下均衡产出的比较，定义 R 代表垄断竞争市场结构下均衡产出与完全竞争市场结构下均衡产出之比，θ 代表最终产品替代弹性，$\theta>1$；σ 代表要素替代弹性，$\sigma>1$；α 代表规模报酬的倒数，$\alpha-1$ 代表相对于成本的边际成本弹性，为了确保均衡存在 $\alpha>1$。

$$R=\left(\frac{\sigma-1}{\sigma}\frac{\theta-1}{\theta}\right)\frac{1}{\alpha-1}<1$$

要素投入的替代弹性越小，产品替代弹性越小，要素和产品市场的市场势力更强，垄断竞争市场结构下均衡产出与完全竞争市场结构下均衡产出之比越小，规模报酬递减程度越小，垄断竞争的要素或者产品提供者所能够利用市场力量更强，垄断竞争市场结构下均衡产出与完全竞争市场结构下均衡产出之比越小。

新凯恩斯经济学研究的初衷，在于证明由于市场失灵的存在，货币和财政稳定政策能够挽回产出和福利损失。当把这个研究框架应用到中国问题研究的时候，还有另外一个重要的研究视角，即经济结构转型与要素参与率的联系。

结合以上分析看中国的情况，当市场化程度较高的部门（工业品）在经济中的比重下降，意味着市场化程度较高部门在全部经济中的比重下降，经济整体上的垄断程度提高。垄断程度的提高对应着均衡产出水平的下降。均衡产出水平下降的原因，不是要素禀赋变化，也不是生产技术变化，而是由于垄断程度的提高使得劳动、资本等生产要素得不到充分的利用，即要素参与率的下降。

产能利用率一定程度上反映了资本要素参与率情况。国际货币基金组织 2012 年对中国的产能利用率作出的估算表明，近十多年来中国的产能利用率一直不高，特别是 2008 年金融危机以后，产能利用率更是持续快速下降，从 2008 年的 80% 下降到 2011 年的 60%（见图 8）。

就业指标变化也能一定程度上反映劳动参与率变化。从 PMI 就业指数变化情况来看，金融危机之后 PMI 从业人员统计有了趋势性的下降（见图 9）。

3. 要素生产率变化

具有较高技术进步空间的工业部门扩张速度放慢，会带动整体要素生产率增速的下降。根据世界大型企业联合会（Conference Board）的统计，2000 ~ 2007 年，中国的全要素生产率年均增速 4.86%；2009 ~ 2011 年，全要素生产

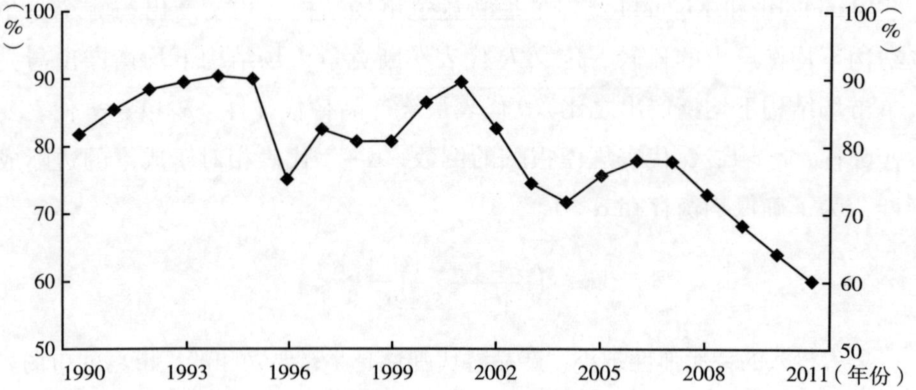

图8　产能利用率

资料来源：IMF. "People's Republic of China，2012 Article Ⅳ Report". http：//www.imf.org/external/pubs/ft/scr/2012/cr12195.pdf.

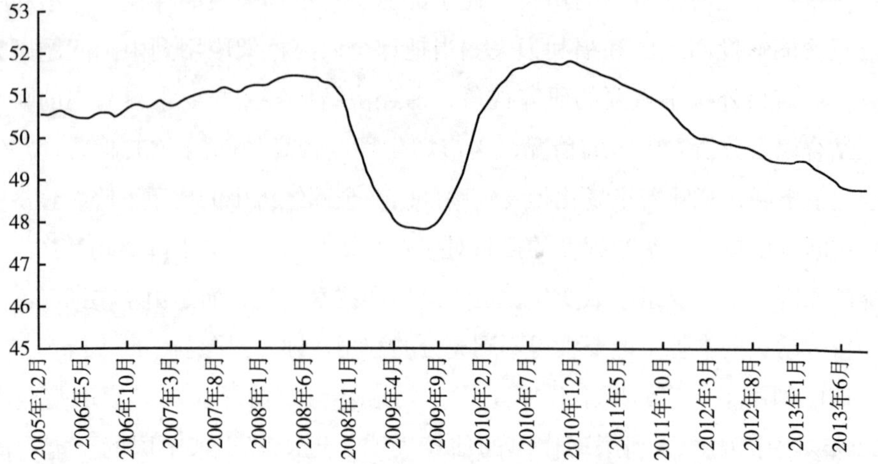

图9　PMI：从业人员（12个月移动平均）

资料来源：Wind。

率年均增速2.34%。具体见图10。

造成要素生产率下降的另外一个原因，可能是金融危机以后仓促出台的大量基础设施建设投资项目。这些投资项目虽然在提高要素参与率与稳定宏观经济运行方面有积极作用，但是投资收益得不到保障，不利于改善要素生产率。遗憾的是，迄今为止这方面还没有实证研究。

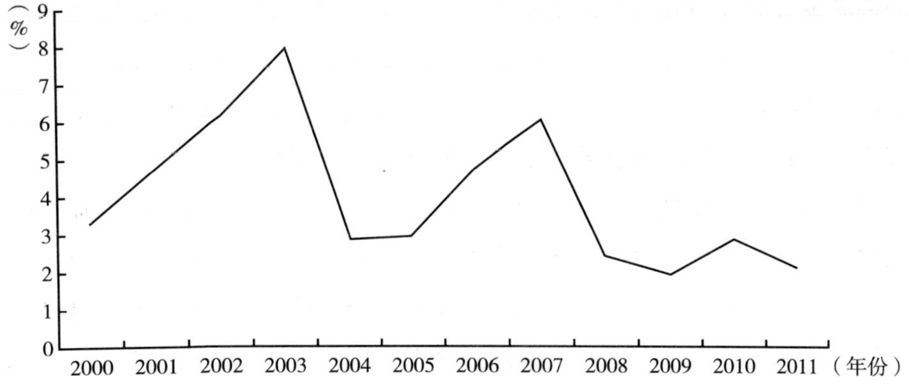

图 10　中国全要素生产率

资料来源：Conference Board。

四　中国经济决策面临的短期和长期选择

1. 短期对策

以上讨论表明，外需下降带来中国经济结构的被动调整，要素参与率下降与要素生产率下降，经济增速随之下降。这种情境下，政府的短期宏观经济决策将面临着两难选择。选择更多的经济刺激措施，有利于提高要素利用率。但是，政府主导的投资项目会带来更多的低效率投资，这些低效率投资必将伴随着金融杠杆率的持续提高和不良资产率上升，埋下金融危机隐患。采取经济刺激措施的情境下，短期内经济增速得到保障，但是金融杠杆率不断提高，金融风险不断放大。

不依靠经济刺激措施，有利于保障要素生产率。但是，在诸多服务业部门还普遍存在垄断力量的市场格局下，市场机制不足以产生有效的要素投入机会，要素利用率会下降。不采取经济刺激措施的情境下，短期内经济增速显著下降，劳动力市场压力和产能过剩压力严重，金融杠杆率会因为收入的下降而被动提高，但是提高的幅度低于前者。

两害相权取其轻。短期内，通过改善刺激政策手段，能够尽可能地在要素参与率与要素生产率之间取得平衡，在经济增长与金融风险之间取得平衡。适当的刺激政策应该同时满足以下三个标准：①有效地提高需求水平，特别是增加就业机会；②有显著的正面溢出效应；③尽可能地减少对其他部门投资的挤出效应。在面临经济增长下行、就业压力加大背景下，宏观当局应未雨绸缪，做好应对准备，避免不必要的经济增长和就业机会损失。

货币政策与财政政策之间，货币政策手段更多是依靠市场力量刺激经济，应该被置于更加优先的地位。在经济下行和就业不景气的背景下，使用货币刺激政策手段的主要担心不是通货膨胀，而是个别大城市的房地产价格上涨。但这个理由既不充分，也不合理。个别大城市房地产价格上涨有合理成分，也有不合理成分，其中主要的不合理成分来自城市以及土地管理政策扭曲造成的中心城区房地产供给刚性，以及收入分配恶化、公共财政资源分配扭曲和金融市场发展滞后造成的需求结构扭曲。因此，高房价不能归咎于过度的货币发行。如果因为个别大城市的房价束缚了货币政策的手脚，货币政策将长期丧失调控空间，由此引发的经济增速下降与就业机会减少损失更大。

财政政策以结构调整为主。在政府职能改革未能到位的前提下，依靠财政支出手段刺激经济的效果将大打折扣，而且可能会带来显著的挤出效应。如前文所述，减少对管制部门的财政补贴、合理调整税种和税收结构，有助于完善市场机制，同样能起到刺激经济增长的效果。当经济下行压力严重的时候，适当地降低税负水平带来的正面溢出效应较强，且不会带来挤出效应。

项目审批放在犯错概率更低的项目上。很多大型基础建设项目的收益难以评估，短期内推出大量基础设施建设项目就更是难以保障其收益。有些设计不当的项目，比如以大型城市广场、高铁广场为代表的形象工程，不仅谈不上收益，而且严重破坏了稀缺的城市土地资源配置，破坏了城市的长期生命力。与其如此，不如把精力放在犯错概率更低的项目上。重建设、轻维护，重地上、轻地下的现象在中国很普遍。对现有房屋的环保节能改造、对地下网管建设改造等能够显著带动就业增长，而且外溢效应强、挤出效应小。

2. 长期对策

长期来看，政府职能改革是化解上述两难困境的唯一出路，是必选项。政府职能改革的最终目的是完善市场机制，通过减少市场失灵来确保较高的要素参与率。不仅如此，更充分的市场竞争对提高要素生产率也大有裨益。适当的政府职能改革措施应该同时满足以下三个标准：①有效地降低由于管制带来的效率损失；②不会带来大面积的政治和经济秩序真空；③不会显著降低宏观当局对抗各种内外部冲击的政策空间。以上几个标准下，浮在面上、没有切实减少政府管制措施的改革不可取，特别是需要避免减少部分管制的同时增加了其他类型的管制；全面铺开、一蹴而就的改革不可取；资本项目改革需要格外谨慎，改革期间各种内外部冲击会更加频繁，适当保持对短期资本流动的控制能力是必不可少的防火墙。从过去中国改革开放的经验来看，集中精力、分步推进的局部市场化改革更容易取得成效。

医疗卫生行业改革是具备重大改革红利，而且在改革次序上应该被置于突出位置上的改革领域。第一，医疗卫生行业改革能够显著改善民生、广受欢迎。第二，医疗卫生行业蕴藏着巨大的就业机会。与国际标准相比，中国的人均医护人员和相关健康护理人员的比重远低于世界标准，其中蕴藏着数以百万计的新增就业机会。第三，医疗卫生行业有巨大的消费和投资增长潜力。中国过去 3 年医疗卫生支出占 GDP 的平均比重是 4.95%，与中国处于类似收入水平的（Upper middle income）国家是 6%，全世界平均水平是 10.25%，OECD 国家平均水平是 12.9%。这些差距意味着中国医疗卫生行业具有广阔的投资和消费增长空间。第四，成功的医疗卫生行业改革，不仅仅是提供优质廉价的医疗卫生服务，还有助于缓解城市局部地区的高房价、缓解交通拥堵，更充分地发挥城市集聚生活的优势，让城市生活更有吸引力。这些为土地政策改革、农村集约化生产经营以及城市化等都奠定了坚实基础。

参考文献

Blanchard, Olivier Jean, and Nobuhiro Kiyotaki. "Monopolistic competition and the effects of aggregate demand." *The American Economic Review* (1987): 647 – 666.

IMF. "People's Republic of China, 2012 Article IV Report". http://www.imf.org/external/pubs/ft/scr/2012/cr12195.pdf.

专 题 篇

Special Reports

Y.10

国际贸易形势回顾与展望

倪月菊　马 涛*

摘　要：

随着全球经济温和复苏，2013 年上半年全球货物贸易量呈增长之势，但增速仍存在小幅波动。1～6 月，全球货物贸易量同比均有不同程度的月度增长。在全球经济逐步向好的背景下，世界贸易在下半年的表现会好于上半年。世界双边及区域经济合作不断深化，将在一定程度上刺激区内贸易的发展。我们预测 2013 年全球货物贸易增长率在 2.5%～2.8%之间。鉴于世界经济形势将进一步好转，2014 年全球贸易会稳中有升，增速可能高于 4%。WTO 在多哈回合框架之外，继续为多边贸易体系的完善进行新的探索和努力；同时，FTA 依然受宠，TPP 和 TTIP

---

* 倪月菊，研究员，主要研究领域为国际贸易政策、服务贸易；马涛，副研究员，主要研究领域为国际贸易理论与政策、全球生产体系等。两人均为中国社会科学院世界经济与政治研究所国际贸易室研究人员、经济学博士。

谈判取得一定进展，但依然困难重重。一旦协议达成，可能重塑国际贸易规则。

关键词：

国际贸易　国际贸易规则　TPP　TTIP

一　2012 年国际贸易形势回顾

在经历了 2011 年的缓慢增长后，2012 年世界货物贸易增速继续下滑，贸易量（剔除物价和汇率变动因素后的实际贸易增长率）仅增长 2.1%，低于 2011 年 5.2% 的增速（见表 1），也低于 WTO 作出的 2.5% 的增长预期。发达经济体的经济增长缓慢，导致产出低迷、失业率上升、进口需求减少；发达国家进口需求的减少又抑制了发达国家和发展中国家的出口增长步伐；欧元区前景的不确定性以及欧洲经济的复苏乏力，在一定程度上抑制了全球贸易的增长。这些因素成为导致 2012 年国际贸易增长缓慢的主要原因。

表 1　2005 ~ 2012 年世界贸易增长状况

单位：万亿美元，%

	贸易额	年增长率				
	2012 年		2005 ~ 2012 年	2010 年	2011 年	2012 年
商品贸易	18.32	名义增长率	8	22	20	0.2
		实际增长率	3.8	14.1	5.2	2.1
		价格增长率	10	26	29	-3
		钢铁	10	48	14	-17
		农业初级产品	4	32	23	-13
		能源	11	26	36	1
		原油	79	104	105	60
服务贸易	4.34	名义增长率	8	10	11	2

资料来源：WTO（2013），*World Trade Report 2013*。

2012 年世界主要商品价格下降了 3%，其中，咖啡、棉花、铁矿石和煤炭的价格分别比上年下降了 22%、42%、23% 和 21%。大宗商品价格的下跌使世界货物贸易额（以美元计价的名义增长率）仅增长 0.2%，几乎与上年持平。受货物贸易及 FDI 减少等因素的影响，2012 年服务贸易增速也由上年的 11% 下降至 2%，服务贸易额为 4.3 万亿美元。

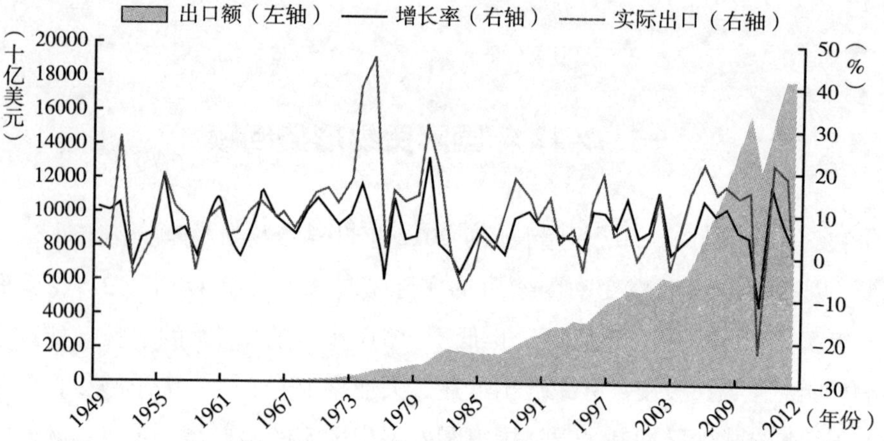

图 1　世界贸易（出口）发展趋势

资料来源：日本贸易振兴机构（2013），ジェトロ世界貿易投資報告 2013 年版。

2012 年的世界贸易呈现以下一些特点。

第一，美欧两大进口市场需求疲软，严重影响到其他国家的出口，抑制了全球贸易的增长。受欧债危机的影响以及对美国“财政悬崖”问题的担忧，美欧两大市场需求疲软，进口下滑显著，特别是欧盟的进口甚至出现了负增长。据 WTO 统计，2012 年，欧盟的实际进口减少 2%，名义进口减少 6%；美国的实际进口和名义进口虽然未出现倒退，但增长率也仅分别为 2.8% 和 3%（见表 2）。从近年一直引领国际贸易增长的亚洲地区的出口情况看，日本、新兴工业经济体和印度的名义出口均为负增长；中国也因对欧盟出口下降了 6.2%，使全年出口状况不佳，实际出口增长仅 6.2%，名义出口增长 8%。

第二，资源和工业制成品出口增长缓慢。从出口品目上看，在过去两年中连续出口增长超过 30% 的矿物性燃料出口增速大幅下挫，仅增长 3%。其中，煤炭出口下降 7.5%，原油和石油及其制品的出口仅分别增长 3.5% 和 3.4%。铁矿石受价格下跌的影响，出口额同比下降了 17.2%。从工业制成品上看，运输机械的出口同样表现不佳，精密机器和运输机器的出口仅分别增长4.2%和0.8%。

表2　世界主要国家和地区的进出口增长情况

单位：%

	实际进口增长	实际出口增长	名义进口增长	名义出口增长
欧盟(27国)	-2	0.3	-6	-5
美国	2.8	4.1	3	5
亚洲	3.7	2.8	4	2
中国	3.6	6.2	4	8
日本	3.7	-1	4	-3
NIEs(4)	1.5	1.6	0	-1
印度	7.2	-0.5	5	-3

资料来源：WTO（2013），*World Trade Report 2013*。

第三，新兴市场和发展中经济体（以下简称新兴经济体）① 的贸易不断扩大，使世界货物贸易结构发生了变化。2012年新兴经济体出口7.3万亿美元，占世界出口总额的比重达到40.6%；进口7.2万亿美元，比重达到38.8%。从图2可以看出，新兴经济体对发达国家出口所占的比重上升到25.6%；新兴经济体之间的出口占比提高到15%；发达国家对新兴经济体的出口也达到20.9%。从出口品目上看，除工作机械（92.6%）、医药品（91.4%）、乘用车（87.1%）等发达国家仍占出口大部分份额外，新兴经济体在其他品目的出口中所占比重不断上升，特别是冰箱、洗衣机、空调等白色家电的出口占世界出口的比重已经超过30%，纺织品超过60%。即使在发达国家仍占出口主导地位的工作机械等领域，新兴经济体所占的出口比重也呈逐步上升的趋势。

第四，旅游继续引领服务贸易发展。由于货物贸易增长缓慢以及世界直接投资的减少，2012年世界服务贸易增长乏力。据国际航空运输协会（IATA）的统计，受货物贸易增长缓慢影响，2012年运输业表现不佳，特别是国际航

① “新兴市场和发展中经济体”采用了IMF的统计标准，指包括新兴市场和发展中国家在内的154个国家。请参见 http://www.imf.org/external/pubs/ft/weo/2013/02/weodata/groups.htm。

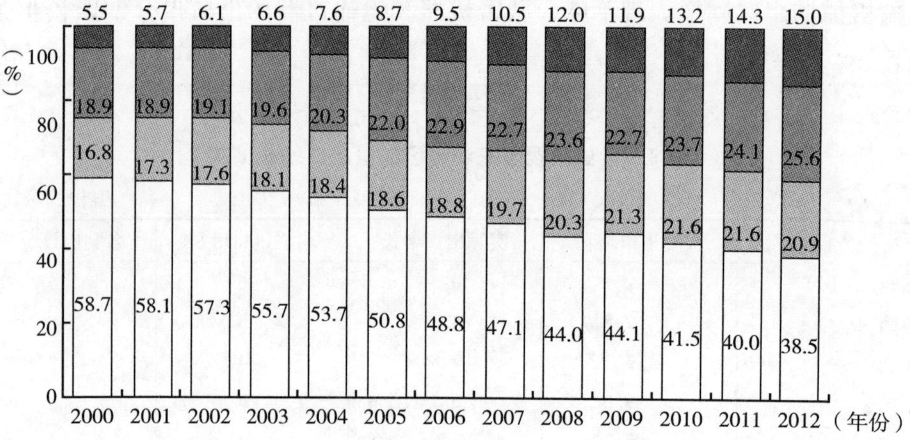

图 2　发达国家/新兴经济体国家间相互间出口占世界出口比重的变化

资料来源：日本贸易振兴机构（2013），ジェトロ世界貿易投資報告 2013 年版。

空货物运输出口同比下降 1.5%。受直接投资减少的影响，专利使用费出口下降 1.9%，金融服务下降 4.3%。旅游业虽然仅增长 3.6%，但依然是国际服务贸易增长的主要动力。

二　2013 年国际贸易的走势分析

1. 对 2013 年国际贸易形势的基本判断和分析

由发达国家引领的全球经济温和复苏，使世界贸易也因此出现平稳回升的势头。2013 年 4 月，世界贸易组织（WTO）发布的年度报告预测，2013 年全球货物贸易增长率将由 2012 年的 2.3% 微升至 3.3%，但依然低于过去 20 年间 5.4% 的全球贸易增速平均值。2013 年，发展中经济体的贸易增速将快于发达经济体，发达经济体和发展中经济体（包括独联体国家）的出口分别同比增长 1.4% 和 5.3%，进口分别同比增长 1.4% 和 5.9%。

WTO 在 2013 年 9 月 19 日发布的贸易统计报告称，全球贸易增速并未像 4 月预测的那么乐观，贸易改善的条件有所回落，并将 2013 年全球贸易增速预期由此前的 3.3% 降至 2.5%。其中，发达经济体和发展中经济体（包括独联体国家）出口分别增长 1.5% 和 3.6%，进口分别增长 -0.1% 和 5.8%。尽管预测的数据有所收窄，在全球经济缓慢回暖的背景下（7 月 IMF 预测全球经济增长 3%），2013 年国际贸易继续呈现温和复苏的趋势，但是贸易增长回升依然缺乏稳定的支持因素。

（1）基于几个指标走势的判断

第一，国际航运指标的变化显示国际贸易增速仍在低位徘徊。国际航运市场是体现国际贸易景气的一个最直接的指标。国际航运市场情况可以通过波罗的海干散货综合运价指数（BDI）和国际集装箱船租船指数（HRCI）进行分析。从 BDI 可以看出（见图 3），在 2013 年上半年，该指数延续了 2012 年低位运行的状况。BDI 作为先行指数能反映国际贸易走势的变化，在近一年半中，该指数一直在低位徘徊，可以预见 2013 年下半年国际贸易增速缺乏大幅提高的动力。另外一个指标是 HRCI，自 2012 年 12 月该指数落入谷底的 457.2 点，2013 年上半年不断回升，最高点为 5 月初的 505.2 点，但其间也有小幅波动。此外，全球市场份额最大的集装箱航运公司马士基航运公司（Maersk Line）表示，全球贸易周期已经触底，并预测在未来两年内，全球贸易将走出欧元区危机导致的低谷。9 月，马士基航运公司认为贸易低迷时期已经触底，预测 2014 年和 2015 年全球集装箱需求增幅为 4% ~6%，高于 2013 年 2% ~3% 的预测值。通过上述指数可以看出，全球贸易呈现温和复苏的趋势。

第二，全球市场需求状况尚未明显改善，生产的小幅扩张表明经济仍在复苏之中。2013 年上半年，全球经济复苏依然蹒跚前行。尽管发达国家经济普遍出现回暖迹象，但是欧债危机的影响犹存和新兴市场国家经济增速放缓都使全球经济复苏乏力。体现生产扩张情况的采购经理人指数（PMI）显示，2013 年 1 月至 7 月摩根大通全球综合 PMI 小幅震荡，低处在 51.2%，高点在 7 月的 54.1%，平均在 52% ~53% 之间，总体水平表明全球经济还在复苏之中。制造业 PMI 平均水平在 50% ~51% 之间，表现为略微扩张，而上半年服务业 PMI 平均在 53% 以上，7 月份高达 54.9%。由此可以判断，服务业拉动了全球经济增长。

（2）贸易保护悄然回归将影响国际贸易增长

只要世界经济增势不明朗，贸易保护主义就随时有抬头的可能。事实上，新一轮贸易保护已经悄然回归，尤其是在 2012 年第四季度和 2013 年第一季

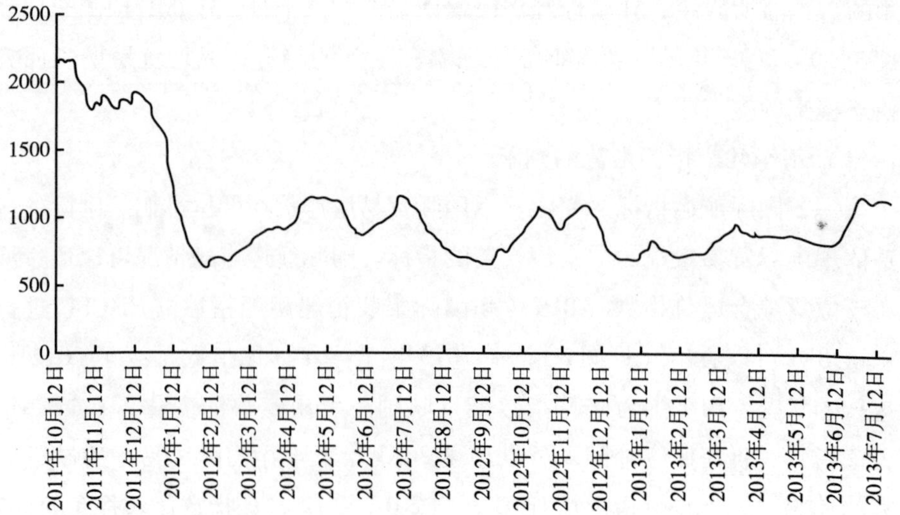

图3　干散货运输市场波罗的海综合运价指数 BDI

数据来源：根据凤凰网财经的价格指数绘制，http：//app. finance. ifeng. com/data/indu/jgzs. php?

度，全球实施的贸易保护措施分别是127项和125项，而在2012年第三季度还只有94项。① 美国退出货币量化宽松政策及其带来的后果会进一步助长新一轮贸易保护主义；发达经济体与新兴经济体之间贸易失衡的扩大也会加剧保护主义的泛滥。英国经济政策研究中心（CEPR）发布的《全球贸易预警》报告指出，从2008年11月至2013年5月，全球共实施贸易保护措施3334项，仅2012年7月至2013年5月就实施了904项。新一轮贸易保护的回归，势必对正在复苏的全球贸易造成一定程度的破坏。WTO估计，2008年10月到目前G20国家采取的贸易保护措施，可能对世界贸易产生了3%的抑制作用（日本贸易振兴会2012年报告）。

（3）对主要经济体的经济增长分析

第一，各种先行指数显示美国国内市场需求在增长、经济复苏企稳，日本经济加速扩张迹象明显。8月份美国制造业采购经理人指数连续3个月上升，达

① 数据源自：*The 13th Global Trade Alert Report*, Edited by Simon J. Evenett, CEPR, 2013.

到了55.7%，新订单分项指数也跳升至63.2%，显示制造业需求回暖。世界银行预测，2013年美国经济将增长2%，2014年增长2.8%。日本经济也正在“温和复苏”，在推出全方位货币宽松措施后，7月份日本CPI较上年同期增长0.7%，为四年多来最高升幅。同时，7月份的同步景气指标也显示经济有好转迹象，较上月上升了0.9点，达到106.4点，为2012年4月以来最高水平。此外，第二季度商业投资也摆脱了不利局面，意味着经济开始全面复苏。

第二，欧元区经济衰退幅度明显收窄，复苏进程可持续。在德国和法国经济形势的推动下，欧元区经济结束长达6个季度的衰退，2013年第二季度实现了0.3%的环比增长。虽然市场对欧元区经济复苏仍持怀疑态度，但终于结束了欧元区自1999年诞生以来持续时间最长的经济收缩。欧元区经济短期内不可能出现大幅度的反弹，甚至还有可能面临衰退，但是欧债危机最艰难的时期已经过去，并且复苏拥有了广泛的基础。2013年第二季度，欧元区、欧盟27国消费支出自2011年第三季度以来首次实现增长，出口环比增长分别为1.6%和1.7%。德国第二季度经济增长率为0.7%，主要受制造业产出以及消费者支出旺盛的推动；法国经济增速超出市场预期，达到0.5%，结束了连续两个季度经济萎缩的局面；葡萄牙经济环比增长1.1%，跻身欧元区增长最快的国家；西班牙经济环比仅萎缩了0.1%，并且在2013年第三季度有望结束负增长。

第三，新兴经济体和发展中国家经济增速放缓，给世界经济温和复苏带来一丝冷意。发达经济体结束极度宽松的货币政策，可能会导致新兴经济体的汇率急剧下滑。G20指出，几个新兴经济体经济增速放缓，在一定程度上是受近期资本外流和与之相关的金融市场震荡加剧所拖累的。印度、印度尼西亚、土耳其和巴西等国可能会由于发达国家的缩减量化宽松政策，导致资本外流而面临经济震荡。当然，中国在2013年上半年的经济增速放缓与结构优化相关，适当的调整有利于经济可持续增长。随着发达经济体的经济复苏，中国出口形势将好转，工业产出也将回升，中国经济将进入新的发展阶段。

世界主要经济体经济增长发生了一定的结构性变化，将对全球贸易增速产生影响。发达经济体经济呈现的向好趋势，可能会继续扩大对贸易伙伴的进口需求。新兴经济体的增长面临一定不确定性，无论是外部冲击还是内部结构调整，我们认为，这些不确定性都还是可控的。由此不难看出，世界贸易在2013年会迎来一个温和复苏的局面。

2. 2013年上半年国际贸易的基本状况

第一，由于世界经济开始缓慢复苏，国际贸易在2013年上半年呈现小幅回升之势，但增速还存在小幅波动。2013年1～6月份，全球货物贸易量的月度同比均有不同程度的增长，但增幅不大且波动明显（见图4）。例如，5、6月份同比仅分别增长0.18%和0.61%。贸易量的月度环比变化也较大，除4月份环比增长1.47%外，其他月份环比皆为负增长，并且与月度同比变化呈现较强的趋同性。根据上半年的增长情况，我们认为，在世界经济蹒跚复苏之际，国际贸易要实现以往的增速还有待时日。

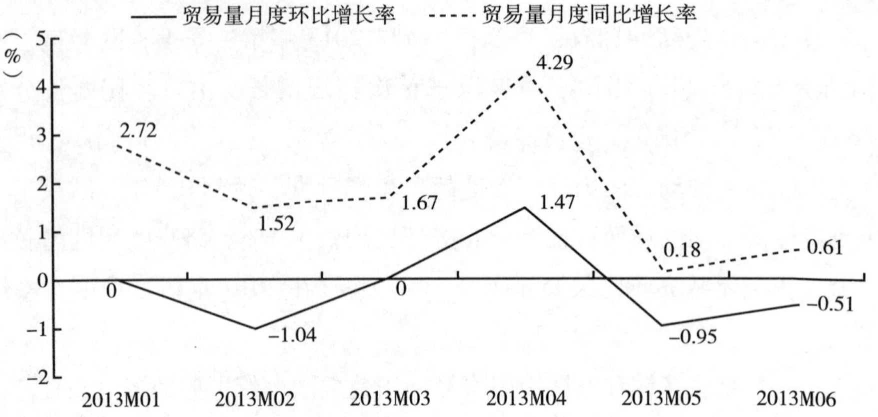

图4　2013年1～6月全球货物贸易增长的月度变化

资料来源：根据荷兰经济政策研究局（NBE）《2013年世界货物贸易监测数据》计算。

第二，2013年上半年全球贸易量呈现增长之势，主要发达经济体与新兴经济体进出口量大体相当（见表3）。从分月度进口数据看，新兴经济体进口量出现一些波动，亚洲尤为明显。欧元区进口量则比较平稳，仍然是进口量最大的经济体。从分月度出口数据看，发达经济体出口量稳步增长，尤其是美国和欧元区的出口稳步回升。亚洲的出口量最大，但是出现了小幅下降和显著的波动。总体来看，上半年全球贸易持续了以往的基本格局，在未发生意外事件的情况下，仍能保持稳健发展态势。

表3　2013年1~6月世界和分地区贸易量

单位：亿美元

	1月	2月	3月	4月	5月	6月	合计
世界贸易量	27309.9	27024.0	27020.9	27421.8	27161.3	27022.2	162960.2
进口	13832.9	13611.0	13527.2	13795.2	13651.6	13569.4	81987.3
发达经济体	7000.1	6892.5	6789.2	6878.9	6912.9	6940.5	41414.1
美国	1789.9	1784.6	1706.2	1764.1	1809.7	1760.6	10615.0
日本	546.3	553.3	554.1	541.5	547.4	564.3	3306.9
欧元区	3191.3	3123.0	3136.6	3132.4	3127.1	3187.2	18897.5
新兴经济体	6832.5	6718.2	6737.7	6915.9	6738.4	6628.6	40571.2
亚洲	3670.1	3591.2	3673.0	3720.4	3617.5	3486.5	21758.7
中东欧	1170.5	1144.3	1104.2	1167.6	1111.8	1138.9	6837.3
拉美	772.9	769.9	782.6	789.4	793.5	781.4	4689.7
非洲和中东	1219.0	1212.8	1177.9	1238.4	1215.5	1221.9	7285.5
出口	13477.0	13413.0	13493.7	13626.6	13509.7	13452.8	80973.0
发达经济体	6740.1	6701.4	6818.9	6851.8	6817.1	6929.2	40858.5
美国	1238.1	1239.2	1224.6	1248.5	1245.5	1287.6	7483.4
日本	660.3	644.6	662.6	675.7	674.1	687.7	4004.9
欧元区	3517.3	3505.1	3564.0	3531.4	3484.8	3567.0	21169.5
新兴经济体	6736.6	6711.4	6674.6	6774.6	6692.4	6523.4	40113.2
亚洲	4202.9	4182.1	4109.5	4165.7	4150.3	3971.6	24782.1
中东欧	1059.4	1052.3	1068.5	1071.1	1029.8	1039.4	6320.6
拉美	660.2	665.6	705.9	706.9	696.5	706.2	4141.3
非洲和中东	814.0	811.3	790.7	830.7	815.6	806.1	4868.4

资料来源：根据荷兰经济政策研究局（NBE）《2013年世界货物贸易监测数据》计算。

第三，在2013年上半年，世界主要发达经济体的贸易状况有所好转，但依旧不容乐观。在美国前6个月货物贸易出口中，除3月份同比负增长1.97%外，其他月份均为低于3%的正增长，而货物贸易进口中，除2月份同比增长2.13%外，其他月份均为负增长，说明美国上半年的贸易增长依然缓慢。日本前7个月出口贸易同比增速多为正增长，增幅在1.09%~12.2%之间，进口贸易同比增速在5.61%~19.65%之间波动，可见日本贸易较上年呈现较好的发展趋势。欧盟27国的经济贸易形势还在继续调整之中。前6个月欧盟27国商品贸易进口基本都是负增长，尤其是3月份为-11.6%，商品贸易出口除6月外均为正增长，4月份为14.7%，说明欧盟内需还不旺盛，但生产有所恢复。

第四，新兴经济体进出口增速回落，波动幅度较大。本文以金砖国家为例，印度前7个月进出口贸易同比增速波动较大，且有正有负，最高增速为11%，最低增速为-6%。南非前7个月进出口贸易正增长明显，但也是波动较大，出口同比增速在3%~27%之间震动，进口同比增速在7%~32%之间起伏不定。俄罗斯上半年各月货物贸易出口同比增速皆为负增长，货物贸易进口略好于出口，除5月份外均为正增长。巴西上半年各月份出口同比增速有正有负，而进口增速则均为正增长。同样，中国上半年进出口月度同比增速波动也较大（季节调整后），呈现从两位数到个位数的增速变化，中国商务部表示，下半年中国对外贸易将实现反弹，进出口总额有望实现8%的全年增长目标。

3. 对2013年下半年国际贸易形势的估计

IMF在2013年7月发布的《世界经济展望》指出，2013年全球经济增长率预计为3%，2014年为3.75%。2013年第一季度全球实际增长率为2.75%，第二季度会略有提升。如果按照这种向好趋势发展，2013年全球经济增长率达到3%是可以实现的。在全球经济增长的这个背景下，国际贸易增长也会呈向好的发展趋势，而下半年的经济形势决定了全年贸易的增长水平。

在全球经济逐步复苏的背景下，世界贸易在第三、四季度还会有一定的提升。这种判断可以依据历史经验得到验证，其一是全球经济在第三、四季度继续扩大增长率，其二是下半年集中了大量的节假日，这些都是进一步推动全球贸易增长的动力，但是动力源的大小，还要取决于外需的释放能量。此外，近一段时间以来，世界双边及区域经济合作不断深化，这在一定程度上会刺激区内贸易的发展，也会成为国际贸易扩张的一个良好基础。所以，我们认为2013年下半年的全球贸易将会好于上半年，并实现平稳增长。

图5提供了对2013年下半年世界货物贸易量走势的预测和判断，从我们的预测值可以看出（图5中预测值的虚线部分），7~12月贸易量能维持较为平稳的发展，不会出现较大的波动，但是各月环比增幅不明显。从预测数据看，7~12月贸易量约为81167亿美元，比2012年下半年的80584亿美元，仅

增长不到1.0%，说明下半年增长势头有所放缓。如果考虑到上述的季节效应，下半年的情况可能会比预测值好一些。① 综合上半年国际贸易的实际情况和下半年的发展趋势，我们预测2013年全球货物贸易增长率将会在2.5%～2.8%之间。

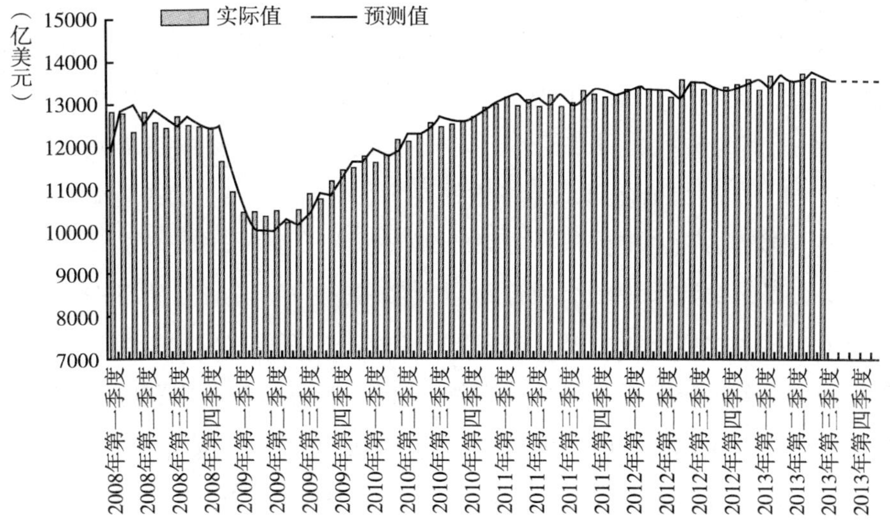

图5　全球货物贸易实际值与趋势预测

说明：笔者根据NBE数据预测。

三　国际贸易规则的新动向

1. WTO框架下多边贸易规则的新进展

2013年WTO组织又有了新动向。一是老挝和塔吉克斯坦被获准入世，WTO的成员国达到159个。此外，塞尔维亚、波斯尼亚和黑塞哥维那、哈萨克斯坦和阿富汗等国均希望在2013年12月召开的第九次部长级会议上获得批准加入WTO。如果能如愿的话，WTO的成员国数将增加到163个。二是阿泽维多接替拉米，正式出任该组织第六任总干事，任期4年。阿泽维多自2008

① 这里笔者运用了双指数平滑法的预测，其中包含了趋势变动。

年起担任巴西常驻世贸组织代表，直接参与推动全球自由贸易的多哈回合谈判，在推动多哈回合谈判、维护发展目标等方面发挥过建设性作用。因此，各成员国对新任总干事推动多边规则谈判的前景也充满期待。

2013 年，WTO 继续努力推进多边贸易规则的谈判，并取得了一定进展。

（1）修订信息技术协定（ITA）

美国、日本、韩国在 2012 年 5 月 ITA 委员会上提交了协商扩大协议品目的建议，此后修改 ITA 协议的协商正式开始。同年 7 月，谈判国提出了包含 357 个品目的扩大协议品目录清单（2012 年这 357 个品目的世界贸易额达到 2.6 万亿美元）。目前有包括欧盟在内的共 51 个国家参加了 ITA 修订谈判，这些国家的 ITA 贸易额占世界贸易总额的 90% 以上。进入 2013 年，谈判国每月召开一次会议，对清单中的品目修订以及需要进一步增加的品目进行反复磋商，力争在第九次部长级会议上提交 200 个左右的新增品目。谈判国普遍认为敏感品和家电等很难定义为高新技术的 IT 产品等应从清单中删除，而应该将新型半导体、数字机器、医疗机器、半导体制造装置等加到清单中来。ITA 修订不仅可以把技术进步反映到协议中来，而且有利于 WTO 争端的解决。因此，我们非常期待此项修订能在第九次部长级会议上取得一定的成果。

（2）新服务贸易协定（TISA）

WTO 框架下的新服务贸易谈判一直没有取得进展，其原因有：一是服务贸易谈判放在多哈谈判“篮子”中，受农业谈判等的影响较大；二是发达国家和发展中国家在服务贸易上的立场严重分歧，很难调和。为加快服务贸易自由化进程，2012 年一些服务贸易发达的国家和地区提出了新服务贸易协定（TISA）的构想。截至 2012 年 7 月，有 20 个国家和地区表明了参加此协定谈判的意愿。进入 2013 年，被称做“真正好朋友”（RGF）的 49 个国家和地区参加了谈判，其服务贸易额占到世界服务贸易总额的 70% 以上。谈判的最终目标是实现高水平的自由化和吸纳广泛的参与者。目前初步制定了 TISA 草案，即在市场准入上使用“肯定列表”（各国只对清单中记载的品目承担自由化义务）、国民待遇上使用“负面清单”（各国明确记载需要保留的国内规则，对此之外的则要承担自由化义务）以及在自由化模式上采用“混合方法”。6 月，RGF 国家共同发表声明，表示已经全面展开 TISA 谈判，但仍未公开具体内容。此外，协定内容未来是否适用于全体 WTO 成员国？“混合”自由化模式究竟应该怎样做？这些问题仍然在讨论之中。

2. FTA 的新进展：TPP 和 TTIP

（1）TPP 谈判年内达成无望

2013 年，日本正式加入 TPP 谈判，至此，参加 TPP 谈判的国家达到 12 个，国内生产总值（GDP）之和接近全球 GDP 的 1/4，贸易总额占全球贸易额的 1/3。可以说，由美国主导的 TPP 谈判吸纳日本加入其中，的确起到了提升自身规格和扩大区域影响的作用。截止到 2013 年 8 月底，TPP 已经结束了 19 轮谈判。从前 17 轮谈判看，与会各方在关税减免、市场准入、知识产权保护以及争端解决机制等问题上存在明显分歧。在第 18 轮谈判中，各方谈判小组继续就相关议题展开磋商，谈判实际已进入代表们需要解决更困难、更敏感的议题阶段。由于日本首次加入 TPP 谈判，因此日美交涉成为此轮谈判的焦点。美国把火力主要集中在汽车领域，以帮助底特律汽车巨头在日本市场打个翻身仗。反过来，日方则想借着 TPP 削除美国针对日本轿车和卡车的关税壁垒，继续扩大日本汽车在美国的市场占有率。此外，日本既希望向其他国家出口更多工业产品，又要求把大米、大麦、牛猪肉、乳制品和甘蔗等 5 类重要农产品排除在取消关税名单外。因此，谈判未取得实质性的进展。此外，美国与 TPP 谈判其他参与国的诸多分歧也难调和。澳大利亚、马来西亚和越南对美国试图引入的允许企业状告政府的“投资者与国家争端解决（ISDS）条款”表示反对。马来西亚则担心美国对马来西亚政府施压要求其放松对国企的控制。马来西亚和新加坡公开对美国提出的“今年年底以前结束 TPP 谈判”表示反对。

因此，尽管参与谈判各方在此之前多次表示，希望最终在年内完成全部谈判。但从目前情况看来看，履行这一时间表的可能性大为降低。美日之间的种种分歧需要时间进行解决，日本和农产品大国之间也要协调立场，再加上美国还要化解与越南等国在纺织品等领域的矛盾，年内建成世界最大自贸区的设想有可能变成“画饼”。

（2）TTIP 旨在重塑世界贸易新秩序

2013 年 2 月 13 日欧美共同发表开始 TTIP 谈判的联合声明，并力争于

2014 年结束谈判。

促进经济增长，创造就业是大家公认的推动美欧加速 TTIP 谈判的重要经济因素。2008 年源于美国的全球性经济危机，使美国和欧盟两大经济体的经济增长和就业受到严重影响；欧洲国家主权债务危机更是雪上加霜。两国使出全身解数，采取了一系列刺激经济增长的政策和措施，但收效甚微。于是，将希望寄托于 TTIP。此外，主导全球贸易“话语权”，也是构建 TTIP 的一个重要因素。众所周知，在 21 世纪前十年，以中国为首的发展中国家的崛起，特别是新兴市场国家经济力量的快速提升，打破了原有的全球经贸和财富聚集的格局。随着经济实力的提升，发展中国家在国际舞台上的影响力和话语权不断增加，使得欧美通过主导全球多边规则获得更多经贸利益的企图化为泡影，这也成为 WTO 多哈回合谈判久拖不决直至搁浅的最重要原因之一。同时，发展中国家在全球 FTA 热潮中表现积极且成果频出。长此以往，美欧等国在国际贸易规则制定中的领导地位可能逐步被削弱。因此，对欧美两大经济体来说，开展新一轮没有新兴市场国家参加的全球规则谈判，重塑全球贸易规则就显得十分必要。

TTIP 有着诸多可行性因素。首先，欧美的关税壁垒处于较低的水平。目前，美国和欧盟的平均关税水平分别为 3.5% 和 5.2%，这就为谈判，特别是货物贸易的市场准入谈判奠定了良好的基础。其次，长期以来欧美双边经济关系的深度和广度超越了任何其他区域间的经济关系，相互间紧密的依存程度会使双赢效果比较显著。此外，欧美相似的历史文化传统、社会制度和价值观念以及相同的经济发展水平，都将使谈判不会像存在着巨大政治、经济和文化差异地区间的谈判那么艰难。

然而，TTIP 之路并不平坦。这是因为 TTIP 从一开始就宣布是一个宏伟、全面和高标准的贸易和投资协定，要达成八大目标和 20 项议题。这种“高标准”为谈判增加了很多不确定性。从削减关税看，农业关税的削减仍将是一块最难啃的“硬骨头”；从统一监管标准看，美国和欧洲标准在食品安全、农业补贴、知识产权、气候变化等很多方面存在明显差异，双方很难在短时间内达成一致。从欧盟内部的协调看，欧盟内部成员国之间意见达成一致也是一个相当困难的事情。如果法国的“文化例外”请求不被欧盟委员会批准的话，TTIP 可能至今仍处在只扬帆而无法起航的阶段。有鉴于此，笔者认为 TTIP 谈判的前景不容乐观，更无法期待在 2014 年底前完成。

四 2014 年国际贸易形势预测及政策建议

2013 年全球货物贸易将会在金融危机后有一个稳步的复苏，但还远不能恢复到危机前的增速，国际贸易回升还缺乏有力的支撑。IMF 预测 2013 年全球经济增长率为 3%，经济增速已经明显高于根据市场汇率计算的 2012 年 2.1% 的增长率，也高于 2011 年 2.4% 的水平，但还是略低于金融危机前 20 年 3.2% 的平均增长率。2013 年以来，发达经济体的经济复苏较为明显，而新兴经济体的增速正在放缓。发达经济体的产出预期将加速增长，也就意味着外需将不断扩大，国际贸易在此背景下也会得到进一步改善。

2013 年 9 月 WTO 发布的贸易预测数据显示其对 2014 年的世界贸易表现出更大的信心。中期之内，如果全球宏观经济形势维持乐观态势，2014 年世界贸易的不确定性将减少，预计全球贸易增长将达 4.5%（低于 4 月份预测的 5%），但仍低于过去 20 年（1992 ~ 2012 年）5.4% 的平均增速。其中，发达经济体与发展中经济体（包括独联体国家）的出口分别增长 2.8% 和 6.3%，进口分别增长 3.2% 和 6.2%。基于全球经济复苏前景较为明朗，我们判断 2014 年全球贸易增长率不会低于 4%。

2013 年上半年，发达经济体贸易增速稳中有升，而发展中经济体则波动较大、增长不明显。由于欧盟国家进口需求复苏比预期的增速慢，导致发达国家与发展中国家，特别是亚洲发展中国家，在上半年出口增长放缓。这也是 WTO 预测下调的主要原因。要重新提升新兴经济体在全球贸易复苏中的引擎作用，不仅要刺激发达经济体的进口需求，还要进行贸易结构的调整，向服务贸易转型。服务贸易是将来全球贸易发展的重要领域，世界银行数据显示 2010 年服务增加值占全球 GDP 的比重为 70%，WTO 估计国际贸易中跨境服务交易占到总贸易额的 1/5。此外，欧洲经济正企稳回升，必定会带动其主要贸易伙伴国的出口，新兴经济体要把握住机会，稳步扩大对欧洲的出口贸易。

同时，新兴经济体之间还要维持不断扩大的贸易格局，这也是保证当前全球贸易持续增长的一个新亮点。

参考文献

CEPR（2013），*The 13th Global Trade Alert Report*, Edited by Simon J. Evenett.

WTO（2013），*World Trade Report 2013*.

日本贸易振兴机构（2012，2013），ジェトロ世界貿易投資報告，2012 年和 2013 年版。

凤凰网财经，http://app. finance. ifeng. com/data/indu/jgzs. php?

荷兰经济政策研究局（NBE）:《2013 年世界货物贸易监测数据》。

Y.11

国际金融形势回顾与展望

高海红　陈思翀*

摘　要：

2013 年国际金融市场持续动荡。发达国家传统和非传统货币政策叠加效应继续发酵，美联储针对量宽政策退出表态模糊，发达经济体增长仍低于潜在增长水平，新兴经济体经济增长出现了减速的迹象。在这些因素影响下，国际投资风险偏好有所增加；主要国家中长期国债收益率在低迷通道中振荡上行；全球股票市场走势分化，发达市场股市普遍走高，而发展中新兴经济体股市却大幅度下挫；美元持续走强，日元在年内大幅贬值后震荡，部分新兴市场国家货币贬值。2014 年发达国家政策调整和各国实体经济复苏是否具有可持续，是决定国际金融市场走势的主要影响因素。

关键词：

国际金融风险　债券市场　股票市场　外汇市场　美元币值

2013 年国际金融市场仍处于流动性宽裕的环境之下。发达国家普遍的宽松货币政策主导了国债市场、全球股市和汇市的走势。超低利率环境和持续的量宽政策，提高了国际投资者的风险偏好。这与我们在上年世界经济黄皮书中提出的预测基本相符（高海红、刘东民，2012）。美联储针对量宽政策退出的模糊表态对债市和股市造成了短期冲击。而经济基本面的变化，特别是新兴经

---

* 高海红，中国社会科学院世界经济与政治研究所研究员，主要研究领域为国际金融；陈思翀，中国社会科学院世界经济与政治研究所国际金融研究中心副教授，主要研究领域为国际金融。

济体增长减速，造成股市和汇市的分化走势。2014 年发达国家政策调整将通过资本流动、货币币值变动溢出到新兴经济体。而实体经济复苏是否可持续仍存在不确定性。国际金融风险将有增无减。

一 国际金融市场风险

2013 年国际金融市场深受发达国家普遍宽松货币政策的影响。在传统货币政策方面，主要国家继续实施超低息货币政策。与此同时，非传统的量化宽松政策仍大行其道。在实体经济层面，美国经济复苏仍不稳定，新兴经济体的经济增长出现了普遍减速的迹象。这些因素成为 2013 年国际金融市场的主要风险来源。

1. 发达国家传统和非传统货币政策叠加效应持续发酵

年内美联储将联邦基金利率维持在 2009 年以来的 0.25%；欧央行年内再度降息，将再融资利率降至 0.5%；英格兰银行从 2009 年一直将基准利率维持在 0.3% 的水平；日本中央银行也将再贴现率保持在 0.5% 低位（见图 1）。与此同时，发达国家货币当局继续推行包括量化宽松、直接和间接信贷宽松在内的非传统货币政策。国际货币基金组织将这些政策组合统称为 MP - Plus，意指这些政策的目标和工具超出了传统货币政策的范畴。[①] 美联储、欧洲中央银行、英格兰银行和日本中央银行成为这一政策的策源地。而由于传导和溢出，国际金融市场成为这一政策的发酵厂。

从效果看，上述政策的实施在短期内稳定了国际金融市场，并降低了银行体系的脆弱性。比如，美国、欧元区和日本的主要国债市场收益率普遍降低；美国、日本和德国等主要股市出现了不同程度的上涨。

然而，上述政策也从如下几个方面为国际金融市场带来风险。

首先，超大力度的非常规货币政策，需要中央银行直接为银行提供长期流

① 根据 IMF（2013a）解释，MP - Plus 中，超低利率政策保证长期宽松融资环境以刺激经济活动；量化宽松指货币当局直接购买政府债券，以降低收益率和缩小利差；直接信贷宽松指货币当局直接干预信贷市场，通过购买公司债或者抵押支持证券来降低利率和放宽市场融资条件；间接信贷宽松指货币当局向银行直接提供长期流动性，以便促进银行借贷。

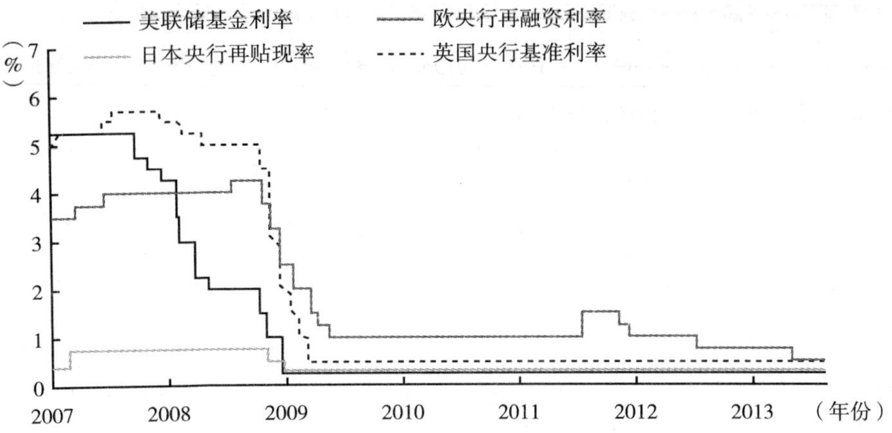

图 1　发达国家主要中央银行的政策利率

资料来源：Wind 数据库。

动性支持，其风险是造成银行对流动性支持的依赖性，进而延缓了自身资产负债表的修复。美国银行业资产负债表的修复还相对快一些，而欧洲和其他地区的银行业恢复可能还需要更长的时间。在这一点上，非常规政策治标不治本，并将问题推移甚至累积。

其次，超低利率对资产泡沫的形成埋下了隐患。低利率政策刺激非银行金融机构的投资，如养老金、保险公司和货币市场基金等非银行金融机构为寻求高收益进行投资，重新提高杠杆率，增加信用风险，造成新的资产泡沫。如图 2 显示，从 2008 年金融危机爆发以来，代表市场波动性的 VIX 与有杠杆的国际银团信贷呈现反向关系。① 在危机期间，VIX 大幅度上升，市场波动性提高，投资者风险偏好下降。从图 2 中可见，2008 年 9 月雷曼倒闭导致的全球金融危机爆发初期，有杠杆与无抵押贷款从绝对值看都有所下降，这反映流动性依然紧张。此后，除了欧债危机期间外，从持续量宽政策的累积效果看，VIX 低迷，风险偏好流动性增加，相对于有杠杆贷款，无杠杆贷款趋势性增加。这时，资金流向低风险、低收益的资产，在信贷市场的表现是无杠杆银行

① VIX 指芝加哥期权交易所市场波动指数（Chicago Board Options Exchange Market Volatility），反映未来 30 天市场的波动性，以年化百分比表示，波动率增高代表隐含市场风险偏好降低，反之则相反。

信贷增加，有杠杆银行信贷减少。从图 2 中可见，危机之后持续宽松的货币环境造成 VIX 的大幅度降低，显示投资者风险偏好增加。这在 2013 年表现得更加明显。在较低的市场波动性预期下，相对无杠杆信贷，有杠杆信贷大幅度增加。

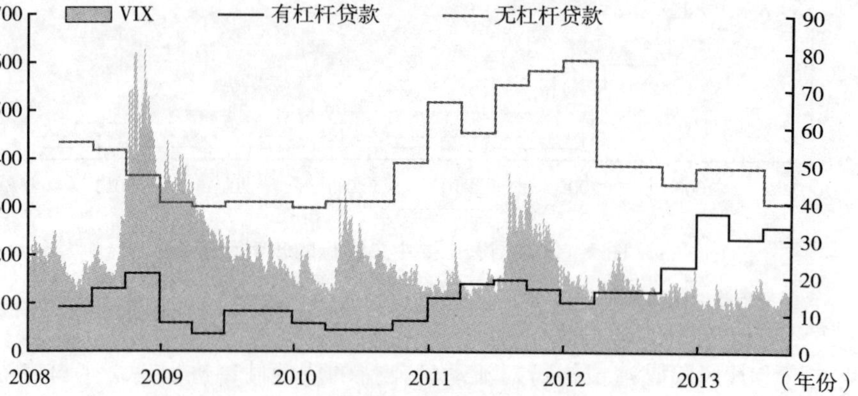

图 2　投资者风险偏好变化与资金流向

资料来源：BIS Quarterly Review，June，2013 年数据库，以及 Wind 数据库和笔者的计算。

再次，发达国家中央银行持续推行量宽政策造成其资产负债表的持续膨胀。图 3 显示美联储、英格兰银行、日本银行和欧洲中央银行 2008～2013 年间实施的与 MP－Plus 有关的主要政策和央行资产规模。在各种政策工具中，包括政府债券、公司债、商业票据、地产投资信托（ETFs 和 REITs）、抵押贷款支持证券等形式在内的资产购买是各国央行采用的主要形式。美联储、英格兰银行和日本银行更侧重政府债券的购买；欧央行主要提供长短期流动性。这些非传统货币政策的副产品是央行资产快速膨胀。对比来看，英格兰银行资产占 GDP 比重从 2008 年的 16.5% 上升到 26.7%；日本银行的相应比重从 24.6% 上升到 31.4%；欧央行也从 22.1% 增加至 32.1%。美联储的这一比重从 15.7% 温和上升到 18.1%。由于央行采取量宽政策方式有别，其资产膨胀会通过不同的渠道带来不同的风险。比如，根据 IMF（2013a）的分析，美联储对国债和抵押贷款支持债券的大量购买，并延长国债的持有期限，这改变了反映利率变动敏感度的久期（duration），从而影响美联储资产组合的市值。危机前美国债的久期平均为2.25%，在2013年提高到8%。这表明利率每增加1个百分点，证券组合市值下降8个百分点，市值下降将使美联储总资产遭受4%的损失。根据IMF的估计，日本央行总资产的相应损失为1.75%，英格兰银行为6.5%。欧央行对欧元区外围国家银行业的借贷敞口增加导致其信贷风险上升。尽管欧央行通过严格的抵押品要求在一定程度上降低了这一风险，但是外围国家主权债券违约可能性仍对欧央行资产形成信贷风险。

美联储

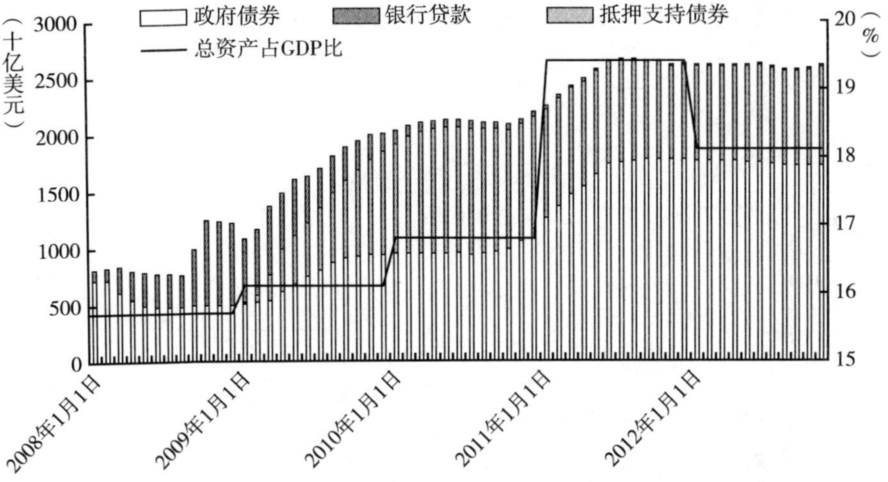

英格兰银行

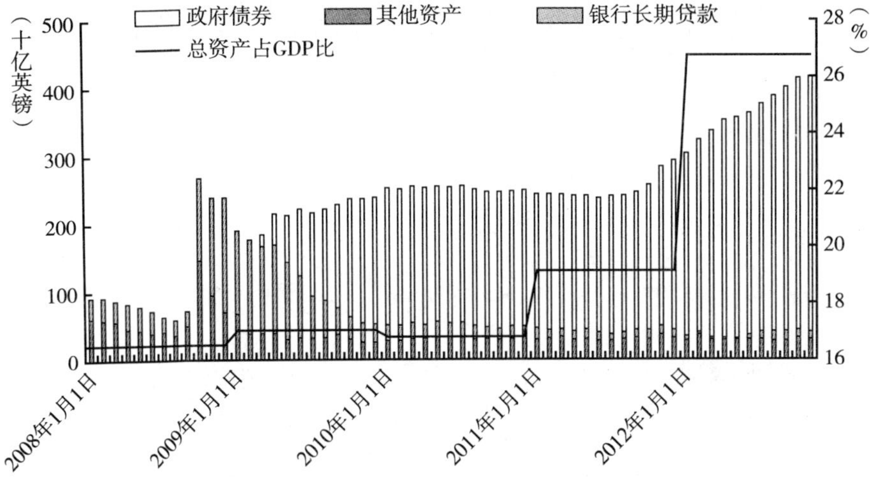

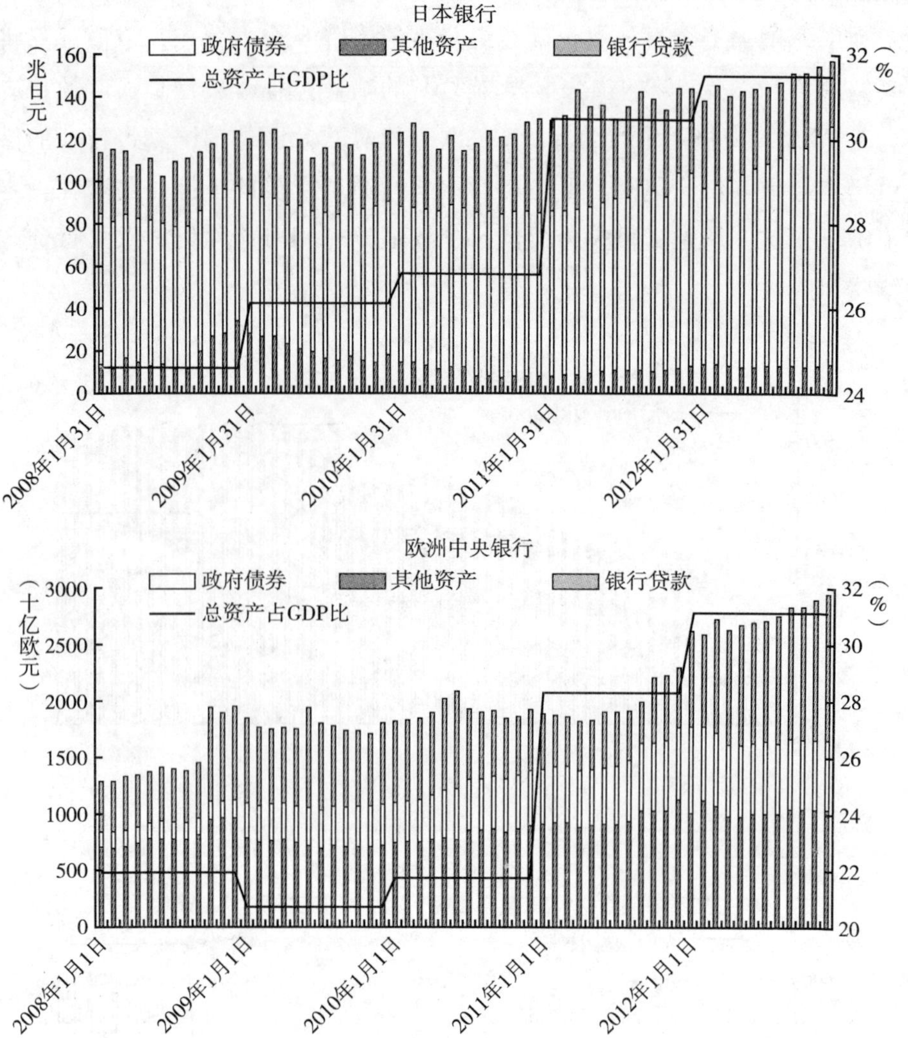

图 3　主要中央银行量宽政策实施规模与资产膨胀

注：左轴指标为总资产占 GDP 比。

资料来源：IMF “Global Financial Stability Report”, April, 2013 年数据库。

2. 美联储缩减 QE 规模的不确定性造成全球股市和资金流动的短期震荡

2013 年第一季度美国经济数据指向反弹，金融市场开始对美联储 QE 退出有所期待。然而在年内，美联储针对 QE 退出时间表模糊。比如，5 月 1 日联邦公开市场委员会确认将持续购买国债和抵押支持的机构债券，并保持0～0.25%的联邦基金利率不变。然而，美联储主席伯南克在6月份的一次记者会上出人意料地抛出退出路线图。在7月份的国会听证会上，他却强调没有预设的QE退出路径，并解释之前的表态是为了提前给市场打预防针，以避免市场过度反应。尽管如此，由于美国持续改善的经济数据，市场仍普遍认为美联储在年内开始实施退出的可能性较大。这一预期造成国际资本全球重新定价，从新兴市场大规模流出，包括印度、巴西和俄罗斯在内的一些新兴市场国家货币大幅度贬值，主要股票市场受到短期重压。然而市场期待美联储在9月份开始的退出并未发生。12月份和2014年初能否真正退出QE也存在变数。根据新统计口径，美国第二季度经济增长率为2.5%，失业率降至7.8%，房屋价格上升了12.8%。但是，低迷的劳动生产率和财政自动减支机制仍是美国经济稳定复苏的制约因素。同时，以擅长与市场沟通著称的美联储，如果不能针对QE退出给出明确时间表，市场将对经济数据过于敏感，市场过度反应会随时发生。

3. 安倍经济学出台对金融市场形成了短暂的冲击

2013年4月4日，新上任的日本中央银行行长黑田东彦推出了“大胆数量和质量宽松货币政策”，即所谓安倍经济学的第一支箭。根据该政策，日本央行承诺在两年内实现2%的通胀目标，增加两倍的基础货币投放，并且以每年50万亿日元的规模增持债券。日本央行此举的目的，一是通过制造通胀为实际利率调整创造空间；二是通过带动股市和地产刺激企业投资和居民消费；三是通过日元贬值增加日本企业出口的竞争力。政策一出台，日本股市瞬间产生动量性交易，日经指数在5月22日升至15627日元，接近2007年底的水平。在外汇市场上，日元币值持续贬值，并在5月对美元达到1∶100.86，接近2008年初期水平。日本股市与债市出现了股价上扬与货币贬值的“梦幻组合”。在国债方面，受短期流动性充裕的影响，日本10年期国债收益率出现了短暂的下行，但是从5月初期开始掉头上扬，呈现剧烈的波动。上述变化反映了市场对安倍经济学效应的疑虑。疑虑之一，安倍经济学的货币政策在短期内会影响金融市场，并对居民通胀预期发挥作用，但由于日本债务可持续性和人口老龄化等结构性问题的存在，安倍经济学的财政政策和促进投资和增长战略这两支箭，在中长期内发挥作用的余地也比较有限。[①] 疑虑之二，快速的日元贬值将造成资本外逃。疑虑之三，日元加入贬值行列，这对那些期望压低币值刺激出口的国家来说形成一种竞争关系。有意思的是，七国集团并没有明确指责日本，国际货币基金组织更是表态欢迎。这种默许实际上是给各自留有余地。因此，在缺乏各国协调的情况下，全球性竞争性贬值仍然是一个潜在的风险。

4. 欧央行加大货币宽松力度但对实体经济存在传递效应的不对称性

2013 年 5 月 2 日欧央行再度降低其再融资利率 25 个基点，将过去维持了 10 个月的利率降至 0.25% 的水平，并保证为了避免流动性紧缩对信贷增长的破坏性影响将持续再融资操作。欧元区债券市场普遍受益于宽松的货币条件，比如法国、意大利、希腊等国家的 5 年期政府债券收益率保持住了下降的趋势。然而，由于欧元区信贷市场较为分割，导致银行融资条件差异，政策利率变动对银行贷款利率变动的影响力度有所不同。比如南欧的意大利、西班牙和希腊等国家的居民抵押贷款利率和对非金融机构贷款利率普遍高于德国和法国。这实际上弱化了宽松政策对实体经济预期的刺激效果。欧元区货币政策传递的非对称性会增大欧元未来政策调整的难度和不确定性。

5. 新兴市场国家的经济增长出现减退迹象

国际货币基金组织发布的《世界经济展望—更新》中指出新兴市场的增长普遍低于预期（IMF 2013b）。中国国家统计局的数据也表明中国在第二季度的 GDP 同比增速为 7.5%。如果没有应对政策出台，实现年增长 7.5% 的目标有一定的难度。尽管中国经济政策通过金融渠道的溢出效应有限，但是在加快放开资本管制的环境下，中国经济走势以及相应的政策调整，将为国际金融市场走势传递重要的信号。

二　全球债券市场

2013 年，全球债券市场深受美国退出 QE 预期的影响，其主要特点表现为

① 对安倍经济学之促进投资和增长战略的分析，详见高海红、陈思翀（2013）《安倍经济学经济增长战略的目标、内容和评价》，《国际经济评论》2013 年第 5 期。

中长期债券利率出现短期震荡上行，但由于宽松的货币条件依旧，国债收益率总体保持危机后的相对低位。与此同时，发展中国家国际债券发行保持上升势头。

1. 主要国家中长期国债收益率在长期低迷通道中出现短期震荡性上行

2012 年第三季度以来，在美联储推出每月购买 850 亿美元长期国债和抵押贷款债券的第三轮量化宽松政策的刺激下，美国 10 年期长期国债收益率总体保持了下跌的趋势。5 月初，美国 10 年期国债收益率降至 1.6% 附近的新低水平。但在 5 ~6 月间，美联储在各种场合暗示美国可能在 2013 年晚些时候缩减购债计划的规模，市场对美联储退出 QE 计划的预期不断升温。为了避免将来利率上升可能带来的巨额资本损益，投资者纷纷抛售美国长期国债，导致美国 10 年期国债收益率瞬间走高，到 6 月末达到了 2.54% 的水平。在 6 ~9 月间，美联储针对退出 QE 发出矛盾的信号。尽管短期债券市场仍在美联储低息政策承诺的支持下持续低迷，但中长期债券市场已经开始对退出 QE 进行预先定价，在 9 月 5 日的收盘价一度接近 3% 的高位。然而，9 月 17 ~18 日美联储召开货币政策委员会会议意外宣布继续维持购债计划规模不变，这如同对市场前期猜测重磅一击，美国国债收益率掉头下行。重新步入 2007 年危机爆发以来低位通道。从相对长周期看，美国债收益率尽管在 2013 年有所上升，但总趋势仍然低迷，这反映市场对紧缩货币政策的预期仍然比较遥远。

与美国债收益率走势相似，欧元区 10 年期国债收益率在 2013 年前期经历了一定程度的下跌，并于 5 月 2 日降至 1.5% 的历史新低之后，出现大幅反弹和震荡上行的趋势。4 月 4 日，日本新任央行行长黑田东彦推出了质和量的量化宽松政策之后，日本央行庞大购债计划的规模超过预期，这一度导致日本 10 年期长期国债利率下探至 0.4% 附近的历史最低点。总体看，受到安倍经济学进一步经济刺激政策的推动，日本 10 年期国债收益率在年内保持低于 1% 的水平（见图 4）。

与发达国家国债利率走势类似，新兴市场国家的长期国债收益率在经历了 2013 年前期的平稳期之后，也同样于 5 月出现了快速上涨并大幅震荡的态势。这主要是由于美国即将退出量化宽松的市场预期升温导致发达国家长期国债收

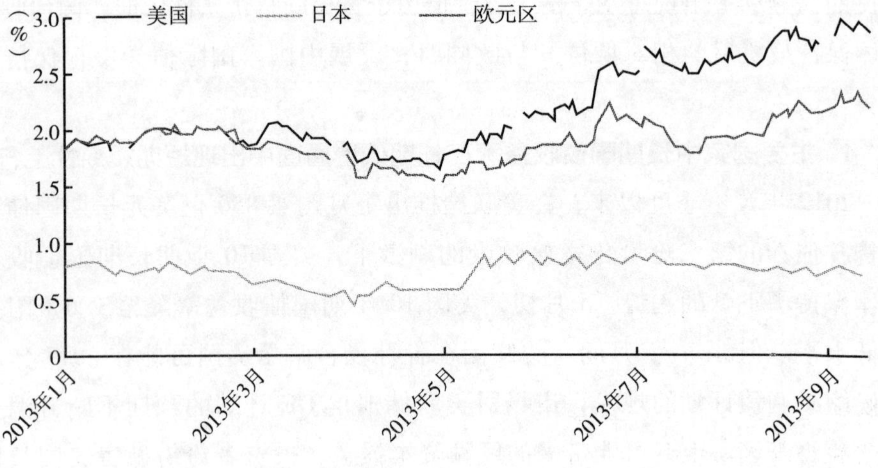

图4　主要发达经济体的10年期长期国债收益率

资料来源：Wind数据库。

益率上涨的同时，引致国际资本从新兴市场国家大量流出，从而造成新兴市场经济体的国债市场遭到大规模抛售。特别是诸如印度尼西亚、印度和巴西等饱受经常项目赤字扩大和外部融资比例过高等国内经济结构问题困扰的新兴市场国家，国债收益率上升的幅度更大（见图5）。

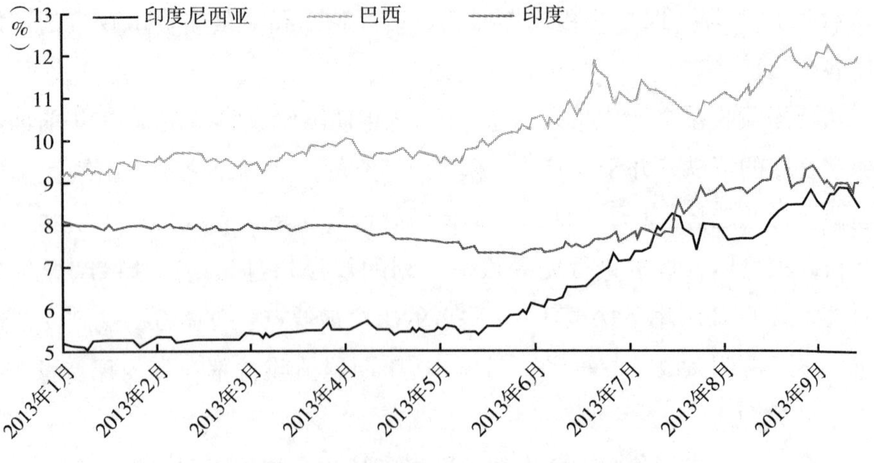

图5　部分新兴市场国家长期国债利率走势

注：除印度为5年期国债利率之外，其余各国为10年期国债利率。

资料来源：Thomson Reuters Eikon数据库。

2. 发展中国家债券发行市场份额继续上升

从净发行额的角度来看，如图 6 所示，发展中国家在 2012 年 6 月至 2013 年 6 月间一直保持了正向的增长趋势。但是，发达国家经济体却由于受到财政整顿和金融机构去杠杆化等的压力，在除去 2012 年第 4 季度之外的 3 个季度时间里，一直维持着负的净发行额，导致余额呈现不断下降趋势。究其原因，如图 7 所示，虽然发达国家经济体的公司发行人受到经济复苏的推动，仍然保持着正的净发行额，但是作为重要发行主体的政府和金融机构的净发行额却总体上处于负值。与此相对，发展中国家无论是公司、金融机构还是政府，都保持着正的净发行额。

从市场未清偿额看，如图 6 所示，在 2012 年 6 月至 2013 年 6 月的一年时间里，国际负债证券的未清偿余额继续呈现稳定态势，波动较小，仅从 2012 年第 2 季度末的 21. 15 万亿美元微幅增长至 21. 76 万亿美元。虽然从发行主体的角度来看，发达国家经济体的未清偿余额继续在绝对数量上保持优势，截至 2013 年第 2 季度，在全球未清偿国际债券余额中的占比高达 80% 以上。但是，发展中国家的发行余额在在上一年继续保持了稳步上升的态势，至 2013 年第 2 季度末，占比已经达到 10% 以上。

从国际债券市场的价格角度来看，2014 年发达国家的长期国债收益率的震荡性上行会更加频繁，但从中长期看总体波动相对平稳，这主要是由于以下

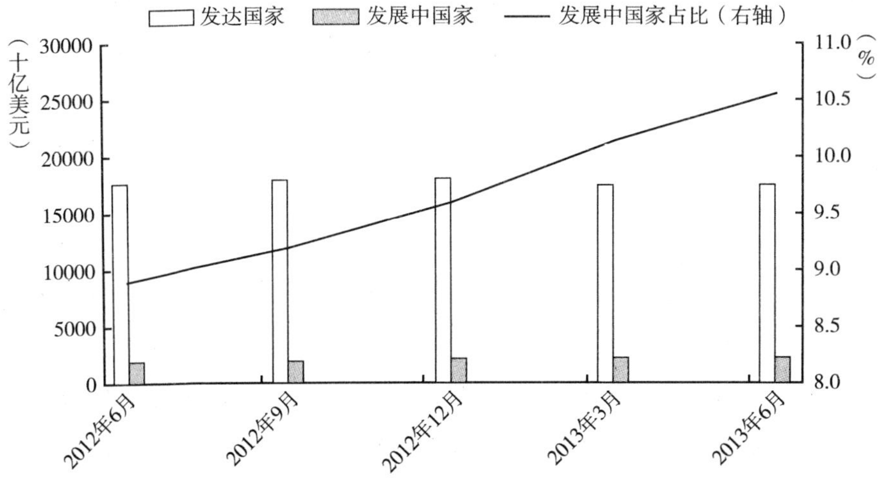

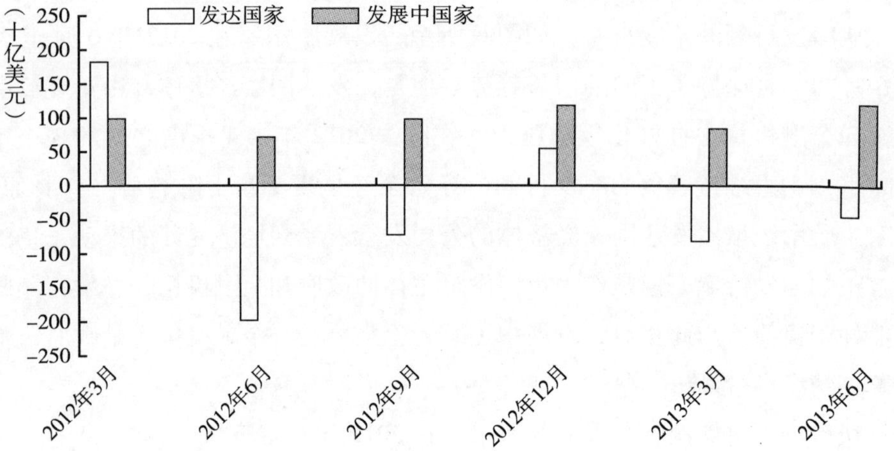

图 6　国际负债证券的未清偿余额（上）及净发行额（下）

资料来源：Wind 数据库。

三点原因。第一，美联储即将逐步退出量化宽松的趋势不会改变，2014 年会出现更多的针对量宽政策退出的讨论，国债市场出现市场需求和流动性的下降将不可避免，将在短期推高国债收益率。与此同时，由于美联储退出 QE 的方式是渐进的，并且会根据实体经济复苏、劳动力市场改善，以及国债上限等约束采取相机抉择的策略，国债市场也将保持渐进有序的调整过程。第二，发达国家经济体的通胀水平预计仍将处于温和水平。因此，基于费雪效应的利率调整幅度也将是小幅渐进的。第三，发达国家经济体预计将会保持复苏态势，但复苏的步伐不会太快。国债市场会由于经济数据的改善受到支撑，但总体看还不足以推动国债收益率反弹至危机前的水平。

不仅如此，由于受到美国退出 QE 的影响以及随之而来的大规模资本流动的影响，新兴市场国家经济体的利率水平预计也将会处于震荡上行趋势。而且，由于部分新兴市场国家经济体存在通货膨胀率较高、经常项目赤字较大和外部融资比例过高等结构性问题，所以在未来可能将面临更为严峻的债券抛售和资本外流压力。从国际债券市场的发行数量来看，2014 年发展中国家在国际市场中的占比将继续稳步提高。虽然发达国家的经济

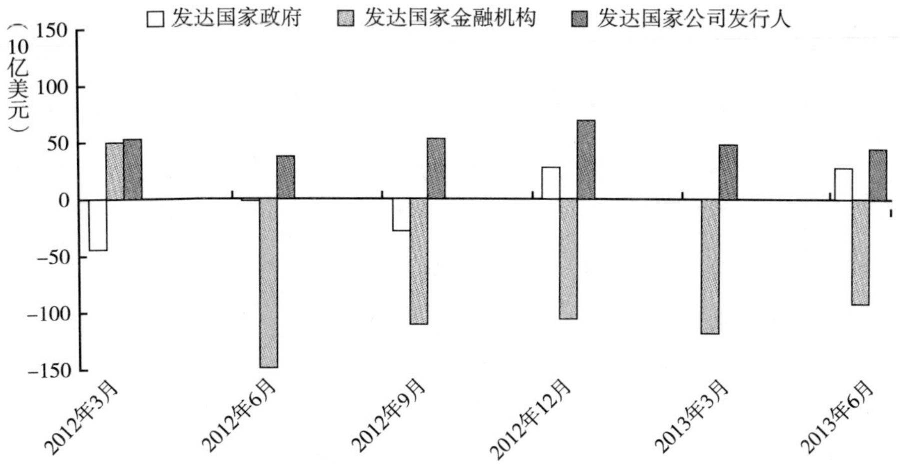

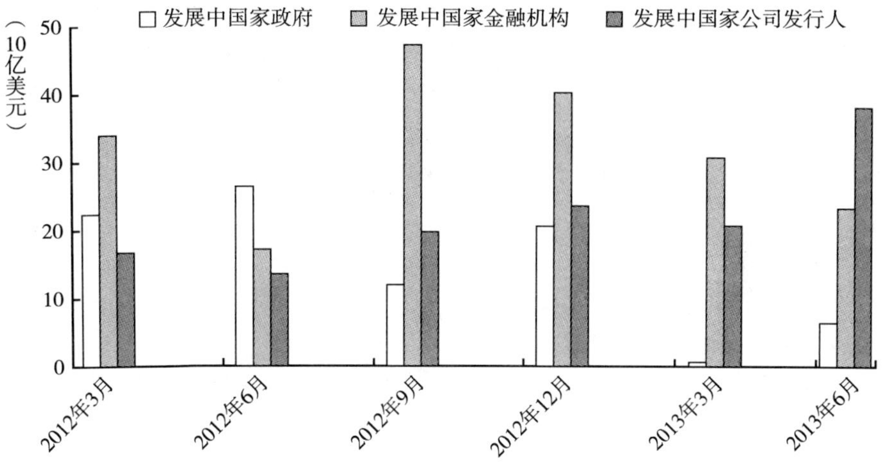

图7　按照发行机构类别的国际负债证券的净发行额

资料来源：Wind 数据库。

增长将会逐步复苏，可能将会有助于其国际债券发行的恢复，但鉴于发达国家和发展中国家在经济增长速度上仍将存在较大差异，而且以美欧日为首的发达经济体正在进行整顿财政，所以在未来一年时间里，发达国家相对于发展中国家的国际债券余额仍将趋于下降。

三 全球股票市场

2012 年全球股票市场总体表现优异。图 8 显示，全球主要股市市场的代表性指数，无论是发达国家还是新兴市场国家，大多数呈现出了上涨的态势。其中，德国法兰克福指数上升了 25.3%；印度孟买 Sensex 指数上涨了 25.2%；东京日经指数和香港恒生指数也分别上涨了 21.4% 和 20.0%。但是进入 2013 年，全球股市出现了分化走势：发达市场股市普遍走高，而发展中新兴经济体股市却大幅度下挫。一方面，以美国、欧元区和日本为首的主要发达国家的股票指数继续保持了上涨势头。其中，截至 9 月 20 日，日本东京日经指数的涨幅甚至高达 37.9%，超过了 2012 年全年涨幅。另一方面，中国、巴西和韩国等新兴市场国家的股票指数却出现了不同程度的下滑。即使是保持了一定增长的印度和印度尼西亚的股票指数在 2013 年间也一度出现大幅下跌的局面，波幅巨大。

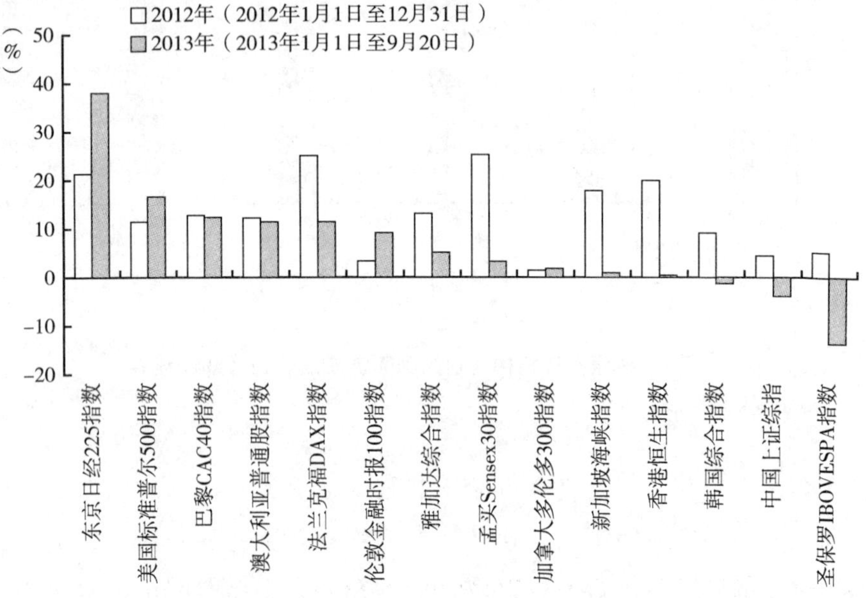

图 8 全球主要股市代表性指数分别在 2012 年和 2013 年的增长率

资料来源：Wind 数据库。

造成全球股票市场在2013年出现分化的原因，主要来自货币政策因素和经济基本面这两个方面。

首先，美欧日等发达经济体中央银行继续推行宽松的货币政策，为金融市场提供了相对充足的流动性，并导致投资者风险偏好上升。图2中以市场波动性VIX衡量的风险偏好显示了这一趋势。在这种情况下，高收益高风险的股票投资受到投资者青睐。货币因素成为支撑美欧日股市上涨的重要力量。而在另一方面，新兴市场股市深受美国量宽政策退出预期所产生的溢出效应的影响。虽然美联储在2013年9月份的表态认为美国尚不具备退出QE的经济条件，并且也没有明确给出退出QE的时间表，但在国际金融市场上关于美联储将在2013年晚些时候或是2014年初退出QE的预期仍然十分强烈，这造成了国际资本大量流出新兴市场国家，并给其股市带来重压。例如，在2013年5月22日，美联储主席伯南克首次暗示可能缩减量宽规模之后，印度、印度尼西亚和巴西等新兴市场国家的股票即开始出现大幅跳水。

其次，发达国家和新兴市场经济体在股票市场上的不同表现与经济基本面有着密切的关系。进入2013年以来，以美国和日本为首的发达国家经济增长动力增强，欧元区的经济衰退幅度也逐步收窄。例如，在2013年第1季度和第2季度，美国经过季节调整和年度换算的实际经济增长率环比分别为1.1%和2.5%。日本2013年前2个季度经过季节调整的实际经济增长率环比更是分别高达4.1%和3.8%。相比之下，部分新兴市场经济体在进入2013年之后，经济增长率出现下降的势头。例如，印度在2013年前2个季度相对上年同期的实际经济增长率降至3%以下的冰点，分别为2.9%和2.4%。巴西在金融危机之前的2007年保持了高达6%以上的经济增长率，但是在2013年第一、二季度，其实际经济增长率分别仅为1.9%和3.2%。不仅如此，印度和巴西等新兴市场国家经常项目赤字扩大，深受外部融资比例过高等本国经济结构问题的困扰。因此，这些新兴市场国家的股票纷纷遭到了国际资本的抛售。

2014年，全球股市仍将受货币和实体经济两大因素的影响。一方面，尽管存在不确定性，美国退出量化宽松政策实际上已经提上日程表，在过去几年里推升全球股市的流动性过剩等因素即将减弱。此外，2013年支撑日本股市急速上涨的货币政策因素也将会逐渐失去动能。因此，发达国家货币政策的转向预期将在2014年给包括新兴市场国家在内的全球股票市场带来一定的下行压力。另一方面，尽管发达国家实体经济增长将对股市繁荣构成基本面的支撑，但是，无论是美国还是欧元区和日本，由于都背负着巨额的主权债务压力，发达经济体的经济复苏随时可能受到财政压力的困扰，从而成为影响发达国家股票市场表现的不确定因素。同时，新兴市场国家由于经济增长速度持续放缓，除了受到国际资本流动逆转的打击，还可能将面临来自实体经济的压力。

总的来讲，全球股市的表现在未来一年里可能将会继续分化。新兴市场经济体由于受到货币和实体经济的双重压力，不仅企业现金流可能出现下行，宏观经济风险和投资者风险规避程度都或呈现上升趋势，股票市场会因此出现较大的下行压力。与之相对，发达经济体的股市估值虽然可能会受到流动性消退带来风险上升以及投资者风险承担下降的影响，但是得益于宏观经济和企业现金流的改善，很有可能将会在货币因素和实体经济数据的影响下出现不断震荡的趋势。

四　国际主要外汇市场和美元币值

2013年全球主要国家货币的汇率走势出现明显分化，并呈现以下三大特征。

第一，以美元指数衡量，美元延续了2011年欧债危机爆发以来的升值势头。如图9所示，从2011年7月到2013年8月，美元升值了7.9%，这是2008年全球金融危机爆发以来美元的第二轮升值。美元第一轮升值从2008年7月至2009年3月，这一时期金融危机全面爆发，美元发挥避险货币功能，美元指数升值了17.6%。从双边名义汇率看，美元对新兴市场国家货币升值明显。如图10显示，美元兑巴西、印度、印度尼西亚和马来西亚等新兴市场国家货币在2013年出现不同程度的升值。其中，从1月到9月，美元兑印度卢比升值15.2%；兑巴西雷亚尔升值10.5%；兑南非兰特升值18.5%。美元对其他发达国家货币的双边汇率，美元兑欧元、英镑和瑞郎汇率走势则相对平稳，但对日元呈现大幅度波动。从2013年1月到5月，美元兑日元升值了15%，但在5月份达到峰值后开始出现剧烈波动。

第二，日元币值呈现先贬值后震荡的走势。在安倍晋三于 2012 年底的竞选期间抛出“安倍经济学”的经济政策主张之后，日元终于扭转了近年来的持续升值局面。日本中央银行在 4 月 4 日又抛出质和量的宽松货币政策，更是对日元贬值起到了推波助澜的效果。如图 11 所示，从 2013 年 1 月初至 5 月中，日元兑美元、欧元、澳元、韩元和人民币分别贬值了 15%、11.8%、10.8%、12.6%和 12.3%。然而日元贬值势头并没有得到持续。“安倍经济学”对外汇市场的影响是短暂的，尤其是在美联储即

图 9　名义美元指数的中长期变化趋势（2002 年 1 月 =100）

资料来源：Wind 数据库。

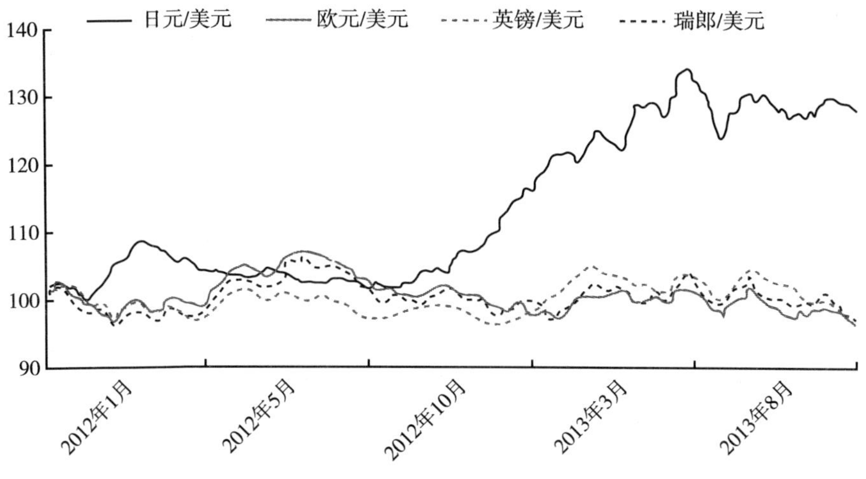

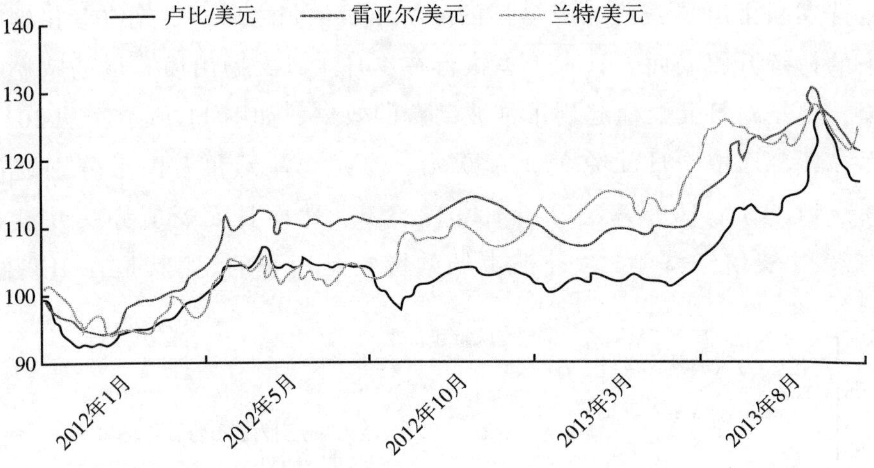

图10　美元兑主要发达国家（上）和新兴市场国家（下）货币的汇率变化趋势（2012年1月3日=100）

资料来源：Wind数据库。

将退出量化宽松政策的市场预期之下，日元对美元和其他国币再度出现升值压力。

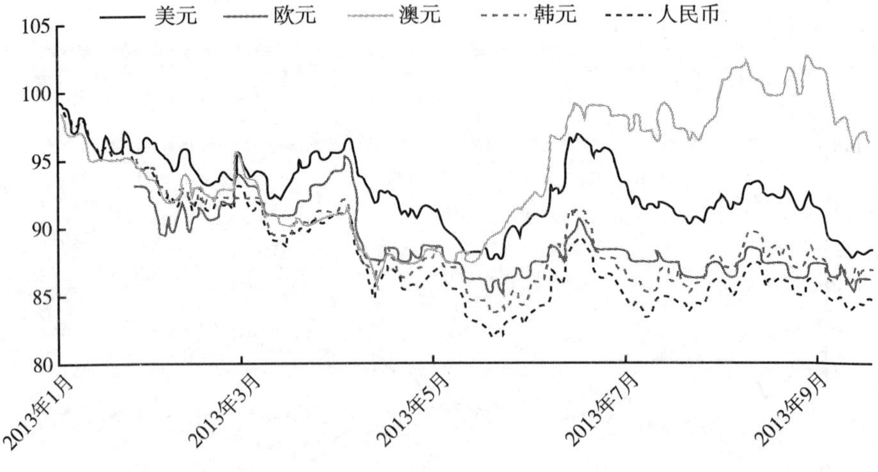

图11　日元兑部分主要国家货币的汇率变化趋势（2013年1月1日=100）

资料来源：www. oanda. com。

第三，一些新兴市场国家的货币大幅度贬值。2013 年，以名义有效汇率衡量，除了中国人民币保持升值趋势之外，其他主要新兴市场货币纷纷出现贬值势头。如图 12 所示，从 1 月至 7 月，巴西雷亚尔、俄罗斯卢布、印度卢比和南非亚特分别贬值了 7%、6%、6% 和 9%。

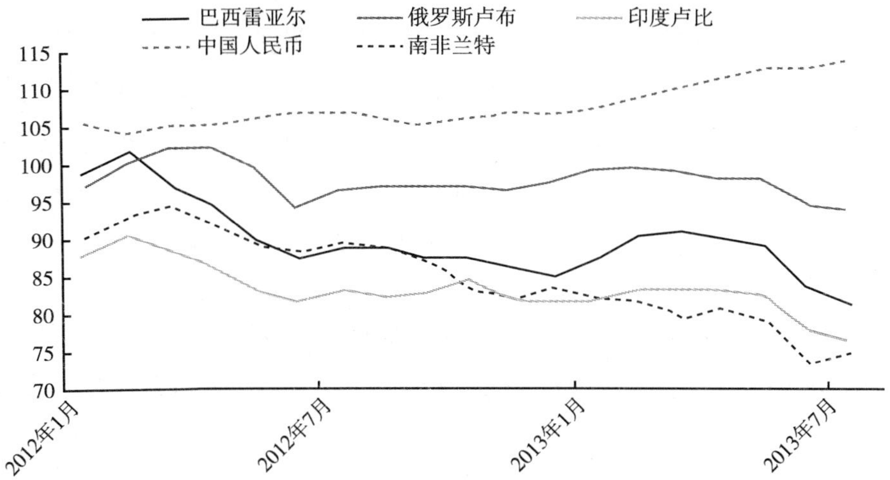

图 12　主要货币名义有效汇率近期变化趋势（2012 年 1 月至 2013 年 7 月）

资料来源：BIS 数据库。

从短期看，影响全球外汇市场走势的原因主要是年内各国央行的货币政策，特别是美联储货币政策动向从中长期走势看，过去十年美国贸易逆差、美联储宽松的货币政策、美国剧增的债务负担，以及经济周期因素，特别是全球金融危机爆发，使美元币值呈现长期贬值和短期避险功能交织的趋势。图 9 显示了美元指数在 2001 ~ 2013 年间的走势曲线。

从图 9 中可见，从 2002 年 2 月开始至今，美元指数经历了两个贬值时期。一是从 2002 年 2 月至 2008 年 7 月。这一时期，美国互联网泡沫破裂，美联储连续调低联邦基金利率。在实体经济方面，美国贸易逆差不断扩大，美国依靠向全球释放美元流动性为其逆差融资。结果是美元大幅度贬值，在这一时期美元指数贬值了 26.4%。二是 2009 年 3 月至 2011 年 7 月，从美国量化宽松政策推出到欧债危机加剧。2008 年 9 月雷曼兄弟倒闭导致金融危机全面爆发。为了应对信贷市场短期流动性紧缩，美联储在保持低利率政策的同时于2009年3月推出第一轮量化宽松政策，为市场提供了巨额流动性。这一政策的结果是导致美元再度贬值。直到2011年7月欧债危机恶化，美元指数贬值了14.9%。

除了上述两个贬值时期，在其他时间里，特别是在2008年7月至2009年3月全球金融危机爆发初期，美元因发挥避险货币功能受到市场青睐，美元资产需求大增。这一时期美元指数升值了17.6%。2011年7月欧债危机恶化，美元避险功能再度发挥作用。这一轮美元升值持续了近2年（2011年7月到2013年8月）。在这一时期，美国经济复苏表现出不稳定性，美国财政预算上限问题引致市场对美国债务不可持续性造成继发后果十分担忧，美国继续推行低利率政策，并推出新一轮的量化宽松政策（QE3）。这些因素导致美元指数出现短期波动，但总体仍呈现升值走势。

预计2014年全球外汇市场仍将主要受到各国货币政策调整，特别是美联储退出QE的时间和方式，以及发达国家和新兴市场实体经济复苏程度等因素的影响。

首先，外汇市场将对美国再度提起退出QE计划格外关注。尽管美国退出QE只是时间问题，但金融市场往往会对各种信息提前消化。在经历了2013年内美联储出尔反尔的沟通态度之后，市场将重新评估“信号效应”，这对资金流动带来短期冲击性影响，并对汇市走势造成剧烈的波动。

其次，新兴经济体是发达国家政策溢出效应的承受者，其货币币值也以被动的方式变动。如果2014年发达国家普遍开始考虑紧缩货币，这将引导资金从新兴经济体全面撤离，对这些国家的货币形成进一步贬值压力。

再次，美国实体经济能否实现可持续的复苏，是决定美元能否实现趋势走强的关键。如果美国能够尽早实现劳动生产率稳定增长，实现潜在经济增长率，并成功降低失业率，那么美元将获得实体经济的有力支撑。这样，从中长期看，美元或许可以走出自2002年2月以来的长期贬值通道。

五　总结

2013年间发达国家传统和非传统货币政策叠加效应继续发酵，美联储针对量宽政策退出表态模糊，发达经济体增长仍低于潜在增长水平，新兴经济体经济增长出现了减速的迹象。在这些因素影响下，国际投资风险偏好有所增加；主要国家中长期国债收益率在低迷通道中震荡上行；全球股票市场走势分化，发达市场股市普遍走高，而发展中新兴经济体股市却大幅度下挫。在外汇市场上，美元持续走强，日元在年内短暂贬值，部分新兴市场国家货币出现大幅度贬值。预计 2014 年国际金融市场将持续动荡。在全球债券市场上，由于美联储即将逐步退出量化宽松的趋势不会改变，而且发达国家经济体不仅通胀水平预计仍将处于温和水平，实体经济也将继续保持增长态势，因此发达国家的长期国债收益率的震荡性上行会更加频繁，但总体波动相对平稳。全球股市上的表现将可能继续分化。一方面，新兴市场经济体由于受到货币和实体经济的双重压力，股票市场会因此出现较大的下行压力。与之相对，发达经济体的股市估值虽然可能会受到流动性消退带来风险上升的影响，但得益于宏观经济和企业现金流的改善，可能将继续在上行通道间波动。美联储量宽政策退出时间和方式将是影响全球外汇市场的重要因素。同时，新兴经济体作为发达国家政策溢出效应的承受者，其货币币值也以被动的方式变动。一旦发达国家普遍开始考虑紧缩货币，这将引导资金从新兴经济体全面撤离，对这些国家的货币形成进一步贬值压力。从中长期看，美元币值很可能受到实体经济支持而走出自 2002 年 2 月以来的长期贬值通道。

参考文献

高海红、刘东民：《2012 年国际金融形势回顾与展望》，载《2013 年世界经济形势分析与预测》，社会科学文献出版社，2013。

高海红、陈思翀：《安倍经济学经济增长战略的目标、内容和评价》，《国际经济评论》2013 年第 5 期。

谭小芬、熊爱宗、陈思翀：《美国量化宽松的退出机制、溢出效应与中国的对策》，《国际经济评论》2013 年第 5 期。

BIS（2013a）. *Quarterly Review*. June, 2013.

BIS（2013b）. *83rd BIS Annual Report 2012/2013*. June, 2013.

HSBC（2013）. *HSBC Emerging Market Index*. September, 2013.

IMF（2013a）. *Global Financial Stability Report*. April, 2013.

IMF（2013b）. *World Economic Outlook*. April, 2013.

IMF（2013c）. *World Economic Outlook: Update*. October, 2013.

Y.12

国际直接投资形势回顾与展望

王碧珺*

摘　要：

受到全球经济复苏动力不足和投资政策不确定性的影响，2012年全球外商直接投资比上年下降了18%。跨国企业大多倾向于消化过剩产能，巩固资产负债表，而不是进行扩张性投资。这一情况在2013年不会有明显改观，预计2013年国际直接投资仍将接近2012年1.35万亿美元的水平。在国际直接投资舞台上，与发达国家的低迷形成鲜明对比，发展中国家的重要性日益凸显。2012年发展中国家吸引的外商直接投资创纪录地首次超过发达国家，占比达到52%。而在对外直接投资方面，中国成为2012年仅次于美国和日本的世界第三大对外直接投资国。

关键词：

国际直接投资　跨国兼并收购　投资保护主义　前景展望

一　全球外商直接投资形势回顾

受到全球经济复苏动力不足和投资政策不确定性的影响，国际直接投资复苏之路坎坷。2012年，全球外商直接投资（FDI）1.35万亿美元，比上年的1.65万亿美元下降了18%。这一降幅与同期全球国内生产总值和贸易等宏观经济变量的正增长形成鲜明对比。这也是三年来全球外商直接投资首次下降

---

* 王碧珺，中国社会科学院世界经济与政治研究所助理研究员，经济学博士，主要研究方向为国际投资。

（见表 1）。在欧债危机阴云不散、美国经济复苏动力不足以及以中国和印度为代表的新兴市场经济体增速下降的背景下，跨国企业大多倾向于消化过剩产能，巩固资产负债表，而不是进行扩张性投资。

表 1　全球国内生产总值、贸易和外商直接投资增长情况

年份	2008	2009	2010	2011	2012
国内生产总值增长率（%）	1.4	-2.1	4	2.8	2.3
贸易增长率（%）	3	-10.3	12.5	5.9	2.6
外商直接投资增长率（%）	-9.3	-33	15.8	17.3	-18.2
外商直接投资额（万亿美元）	1.82	1.22	1.41	1.65	1.35

资料来源：作者整理，国内生产总值数据来自世界银行，贸易数据来自国际货币基金组织，外商直接投资数据来自联合国贸发会议。

1. 区域特征

发展中国家 FDI 流入在历史上首次超过发达国家。尽管全球 FDI 在 2012 年下降了 18%，流向发展中经济体的外商直接投资仍然超过 7000 亿美元，为历史第二高。而流向发达经济体的外商直接投资大幅下降至 5610 亿美元，比上年下降了 31.6%，仅为其 2007 年高峰时的 1/3 左右。因此，2012 年发展中国家吸引的外商直接投资创纪录地首次超过发达国家，占比达到 52%（见图 1）。

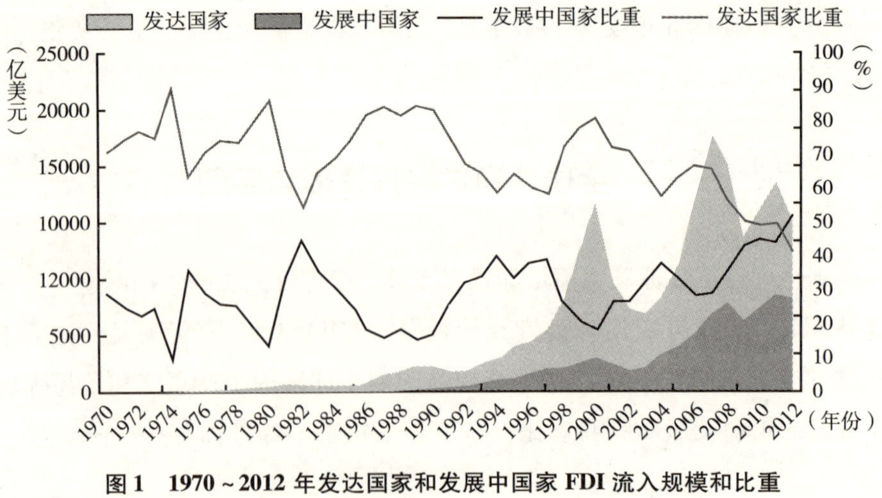

图 1　1970 ~ 2012 年发达国家和发展中国家 FDI 流入规模和比重

资料来源：作者根据联合国贸发会议数据库整理（http://unctadstat.unctad.org/fdistatistics）。

然而，发展中国家FDI流入苦乐不均。亚洲地区发展中国家2012年吸引外商直接投资4070亿美元，比上年下降了6.7%。该地区包括中国大陆、中国香港、印度、韩国和沙特阿拉伯在内的主要经济体所吸引的FDI都有所下降，流向西亚的FDI也继续前三年的下降趋势。不过整体而言，亚洲发展中经济体FDI流入仍然达到历史第二高，占全球发展中国家FDI流入的58%。亚洲的亮点主要在东盟国家，2012年东盟FDI流入增加了2%。例如，柬埔寨、缅甸和越南仍然保持着对劳动密集型外商直接投资较大的吸引力。

与亚洲地区发展中国家2012年吸引外商直接投资有所下降形成对比，流入非洲的外资比上年增长了5%，达到500亿美元。在投资来源国上，马来西亚、南非、中国和印度依次为非洲最大的发展中经济体投资者。在投资行业上，既有资源类投资的驱动，也有制造业和服务业外商直接投资的扩张。以绿地类外商直接投资项目为例，外国对非洲制造业和服务业的直接投资占比已经从2008年的7%上升到2012年的23%。

发达国家FDI流入大幅下降。2012年发达经济体FDI流入比上年大幅下降了32%，仅为5610亿美元，几乎是十年前的水平。其中，美国FDI流入下降了26%，欧盟FDI流入下降了41%（约占到全球FDI下降额的2/3）。欧盟FDI流入大幅下降尤其表现在比利时和德国两个国家上，比利时外商直接投资降幅超过1000亿美元而德国外商直接投资从2011年的490亿美元下降到2012年的66亿美元。此外，澳大利亚和新西兰FDI流入比上年分别下降了13%和33%。受主权债务问题困扰的希腊、意大利、葡萄牙和西班牙等东南欧国家2012年FDI流入比上年也下降了50%以上。不过，也有部分发达国家FDI流入有所增加，主要包括加拿大、爱尔兰、日本和英国。日本尤其值得关注的是在经历了两年净撤资后，2012年FDI终于实现正流入。

在FDI流出方面，发达经济体同样低迷，发展中国家的重要性继续上升。2012年，发展中国家对外直接投资4260亿美元，在全球比重升至历史新高，达到31%（见图2）。

（1）非洲对外直接投资翻了三倍，达到140亿美元。非洲FDI流出的增长主要归功于南非在采矿业、批发业和保健品行业的对外直接投资。

（2）亚洲对外直接投资基本维持上年水平，为3080亿美元。在发展中经济体里，亚洲是最大的对外直接投资区域，占比大约3/4。而在世界上，亚洲发展中经济体对外直接投资占比约为22%，与欧盟的份额类似。中国最为突出，其2012年对外直接投资达到840亿美元，成为位列美国和日本之后的第三大对外直接投资国。亚洲其他发展中国家包括韩国、马来西亚、沙特阿拉伯、泰国和土耳其对外直接投资也有所增加，但中国香港、印度和新加坡对外直接投资则小幅下降。

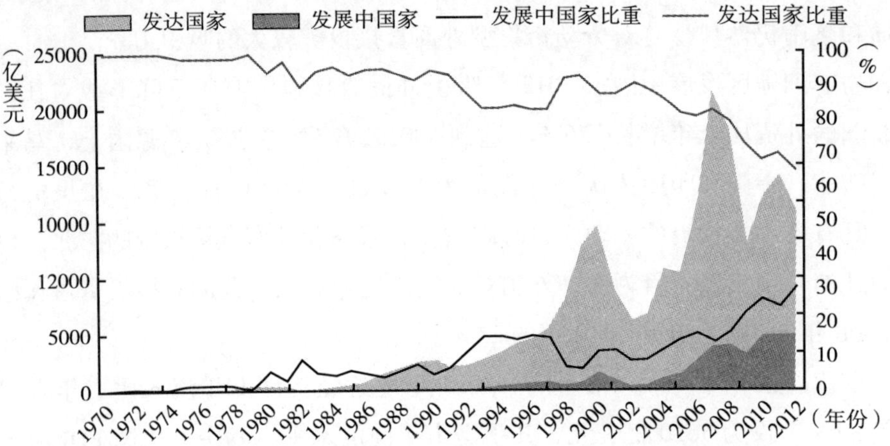

图2　1970～2012年发达国家和发展中国家FDI流出规模和比重

资料来源：作者根据联合国贸发会议数据库的整理（http://unctadstat.unctad.org/fdistatistics）。

（3）拉丁美洲和加勒比海地区对外直接投资小幅下降了2%，达到1030亿美元。该地区对外直接投资50%以上来自离岸金融中心。而在其另外三个主要对外直接投资国巴西、墨西哥和智利中：巴西对外直接投资受到其海外子公司向母公司偿还贷款的制约，为净流出28亿美元；墨西哥和智利对外直接投资分别增长了110%和3.5%。

与发展中国家对外直接投资持续增长形成鲜明对比，2012年发达国家对外直接投资比上年减少了2740亿美元，降幅达到23%。其中，欧盟对外直接投资下降了40%，美国下降了17%。38个发达经济体中的22个经历了对外直接投资的下降，其中美国、比利时和荷兰降幅最大。受到经济前景不确定性的影响，发达国家跨国企业并不急于扩张，而是处于谨慎观望或者剥离海外非核心资产的状态。在发达国家中，日本保持了对外直接投资持续增长的势头，比上年增长了14%，继续成为仅次于美国的全球第二大对外直接投资国。

2. 行业特征

从进入方式来看，2012年全球绿地类FDI达到6120亿美元，比上年下降了33%，为2003年以来最低水平。全球兼并收购类FDI达到3080亿美元，比上年下降了45%，与2009年和2010年水平相当。与投资额的降幅相比，FDI项目数量的降幅没有那么大：绿地类FDI项目数量同比下降了15%；兼并收购类FDI项目数量同比下降了11%。这一不一致性反映出大的外商直接投资项目显著减少，FDI项目平均规模显著下降。根据联合国贸发会议2013年世界投资报告的估计，绿地类FDI平均投资规模下降了21%，兼并收购类FDI平均投资规模下降了38%（UNCTAD，2013）。从行业来看，全球第一、二、三产业外商直接投资都有显著下降，但在程度上存在差异（见表2）。

表2 按行业和进入方式划分外商直接投资额

单位：亿美元，%

		2011年	2012年	变化率			2011年	2012年	变化率
绿地投资	第一产业	760	250	-67	兼并收购	第一产业	1370	470	-66
	制造业	4530	2640	-42		制造业	2050	1370	-33
	服务业	3850	3230	-16		服务业	2140	1240	-42
	总共	9140	6120	-33		总共	5560	3080	-45

资料来源：UNCTAD（2013）。

（1）在降幅上，第一产业FDI下降最为显著。2012年，第一产业绿地类FDI为250亿美元，比上年下降了67%；第一产业兼并收购类FDI达到470亿美元，比上年下降了66%。第一产业外商直接投资的显著下降主要是由于对采掘业和油气业投资的大幅下降造成的。在全球资源繁荣期趋于结束、世界经济不景气持续的背景下，跨国企业对于资金投入大、回报周期长的资源类直接投资项目趋于谨慎，这尤其反映在对发展中国家进行资源类FDI上。

（2）在绝对下降额上，制造业FDI减少最多。2012年，制造业外商直接投资4010亿美元，比上年减少了2570亿美元，其中绿地类减少了1890亿美元，兼并收购类减少了680亿美元。制造业外商直接投资的减少占全球FDI下降的47%。制造业绿地类FDI活动的减少既体现为投资额的下降（下降了42%），也体现为项目数量的减少（下降了21%）；而制造业兼并收购类FDI活动的减少主要是项目平均投资规模的下降。此外，与第一产业中采掘业和油气业FDI的投资减少相对应，这些资源类下游产品制造业FDI也显著下降。在2012年绿地类FDI下降前十大行业中，前三大行业分别为采矿业和油气业，煤、石油产品和核燃料，金属及其产品制造业。2012年对这三个行业的外商直接投资比上年下降了1300亿美元，占绿地类FDI投资下降总额的43%。同时，受周期性影响较大的消费性产业，例如，汽车及其他交通运输设备业以及电子和电子设备制造业等也经历了外商直接投资的显著下降（见表3）。

表3　2012年绿地类FDI下降前十大行业

	2012年相比2011年投资额下降		2012年相比2011年投资项目数下降	
	亿美元	%	个	%
采矿业和油气业	510	-67	76	-46
煤、石油产品和核燃料	460	-69	71	-49
金属及其产品	330	-53	135	-27
电力、煤气和水	260	-28	116	-30
交通运输、仓储和邮政业	260	-35	26	-3
化学及其产品（不包括制药业）	210	-39	175	-28
汽车及其他交通运输设备	210	-25	251	-22
电子和电子设备	190	-41	251	-22
商务服务业	150	-21	94	-3
橡胶和塑料产品	120	-48	154	-32
所有	3020	-33	2381	-15

资料来源：UNCTAD（2013）。

（3）相对而言，服务业外商直接投资表现略好。2012年服务业绿地类FDI投资额仅比上年下降了16%，投资项目数下降了8%（流向发展中国家的项目数仅下降了4%）。这反映出商业、贸易、金融、运输等服务行业在全球经济不景气环境下，具有较强的适应和调节能力。以交通运输、仓储和邮政业以及商务服务业为例，2012年外商对这两个行业的直接投资与2011年相比分别下降了35%和21%，但投资项目数反而下降了3%（见表3）。这反映出跨国企业仍然在积极寻求海外服务业投资机会，尤其是发展中国家的投资项目，尽管单个投资项目的规模有所减小。

3. 原因分析

2012 年全球 FDI 大幅减少了 3000 亿美元，降幅达到 18%。这主要是由于发达国家 FDI 大幅下降所致，发达国家 FDI 流出降幅为 2740 亿美元，流入降幅为 2640 亿美元，分别占到全球 FDI 减少的 91% 和 88%。究其背后原因，主要有三个方面。

第一，全球经济前景不确定导致发达国家跨国企业倾向进行资产巩固，关注核心资产和重点区域，对于非核心资产和非重点区域的投资项目进行撤资。2012 年，美国企业海外撤资达到 550 亿美元。而日本对外直接投资尽管在 2012 年增加了 14%，但这主要是由于利润盈余增加和子公司向母公司偿还贷款减少所致，其新增海外股权投资实际上还减少了 270 亿美元。欧洲跨国企业同样纷纷从海外撤资，尤其是金融业。欧洲的银行继续卸载其非核心的海外资产，从而巩固在母国的资本基础。例如，荷兰国际集团 142.4 亿美元剥离了其在美国、加拿大的子公司以及在中国香港、中国澳门和泰国的保险业务。另一家大的欧洲银行西班牙国际银行同样剥离了其位于美洲的大量资产。

第二，大宗商品超级周期的趋缓打击了发达国家资源巨头的海外投资。2012 年国际大宗商品市场在欧债危机急剧恶化、全球经济复苏明显放缓、美元走强等多重利空因素打压下，价格整体回落，长达十年的大宗商品超级周期趋缓。受此影响，发达国家在海外矿业的兼并收购从 2011 年的 480 亿美元骤降为 2012 年的净撤资 20 亿美元。而从流入来看同样降幅明显，例如，外国对澳大利亚矿业的兼并收购额由 2008 ~2011 年的年均 160 亿美元下降到 2012 年的 110 亿美元。加拿大能源和采矿业 FDI 流入由 2011 年的 170 亿美元下降到 2012 年的 80 亿美元。

第三，发达国家跨国公司出于避税等目的进行的母子公司间资金转移所造成的波动也是 2012 年发达国家，尤其是欧洲，FDI 下降的重要原因。2012 年欧洲地区发达国家 FDI 流入下降了 1973 亿美元，流出下降了 2242 亿美元。其中一大部分 FDI 减少是比利时造成的，2012 年比利时 FDI 流入减少了 1046 亿美元，流出减少了 670 亿美元。这背后与欧洲跨国企业利用比利时优惠的税制进行资金运作所造成的 FDI 波动紧密相关。例如，仅仅从德国和卢森堡母公司向其比利时的子公司贷款在 2012 年就减少了 560 亿美元。

二　主要国际直接投资参与者

1. 美国

美国仍然是国际直接投资舞台上最重要的参与者（见图3）。在FDI流入上，美国是全球第一大外商直接投资目的地，2012年流入美国的FDI比第二名中国高38.8%，占全球的比重为12.4%。在FDI流出上，美国仍然是全球第一大对外直接投资来源国，占全球比重为23.6%。

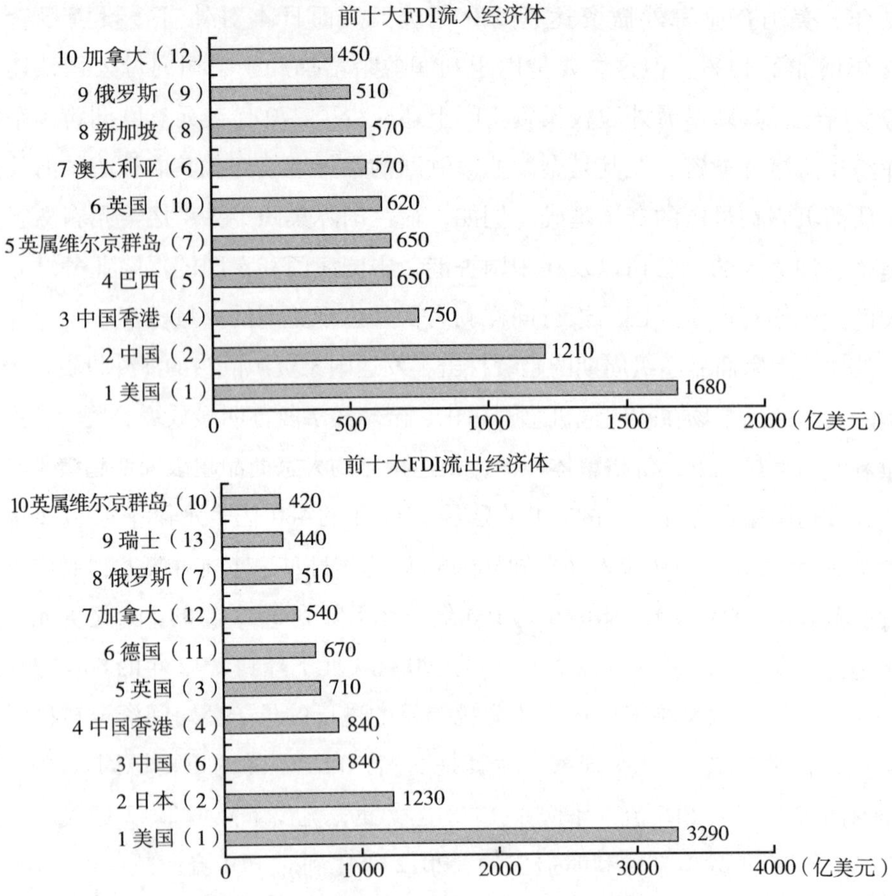

图3　2012年前十大国际直接投资参与者

注：括号中的数据为2011年排名。

资料来源：作者根据联合国贸发会议数据库整理（http：//unctadstat. unctad. org/fdistatistics）。

2012年，外商在美直接投资1680亿美元，比上年下降了26.1%，为2009年以来最低值（见图4）。其中，利润再投资1027亿美元，比上年增长了18%。外商在美直接投资是美国国内投资的重要组成部分，其在2012年占美国全部非居民国内投资的11%，在2008年为19%。这些投资支撑了五百多万个就业岗位，为美国经济的健康运行作出了贡献。

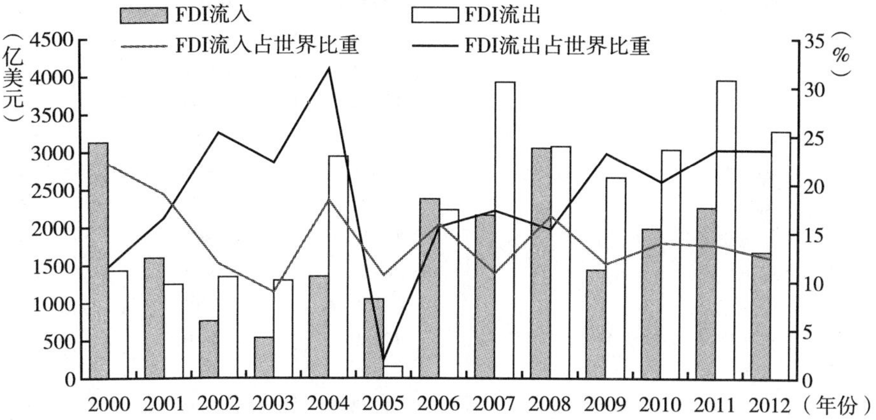

图4　2000～2012年美国外商直接投资流量

资料来源：作者根据联合国贸发会议数据库整理（http://unctadstat.unctad.org/fdistatistics）。

欧盟、日本和加拿大是美国FDI流入的主要来源地区。2012年，荷兰对美直接投资243亿美元，为美国最大的外商直接投资来源国。法国和日本为第二、三位，分别为206.4亿美元和205.7亿美元。此外，英国、加拿大、比利时、德国、瑞士在美投资也较多（见表4）。以上八个国家占2012年所有美国FDI流入的将近3/4。

荷兰不仅是2012年美国最大的外国投资者，而且其对美直接投资增长迅猛，比上年增长了将近30倍。[①] 第二位的法国对美投资增幅也达到3.8倍。在前20名投资来源国中，韩国、墨西哥、比利时、日本、瑞典在美直接投资

① 荷兰是跨国公司出于避税等目的进行资金运作的重要目的地，其对外直接投资波幅较大。以美国为例，荷兰对美直接投资2009年为50.18亿美元，2010年增长为267.53亿美元，2011年又下降到7.95亿美元，2012年为243.43亿美元。

都比上年有所增长。但是英国和加拿大对美直接投资则分别显著下降了57%和33%（见表4）。

表4　流入美国的外商直接投资前20位来源地

单位：百万美元，%

排名		2011年	2012年	变化
	世界	226937	167620	-26
1	荷兰	795	24343	2962
2	法国	4281	20640	382
3	日本	18598	20572	11
4	英国	46788	20198	-57
5	加拿大	18661	12485	-33
6	比利时	10297	11828	15
7	德国	13912	7681	-45
8	瑞士	20875	6468	-69
9	爱尔兰	-2158	5902	—
10	英属岛国,加勒比海	12229	4891	-60
11	韩国	3594	4853	35
12	卢森堡	21548	4326	-80
13	澳大利亚	17446	4131	-76
14	墨西哥	2491	3274	31
15	瑞典	2979	3188	7
16	西班牙	6215	2742	-56
17	意大利	3266	2205	-32
18	新加坡	2546	1257	-51
19	中国香港	491	1118	128
20	挪威	6810	768	-89

资料来源：Bureau of Economic Analysis，U. S.。

从行业来看，美国对外国投资者最具吸引力的行业是制造业。2012年美国制造业FDI流入达到834亿美元，虽然比上年下降了8%，但在所有在美直接投资中份额仍然最大，占比达到50%。在制造业中，化学制品（不包括石油产品）吸引了最多的外商直接投资。2012年外国对美化学制品行业直接投资448亿美元，比上年下降了8%，占所有外商对美制造业直接投资的54%。此外，外国对美电器设备和配件、机械行业直接投资在2012年增长显著，分别比上年增长了505%和559%，分别达到226亿美元和50亿美元，分别占所有外商对美制造业直接投资的27%和6%。

仅次于制造业的是批发、信息以及金融/保险业，2012年流入这些行业的FDI分别达到173亿美元、129亿美元和108亿美元，分别占所有在美直接投资的10%、8%和6%。信息行业是对美直接投资增长最快的行业，从2011年的5.68亿美元增长到2012年的129亿美元，增幅达到21.6倍。而在2012年降幅最为明显的则是对存款机构的直接投资，从2011年的179亿美元下降到2012年的16亿美元，降幅为91%（见表5）。

表5　在美外商直接投资行业分布

单位：百万美元，%

	2011年	2012年	变化百分比	占2012年比重
制造业	90883	83393	-8	50
批发	25675	17336	-32	10
信息	568	12859	2164	8
金融/保险	8539	10815	27	6
零售	3546	5072	43	3
专业、科学、技术服务	6405	2580	-60	2
存款机构	17931	1628	-91	1
房地产和租赁	1879	651	-65	0.4
其他行业	71510	33287	-53	20

资料来源：Bureau of Economic Analysis，U. S.。

在FDI流出方面，美国对外直接投资降幅明显。由于美国的主要投资目的地是欧洲，欧元区危机的持续抑制了美国对欧直接投资。2012年美国对外直接投资3290亿美元，比上年下降了17.1%。然而，美国仍然是全球第一大对外直接投资来源国，占世界份额为23.6%。2012年美国对外直接投资流量是第二位日本的1.67倍，比第二、三、四位（日本、中国、中国香港）的总投资额还多380亿美元。

2. 日本

日本是全球第二大FDI来源国。2012年，日本对外直接投资增长了12.5%，达到1230亿美元。这是日本连续两年实现对外直接投资正增长，并且达到继2008年1308亿美元后的历史第二大值。这一趋势表明日本对外直接投资自2010年达到最低点后，已经开始复苏。而复苏背后的重要驱动力是利润再投资的扩张。

在存量上，截止到2012年底，日本对外直接投资存量首次超过1万亿美元，达到1.0405万亿美元，比上年增长了8.6%。其中47.2%是制造业对外直接投资，52.8%是非制造业海外直接投资。从2009年开始，包括银行和保险，批发和零售等日本非制造业对外直接投资超过制造业，这一趋势在2012年同样有所体现。在地区分布上，北美和欧洲在日本对外直接投资存量的占比下降，亚太地区显著上升。

分国别来看，美国连续三年成为日本对外直接投资最大目的地。2012年，日本对美直接投资为319.74亿美元，比上年增长了1.17倍。这一增长的主要驱动力是服务业，包括通信、批发和零售、金融和保险等。服务业占日本对美国直接投资的60%以上。日本对外直接投资的第二大目的地是欧洲，但受到欧债危机的影响，2012年日本对欧洲直接投资下降了22.1%。日本海外直接投资的第三大和第四大目的地为中国和澳大利亚，2012年投资分别增长了6.6%和33.6%。受到泰国洪水的影响，日本对东盟的直接投资在2012年显著下挫了45.7%，达到106.75亿美元（见表6）。

表6　日本对外直接投资分国别和地区分布

	2011年（百万美元）	2012年（百万美元）		
			比重（%）	同比变化（%）
亚洲	39492	33477	27.4	-15.2
中国	12649	13479	11.0	7
东盟	19645	10675	8.7	-45.7
印度	2326	2802	2.3	20.5
北美	15166	35768	29.2	135.8
美国	14730	31974	26.1	117.1
中南美	11287	10454	8.5	-7.4
巴西	8290	4113	3.4	-50.4
大洋洲	8767	11075	9.1	26.3
澳大利亚	8149	10890	8.9	33.6
欧洲	39841	31017	25.3	-22.1
欧盟	36052	29023	23.7	-19.5
世界	108807	122355	100.0	12.5

资料来源：“Balance of Payments Statistics”（Ministry of Finance，Bank of Japan）。

在兼并收购类对外直接投资方面，日本企业在2012年共完成485起对外兼并收购，达到历史最大交易数。但由于平均投资规模的减小，这些交易的总投资额却比上年下降了24.4%，为506亿美元。在这些海外兼并收购中，美国是最大的目的地，为226亿美元（占比44.7%），接下来是英国、澳大利亚、加拿大和法国。从行业来看，首位是石油和天然气行业，投资额达到71亿美元，其次是医药、保险和精密仪器。2013年1～5月，日本对外兼并收购的投资额继续下降，为168亿美元，比上年同期下降了29.4%。

在FDI流入方面，2012年日本实现FDI净流入17.61亿美元。虽然这一规模很小，但这是近三年来日本首次实现外商直接投资净流入，而在之前的两年，2010年和2011年，日本的外商直接投资一直净流出（见图5）。亚洲是日本FDI流入的重要来源地，2012年达到29亿美元，比上年增长了2.1倍。亚洲对日本直接投资主要流入旅游业、医药、IT、电子、房地产等行业。外国投资者对日本企业的兼并收购在2012年达到136亿美元，与上年基本持平，略降0.5%。但在交易数量上增长到129笔（上年为107笔）。从行业来看，最高的行业是批发零售、餐饮等商业部门，达到77.64亿美元，占外资对日本企业兼并收购的57%。

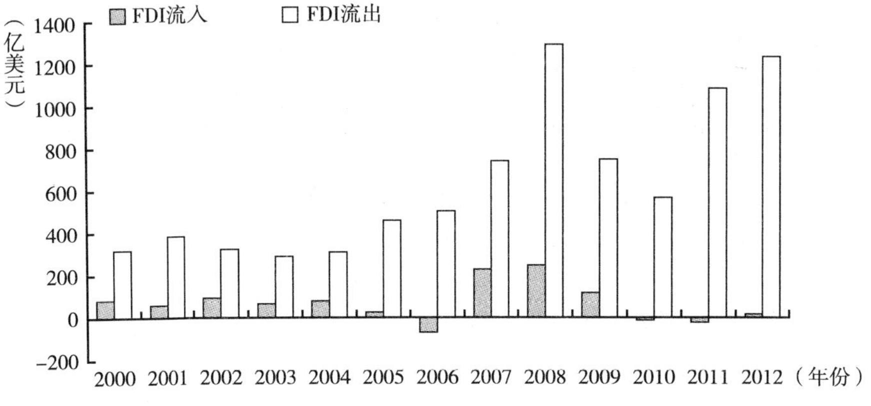

图5　2000～2012年日本外商直接投资流量

资料来源：作者根据联合国贸发会议数据库整理（http://unctadstat.unctad.org/fdistatistics）。

3. 中国

尽管全球外商直接投资在2012年下降了18%，但根据中国商务部的数据，中国对外直接投资逆势增长了17.6%，创下了878亿美元的历史纪录①，成为2012年世界第三大对外直接投资国（见图3）。自2003年中国商务部联合国家统计局、国家外汇管理局发布权威年度数据以来，中国对外直接投资流量实现连续10年增长，2002~2012年年均增速达到41.6%。然而由于中国对外直接投资起步较晚，虽然在流量上已经是世界第三，但存量截至2012年底位居世界第13位，为5319亿美元。

兼并收购是中国对外直接投资的重要方式。中国企业在2012年共实施对外兼并收购项目457个，实际交易金额434亿美元，均创历史新高（见图6）。从资金来源来看，63.6%的对外兼并收购投资依赖境内资金，主要是投资者自有资金以及境内银行贷款；余下36.4%（158亿美元）依靠境外融资。

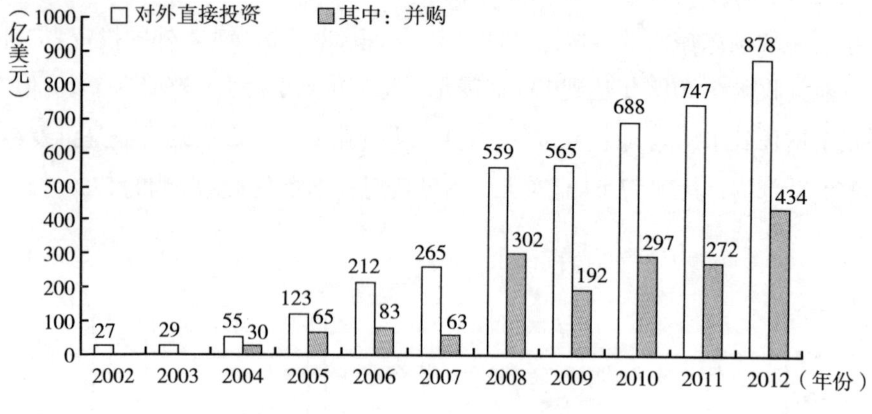

图6　2002~2012年中国对外直接投资

资料来源：作者根据中国商务部统计数据的整理。

在行业分布上，租赁和商务服务业仍然是中国对外直接投资的最大行业，在2012年达到267.4亿美元，比上年增长了4.5%，占中国对外直接投资总流量的30.4%。仅次于租赁和商务服务业的是采矿业（135.4亿美元，15.4%），批发和零售业（130.5亿美元，14.8%）以及金融业（100.7亿美元，11.5%），这四个行业占中国对外直接投资流量的72.1%。作为制造业大

① 联合国贸发会议的数据是840亿美元。

国，中国对制造业海外直接投资规模并不算大，这与中国国内仍具有成本优势有关。2012 年中国海外制造业直接投资 86.7 亿美元，比上年增长了 23.1%，占中国对外直接投资的 9.9%（见表 7）。

表 7　中国对外直接投资流量行业分布

	2012 年(亿美元)	同比增加(%)	占 2012 年比重(%)
租赁和商务服务业	267.4	4.5	30.4
采矿业	135.4	-6.2	15.4
批发和零售业	130.5	26.4	14.8
金融业	100.7	65.9	11.5
制造业	86.7	23.1	9.9
建筑业	32.5	97.0	3.7
交通运输、仓储和邮政业	29.9	16.5	3.4
房地产业	20.2	2.2	2.3
电力、煤气及水的生产和供应业	19.4	3.2	2.2
科学研究、技术服务和地质勘查业	14.8	109.2	1.7
农、林、牧、渔业	14.6	83.2	1.7
信息传输、计算机服务和软件业	12.4	59.7	1.4
居民服务、修理和其他服务业	8.9	170.9	1.0
文化、体育和娱乐业	2.0	87.0	0.2
住宿和餐饮业	1.4	16.8	0.2

资料来源：作者根据《2012 年度中国对外直接投资统计公报》整理。

虽然采矿业是中国对外直接投资的第二大行业，但其也是唯一在 2012 年投资下降的行业。2012 年，中国海外采矿业直接投资比上年下降了 6.2%。这主要是由于资源“超级周期”趋于结束，同时中国之前海外矿业投资大多遭遇了损失和困境，投资者因此变得更为谨慎。与采矿业海外直接投资下降相比，中国其他行业的海外直接投资均实现了不同幅度的增长。其中，涨幅最大的是居民服务、修理和其他服务业（增长 170.9%），科学研究、技术服务和地质勘查业（增长 109.2%），建筑业（增长 97%），文化、体育和娱乐业（增长 87%）以及农、林、牧、渔业（增长 83.2%）。而海外金融业直接投资首次超过 100 亿美元，达到 100.7 亿美元，比上年增长了 65.9%。

中国香港是中国对外直接投资的首要目的地（见表 8）。2012 年，58.4% 的中国对外直接投资流向了香港，达到 512 亿美元，比上年增长了 43.7%。

香港是中国对外直接投资的重要中转地。例如，三峡集团收购葡萄牙电力公司21.35%股权、万达集团收购美国AMC娱乐公司等以欧美为最终投资目的地的中国对外兼并收购实际上都记在了香港名下，通过香港地区再投资完成（王碧珺，2013）。因此，以投资控股为主要目标的租赁和商务服务业占到中国对香港直接投资的42.6%。

表8　2012年中国对外直接投资流量前十位国家和地区

	国家和地区	流量(亿美元)	比重(%)		国家和地区	流量(亿美元)	比重(%)
1	中国香港	512.38	58.4	6	澳大利亚	21.73	2.5
2	美国	40.48	4.6	7	委内瑞拉	15.42	1.8
3	哈萨克斯坦	29.96	3.4	8	新加坡	15.19	1.7
4	英国	27.75	3.2	9	印度尼西亚	13.61	1.5
5	英属维尔京群岛	22.39	2.6	10	卢森堡	11.33	1.3

资料来源：作者根据《2012年度中国对外直接投资统计公报》整理。

美国在2012年跃升为中国对外直接投资的第二大目的地，投资额达到40.48亿美元，较上年增长123.5%，占比4.6%。受美国页岩气革命的驱动，采矿业在2012年成为中国在美直接投资的第一大行业，占比为34.9%。制造业次之，占比为28.6%。此外，中国流向英属维尔京群岛、开曼群岛这些避税天堂的直接投资共计30.67亿美元，比上年下降了72.5%，占流量前20个国家（地区）的比重也由2011年的16.5%大幅下降到2012年的3.9%。

与中国对外直接投资快速增长相比，外商在华直接投资趋缓。2012年，外商在华直接投资1210亿美元，比上年下降了2.3%；实际使用外资金额1117.16亿美元，比上年下降了3.7%。从外部看，世界经济复苏乏力、欧债危机持续蔓延、美国等发达国家鼓励产业回归再加上来自其他发展中国家的竞争等因素都影响了外商在华直接投资。此外，中国国内要素成本增长过快以及投资环境恶化论的喧嚣也对外资造成了不利影响。

三　国际直接投资政策变化

外商直接投资对于东道国既有积极作用，也有不利影响。从现有文献的研究来看，积极作用包括：①直接或者间接创造就业；②降低本土企业的金融约束；③通过示范效应、竞争效应促进技术升级；④跨国企业进入垄断行业从而提高资源配置效率；⑤将本土企业融入全球生产链（Blomstrom and Kokko，1997；Narula and Dunning，2000；Javorcik，2004；Pietrobelli and Saliola，2008；Blalock etal.，2008）。

但消极影响同样存在：①虽然竞争效应能够提高效率，但也有可能会挤出本土企业，尤其是对中小企业带来较大的生存压力；②外商直接投资企业使用的所有资源，不管是土地还是劳动力或者其他生产要素等，都有机会成本；③带来污染等对环境的不利影响；④可能增加本土企业对外国资本的依赖性（Blomstrom and Kokko，1997；Aitken and Harrison，1999；Driffield and Taylor，2000；Hanousek et al.，2011）。

各国监管者已经意识到提倡投资自由化的同时也需要加强监管，从而最大化外商直接投资带来的正面作用，最小化不利影响。从国别政策来看，各国在吸引外商直接投资的同时更具有选择性，注重外资对于该国实现包容性经济增长的贡献，尤其关注创造就业、降低贫困和应对环境挑战等方面的议题，强调企业社会责任和负责任地投资。然而，各国对外资的干预也引起了投资保护主义的忧虑。

2012 年，至少有 53 个国家和经济体进行了 86 项涉及外商直接投资的政策变化，比上年增长了 28.4%。在这 86 项政策变化中：61 项（71%）涉及投资自由化/促进措施；20 项（23%）施加了新的投资限制性/监管政策；余下 5 项是中性的政策（见图 7）。虽然在每年的投资政策变化中，投资自由化/促进政策仍然占主导，但越来越多的国家强化了外商直接投资的监管环境。例如，限制性/监管政策占每年投资政策总变化的比重从 2000 年的 6.2% 上升到 2012 年的 23.3%，2010 年曾达到 32.1% 的历史高点。根据最新的数据，在 2013 年前 4 个月中，这一比例进一步上升到 38%。尤其值得注意的是，发达国家是新增限制性/监管投资政策的主体（UNCTAD，2013），这意味着在发达国家投资所面临的政策风险加大，2012 年发达经济体 FDI 流入比上年大幅下降了 32% 可能已经部分反映了这一风险。

2012 年新施行的针对外国投资者的政策既有跨行业的，也有与特定行业

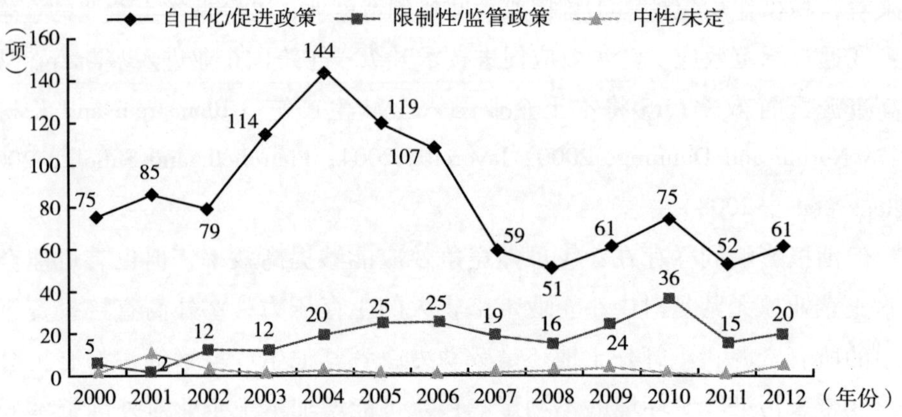

图 7　2010～2012 年不同类别投资政策的变化数

资料来源：作者根据 UNCTAD（2013）的数据整理。

相关的。其中，针对特定行业的投资政策变化占主体，为 80 项，比重 67%。从政策类型来看，几乎所有的自由化/促进投资政策都是跨行业的，惠及多个行业；而几乎所有的限制性/监管政策都是针对特定行业的（见表 9）。

表 9　2012 年分行业新增国别投资政策分布情况

行业	自由化/促进（%）	限制性/监管（%）	中性/未定（%）	政策措施总数(项)
跨行业	82	8	10	40
农业	60	40	0	5
采掘业	54	46	0	13
制造业	87	13	0	16
服务业	70	28	2	46
其中：电力、煤气和水	50	50	0	10
交通运输、仓储和通信	85	15	0	13
金融服务业	59	33	8	12
其他服务业	82	18	0	11
合　计	74	22	4	120

注：由于部分政策可以被分为多类，因此在总数上与图 7 不完全一致。

资料来源：联合国贸发会议投资政策监管数据库。

在针对特定行业的 80 项政策中，46 项（57.5%）发生在服务业，其中 70% 是自由化/促进政策。由于各国对于服务业的外商直接投资仍然有各种各样的限制，近年来投资政策的变化也多发生在服务业，且政策变化的方向以自由化为主。在2003年至2012年期间，在所有与特定行业相关的新增投资自由化/促进政策中，大约68%针对的是服务业开放。这一发展趋势在印度尤其明显。2012年，印度在零售、广播、非银行金融机构等多项服务业外商直接投资领域放松了管制。在这一自由化政策改革驱动下，相对于第一产业和制造业，2012年服务业外商直接投资表现略好，例如，服务业绿地类FDI投资额仅比上年下降了16%，投资项目数下降了8%

然而，针对外国投资者的新增限制性政策在采掘业、金融业和制造业等部分行业较为严重。从2000年到2012年，在所有与特定产业相关的新增限制性/监管投资政策中，39%针对的是采掘业，21%针对的是金融服务业，9%针对的是制造业（见图8）。除了这些与特定产业相关的新增限制性/监管投资政策外，采掘业、金融业和制造业等行业还受到适用众多行业的限制性/监管投资政策，所以实际上受到的限制/监管程度可能更高。在这一限制性监管政策影响下，2012年第一产业绿地类FDI比上年下降了67%，兼并收购类FDI比上年下降了66%，这一显著降幅主要是对采掘业和油气业投资的大幅下降造成的。

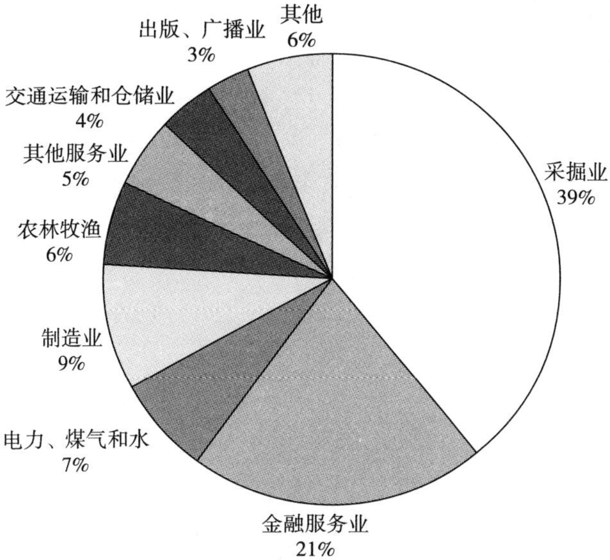

图8　2000~2012年受新增限制性/监管投资政策影响的行业分布

资料来源：联合国贸发会议投资政策监管数据库。

对外资的限制/监管程度加强的一个表现是许多国家强化了针对外国直接投资的国家安全审查或者经济效应评估。这主要针对的是越来越多来自国有企业和主权财富基金的投资以及对采掘业和农业等自然资源部门的投资，而在投资形式上的表现主要是跨境兼并收购。从2008年到2012年，约有32个跨境兼并收购由于监管或者政治原因未能成功完成，总交易额达到2650亿美元。2012年由于监管或者政治原因而未能成功完成的兼并收购交易占同期总未完成交易的22%，而这一数据在2010年为30%。

在因监管或者政治原因而未能完成的跨境兼并收购中，主要的阻碍因素包括：竞争政策占44%，经济效应测试占9%，政治反对占6%，国家安全审查占3%，其他监管审核占35%（见图9）。以上阻碍因素中部分针对的不仅是外国投资者。例如竞争政策不仅针对跨境兼并收购，也适用于国内兼并收购；不仅要考察跨境兼并收购对东道国市场竞争结构的影响，也延伸至在第三国的兼并收购对本国市场竞争的影响。而仅针对外国投资者的监管工具有对外资股权的持股比例要求，以及基于国家安全、产业政策、国家收益分析等考虑的对外资的审核流程。还有一些隐性的投资壁垒，例如有的政府可能对投资者施加政治压力使其知难而退，或者暗中支持国内的企业对外国投资者形成阻力等。

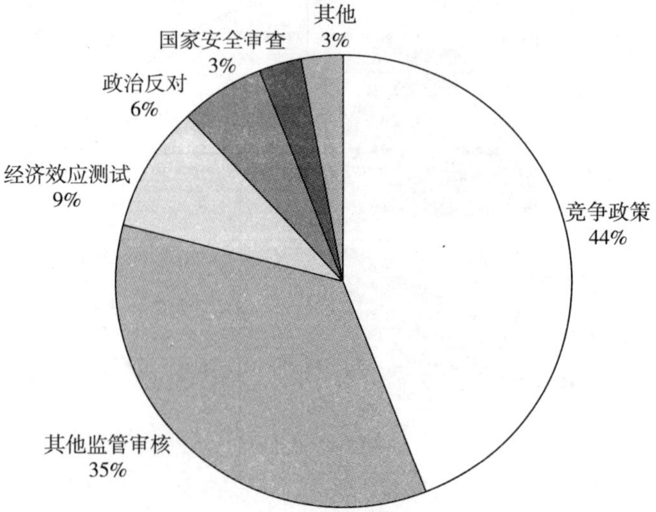

图9 2008~2012年受监管因素未能完成的跨境兼并收购

资料来源：UNCTAD（2013）。

四 前景展望

受到全球经济复苏动力不足和投资政策不确定性的影响，2012 年国际直接投资比上年大幅下降了 18%。跨国企业大多倾向于消化过剩产能，巩固资产负债表，而不是进行扩张性投资。这一情况在 2013 年不会有明显改观，预计 2013 年国际直接投资仍将接近 2012 年 1.35 万亿美元的水平。

但伴随着中期投资者信心的恢复，跨国公司有望将手头的现金转化为新的投资。根据联合国贸发会议发布的《世界投资前景调研（2013 ~ 2015）》，超过一半的受访者对 2013 年全球投资呈中性评价，但是对于 2014 年和 2015 年的投资前景评价大幅改善，而改善的主要原因在于对美国和金砖国家的经济看好。因此，预计国际直接投资在 2014 年达到 1.6 万亿美元，2015 年达到 1.8 万亿美元（UNCTAD，2013）。

然而，这一增长前景仍然面临各种风险和不确定性，这包括国际金融市场的波动，欧元区经济复苏的疲软以及影响投资者信心的政策不确定性增加。此外，即使达到以上预期，国际直接投资水平仍然低于 2007 年 1.97 万亿美元的高位值。

从投资来源国来看，根据联合国贸发会议对全球 64 家投资促进机构（IPA）的调查，只有不到 4% 的发达国家跨国企业预计他们到 2015 年会减少海外直接投资预算，而这一数字在发展中国家为 12%。与这一预计相一致的是，投资促进机构大多在中期内更加看好美国、德国、英国、日本、法国等发达国家的对外直接投资。不过由于中国近年来海外直接投资增长迅猛，有 60% 的投资促进机构认为中国是最为重要的对外直接投资来源国（见图 10）。

从投资目的地来看，延续 2012 年发展中国家 FDI 流入在历史上首次超过发达国家的趋势，发展中国家仍然更具吸引力。根据联合国贸发会议对 159 家企业进行的调查，前五位最有吸引力的投资目的地分别是中国、美国、印度、印度尼西亚和巴西，除美国外，余下四个都是发展中国家。前十位中还有另外两个发展中国家，分别是墨西哥和泰国。

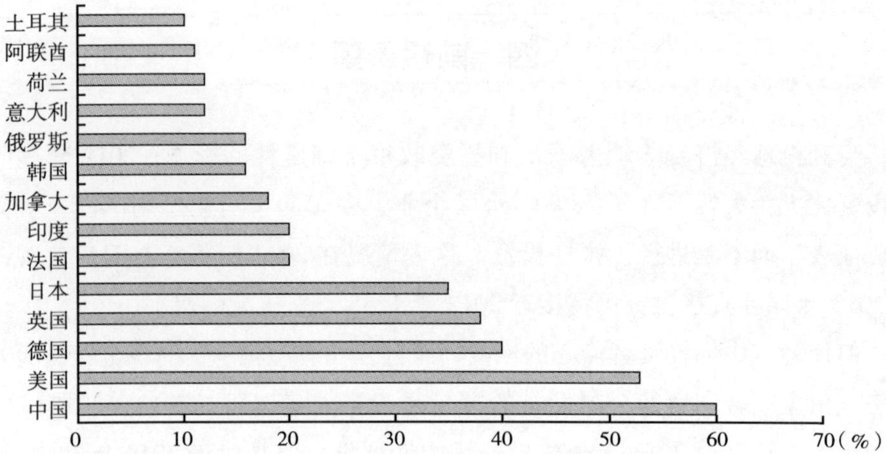

图 10　2013～2015 年最有潜力的对外直接投资国

注：图中的数值为投资促进机构选择最有潜力的对外直接投资国的百分比，例如有将近 60% 的投资促进机构认为最有潜力的对外直接投资国是中国。

资料来源：联合国贸发会议《世界投资前景调研（2013～2015)》。

参考文献

王碧珺：《被误读的官方数据——揭示真实的中国对外直接投资模式》，《国际经济评论》2013 年第 1 期，第 61～74 页。

Aitken, Brian J. , and Ann E. Harrison. "Do Domestic Firms Benefit from Direct Foreign Investment? Evidence from Venezuela". *American Economic Review*. 605－618. 1999.

Blalock, Garrick and Paul J. Gertler. "Welfare Gains from Foreign Direct Investment through Technology Transfer to Local Suppliers". *Journal of International Economics*. 74 (2): 402－21. 2008.

Blomstrom, Magnus and Ari Kokko. "How Foreign Investment Affects Host Countries". World Bank, International Economics Department, International Trade Division, 1997.

Driffield, Nigel, and Karl Taylor. "FDI and the Labor Market: A Review of the Evidence and Policy Implications". *Oxford Review of Economic Policy*. 16 (3): 90－103. 2000.

Hanousek, Jan, EvzenKocenda, and Mathilde Maurel. "Direct and Indirect Effects of FDI in Emerging European Markets: A Survey and Meta-analysis". *Economic Systems*. 35 (3): 301－322. 2011.

Javorcik, Beata S. "Does Foreign Direct Investment Increase the Productivity of Domestic Firms? In Search of Spillovers through Backward Linkages". *American Economic Review*. 94 (3): 605 - 27. 2004.

Narula, Rajneesh and Dunning, John H. "Industrial Development, Globalization and Multinational Enterprises: New Realities for Developing Countries". *Oxford Development Studies*. 28 (2): 141 - 167. 2000.

Pietrobelli, Carlo and Saliola, Federica. "Power Relationships along the Value Chain: Multinational Firms, Global Buyers and Performance of Local Suppliers". *Cambridge Journal of Economics*. 32 (6): 947 - 962. 2008.

UNCTAD. *World Investment Report* 2013: *Global Value Chains: Investment and Trade for Development*. New York and Geneva: United Nations Conference on Trade and Development. 2013.

Y.13

国际大宗商品市场形势回顾与展望

姚枝仲*

摘　要：

2014 年世界经济增长率将有所回升，但是大宗商品价格指数将会下降。这主要是因为世界经济增长率的回升引起通胀预期的提高和全球宽松货币条件的收紧。货币金融因素将主导 2014 年国际大宗商品价格下行。原油价格也将再一次出现下降趋势，2014 年将可能跌到 100 美元/桶的价格以下。

关键词：

大宗商品　石油需求　石油价格

一　大宗商品市场总体状况

国际大宗商品价格指数自美国金融危机以后的大跌以来，经历了一波快速回升的行情。自 2011 年 2 月以后，重返下跌态势。经过 2012 年 1～9 月的反复震荡以后，从 2012 年 10 月开始，再次呈现下跌之势。从 2012 年 9 月至 2013 年 8 月，以美元计价的大宗商品价格指数下降了 8.7%，以 SDR 计价的大宗商品价格指数下降了 7.6%。如果从 2011 年 2 月的高位开始计算，至 2013 年 8 月，以美元计价的大宗商品价格指数累计下降了 22.7%，以 SDR 计价的大宗商品价格指数累计下降了 20.5%[①]（见图 1）。

在上一年度黄皮书中曾经预计，2013 年国际大宗商品市场价格整体上可能

---

* 姚枝仲，经济学博士，中国社会科学院世界经济与政治研究所研究员，主要研究领域为国际经济学。

① 以上数据来自 UNCTAD STAT。如无特殊说明，本文数据均来自该数据库。

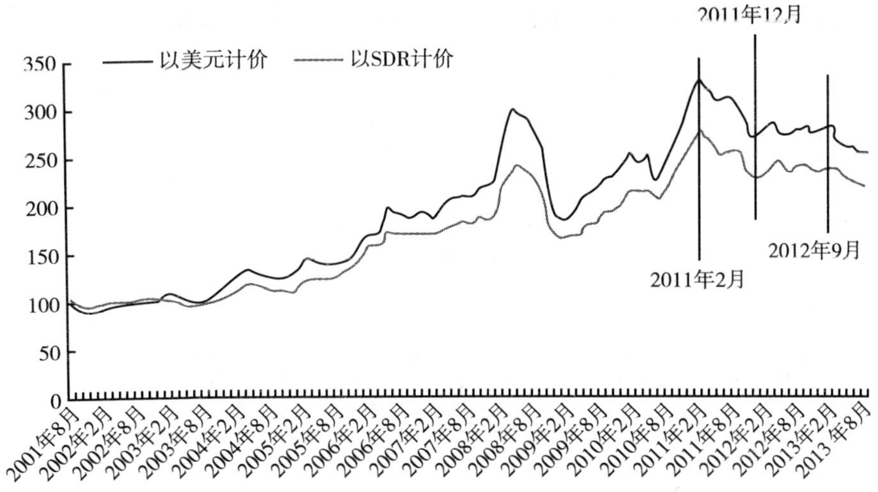

图1　大宗商品价格指数

资料来源：UNCTAD STAT。

出现稳中有升的情况。现在看来，这种情况并没有出现。究其原因，主要是预计中推动2013年大宗商品价格上涨的力量没有出现。根据2012年9月各机构对世界经济的预测，2013年世界经济增长率比2012年将有一定程度的提高。比如，国际货币基金组织在2012年7月《世界经济展望》中预测，世界GDP增长率将从2012年的3.5%上升到2013年的3.9%；在其2012年10月发布的《世界经济展望》中，虽然调低了对2013年世界经济增长率的预期，但仍然认为，世界GDP增长率将从2012年的3.3%上升到2013年的3.6%。鉴于此，在上一年度的分析中，本报告认为，2013年世界经济增长率的回升将推动国际大宗商品需求增长和价格上涨。事实上，世界GDP增长率在2013年不仅没有回升，反而出现了下降。因此，实体经济增长不仅没有成为推动大宗商品价格上涨的力量，反而通过需求增长放缓降低了大宗商品价格。另外，2013年虽然总体上仍然处于全球货币宽松的环境，但是，美国数量宽松退出的预期始终存在，即货币宽松程度降低的预期始终存在，国际资本并没有大规模流向大宗商品市场，因而货币金融因素在2013年也没有成为推动国际大宗商品价格上涨的主要力量。

从大宗商品分类价格指数来看，带动大宗商品整体价格指数下降的，主要是食品以及矿与金属（见图2）。

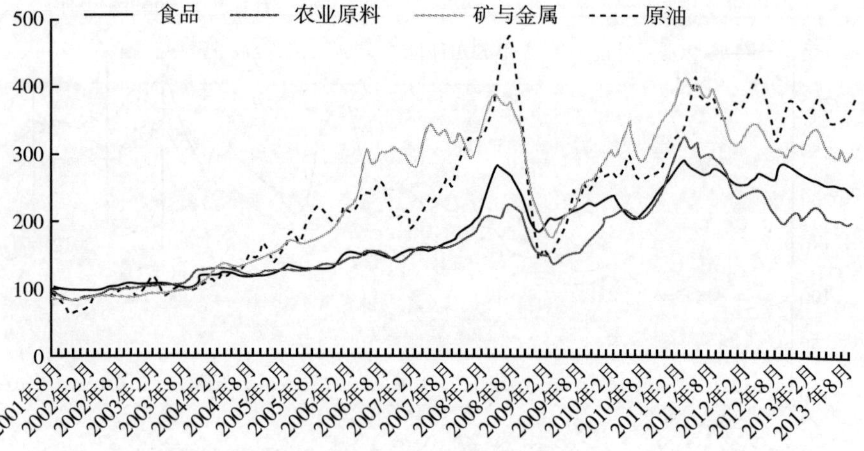

图 2　大宗商品分类价格指数

资料来源：UNCTAD STAT。

食品价格指数从 2011 年 12 月到 2012 年 7 月经历了一个短暂的上升，然后开始一路下降。从 2012 年 8 月到 2013 年 8 月，食品价格指数下降了 14%。其中，美国到鹿特丹的黄豆到岸价从 2012 年 8 月 684 美元/吨的高位，下降到了 2013 年 8 月的 516 美元/吨，下降幅度高达 25%。曼谷的大米出口离岸价格从 2012 年 5 月 612.4 美元/吨的高位，下降到了 2013 年 8 月的 503.8 美元/吨，下降幅度约为 18%。墨西哥湾的美国小麦离岸价格从 2012 年 9 月 382 美元/吨的高位，下降到了 2013 年 8 月的 314 美元/吨，下降幅度也大致为 18%。

矿物和金属价格指数自 2011 年 2 月起一直处于下行趋势中，2012 年 8 月至 2013 年 2 月经历了一个短暂的上升之后，于 2013 年 3 月开始又继续下降。2013 年 8 月，矿物与金属价格指数相对于 2011 年 2 月已经下降了 27%。其中黄金价格经历了一个长期的上升趋势之后，于 2011 年 9 月达到月度均价历史高位，该月 99.5% 标准金的伦敦下午定盘价均值达 1771.9 美元/盎司（约等于 57.0 美元/克）。此后至 2012 年 10 月，黄金价格高位震荡。从 2012 年 11 月开始，黄金价格快速下跌，至 2013 年 7 月，已经跌至 1285.52 美元/盎司（约 41.3 美元/克），相对于 2012 年 10 月下降了 26%。2013 年 8 月，黄金价格又有一定的回升，相比上月，99.5% 标准金的伦敦下午定盘价均值大约上升

5个百分点。伦敦金属交易所铜价从2011年2月9867美元/吨的月度均价历史高位，下跌到了2013年7月的6907美元/吨，跌幅为30%。铝价从2011年4月2662美元/吨的高位下降到了2013年7月的1770美元/吨，跌幅为34%。铁矿石价格指数波动加大，2011年2月到2012年9月暴跌了47%，此后至2013年2月间又暴涨了55%，接下来的4个月中又累计下跌了26%，2013年7~8月再一次回升了20%①。

农业原料价格仍然处于2011年2月以来的下行趋势中，但从2012年8月至2013年8月，其价格指数只有轻微的1个百分点的下降。属于最近一年中价格最稳定的大宗商品。

原油价格仍然没有表现出明显的变动趋势，继续反复剧烈波动。2012年9月到2013年8月，布伦特轻质油、迪拜中质油和得克萨斯重质油的平均价格曾于2012年4月下探至98.85美元/桶的低价，又于2013年8月回升到了108.06美元/桶的高价。

以下主要从实际供需状况和货币金融两个方面来考察当前和未来国际大宗商品价格变动的主导力量。在实际供需方面，主要考察石油市场供需状况和中国对主要大宗商品的需求状况；在货币金融方面，我们假定黄金价格充分反映了货币金融因素对大宗商品市场的影响，并从黄金与其他大宗商品相对价格的稳定值来考察大宗商品价格的运动趋势。

二　石油的实际供需状况

2012年全球石油平均日需求量约为9000万桶，相对于2011年的8890万桶/天，增长了1.2%。2012年世界GDP增长了3.2%，石油需求收入弹性为0.38，即1个百分点的世界GDP增长带动了0.38个百分点的石油需求增长。石油需求收入弹性显著下降的过程暂时中止。考虑到各国对碳排放和能源效率的重视，石油需求的收入弹性未来仍将继续下降。国际能源署预计2013年全球石油平均日需求量将达到9090万桶，相比2012年增长1%，预计石油需求

① 这里使用的是中国进口铁矿石现货价格指数。

收入弹性约为0.34。2014年全球石油平均日需求量将达到9200万桶，比2013年增长1.2%，石油需求收入弹性继续下降至0.33（见表1，本节引用石油数据均可参见表1）。

表1 世界石油供需状况

单位：百万桶/天

年份	2010	2011	2012	2013Q1	2013Q2	2013	2014
需求							
OECD	47.0	46.5	46.0	45.8	45.4	45.7	45.4
Non - OECD	41.4	42.5	44.0	44.1	45.0	45.2	46.6
亚洲	19.6	20.3	21.1	21.6	21.7	21.7	22.3
拉美	6.1	6.2	6.4	6.4	6.6	6.7	6.7
中东	7.3	7.4	7.7	7.5	7.9	7.9	8.1
非洲	3.5	3.5	3.7	3.8	3.8	3.8	4.0
总需求	88.4	88.9	90.0	90.0	90.5	90.9	92.0
供给							
OPEC	34.7	35.8	37.6	36.8	37.2		
Non - OPEC	52.7	52.8	53.4	53.9	54.1	54.6	56.1
OECD	18.9	19.0	19.9	20.6	20.5	20.8	21.7
Non - OECD	29.8	29.9	29.5	29.7	29.5	29.6	30.1
总供给	87.4	88.6	90.9	90.7	91.3		
供给 - 需求	-1.0	-0.3	0.9	0.7	0.8		

资料来源：IEA，Oil Market Report，September 2013。

从区域和国别看，全球石油需求结构正在发生根本性的变化。这一变化有两个特点：一是OECD国家的石油需求在2010年达到了4700万桶/天的峰值，此后开始下降。2011年下降到了4650万桶/天，2012年下降到了4600万桶/天。预计2013年将继续下降至4570万桶/天，2014年将下降至4540万桶/天。OECD国家的石油需求并没有随着经济增长而增长，反而出现了下降，这是国际能源市场上的一个重大变化，反映了发达国家在能源结构和能源使用效率方面有重大进展。更准确地说，反映了发达国家能源效率改善和能源替换的速度高于经济增长的速度。二是全球石油需求正在逐渐由以OECD国家为主的结构转变为以非OECD国家为主的结构。在2010年OECD国家的石油需求峰值期，OECD国家在全球石油需求中的比例还有53%，到2012年已经下降至51%，预计2013年将进一步下降至50.3%。到2014年，

OECD 国家在全球石油需求中的比例将首次下降到 50% 以下。国际能源署预计，2014 年 OECD 国家在全球石油需求中的比例将为 49%，而非 OECD 国家的比例将上升至 51%。

从供给面看，全球石油供给在经历了金融危机时期的短暂下滑后，于 2010 年开始持续增长，且增长速度快于需求增长速度。到 2012 年，全球石油供给达到了 9090 万桶/天，超过需求 90 万桶/天。2013 年第一季度和第二季度，全球石油供给仍然分别超过需求 70 万桶/天和 80 万桶/天。在 2010 年至 2012 年的石油供给增长中，石油输出国组织（OPEC）作出了较大的贡献。OPEC 在 2011 年增加石油供给 110 万桶/天，而当年的全球石油供给仅增加 120 万桶/天。2012 年 OPEC 增加石油供给 180 万桶/天，当年全球石油供给增加 230 万桶/天，OPEC 在石油供给增量中的贡献达 78%。不过，到了 2013 年，OPEC 的石油供给并没有继续增加，反而出现了略微的下降。全球石油供给的增长主要来自美国和加拿大。2013 年前两个季度，美国和加拿大合计的石油供给量相比 2012 年全年平均水平分别增长了 95 万桶/天和 86 万桶/天。在 2013 年第一季度，全球石油供给量相比 2012 年全年平均水平反而下降了 20 万桶/天，2013 年第二季度仅增长了 40 万桶/天。可见美国和加拿大已经成为全球石油供给增长的主要来源地。这主要是由于北美非常规油气资源的加速开采。

另外，2012 年和 2013 年石油供给远远超过实际需求，但石油价格并没有明显的下降，仍在高位反复波动。这一方面是因为中东局势动荡对石油供给波动的预期始终存在，另一方面也说明石油价格的短期波动并不完全受实际供需支配，而受货币金融因素的影响较大。

三　中国因素

中国需求是国际大宗商品市场一个重要的影响因素。在表 2 统计的 17 种主要大宗商品中，2012 年中国进口额约为 5113 亿美元①，占世界各国对这 17

① 约占中国 2012 年进口总额的 28%。

类产品进口总额的18.6%（本节数据主要参考表2）。相比2011年，中国的进口份额增加了0.6个百分点。

表2 中国大宗商品进口在全球中的份额

	全球进口额（2012年）	中国进口额（2012年）	中国份额		中国进口比例的变化与2011年相比	
	亿美元	亿美元	价值(%)	数量(%)	价值(%)	数量(%)
农产品						
谷物	888	48	5.4		3	
稻谷	150	11	7.5	10.9	4.5	8
大豆	524	350	66.7	66.9	2.6	3.3
橡胶	264	68	25.8	27.7	-0.4	1
原木	159	73	45.9	29.4	-3.1	-10.7
羊毛	113	36	31.9		5.6	
棉花	483	187	38.7		11.3	
金属及金属矿						
钢铁	3614	233	6.4		-0.6	
铁矿	1487	956	64.3	67.9	-0.2	2.8
铜及制品	1538	545	35.4		3.4	
铜矿	500	169	33.9	36.4	2.2	1.3
铝及制品	1386	96	6.9		0.4	
铝矿	40	19	47.3	52.7	-5.2	-6.7
氧化铝	105	18	17.3	17.3	9.7	9.6
铅矿	79	32	39.7	59.0	1.1	2.5
锌矿	73	12	17.1	21.7	-9.5	-8.2
镍矿	68	52	76.7	87.2	6.3	1
能源产品						
原油	16040	2208	13.8	17.6	0.9	5
合　计	27512	5113	18.6		0.6	

注：表中产品名称均为对应的海关HS分类名称的简称。其对应的代码分别为谷物10，稻谷1006，大豆1201，橡胶4001，原木4403，羊毛51，棉花52，钢铁72，铁矿2601，铜及制品74，铜矿2603，铝及制品76，铝矿2606，氧化铝281820，铅矿2607，锌矿2608，镍矿2604，原油270900。

资料来源：联合国COMTRADE数据库。

中国需求对国际市场影响最大的是金属矿市场，尤其是镍矿、铁矿和铝矿。中国对这三类金属矿的进口在全球进口总额中的比例分别为76.7%、64.3%和47.3%。2012年中国镍矿进口在全球中的份额提高了6.3个百分点，对铝矿和铁矿的进口份额则分别下降了5.2个和0.2个百分点。中国的铁矿石进口不仅份额大，而且规模也大。2011年全球铁矿石进口总额为1487亿美元，中国进口额达956亿美元。另外，中国对铜矿、铅矿的进口在国际市场上的份额也均在1/3以上。

2012年中国在国际金属矿市场上继续得到了比较好的交易条件。表2的数据显示，在所有金属矿的国际市场份额中，中国进口额的份额均要低于进口量的份额，即中国对各类金属矿的进口价格，均要低于国际市场平均价格。以铁矿石为例，2012年中国进口的铁矿石平均价格为128.6美元/吨，而国际市场平均价格为135.9美元/吨，中国的进口价格比国际市场价格平均每吨低7.3美元。2012年中国进口的铁矿石高达7.43亿吨。也就是说，相对于国际市场平均价格，中国在铁矿石进口上少花了约54亿美元。这并不是因为中国进口份额大获得的买方市场垄断力量。在2011年以前，中国铁矿石进口的快速增长和在国际市场上份额的快速提升，总是使得中国处于不利的市场交易条件下，中国的铁矿石进口价格总是比国际市场进口价格要高。为什么这种情况在2011年以后发生了变化呢？是铁矿石市场的基本结构发生了长期的根本性的变化，还是暂时的市场环境的变化造成的？现在看来，恐怕主要是市场环境的短期变动引起的。2011年全球铁矿石需求快速增长的势头得到遏制，国际铁矿石市场开始出现供给过剩的现象，国际铁矿石价格转而开始下降。在这种情况下，中国需求成为了各供应商争相争取的市场目标，各供应商愿意以更优惠的条件向中国出口。其结果使得中国在2012年的铁矿石进口量虽然增加了8%，但是支付的美元反而减少了15%。

中国对国际农产品市场也有重大影响，尤其是在大豆市场上。中国对大豆的进口占全球大豆进口总额的比例从2002年以来不断上升，至2012年已达66.7%，相当于整个国际市场的2/3。中国对棉花和羊毛的进口占全球的份额也均在逐步提高，2012年分别达到了31.9%和38.3%。中国对国际粮食市场的影响则比较小，国内粮食市场自给自足的程度依然很高。但是，2012年中国对谷物（包括小麦、大麦、燕麦、玉米、稻谷、高粱等）的进口占全球的份额提高较快，达到了5.4%。其中稻谷的进口占全球进口的份额提高了4.5个百分点，达到了7.5%。另外，中国对原木和橡胶的进口占国际市场的份额在2012年出现了轻微下降。

原油是中国另一个大宗商品的进口大项，是中国大宗商品进口额最大的品种。2012年全球原油进口额为16040亿美元。其中美国是最大的进口国，2012年进口额达3219亿美元，中国居第二位，2012年进口额为2208亿美元。中国2012年的原油进口额比2011年增加了12%，美国却下降了6%，以至于2012年中国原油进口占全球原油进口的比例比2011年上升了0.6个百分点，达到了13.8%；而美国则下降了2.4个百分点，只有20.1%了。2012年中国在原油进口市场上最大的变化是进口价格比国际市场价格更低了。由于中国原油进口额远大于铁矿石进口额，因而在原油市场上获得价格低的好处比铁矿石更有意义。与国际原油市场的平均价格相比，中国的原油进口大约节约了615亿美元。

总结中国需求在2012年国际大宗商品市场上的表现，可以得到两条基本结论：其一，在大宗商品市场供给不足的价格上涨时期，像中国这样的大额需求方将处于不利的市场交易地位，其交易价格将高于市场平均价格；而在大宗商品市场供给过剩的价格下降时期，像中国这样的大额需求方将处于有利的市场交易地位，其交易价格将低于市场平均价格。其二，中国获得的良好市场交易条件是短期的，是市场环境的变化引起的，而不是市场结构发生了根本性的变化。中国要想长期获得较好的交易条件和定价能力，还需要进行更多的市场建设。

四　货币金融因素

在上一年的世界经济黄皮书中，考察货币金融因素对大宗商品市场的影响时，把黄金价格的变动当做货币金融因素影响大宗商品市场的代理变量。之所以通过黄金来间接考察货币金融因素的影响，主要是因为黄金具有很好的货币金融属性，其价格变动与货币金融市场之间具有更好的联动性。同时，黄金也是一种大宗商品，黄金价格和其他大宗商品价格指数之间保持了高度的相关性。或者说，如果以黄金作为计价货币，各类大宗商品价格在较长的时间序列中都是比较稳定的。以石油为例，在石油危机以前的1970年，原油平均价格是2.11美元/桶，按当时的金价计算，相当于1.88克黄金/桶；到2013年8月，原油平均价格是108.06美元/桶，按当月黄金价格计算，相当于2.49克/桶。按现价美元计算，原油价格在43年间，涨了50倍；而按现价黄金价格计算，原油价格在43年间，仅仅上涨了32%。由此，这里假定，黄金价格和其他大宗商品价格乃至整个大宗商品价格指数之间存在一个稳定的相对比价的均衡值，黄金与其他大宗商品相对价格的实际值在稳定值附近波动，当其偏离相对比价的稳定值时，就会出现向稳定值运动的趋势。这样，我们只要得到黄金与大宗商品相对价格的稳定值以及黄金价格本身的变动趋势就能大致预测大宗商品价格的运动趋势。①

黄金价格与其他大宗商品价格相对比价的稳定值，可能是固定不变的，也可能是随时间变动存在某种变动趋势。以下我们主要考察黄金价格和大宗商品价格指数的相对比价以及与原油价格之间的相对比价。从图3可以看出，以黄金计价的大宗商品价格指数在20世纪70年代，呈一个明显的下降趋势，而从1980年1月以来，并没有明显的上升与下降趋势。以黄金计价的原油价格从1970年1月以来就一直没有表现出明显的上升与下降趋势。由此，可以大致认为，从1980年1月以来，黄金价格与大宗商品价格指数以及原油价格之间的相对比价存在一个固定不变的稳定值。这个稳定的比价关系就是以黄金计价的大宗商品价格指数的均值和以黄金计价的原油价格的均值。

图4a显示，2013年8月，大宗商品价格指数与黄金价格的相对比价低于长期稳定值，并且正在趋向长期稳定值，因而未来一段时间内，这一比价会逐渐提高。大宗商品价格指数与黄金价格相对比价的提高，可以通过两种方式来实现。一是通过大宗商品价格指数的上升，二是通过黄金价格的下降。本年度报告中对黄金价格的专题分析指出，2013年下半年和2013年，黄金价格趋向于下行，因而大宗商品价格指数与黄金比价的上升将主要通过黄金价格下降来实现。黄金价格下降说明货币金融因素并不支持大宗商品价格上涨，反而有引起大宗商品价格下降的趋势。不过，大宗商品价格指数与黄金价格相对比价的上升趋势表明：大宗商品价格指数虽然会随着黄金价格下降而下降，但是大宗商品价格指数的下降幅度会比黄金价格的下降幅度低一些。

图4b显示，2013年8月，原油价格与黄金价格的比价高于长期稳定值，并

---

① 本书专题《全球黄金价格的波动趋势与影响因素》对黄金价格变动趋势有详细分析，这里重点考察黄金与其他大宗商品之间的相对价格。

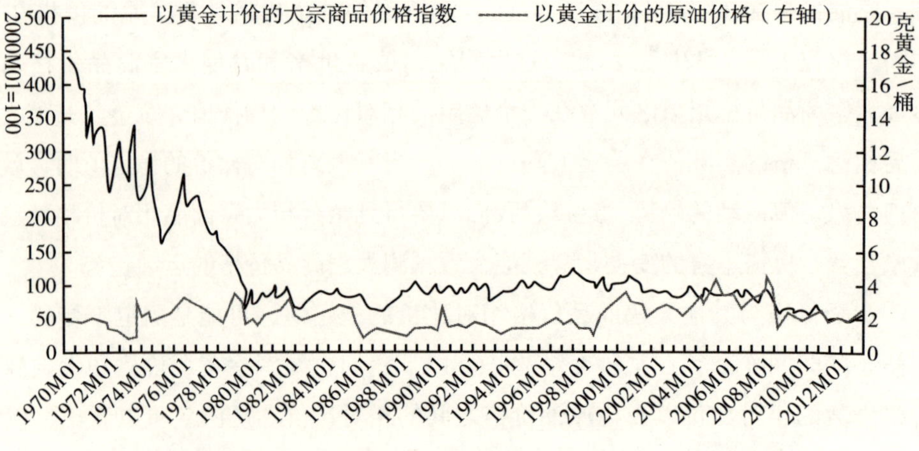

图3　以黄金计价的大宗商品价格指数和原油价格（1970.1～2013.8）

注：原油价格根据布伦特轻质油、迪拜中质油和得克萨斯重质油的平均价格计算。黄金价格为99.5%标准金的伦敦下午定盘价的月度平均值。以黄金计价的大宗商品价格指数以2000年1月为100。

资料来源：UNCTAD STAT。

且仍然在继续走高。这一趋势说明，未来一两个季度的原油价格与黄金价格比价极有可能继续上升，但是在此之后，原油与黄金的比价将逐渐回落。原油与黄金相对价格的回落可以通过原油价格的下降来实现，也可能通过黄金价格的上升来实现。但由于未来黄金价格更可能趋于下降，因而原油与黄金相对价格的下降只能通过原油价格下降来实现，而且原油价格比黄金价格下降得更快。

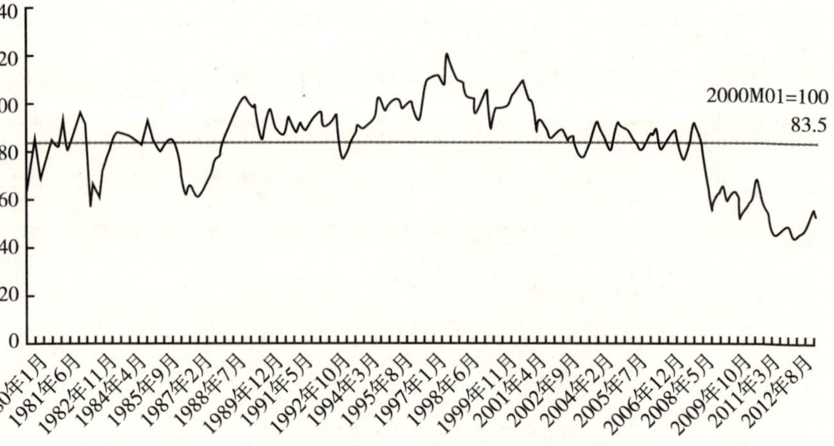

图4a　大宗商品价格与黄金价格之比的稳定值

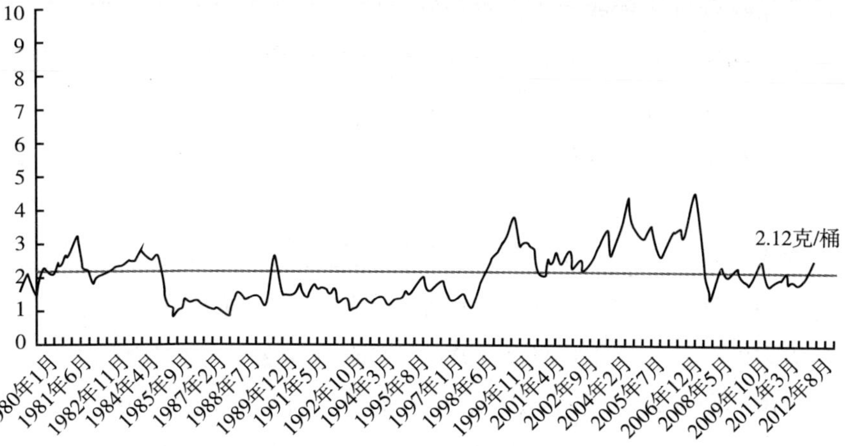

图 4b　原油与黄金比价的稳定值

资料来源：UNCTAD STAT。

五　小结与展望

2013 年世界经济增长率下滑，导致全球对大宗商品的需求增长放缓，同时，美国数量宽松政策退出预期的存在和对欧美政府债务问题的担忧，使得国际货币金融市场的流动性并没有大规模流入大宗商品市场，两者同时作用导致国际大宗商品综合价格指数在 2013 年出现了下降。原油市场虽然总体上仍供过于求，但由于伊朗与叙利亚问题引起中东原油供应不稳定的预期，2013 年原油价格并没有下降，而是仍在高位震荡，并在 2013 年 8 月回升到了 108.06 美元/桶的高价。

2014 年世界经济增长率将有所回升，但是大宗商品价格指数并不会随着需求的回升而上涨。其原因主要是货币金融因素并不支持大宗商品价格上涨。世界经济增长率的回升和通胀预期的提高，尤其是美国经济的恢复、就业市场的改善和数量宽松政策的逐渐退出，全球宽松的货币条件将有所收紧，作为兼具货币属性和大宗商品属性的黄金，其价格将在 2014 年继续下降。考虑到其他大宗商品价格与黄金价格在长期内有一种趋向于一个稳定的相对比价的特性，大宗商品综合价格指数在 2014 年也将出现下降趋势。在 2013 年 8 月，由于大宗商品综合价格指数与黄金价格的比值低于长期稳定值，而原油与黄金的比价高于长期稳定值，因而，大宗商品综合价格指数的回落幅度将低于黄金，而原油价格的回落幅度将高于黄金。

石油市场的供需结构正在发生一些长期性的变化。在需求方，全球石油需求的收入弹性还在不断下降，即 1 个百分点的世界 GDP 增长带来的石油需求的增长率正在逐渐降低，尤其是 OECD 国家能源效率的改善速度和能源替换的发展速度快于其经济增长的速度，以至于 OECD 国家可以在经济增长的同时实现石油需求的下降，这也将导致 2014 年 OECD 国家的石油需求占全球石油需求的比重第一次下降到 50% 以下。在供给方，世界石油供应的增长已经从主要依赖于 OPEC 转向了主要依靠美国和加拿大。这使得世界石油市场降低了对 OPEC 的依赖度，也将减少中东北非政局动荡对世界石油市场带来的冲击。考虑到 2014 年世界石油需求将增长缓慢、石油供给增长发生的结构变动以及货币金融因素对石油价格造成的下行压力，我们预计，原油价格很有可能在 2014 年出现明显的下降，很可能再一次跌到 100 美元/桶以下。

热　点　篇

Hot Topics

Y.14

发达国家公共债务管理改革与政策协调

何 帆　肖立晟*

摘　要：

美国金融危机以及随后欧洲主权债务危机的爆发凸显了加强公共债务管理的必要，暴露了公共债务管理与货币政策之间的潜在冲突。完善现行公共债务管理规则成为全球经济治理当务之急。在此次全球金融危机期间，发达国家国债市场同时承担了货币政策传导和政府融资功能，中央银行致力于将投资者的资金从长期国债市场挤入短期资本市场，降低投资者的债务久期，而公共债务管理者则试图在低利率环境下发行长期债券并延长债务久期，降低债务成本，二者的政策效果在一定程度上相互

* 何帆，经济学博士，中国社会科学院世界经济与政治研究所研究员，主要研究方向为宏观经济，国际金融；肖立晟，经济学博士，中国社会科学院世界经济与政治研究所助理研究员，主要研究方向为国际金融。

抵消。随着发达国家相继退出量化宽松货币政策，国债利息将会迅速增长，潜在风险不容忽视。未来需要加强公共债务管理与其他宏观经济政策的协调，避免公共债务管理政策与其他政策的目标冲突和相互影响。

关键词：

公共债务管理　量化宽松货币政策　政策协调

一　引言

全球金融危机爆发后，发达国家的公共债务水平迅速上升。截至 2012 年底，包括德国在内的主要发达国家公共债务占 GDP 比重均高于 80%，日本、希腊、意大利、葡萄牙、美国等少数缺乏财政纪律的国家，公共债务比重已经突破 100%（见图 1）。根据 IMF（2012）[①] 的预测，在未来 5 年内发达国家将会继续面临主权债务危机或财政整固的压力。这表明，全球金融危机已从短期的流动性危机转变为中长期的债务危机。各国政府如何应对公共债务的压力，直接关系到危机的走势及后危机时代的国际经济与金融格局。

与此同时，为了应对国际金融危机，美英欧日先后启动了大规模的量化宽松货币政策（见图 2）。其中，美国首先在 2008 年 9 月购买 3000 亿美元长期国债，其后再次购买了 6000 亿美元国债，并进一步推出了扭曲操作，将美联储持有的国债组合中的短期债券置换为长期债券；英国自 2009 年开始每年均实施购买资产的量化宽松政策，购买资产总规模已经达到 3750 亿英镑；欧央行则通过两轮 LTRO（长期再融资计划）购买了约 1 万亿欧元的资产；日本在近期推出了超宽松货币政策，每月购买约 7.5 万亿日元日本国债。上述量化宽松货币政策对于稳定金融市场，刺激经济增长发挥了重要作用。值得注意的是，这类非常规的货币政策同时也影响到各国公共债务管理：一方面各国央行购买大量财政部发行的长期债券，压低了利率水平，降低了财政部新增债务的融

① IMF World Economic Outlook. 2012.

资成本；另一方面，在低利率环境下，财政部延长了债务的久期。中央银行与公共债务管理部门之间的联系日益紧密，相互之间的政策影响也出现了重合点。

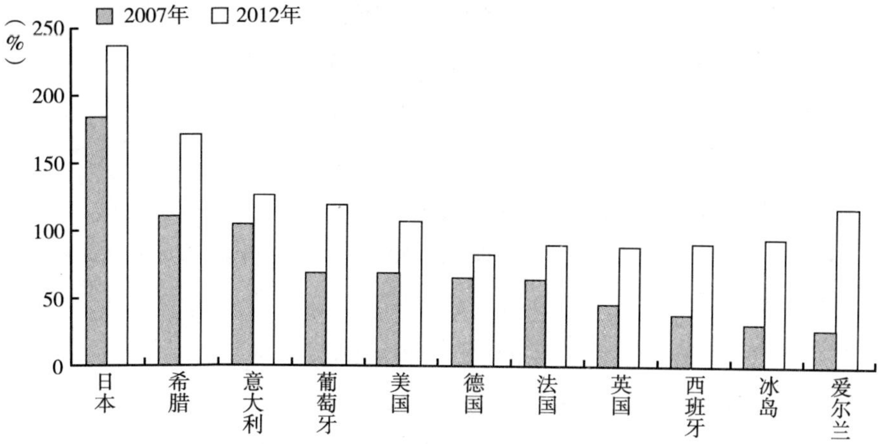

图1　发达国家公共债务占GDP比重

资料来源：IMF WEO数据库。

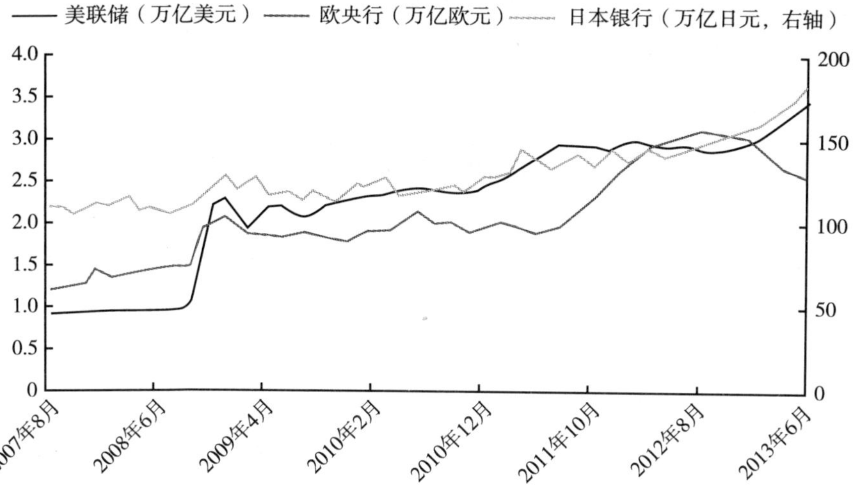

图2　各国央行资产总额

资料来源：Datastream。

在全球金融危机爆发前，发达国家中央银行与公共债务管理部门各司其职。公共债务管理部门主要侧重于长期国债市场操作。根据IMF（2003）公布的《公共债务管理指南》，政府债务管理的目标可概括为：在可接受的风险水平下，使发债成本从中长期看来最小化。其关键的决策变量是政府债务规模和政府债务组合的平均期限。[①] 与之相对应，各国中央银行则主要侧重于以短期债券进行公开市场操作，通过短期利率传递货币政策，维持物价稳定。

然而，全球金融危机爆发后，主权债务管理和货币当局的操作环境发生了巨大的变化。雷曼兄弟倒闭让全球短期资金市场瞬间崩塌，发达国家一年期内的利率水平降至零，央行无法通过买卖短期国债来进一步降低利率，从而刺激经济。因此，央行开始直接进入长期国债市场，通过购买长期国债，影响长期融资利率。在这种情况下，长期国债市场同时出现了两个官方主体：央行和财政部。[②] 二者作为债券市场极为重要的行为主体，显然不能被看做单纯的价格接受者。在危机期间，过高的公债水平导致货币政策模式出现转变，财政支配模式（fiscal dominance）一定程度上取代了通胀目标制（Turner，2011），货币政策目标发生变化。美欧相继执行量化宽松政策的目的之一正是降低国债收益率成本，保证公共债务规模在短期内可持续。这实际上是让中央银行既负责货币政策维持物价稳定，又负责公共债务管理。而这将会面临潜在的利益冲突。

二　公共债务管理的发展与缺陷

在 20 世纪 90 年代中期，各国政府已经充分认识到政府债务的构成对政府资产负债表的风险状况有重要意义，公共债务的质量也会对金融市场产生重要影响。随后，IMF 和世界银行开始着手建立公共债务管理制度，在 2001 年制定了“公共债务管理的指导原则”，在 2003 年做了进一步修订。OECD 在 2002 年发布了两份关于“以尽可能低的成本、在可以接受的风险范围内筹集、管理和偿还公共债务的先进实践”的报告，并在 2005 年对管理不同类型风险的先进实践进行了更加详细的阐述。这些指导原则对于各国政府的债务管理发

① IMF W B. *Guidelines for Public Debt Management*. The International Monetary Fund and the World Bank. Washington, DC, 2001: 26 – 28.

② 此处假定各国是由财政部管理政府公共债务。

挥了重要的作用，有效地加强了债务成本管理。但是，全球金融危机爆发后，货币政策对公共债务产生了重大影响，如何协调债务管理与其他宏观经济政策的关系成为各方关注的焦点。

1. 公共债务管理的历史演进

现代意义上的公共债务管理发源于20世纪80年代。① 而在此之前，公共债务管理并没有一个清晰的目标，也缺乏有力的政策框架支撑，融资决策常常基于政治因素驱动，或者出于权宜之计。公共债务管理没有一个统一的框架，受制于多个部门但是相互之间彼此割裂，债务管理通常只是作为货币政策的附属活动。

公共债务管理政策的出现主要受当时一系列宏观经济因素的推动。20世纪70～80年代，世界主要经济体进入“滞胀”时期，凯恩斯主义并没有有效刺激经济复苏，反而造成各国政府债务累积到不可持续的水平，最终导致80年代初期拉美国家爆发债务危机，为各国加强公共债务管理敲响了警钟。此外，这一时期还有其他几个因素对公共债务管理形成推动。第一，20世纪70～80年代，布雷顿森林体系的崩溃以及随后爆发的两次石油危机造成汇率和利率波动加剧，冲击了政府的资产负债表，造成政府收入的不确定性迅速增加。第二，20世纪70年代金融自由化和全球化的发展，为公共债务管理提供了机会。金融衍生产品的出现、全球金融市场的融合使得公共部门借款者可以接触到更多的融资工具，并扩大了融资来源。金融监管的放松促进了国内债券市场的发展，公共债务管理决策得以从货币政策中分离出来。第三，经合组织国家（如爱尔兰、新西兰、瑞典等）公共债务管理经验为其他国家作出了示范效应，特别是对于一些拉美国家公共债务管理影响深远。

20世纪90年代，新兴市场国家爆发债务危机之后，开始意识到运用公共债务管理工具应对国际金融冲击的必要性。这些危机，包括1994年的墨西哥危机、1997～1998年的亚洲危机、1998年的俄罗斯危机和1998～1999年的巴西危机，都源于政府的资产负债表出现了较严重的货币和期限错配，以及或有

① Anderson, P.：《公共债务应该由独立的机构管理吗?》，参见麦克·威廉姆斯编《政府债务管理：新趋势与挑战》，张伟、余亮等译，中国金融出版社，2010。

负债转化为真实负债。

2008 年美国金融危机以及随之爆发的欧洲主权债务危机更是凸显了公共债务管理的必要。此前，公共债务管理在发展中国家显得更为紧迫，美国金融危机爆发之后，主要发达经济体公共债务问题日益突出。美国政府债务规模频频临近债务上限，引发市场对其国债违约的巨大担忧；日本政府债务规模已经突破 GDP 的 200%，成为世界上债务占比最高的国家；欧洲直接爆发债务危机，目前仍在危机的泥潭苦苦挣扎。鉴于发达经济体对于全球经济的影响，其公共债务管理问题显得更为重要。

总体而言，公共债务管理大体上经历了四个阶段。① 在第一阶段，政府主要依赖非市场工具进行债务融资。此时债务管理非常有限，主要用来记录相关借款以及债务偿付交易。这一时期，国内债券市场发展落后，政府主要依赖银行贷款或国际金融机构的优惠贷款满足融资需求。债务管理并无一个独立的部门负责，只是在货币政策或财政政策框架下有所涉及。

在第二阶段，政府开始从原来的非市场型融资向市场型融资过渡。在这一阶段下，国内债券市场开始发展，并推动政府融资从银行主导型向市场主导型过渡，债券发行成为政府的主要融资来源，但是也由此造成市场风险加大。因此，这一阶段公共债务管理最主要的特征是开始重视风险管理。政府开始建立独立的债务管理部门，并逐渐从财政政策和货币政策框架中分离出来。

在第三阶段，政府开始使用资产和负债管理（Asset-Liability Management，ALM）方法对债务进行管理，而不是像先前阶段仅仅关注政府债务。同时，政府公共债务管理也不仅仅只关注显性债务，对于或有负债也给予了更多关注。

在第四阶段，财政部通过资产和负债管理方法为其他政府机构或地方政府单位提供国库服务。这一阶段较第三阶段最大的不同是，财政部可以让其他机构提供代理服务，例如爱尔兰公共债务管理主要由爱尔兰国库管理局（NTMA）代理。此时，债务管理部门的职能范围进一步扩大，还包括对政府贷款进行评估，对政府机构的现金和风险管理提出建议等。

---

① 麦克·威廉姆斯编《政府债务管理：新趋势与挑战》，张伟、余亮等译，中国金融出版社，2010，Ana Andabaka，B. and Svaljek，S. Public Debt Management before，during and after the Crisis. *Financial Theory and Practice*，2012，36（1）：73 – 100.

2. IMF 公共管理债务指南的主要内容与缺陷

2003 年，IMF 与世界银行联合发布了《公共债务管理指南》修订案，主要内容包含以下五个部分：债务管理目标、债务管理的透明度、债务管理框架、债务管理策略和风险管理框架。全球金融危机爆发后，货币政策与债务管理之间的冲突加剧，人们开始反思债务管理的目标及其与其他宏观经济政策的协调。主要包括以下两个方面。

（1）债务管理的目标和协调。公共债务管理的主要目标是，债务管理当局在中长期内，在保证风险可控的情况下，尽可能以最低的成本为政府实现融资需求并履行偿还义务。公共债务管理当局不应片面追求成本最低而忽视风险，那些看似可以降低偿债成本的交易往往隐含着巨大的风险，会限制政府偿还债务的能力。

在发达国家，政府证券市场一般极具深度和流动性，这些国家常常注重市场风险（即利率风险），还会使用复杂的投资组合模型和压力测试来衡量这一风险。相比之下，新兴市场国家即使能利用国外资本市场但实际作用也非常有限，本国债券市场又较不发达，它们应该优先关注展期风险。对新兴市场国家来说，政府的一个重要目标还应该包括采取适当的债务管理政策以促进国内债券市场的发展。

根据 IMF《公共债务管理指南》的框架，政府债务管理决策实际上就是在发债成本与承担风险之间寻求平衡，建立最优的负债组合。政府相当于一个基金经理在金融市场管理庞大的公共债务。其中，债务管理的核心指标是债务的期限结构和币种结构。然而，在全球金融危机爆发后，人们发现，公共债务的久期和币种结构与金融稳定关系密切；例如，在欧债危机期间，若重债国有大量的短期债券再融资需求，这将提高其债务的利率风险和展期风险，从而影响到私人部分的资金需求。另外，若一国长期债券供给不足，会引发养老基金或保险公司离开国债市场，去寻找其他风险资产作为替代品。当前公共债务管理政策的一个重要改革方向，就是探讨协调债务融资成本与金融稳定的可行性。

（2）债务管理与货币政策的冲突。债务管理与货币政策的目标存在差异。在全球金融危机爆发前，公共债务管理当局强调融资成本和风险的权衡，而货币政策的首要目标通常是为了稳定物价。在这种情况下，债务管理和货币政策之间有时也会发生冲突。例如，一些中央银行可能倾向于政府发行通胀指数债券或借入外国货币以支持货币政策的可信度；而债务管理者可能会认为此类通胀指数债券的市场尚未充分发展，外币债务会给政府的资产负债表带来更大的风险。同样，债务管理者和财政当局之间也会发生冲突，例如，由既定的债券结构而内生的现金流问题（例如发行零息债券，将债务负担转移给后代）。因此，在IMF的《公共债务管理指南》中，建议债务管理者、财政政策智囊和中央银行家应该在债务管理和财政及货币政策的各个目标上达成共识。在与政府融资需求及债务水平相关的成本和风险问题上，债务管理者应该与财政当局进行沟通。政策制定者应当了解不同政策工具的运作方式以及政策冲突的产生机制。谨慎的债务管理、财政和货币政策可以相互促进，帮助降低长期利率结构中的风险溢价。货币当局应当使财政当局了解政府债务水平对实现货币政策目标的影响。借款限制及稳健的风险管理实践有助于保护政府的资产负债表免遭债务偿还的冲击。

在上述IMF的研究框架中，我们需要重点考虑国债利率期限结构变化所引发的货币政策和债务管理冲突。一方面，国债利率期限结构及其变化在货币政策实施中占据着十分重要的地位，货币政策一般通过短期债券市场影响隔夜拆借利率，进一步传导至长期债券市场，这是经典的货币政策传导渠道。另一方面，政府债务管理者则通过新债发行、利率互换等调节各期限债券所占的比例。上述过程所引起的国债期限分布，进而长短期利率的变化有可能与货币政策的目标方向并不一致，从而影响中央银行货币政策的传导途径和效果。反之，货币政策的调节同样也可能会影响政府债务管理目标的实现。为避免政府债务管理政策与货币政策之间潜在的冲突，一般应采取所谓“分离原则”对两者进行划分：中央银行不应在长期国债市场进行操作，而只应限于短期债券或货币市场，通过调节短期利率将货币政策信号传导到长期利率。政府债务管理者则应基于融资成本最小化原则，以中长期债券为主要工具，并将短期债券的发行规模控制在谨慎的水平。在正常情况下，按照这一分离原则，货币政策与政府债务管理政策之间的冲突并不明显。

但这种潜在的冲突在2008年全球金融危机爆发以来表现得日益明显。其原因主要是：金融危机爆发后，市场不确定性和风险陡增。短期债券与长期债券之间的替代性下降，中央银行依赖调节短期利率带动长期利率变化的利率传导机制受阻。而且，为应对金融危机，美联储、英格兰银行和欧洲央行等在其权力范围内尽其所能地推行激进货币政策，短期利率已经抵达各自央行认定的下限，继续下调短期利率已较为困难。在这种情况下，中央银行不再局限于只调控短期利率，而是采取“非常规货币政策”直接进入长期债券市场，对长期利率施加影响。这就违反了此前的“分离原则”，导致长期利率债券与短期利率债券之间并不完全可替代，债务管理者无法准确分析和测度融资成本。

主权债务危机表明：政府债务管理者作为债券市场上极为重要的行为主体，显然不能被看做单纯的价格接受者，其发行不同期限债券和优化债务期限结构的行为将对长短期利率产生影响。而且，政府债务水平的动态变化会影响政府的偿债能力，进而也会影响利率期限结构。国债市场的这些新变化，使政府国债管理变得更加复杂，未来需要将政府国债管理从微观层面进一步提升至宏观层面。

三 量化宽松货币政策对公共债务的影响与潜在风险

次贷危机爆发后，量化宽松货币政策从三个方面影响了公共债务：央行向财政部上缴铸币税；降低再融资成本；刺激经济增长，增加财政收入，从而有效地提高公共债务的可持续水平。在此过程中，国债市场同时承担了货币政策传导和政府融资功能，中央银行致力于将投资者的资金从长期国债市场挤入短期资本市场，降低投资者的债务久期，而公共债务管理者则试图在低利率环境下发行长期债券并提高债务久期，降低债务成本，二者的政策效果在一定程度上相互抵消。

1. 美国量化宽松货币政策影响公共债务的理论基础①

2012 年 6 月，美联储主席伯南克公开表示美联储的政策与美国财政部的策略存在矛盾：财政部寻求将借贷成本锁定在较低水平，而美联储致力

① 下文主要以美国为例说明债务管理与货币政策之间的冲突与协调，但是这一现象也普遍存在于其他实施量化宽松货币政策的发达国家。

于压低市场长期利率，这一矛盾在美联储推出“扭曲操作”之后更加明显。美联储希望卖出短期证券、买入长期证券的“扭曲操作”，减少市场的长期证券供应，降低长期利率，促使投资者转向股票等较高风险资产，进而推动经济增长。然而，在美联储不断买入长期证券以减少市场供应的同时，财政部却借长期利率处于历史低位之机增加长期国债的发行量。根据图3可以发现，自2008年10月以来，未清偿的美国国债的平均期限已延长了近34%，至2013年7月几乎达到66个月，为十年来最高水平。显然，财政部一直在寻求延长国债期限，这在一定程度上抵消了美联储政策产生的积极作用。

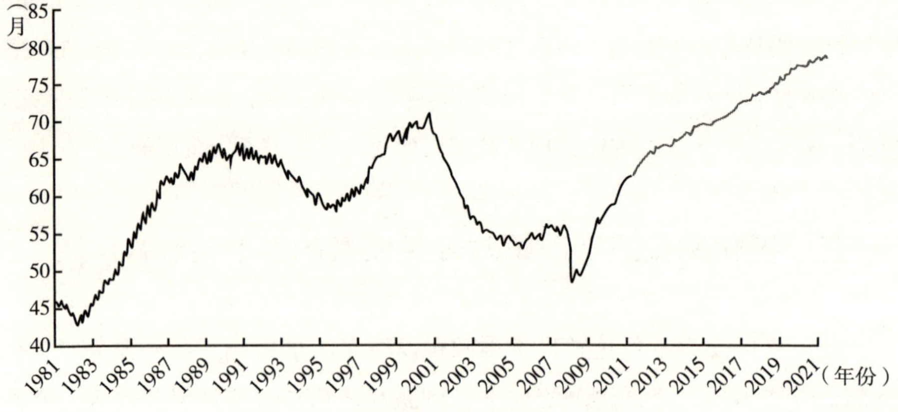

图3　美国国债余额的加权平均久期

资料来源：US Office of Debt Management，2013～2021年的数据是US Office of Debt Management预测数据。

从理论上而言，货币政策对公共债务的影响主要是基于国债收益率曲线的变化。在金融危机之前，解释国债收益率曲线的主流理论是预期理论。按照该理论，国债利率可以表示为：

长期国债收益率 = 短期国债利率 + 通货膨胀贴水 + 风险贴水

其中，短期国债利率近似于无风险利率，主要由央行货币政策决定，通货膨胀贴水表示经济周期性波动对价格水平的影响，风险贴水则表示未预期的时变价格风险。央行通过控制短期国债利率，同时释放信息影响通货膨胀和风险贴水因子，进而改变长期利率。上述理论有一个重要前提，即各类期限的债券具有高度的替代性，从而使期限不同的债券利率维持在对应水平。例如，若3个月的国债收益率为5%，且投资者预期未来3年内3个月的国债收益率都等于5%，而3年期国债收益率为6%，这代表持有3年期国债的投资者获得了额外1%的通胀和风险溢价。在这种情况下，如果不改变通货膨胀和风险偏好，央行仅仅改变债券市场供给将难以影响利率水平。20世纪60年代，美联储第一次实施“扭曲”政策时，正是因为美联储操作规模过小，没有实质性地改变投资者对通胀和风险偏好的预期，效果并不显著（Solow and Tobin, 1987）。

金融危机爆发后，市场上盛行国债收益率曲线的市场偏好理论（preferred habitat theory）。该理论认为，特定投资人对不同期限的国债偏好差异较大，例如养老基金等机构投资者强烈偏好长期债券，货币市场基金则偏好短期债券；在两个市场之间的套利者由于风险偏好降低或者流动性受限，长短期债券市场套利不完全。在这种情况下，不同期限的债券替代性下降，存在一定程度的市场分割。此时，只要机构投资者（央行或财政部）改变市场中长期债券和短期债券的供给，就可以改变二者的相对价格，从而影响到整个收益率曲线的形状。在此次金融危机前后，美国国债市场上的长短期债券的替代性出现了较大变化。图4列示了美国次贷危机前后的国债收益率曲线。2007～2012年，美国短期利率已降至极限，货币政策对中长期利率的传导机制已经完全失效。与短期利率相比，长期利率对未来利率的敏感程度较高，要求的风险溢价也相应较高。这意味着市场上债务的期限越长，金融资产的风险溢价就越高。因此，当长短期债券市场不完全替代时，如果货币当局降低市场上长期债券的供给，那么就可以降低整个金融市场的风险溢价，相应的名义利率也就越低。这也是量化宽松有效性的理论基础（Vayanos, 2009）。[①]

① 在2005年，美国国债市场出现了著名的“格林斯潘之谜”，即短期利率上升，长期利率却下降，收益率曲线倒挂，这是因为各国养老金和外汇储备对美国长期国债需求较高，改变了长短期国债的替代性。尽管当时美联储释放出一系列加息政策，国债市场上的长期利率水平却继续下降，货币的利率传导渠道不通畅。

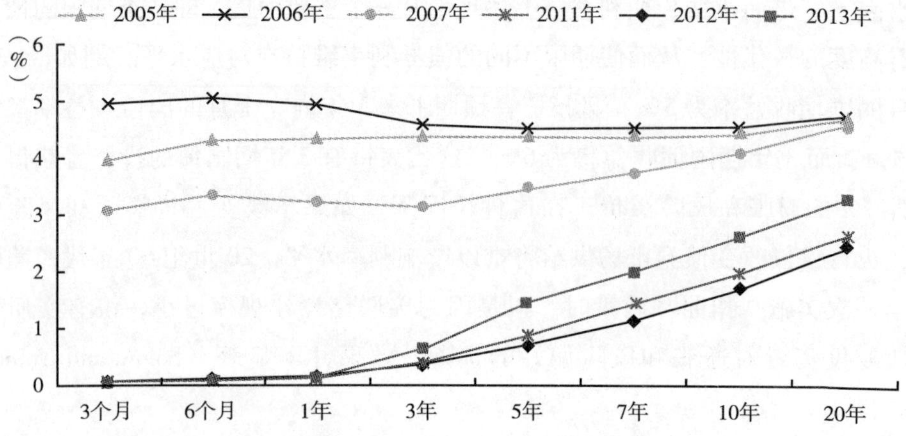

图4　美国历年国债收益率曲线

从市场偏好理论可以发现，长短期国债替代性下降是量化宽松货币政策能够影响公共债务利率的前提条件。金融危机爆发后，不同期限债券替代性下降主要源于以下两方面的原因。

其一，市场对未来的利率水平有较大的不确定性。根据利率期限结构理论，利率期限结构的形成主要是由对未来利率变化方向的预期决定的，未来利率水平的不确定性越低，不同期限的债券的需求替代性就较高。危机后，政府债务融资成本下降的主要原因是量化宽松货币政策压低了长期融资成本。但是，量化宽松货币政策并不是常规货币政策，在经济增长和失业率达到合理水平后，各国会适时启动退出策略。届时，央行会降低对长期国债的购买，而其他投资者也会离开国债市场，将资金投放到收益率更高的股票市场，国债市场的利率水平将会出现较大波动。例如，2013 年第二季度，美国国债市场长期国债收益率出现较大波动正是源于国内投资者对未来利率的不确定性增强：5月，美联储主席伯南克释放退出量化宽松货币政策的模糊信号，市场预期美联储近期会降低对长期国债购买，导致债券供给增加，利率随之上升，投资者为了避免损失，会提前抛售国债，国债收益率逆央行之意上升，此时美联储只能再次出手干预平复市场情绪。在此过程中，国债收益率大幅震荡的主要原因在于对未来利率的不确定性。

其二，发达国家银行业普遍处于去杠杆进程中，对担保品需求上升，降低了套利交易。一般而言，作为一个有效的金融市场，若剔除时间和风险溢价后，长短期的债券价格不完全一致，投资者将会在两个市场之间进行套利交易，平滑收益率曲线。但是，当投资者自有资金非常有限，且对交易对手的信赖不足时，这类套利交易就会显著下降。2007 年美国次贷危机后，美国等发达国家金融机构开始了漫长的去杠杆化进程。根据 BIS 公布的数据，截至目前，美国金融部门杠杆率已从 2008 年初的峰值下降了 40% 以上，低于 30 年历史平均杠杆率；欧元区银行业还在进一步去杠杆进程中。苏格兰皇家银行估计，欧元区银行业还须削减 2.6 万亿欧元资产才能让资产负债表“可持续”，接近当前银行业总额的 1/10。在金融市场去杠杆化的过程中，金融机构普遍对交易对手缺乏信心，对担保品的需求会上升，同时会将剩余资金存放在中央银行作为储备金，并减少在不同期限债券市场之间的套利操作。因此，在金融机构修复资产负债表的过程中，长短期国债资产的替代性逐渐下降。

2. 美国量化宽松货币政策影响公共债务的具体作用

那么，究竟美国量化宽松货币政策对公共债务管理产生了哪些具体影响呢?

首先，美联储向财政部上缴了大量铸币税。作为中央银行，美联储获得投资收益后，将其转移至财政部，这相当于增发货币，可以归于政府的铸币税①。自 2008 年美联储首次购买金融资产以来，其总资产已经接近 3.5 万亿美元（见图 2），其中大部分是美国国债或抵押贷款支持证券（MBS），收益率约为 3.5%，其负债主要是商业银行在美联储的银行存款（或超额准备金），成本仅为 0.25%，二者的差距成为了美联储的巨额利润来源。按照美联储的政策要求，这部分利润在剔除开支后，必须上缴财政部。2009 ~ 2012 年，美联储向财政部共计上缴了 2925 亿美元（见图 5），约为量化宽松措施实施前总额的 4 倍；上缴收益的规模占国内生产总值（GDP）比重从 2009 年的约 0.2% 上升至 2012 年的 0.5% 左右，根据美国国会预算办公室（CBO）的预测，该比重将在 2014 年与 2015 年进一步上升至 0.6% 左右。也就是说，采取量化宽

① 狭义的铸币税是指中央银行所获得并上交中央财政的利润，亦即中央银行基础货币创造过程中运作资产负债的利息差减费用，这里的费用包含货币发行费和中央银行履行其职责所必需开支的业务及管理费用。

松货币政策后，美联储直接将财政赤字占 GDP 比重下降了 0.2 ~ 0.5 个百分点。

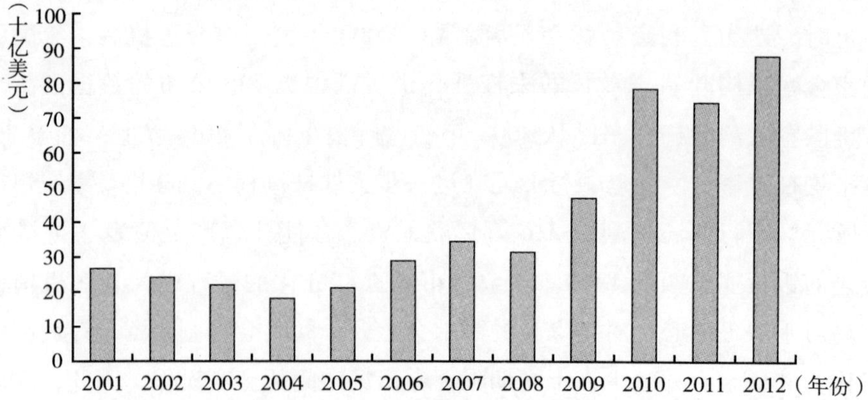

图 5　美联储向财政部缴存利润

资料来源：美联储年报。

其次，量化宽松货币政策刺激了经济增长，提高了财政税收，增加了政府资产收益。美联储副主席耶伦（2013）基于美联储 FRB/US 模型估测了量化宽松货币政策对公共债务的影响。她预计美联储购买的 5000 亿美元长期资产将在中长期使债务比率降低 1.5 个百分点，这主要归功于量化宽松货币政策刺激了经济增长，增加了居民和企业的税收。以此类推，到 2014 年初美联储计划拥有 4 万亿美元长期资产，QE 将使美国债务负担比率降低 12 个百分点。

最后，量化宽松货币政策降低了政府的再融资成本。相对危机前，美国财政部的短期融资成本下降了 3 个百分点，中长期融资成本则下降了 2 个百分点，与此同时，美国财政部的国债发行规模也逐年上升，2012 年新发行的国债总额达到 1.159 万亿美元，且主要以中长期国债为主。财政部在融资成本下降后，灵活调整了债务发行规模。

值得一提的是，尽管财政部一直强调降低债务的融资成本，但是在国内金融稳定受到威胁时，公共债务管理当局还是会和中央银行积极配合。次贷危机爆发伊始，雷曼兄弟倒闭导致短期金融市场资金枯竭，美联储紧急入市干预，购买了大量企业短期商业票据，缓解市场资金紧张，这被称为“货币融资”

(monetary financing)。2007～2009 年，美联储总计释放了约 2 万亿美元货币和短期票据。在此期间，美联储也一直致力于冲销市场上多余的流动性，但并没有合适的政策工具。此时，财政部主动发行短期债券增加金融市场的短期交易工具，并协助美联储回收流动性。美国国债久期在 2007～2009 年期间迅速下降，这正是缘于财政部发行了大量短期国债。2010 年后，美联储开始采用超额准备金利率来回收银行流动性，财政部转而开始寻求降低融资成本、提高债务久期。

3. 公共债务管理的缺陷和量化宽松货币政策退出的风险

根据上文分析，发达国家的量化宽松货币政策降低了政府融资成本，有效地提高了公共债务的可持续水平，对于维护全球金融稳定发挥了重要作用。然而，公共债务管理本身却并没有出现相应的改革，其中存在的固有缺陷并没有消除。具体而言：缺陷之一是过度运用货币政策压低债务融资成本，这会导致未来债务的融资成本存在较大不确定性。当前公共债务管理的目标不应片面追求成本最低而忽视风险，正如前面所言，那些看似可以降低偿债成本的交易往往隐含着巨大的风险，会限制政府偿还债务的能力。缺陷之二是公共债务管理的微观管理在一定程度上会影响宏观经济政策的效果。政府债务管理者作为债券市场极为重要的行为主体，已经不能被看做单纯的价格接受者，其发行不同期限债券、优化债务期限结构的行为将会对长短期利率产生影响。而且，政府债务水平的动态变化会影响政府的偿债能力，进而也会影响利率期限结构。国债市场的这些新变化，使政府国债管理变得更加复杂，未来需要将政府国债管理从微观层面进一步提升至宏观层面。

目前，美国的政府债务占 GDP 比重已经从 2007 年的 60% 增长至 2013 年的 100%；债务平均到期期限则从 4.5 增长至 5.5 年；公共债务总量和期限的上升均会导致融资成本增加。在下一阶段，美联储实施的量化宽松政策的退出将会对未来的长期利率产生较大的不确定性，这会极大地冲击发达经济体的国债市场，蕴含新的潜在风险。

高利息支出会加重政府债务负担。在美联储实施超宽松货币政策的五年时间内，美国国债占 GDP 比率迅速上升。若美联储退出量化宽松货币政策，势必导致政府再融资利率上升，增加政府债务成本。根据美国政府债务管理办公室公布的预测数据，未来五年将是美国债务利息增长最快的一段时期（见图

6)，2014～2018 年，美国债务融资成本将会大幅上升，从 1.7% 上升至 4.3%，而利息支出从不足 3000 亿美元上涨至超过 5000 亿美元，占债务总额比率也从 1.6% 上升至 3%。

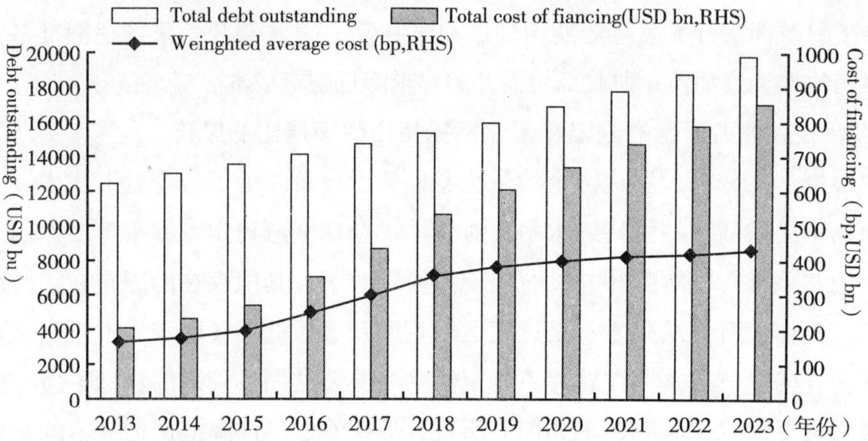

图 6　美国政府债务总额、利息与融资成本

资料来源：US Office of Debt Management. 左轴代表债务总额（10 亿美元），右轴代表利息成本（10 亿美元）以及融资成本（1 个基点），横轴单位是年份，2013～2023 年的数据是 US Office of Debt Management 预测数据。

上述预测是建立在美联储可以有序退出量化宽松货币政策的基础上的。然而，一旦退出策略出现失误，经济增长速度低于预期，投资者会加速离开国债市场，进一步推高美国政府融资成本。根据美国政府债务管理办公室的预测，美联储的预期与市场预期之间存在较大的系统性偏差，美联储认为只要在 3 年内逐步退出量化宽松政策，那么国债市场的远端利率并不会抬升，反而会保持平坦，然而市场的远期曲线比美联储的预期高出约 100 个基点。毫无疑问，量化宽松货币政策退出策略一旦引发利率波动，国债市场将会承担更大压力。

四　对我国公共债务管理的启示

当前我国公共债务管理仅限于债券发行和债券还本付息（相当于债务管理的前后台职责）等狭窄的操作层面。与发达国家相对，存在以下三个主要缺陷：国内债券市场尚处于发育期；难以协调债务管理与货币政策之间的关系；难以控制或有负债。随着国内金融市场深化和资本账户逐渐开发，我国需要对公共债务管理职责和目标进行重新界定：由原先消极的发行债务和还本付息职能，转向对债券结构中的内在风险系统管理，以免危及财政目标的实现，并减少对财政的冲击。发达国家的公共债务管理经验对我国公共债务管理有以下三方面的启示。

1. 降低主权债务管理与货币政策、金融稳定的潜在冲突

当前我国主权债务管理属于财政部下设国库司直属管理，表面上看与货币政策之间没有冲突。但是需要注意的是，我国政府债务（包括地方政府债务）缺乏有深度的直接金融市场，融资渠道主要源于银行体系；而银行体系一直受益于存款利率管制，所以我国政府的融资成本相对较低，尚没有出现较大风险。然而，一旦国内金融市场利率完全市场化，政府的融资成本必然会大幅上升，货币当局与财政部之间的矛盾将会激化。例如，若央行在执行货币政策时，刻意压低长期利率，降低主权债务的融资成本，将会引发金融市场扭曲，影响货币政策的传导效率；若央行不进入长期国债市场，那么中央和地方政府的潜在债务将会沉淀于银行系统，威胁财政金融稳定。因此，建议政府当局在利率市场化过程中，注意降低政府主权债务水平，减少未来的融资压力，同时，成立相关的协调部门，避免主权债务管理与货币政策和金融稳定之间产生剧烈冲突。

2. 建设本币国债市场，优化债务期限结构

一个成熟的国债市场可以发挥两个功能：一是作为中央政府的融资工具，二是作为金融市场的监管工具。当前我国国债市场尚在发展之中，大多数时候都仅仅被当做融资工具。2012 年我国国债余额仅为 7.2 万亿元，占金融资产总额的比重仅为 5.4%，没有在金融市场发挥核心作用；而且发行频率较低，短期国债发行不足，市场流动性较差。为了支持政府公共支出和基础设施建设，国债市场发行的都是中长期政府债券，短期的滚动债券相对不足，这导致国债市场没有形成市场化的成熟的无风险收益率曲线。在这种情况下，央行货币政策的利率传导渠道不畅通，公共债务管理者也无法通过国债市场实现以最低成本满足政府融资需求的管理目标。

3. 监控或有债务水平，建立国家层面的资产负债表管理框架

货币政策除了会改变中央政府的融资成本外，还会影响到政府担保的或有债务融资成本。我国政府的或有债务主要包括有政府潜在担保的地方债，社保基金的缺口和国有企业的潜在不良资产。次贷危机后，我国中央政府出台的刺激政策强化了地方政府的投资冲动，地方债务余额不断上升，截至2010年底，地方债余额共计10.7万亿元，最近两年，抽查地区余额又增长了12.94%，其中较大部分均包含了政府的潜在信用担保。此外，随着人口老龄化速度加快和养老保险覆盖面不断扩大，截至2011年底，全国城镇职工基本养老保险个人账户为2.5万亿元，个人账户实有资金2703亿元，空账金额高达2.2万亿元。未来可能需要国有企业补贴社保基金，而我国企业的负债率却远远高于政府。根据李扬等（2011）① 的测算结果，2010年，我国政府债务水平（包含地方债务）大致为43.2%，低于安全线标准，但是非金融企业债务率（占GDP比重）达到105.4%。这意味着我国政府的显性债务较低，但隐性债务较高。在这种情况下，需要建立包括政府和政府担保的国有部门，整体资产负债表管理框架，对各类型资产负债的风险相关性进行系统的评估，从而使政府通过资产多样化来对冲风险。

参考文献

麦克·威廉姆斯：《政府债务管理：新趋势与挑战》，中国金融出版社，2010。

IMF W B. Guidelines for Public Debt Management. The International Monetary Fund and the World Bank. Washington, DC, 2001: 26－28.

Janet Yellen'speech at the 2013 National Association for Business Economics Policy Conference, Washington, D. C, "Challenges Confronting Monetary Policy".

Turner P. Fiscal Dominance and the Long-term Interest Rate [M]. Financial Markets Group Research Centre, 2011.

Vayanos D, Vila J L. A Preferred-habitat Model of the Term Structure of Interest Rates. National Bureau of Economic Research, 2009.

① 根据李扬等（2011）的测算结果，我国非金融企业债务率（占GDP比重）达到105.4%。参见李扬、张晓晶、常欣等《中国主权资产负债表及其风险评估》，《经济研究》2012年第6期，第2页。

Y.15

发达经济体非传统货币政策及其退出

李远芳*

摘　要：

本文介绍了国际金融危机后发达经济体非传统货币政策的内涵、形式以及实施特点，对非传统货币政策的理论传导渠道以及经验评估进行总结。虽然直接从危机后金融市场以及宏观经济走势上看，非传统货币政策的确显示出积极效果，但这一效果面临收益递减约束，并对金融市场正常化运作产生不利影响。发达经济体退出非传统货币政策从长远看符合全球宏观经济和金融稳定的共同利益，但由于缺乏先例，可能存在相当程度的操作风险和市场超调风险。我国应重视发达经济体非常规货币政策退出的溢出效应，并从国内宏观政策、短期资本流动管理以及国际合作等领域加强对相关风险的应对。

关键词：

非传统货币政策　数量宽松　溢出效应

国际金融危机后，随着发达经济体中央银行传统货币政策空间快速耗尽，美英欧日等货币当局陆续采取了非传统的超宽松货币政策。由于这类政策普遍包括通过资产购买或者流动性工具为金融体系提供确定数量的资金，故也被普遍称之为“数量宽松政策”（quantitative easing policy），简称量宽政策。发达经济体非传统货币政策到目前为止实施已接近五年，其规模和持续时间在历史

---

* 李远芳，经济学博士，中国社会科学院世界经济与政治研究所国际金融室助理研究员。感谢谭小芬、姜志霄对本文写作提供的帮助。

上都没有可以匹配的前例。作为特殊时期的政策措施，其传导机制及效果相比传统货币政策面临更大的争议及不确定性。在全球化的背景下，该政策对于其他经济体的溢出效应及风险也成为G20等国际经济治理平台上的重要议题。本文将介绍发达经济体非传统货币政策的特点、理论机制及实际效果，并结合2013年末美联储退出量宽政策的前景，分析其退出方式、可能的溢出效应及对中国的政策启示。

一 发达经济体非传统货币政策实施特点

1. 非传统货币政策的背景与内涵

自金融危机于2007年夏露出端倪以来，发达经济体货币当局开始陆续调降政策利率，并在“雷曼兄弟”倒闭后加速下调，政策利率很快便接近零下限（zero lower bound）。如美联储在2008年10月到12月间连续三次调低联邦基金利率目标，总幅度接近200个基点，联邦基金利率继而维持在0～0.25%的超低水平（见图1）。英国、日本、欧元区也采取了类似的操作。相比包括20世纪30年代大萧条在内的历次危机，以美国为代表的发达经济体应对此次危机的降息力度前所未见①，政策利率降至前所未有的低水平（BIS，2012）。

在利率零下限的约束条件下，为救助金融体系并防止宏观经济陷入严重通货紧缩，发达经济体继续采取了与传统货币政策工具存在一定区别的措施来对经济提供流动性并压低风险资产的实际利率。这些措施被广泛地称之为“非传统货币政策”（unconventional monetary policy）。对于非传统货币政策工具，目前并不存在一个普遍接受的统一定义。如Borio和Disyatat（2010）认为，区分传统与非传统工具在一些情况下可能存在特殊困难。工具本身的差异自然可以用来界定二者，但更频繁的应用传统工具，特别是当用于特殊目标时是否应划定为非传统工具，却并无定论。对此，Cecioni，Ferrero与Secchi（2011）同时从目标以及实

---

① 早期央行如美联储和英格兰银行的货币政策操作与现在的操作方式有较大区别。当时美联储和英格兰银行通过调整再贴现利率（discount rate）影响银行向中央银行借入储备的成本。20世纪30年代大危机期间，美联储再贴现利率从1929年9月的5.58%经过两年时间逐步下调到1.5%，英格兰银行将再贴现利率从1929年10月的6.48%下调到1932年7月的2%。

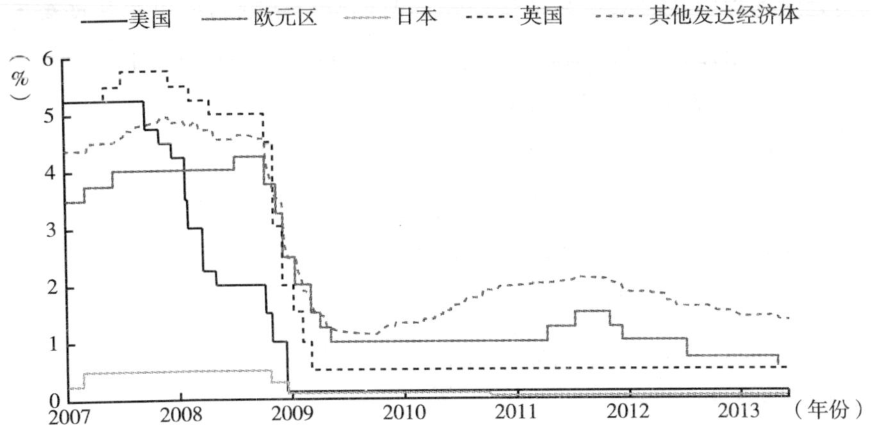

图 1　主要发达经济体政策利率走势

资料来源与说明：CEIC 数据库，部分国家央行网站。其他发达经济体政策利率引自 BIS（2013），为澳大利亚、加拿大、新西兰、挪威、瑞典和瑞士的政策利率平均值。当政策利率目标为一区间时，取区间中值。

施条件两方面将非传统货币政策定义为，当政策利率达到零下限时，为修复货币政策传导机制或者对经济提供进一步刺激而采取的任何政策干预措施。

2. 非传统货币政策的形式

危机后由于各国所面临具体问题的不同，金融体系在结构上的不同特点以及各国央行判断上的差异，发达经济体实施的非传统货币政策并没有标准化的方案，而是包括了多种形式。按照 Bernanke（2009）的区分，非传统货币政策包括两种主要类型。一类体现为政策沟通，即所谓前瞻性指引（forward guidance）。在短期利率接近零下限时，央行通过与公众就未来货币政策走势进行沟通，直接影响更长时期内公众对于利率走势的预期，从而对更为长期的利率产生影响。通过影响长期利率，前瞻性指引最终对实体经济总需求产生作用。第二类工具则直接对央行资产负债表的资产方进行操作。

第二类工具又可根据功能的不同分为三种。第一种与央行作为最后贷款人的传统角色紧密相连，旨在对金融机构提供流动性。如美联储在危机爆发后创造了定期拍卖工具 TAF（Term Auction Facility）、定期证券借贷工具 TSLF（Term Security Lending Facility）、一级交易商信贷工具 PDC（Primary Dealer Credit Facility）等，并与多个外国央行签署了双边货币互换协议，为国际市场提供美元流动性。欧央行也采取了类似的措施给金融部门提供更长期限的流动性，特别是外币流动性等。如固定利率全额分配程序 FRFA（Fixed-Rate Full-Allotment），长期再融资操作 LTROs（Longer-Term Refinancing Operations）。第二种工具直接向关键性信贷市场上的借贷者及投资者提供流动性，旨在减轻信贷市场功能受损对商业票据、资产支持证券等非银行市场以及实体经济的影响。如美联储直接购买商业票据、以资产支持证券为抵押品提供信贷，欧央行扩大了抵押品的范围，英格兰银行设计了融资换贷款计划 FLS（Funding for Lending Scheme）。第三种工具则是央行在二级市场上直接购买长期证券，直接对长期利率施加影响。

随着发达经济体面临主要风险及局限的变化，其货币当局在不同时期实施的主要非传统货币政策的具体内容也相应有所变化。以美国为例，自 2008 年末利率接近零下限以来，美联储一直运用了前瞻性指引影响市场对利率的预期，每次联储会议对外公告都说明在未来特定时期内维持联邦基金利率在 0～0.25%之间。对资产负债表的操作重点则陆续发生转移。在危机爆发的初期，经济最大的风险在于金融系统崩溃与实体经济收缩之间形成恶性循环。因此美联储通过购买特定机构债券来向私人部门直接提供流动性，重建机构信用，缓解信贷市场运作不良的后果。当美国政府采取了大规模的财政刺激，使得财政赤字与债务负担成为影响经济前景的重要风险时，美联储开始大规模购买联邦政府长期债券来稳定长期利率，从而间接缓解美国政府的财务负担。当美国政府承诺稳定债务规模并以法案的形式确定了减支计划后，为缓解财政紧缩对国内需求和就业复苏的影响，美联储再次选择抵押贷款支持证券作为资产购买的一大对象，实际上等同于直接支持房地产市场。

当前，美联储仍在实施每月 850 亿美元的开放式资产购买计划与对于政策利率的前瞻性指引。英格兰银行扩大了融资换贷款计划 FLS（Funding for Lending Scheme）的范围，并将这一计划延长至2015 年初，以鼓励金融部门对小企业提供信贷。欧央行设计了直接货币交易 OMTs（Outright Monetary Transactions）的程序，对欧元区的主权债市场提供流动性支持，改善货币政策在整个欧元区内的传导。日本央行则启动了质与量的货币宽松计划，将通胀目标从 1%提高到 2%，扩张央行资产负债表并延长其资产期限，以改善困扰日本多年的通货紧缩问题。

3. 非传统货币政策的操作规模

综上所述，除前瞻性指引外，其他非传统货币政策基本上都直接操作于央行资产负债表的资产方之上。因此，危机以来发达经济体央行资产负债表的规模及资产构成变化反映了非传统货币政策的操作幅度。图 2 报告了 2007 年以来主要发达经济体央行资产规模的扩张过程。相比 2007 年初，主要发达经济体央行资产规模总体扩张了 170%，其中英格兰银行资产扩大了 3.3 倍，美联储资产扩大了 2.3 倍，欧央行为 1.7 倍，日本央行扩大了 1 倍。

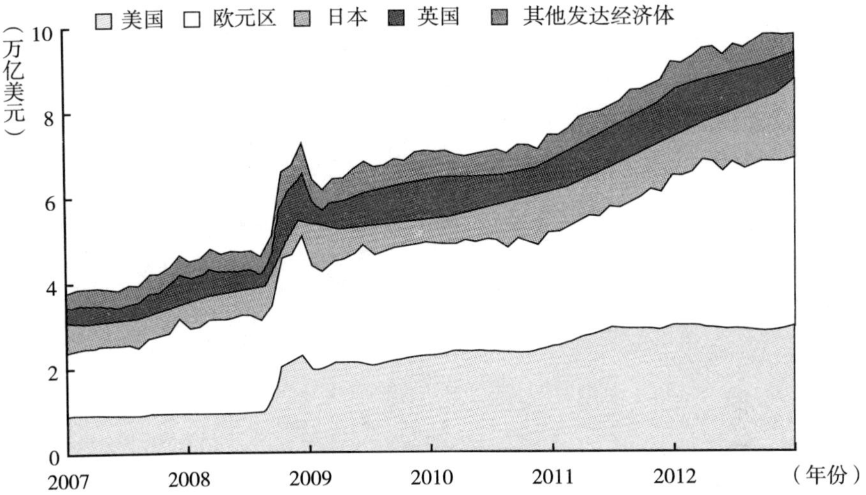

图 2　主要发达经济体央行资产规模

资料来源与说明：CEIC 数据库，部分国家央行网站。其他发达经济包括澳大利亚、加拿大、丹麦、新西兰、挪威和瑞典。

发达经济体央行资产构成的内容与期限也随着非传统货币政策操作在各个时期侧重点的不同而发生变化。总体上，在主要发达经济体央行资产的构成中，公共部门和私人部门证券的比重均明显上升，资产的期限也显著延长。以美联储为例，2007 年伊始，10 年以上的证券持有量在总资产中仅占不到 8%，到 2013 年中占比已经超过 1/4。通过长期再融资操作，欧央行持有的 3 年期回购协议最高时达到欧央行总资产的 1/3。而在危机前，欧央行仅仅持有期限等于或少于 6 个月的回购协议（见图 3）。

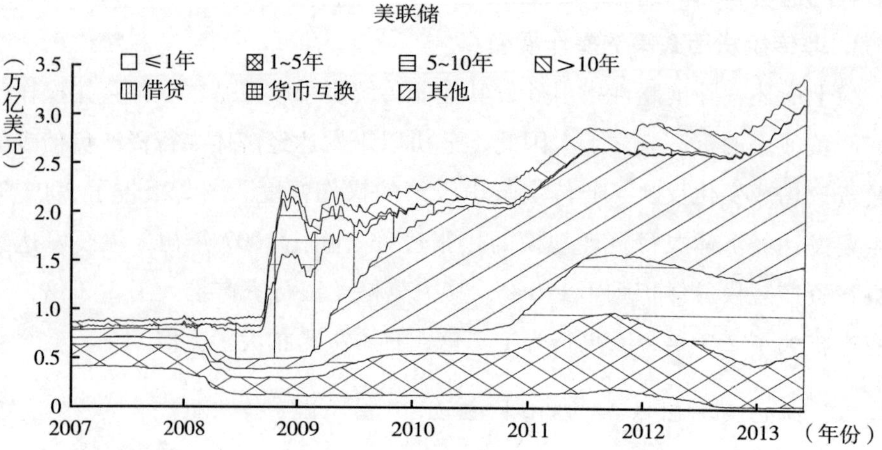
美联储
□≤1年
⊠1~5年
目 5~10年
▧>10年
▥借贷
⊞货币互换
▨其他
（万亿美元）
3.5
3.0
2.5
2.0
1.5
1.0
0.5
0
2007
2008
2009
2010
2011
2012
2013
（年份）

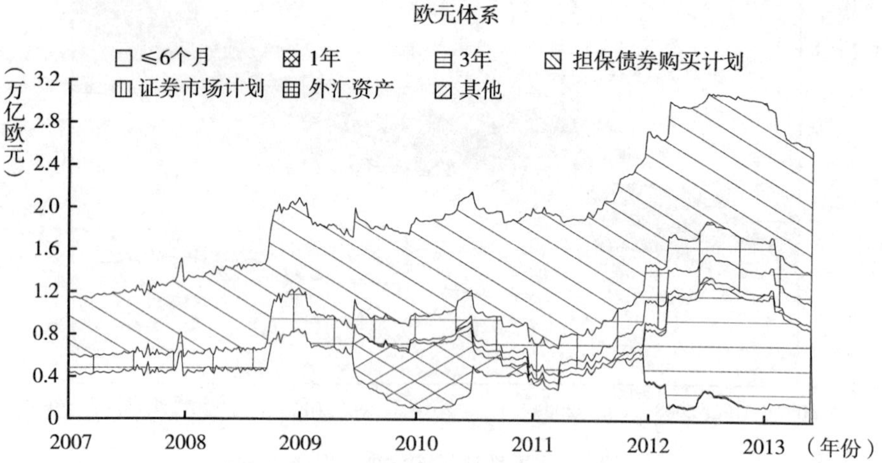
欧元体系
□≤6个月
⊠1年
目3年
▧担保债券购买计划
▥证券市场计划
⊞外汇资产
▨其他
（万亿欧元）
3.2
2.8
2.4
2.0
1.6
1.2
0.8
0.4
0
2007
2008
2009
2010
2011
2012
2013
（年份）

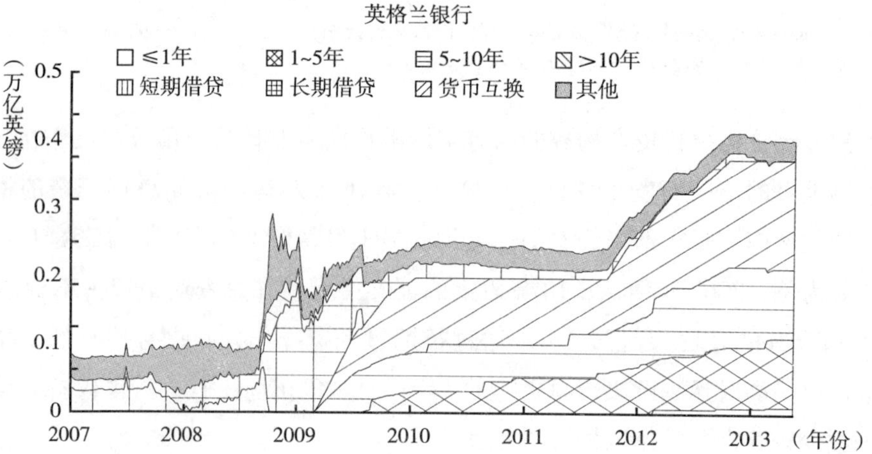
英格兰银行
□≤1年
⊠1~5年
目5~10年
▧>10年
▥短期借贷
⊞长期借贷
▨货币互换
其他
（万亿英镑）
0.5
0.4
0.3
0.2
0.1
0
2007
2008
2009
2010
2011
2012
2013
（年份）

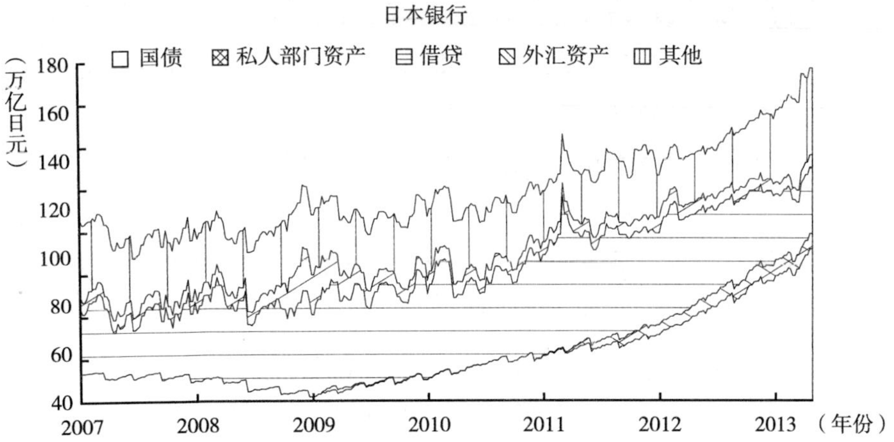

图 3　发达经济体央行资产构成的内容与期限

资料来源与说明：各国央行网站。对于美联储，四种期限序列代表美联储持有的国债、MBS 以及机构债。对于欧元体系，三种期限代表回购协议。对于英格兰银行，四种期限序列代表英格兰银行持有的英国国债。

二　非传统货币政策的理论机制及效果评估

1. 金融危机对传统货币政策的挑战

在危机前，学界关于发达经济体中货币政策的普遍共识是，货币政策目标应是实现稳定的低通货膨胀，即通胀目标制，中间目标是银行间市场短期利率。在通常情况下，这一短期利率对其他市场利率以及整体经济的效果也被认为是较为明确可靠的。短期利率水平需要参考各种各样的宏观经济信号，而这一决策过程能近似地由泰勒规则描述（Woodford，2003）。

从 20 世纪 80 年代到危机前，发达经济体整体较低的通胀与较平稳的经济增长对于这一传统共识的形成无疑提供了强有力的支持。然而本次危机的爆发对于传统货币政策理论提出了巨大挑战，其核心争议在于货币政策是否应于事前控制资产价格泡沫而非仅仅用于事后清理（Joyce，Miles，Scott 和 Vayanos，2012）。从实际政策操作层面看，发达经济体央行无疑都或多或少偏离了传统货币政策理论，在通胀目标之外增加了货币政策对于金融稳定的关注，事前预见并控制金融风险正逐渐成为新的货币政策共识。

本次危机对于传统货币政策用于事后清理的效果也提出了严重质疑。首先，根据传统的泰勒规则，当发达经济体面临深度经济衰退时，短期名义利率应该降到零以下，但由于经济主体总能持有零利率的现金，市场利率总是面临零下限。这意味着传统货币政策工具失效。其次，由于金融体系以及私人部门所持有的大量资产遭遇重创，信贷市场对金融机构和借款人偿债能力可信度需要进行重新评估，市场不确定性增加，这导致官方利率和市场利率传统上较为稳定可靠的联动关系被打破，即传统货币政策的传导机制部分失效了。反映这一现象的一个显著事实是，尽管银行间市场短期利率接近于零，长期国债收益率也达到极低水平，但私人部门实际的借贷利率下降幅度相对有限，这导致企业借贷利率与联邦基金利率之间的差异扩大并维持在相对高位（见图4）。

非传统货币政策尽管形式多样，但其核心出发点基本上都针对传统货币政策面临零下限约束以及在金融市场尚未正常运作前传导机制部分受阻这两个问题。针对短期利率零下限的问题，非传统货币政策考虑的是影响其他类型的利率，譬如长期国债收益率。对传统货币政策传导机制部分受阻的问题，非传统货币政策则设计了直接针对特定市场提供流动性的操作方式。这两方面操作都带来央行资产负债表规模的显著扩张。而央行扩张资产负债表本质上是央行应用其创造一般支付手段的能力获取资产的过程。在这一过程中，央行资产负债表扩张了，同时私人部门所持有的资产构成也变化了。

2. 资产组合再配置效应渠道

非传统货币政策发挥作用的核心问题就在于央行以高度流动性的货币资产置换公共或私人部门其他资产的过程如何影响整体经济，即所谓的资产组合再配置效应（portfolio rebalancing effect）如何产生。更细致地拆分这一问题，它涉及这一资产置换如何影响私人部门的信贷成本以及信贷可得性，进而又如何影响经济中的总需求。另外，央行购买资产的构成会有何影响，购买私人部门资产与购买公共部门债券是否会有不同效果等。

从理论角度看，资产组合再配置效应是否存在受特定条件约束。Eggertsson 和 Woodford（2003）应用一个无限期界模型证明，在资产具有完全可替代性的条件下，与央行的任何资产置换都不会对个体经济决策产生影响。

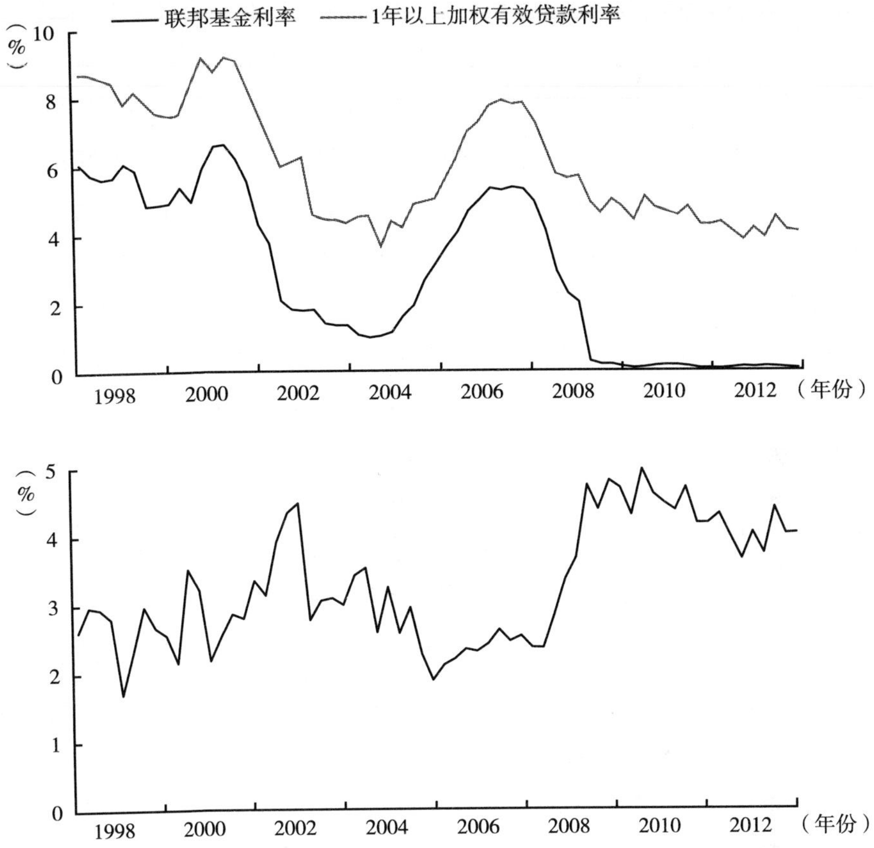

图 4　美国 1 年以上加权有效贷款利率及与联邦基金利率之利差

资料来源：美国 1 年以上加权有效贷款利率来自美联储企业借贷情况调查，联邦基金利率转载自圣路易斯联储银行网站。

这一假说与财政理论上的李嘉图等价本质上是一样的。不过这一假说成立所依赖的前提，即各种资产可完全相互替代，投资者可购买或出售无限量的资产，即便在正常条件下也难以成立。因此，Curdia 和 Woodford（2011）应用一般均衡证明，当某些市场存在参与约束时，资产组合再配置效应存在，即央行购买私人部门资产的政策会影响私人部门决策。另外，当资产价值不仅仅来自该资产的未来现金流收入，那么也将存在资产组合再配置效应。如 Krishnamurthy 和 Vissing-Jorgensen（2011）说明，由于回购协议经常要求用美国国债作为抵押，因此相对其他类型资产，美国国债的价值超出其未来现金流收益的折现值。

Miles（2011）将央行购买长期国债的资产组合再配置效应作用于国内需求的渠道概括为两个。第一个渠道是通过压低国债收益率，使期限溢价以及其他长期风险资产收益率下降，这使得私人部门财富上升，同时还使得信贷约束得以缓解，从而对国内需求产生促进作用。第二个渠道是通过增加银行的流动性资产来提高银行信贷的可获得性，从而促进国内需求。

3. 非传统货币政策效果的经验证据

从危机后金融市场以及宏观经济走势上看，非传统货币政策的确显示出积极效果。不过评估非传统货币政策的效果还需要进行更严格的反事实分析，其难点在于隔离同时发生的其他因素，譬如财政刺激的影响。由于非传统货币政策对于金融市场的影响几乎没有时滞，因此有关的实证研究更丰富一些。反之，由于非传统货币政策对总体经济的影响往往存在长度不确定的时滞，这一领域的实证研究更为困难，相对而言也较少。

总体上，实证研究支持非传统货币政策对于金融变量的显著影响。包括D'Amico 和 King（2010）在内的一系列实证研究发现，美联储第一轮大规模资产购买成功地压低了中长期利率。Neely（2012）则发现，美国公布大规模资产购买计划对于国际长期利率和美元现价也具有重大影响。一些研究者对于这一影响的持续性也进行了分析。如 Wright（2011）测算的结果显示，尽管非传统货币政策对国债收益率之外的金融变量也具有重大影响，但这些效果常常是非常短暂的。不过，由于金融市场往往会存在初期的过度反应或者这些金融变量逐渐受其他因素（如宏观经济前景的改善）的抵消性影响，这一测算并不意味着非传统货币政策的影响就是短暂的。与之不同，Joyce 和 Tong（2012）发现，当控制宏观和财政性因素后，资产购买对于收益率的压低效应是较为持久的。

对于非传统货币政策更广泛的宏观经济效应，Baumeister 和 Benati（2010）估计了时变参数的结构 VAR 以考察 2007 ~2009 年长期债券利差下降的宏观经济效果。对美国、欧元区、日本和英国，他们发现降低长期收益率对产出增长和通货膨胀都有显著影响。其反事实模拟则表明，美国和英国的非传统货币政策在避免通缩和产出下滑的重大风险上起到了重大作用。

从有关研究看，非传统货币政策的确能够降低长期利率，而长期利率降低对经济复苏也的确有正面作用。然而国际金融危机后近五年，发达经济体的复苏仍然脆弱，这或者说明经济衰退的力量非常强大，或者说明非传统货币政策的作用很小。如果该政策作用很小，那很可能是因为货币政策本身影响有限，且面临收益递减的约束，还需要其他促进经济增长的措施来补充。与此有关的问题是，即便非传统货币政策很有效，其成本可能是什么？一个值得关注的问题是大规模的银行超额储备降低了银行间市场同业拆借的规模，并使得这一市场运行不良（Joyce，Miles，Scott 和 Vayanos，2012）。当经济出现复苏后，央行将如何减少这一高额储备水平并避免高通胀？另外，央行大规模购买政府债券事实上为政府债务规模不断上升提供了便利条件，这也同时意味着财政风险、金融风险与通货膨胀风险。

三　非传统货币政策退出的时机与策略

1. 美国非传统货币政策的退出时机

随着美国经济的好转，对当前以购买长期债券来压低长期利率为核心的非传统货币政策退出的预期也越来越强。2013 年 6 月 19 日，美联储发布本年度第四次 FOMC 议息会议声明与联储经济预测，将 2014 年经济增速从 2.9% ~ 3.4% 上调到 3.0% ~ 3.5%；预测 2013 年底失业率降到 7.2% ~ 7.3%，2014 年底失业率降到 6.5% ~ 6.8%，2015 年失业率进一步降至 5.8% ~ 6.2%。这一预期下，美联储暗示正在考虑开始减少资产购买规模。伯南克在随后举行的新闻发布会上进一步表示，如果经济复苏数据符合预期，那么美联储将会在 2013 年晚些时候放缓资产购买步伐，在 2014 年上半年继续有序削减资产购买步伐，并在 2014 年中左右终止购买。

从宏观和金融稳定的角度考虑，退出量宽不会一蹴而就，而是一个循序渐进的逐步推进过程，其时机选择是重要和棘手的问题。退出过早，可能给经济复苏带来压力；退出过晚，则可能引发新一轮资产价格泡沫和恶性通货膨胀。美联储不仅要持续关注美国的 GDP、失业率、居民收入和支出、消费者信心、工业生产、房屋销售、股票指数等指标，还要密切关注通胀预期与大宗商品价格等。只有在国际经济环境持续改善、内外部需求不断增强、经济数据连续好转的情况下，美国量宽政策退出的具体方案才能得以执行。

从伯南克的表态来看，量宽政策退出的基本逻辑仍是有条件“可以退”。目前的“可以退”主要是基于增长与就业两个变量的改善，但从危机后近四年的宏观数据看，美国经济增长和就业指标不时存在波动，美国两党政治使得债务上限问题反复成为高悬在美国经济乃至全球经济上的显著风险，因此未来美联储的退出政策仍存在很大不确定性。譬如，近期由于按揭贷款利率上升、财政政策对经济增长的抑制作用，美联储下调了对于2013年和2014年GDP增长的预期。

2. 非传统货币政策的退出策略

从美联储当前的资产负债表以及非传统货币政策的实施现状看，其退出应包括两方面内容：一是美联储资产负债表的瘦身；二是政策利率脱离零下限区间开始正常化。对于第一步，技术上可采取如下三种方式。一是通过逐步削减当前的资产购买规模以减缓资产负债表的扩张；二是通过持有长期债券自然到期并不再将本金投资于债券来实现资产负债表自动缩减；三是直接出售债券资产，主动缩减资产负债表。其中削减资产购买规模是逻辑上的第一步，而当美联储不再购买长期资产后，是否会直接出售存量长期资产还是持有至自然到期，则需要根据经济活动与金融市场具体情况再来确定。

退出策略上最重要的是如何协调资产负债表规模缩减与升息两方面政策的问题。这从理论上看存在三种可能性：第一是先退出资产购买计划，然后开始升息；第二是在不收缩资产负债表规模的条件下直接升息；第三是前两者的调和，即前期以出售资产为主，升息为辅，在资产负债表大幅收缩之前不进行大幅升息，直到资产负债表大幅瘦身之后才会持续上调利率。从实际情况看，在资产负债表大幅收缩之前，美联储不会大幅上调联邦基金利率。美联储会议所公布的信息与此一致。这一选择的主要原因主要包括以下三个方面。

第一，从联邦基金利率调控有效性角度考虑。由于银行系统存在大量超额准备金，联邦基金市场交易规模和流动性已经显著降低，调整联邦基准利率难以影响市场短期利率走势，因此联邦基金利率作为货币政策基准利率的有效性有所下降。在这种情况下，超额准备金利率的调控作用相对而言更强。另外，美联储还可运用逆回购、定期存款工具等来调控金融市场的短期利率水平。

第二，从美联储财务成本和金融市场稳定的角度考虑。从资产方的角度看，放缓加息步伐可为出售美联储所持有的长期资产创造有利的市场条件。如果短期利率上升幅度过大，使得长期利率显著上升，将导致有关资产价格下降，这不仅使得美联储受到损失，也会导致金融机构蒙受损失，并可能使得相关市场再度失去流动性。从负债方的角度看，随着市场利率的提高，美联储为避免大量超额准备金流入市场，会通过各种短期工具吸收超额准备金，并上调超额准备金利率。目前美联储存款准备金高达1.8万亿美元，短期利率每上升1个百分点，美联储存款准备金的利息支出就增加180亿美元。这会增加美联储的利息支出和财务成本，从而对美联储的加息政策形成掣肘。从财政角度看，加息会提高国债收益率以及各级市政债的收益率水平，在当前美国债务率达到二战后最高的情况下，发债成本提高将大大加重财政负担。

第三，美联储也不太可能等到资产负债表完成瘦身后再开始升息。零利率是非常时期的政策，联邦基金利率在0~0.25%的极低利率水平上已经维持了将近5年。美联储未来出售资产时间可能长达4~5年，继续维持低利率如此长的时间很可能助长金融市场的依赖性，妨碍金融机构正常的利率预期，并导致资产价格泡沫。小幅加息也可逐步引导市场预期，让利率发挥信号作用，测试市场反应和美国经济的承受能力。因此，目前市场普遍预期当失业率下降到6.5%以下、核心个人消费支出物价指数（PCE）增长接近2%时，美联储会开启加息进程。

综上所述，美联储退出非传统货币政策的策略核心是实现有秩序的退出，避免造成金融市场动荡或者通胀风险不可控制地上升。为实现这一目标，同时需要平衡对市场预期的引导以及适度相机抉择两方面关系。通过建立退出规则和透明度，加强与市场的沟通，以大体可预期方式逆转非传统货币政策，另外还需要根据债券市场、信贷市场、通货膨胀和失业率的动态变化，适时适度地收缩流动性供应。

四 美国退出非传统货币政策的溢出效应

从历史上看，主要发达经济体尤其是美国货币政策的大调整都对全球经济产生重大影响。20 世纪 90 年代中期，当美国经济从 90 年代早期的衰退中恢复时，格林斯潘领导的美联储开始提高利率以控制通胀，此次美国利率提高成为国际资本从东南亚流回美国，最终导致亚洲金融危机的原因之一。美国互联网泡沫 2000 年崩溃以后，美联储从 2001 年 1 月到 2003 年 6 月间连续 13 次下调联邦基金利率，该利率从 6.5% 降低到 1% 的历史最低水平。美元的低利率导致低风险套利交易在全球范围内风行，热钱大量流入新兴经济体和石油输出国，造成全球流动性过剩的局面。本次国际金融危机后，美联储推行前所未有的超宽松货币政策，欧元区和英日等国相继跟进，导致国际流动性泛滥，大宗商品价格高位震荡，并推动大量短期资本流入新兴经济体。非传统货币政策的正常化过程必定会在大宗商品价格、短期国际资本流动及全球金融体系稳定等方面产生不可忽视的冲击。

1. 非传统货币政策实施与退出时的溢出效应

非传统货币政策退出的冲击幅度在一定程度上可以看做非传统货币政策实施时溢出效应的逆转。在非传统货币政策实施中，虽然通过刺激发达经济体更快的复苏对其贸易伙伴的出口以及跨境借贷产生了积极作用，但也对新兴经济体产生了包括资本流动加剧、汇率升值、资产价格上升及信贷扩张等溢出效应。这些效应由于新兴经济体金融体系和汇率制度的不完善甚至有加剧的倾向。

尽管关于溢出效应的实证经验还存在一定分歧，但总体上新兴经济体在量宽政策公布后经历了明显的资本流入（IMF，2013；Fratacher，Lo Duca and Straub，2012）。以巴西为例，Barroso 等人（2013）估计了美联储量宽政策的事前与事后对巴西经济的影响，分解其传导机制并检验了其统计显著性。他们对美国第一轮量宽（2008 年 12 月至 2009 年 6 月）、第二轮量宽（2010 年 8 月至 2011 年 8 月）以及扭转操作（2011 年 9 月至 2012 年 6 月）的研究发现，这几轮操作对巴西经济的影响总体上与预期方向一致，并在统计上显著。巴西通胀、消费与实体经济活动随之上升，汇率名义升值7.3%，实际升值9.3%，总资本流入上升13.9%，其中证券投资类的资本流入增长17.6%，社会信贷相对GDP规模上升0.9个百分点，而股市市值相对GDP上升4.4个百分点。另外，他们还发现从渠道上看，溢出效应最重要的传导渠道是资本流入。

因此，新兴经济体对非传统货币政策退出最基本的关注点在于，随着货币政策正常化，资本流出将导致金融市场与金融机构遭遇冲击。由于发达经济体央行已实施近五年的非传统货币政策，其正常化过程可能面临操作经验不足与市场超调风险的巨大挑战。本次危机使得市场各类利率之间的关系产生系统性变化，另外，发达经济体也缺乏在大量超额储备的情况下操作货币政策的经验。这可能使得利率波动性风险加剧，并可能导致长期利率超调。这不仅意味着资本流动和汇率的大幅变动，还可能对经济复苏产生损害。

在这种情况下，流动性较差的企业或银行乃至国家将面临重重困难，而那些以杠杆化方式持有风险资产以及长期债券同时又没有采取足够保值措施的实体则将陷入偿付危机。虽然总体上看新兴经济体爆发危机仍属于小概率事件，但一旦爆发则将对区域经济、同类型经济体产生传染效应，其最终导致的负面影响可能大大超出事前估计。因此，发达经济体实施非传统货币政策的效果虽然已成为可以分析的经验资料，但其退出非传统货币政策对外部影响的不确定性并没有因此而明显降低。

2. 退出非传统货币政策的溢出效应可能渠道分析

第一，退出非传统货币政策将对市场利率、资产价格产生直接影响。美国缩减资产购买规模后，势必对美国长期国债收益率产生明显影响。美联储在量宽后期购买的美国国债占新发行量的规模接近90%。目前美联储持有1.99万亿美元的美国国债，占美国国债总额12%，是美国国债市场上最大的买家。一旦美联储减少购买乃至出售美国国债，必将导致美国国债价格下跌。由于美国国债在金融体系中的基础性资产定价作用，这将使得包括股市房市在内的其他资产价格受到不同程度的影响。事实上，由于美联储退出QE的预期，美国10年期国债收益率从5月初的1.66%快速飙升至6月美联储议息会后的2.4%左右。

第二，核心发达经济体利率变化将导致国际资本的重新配置以及汇率调整。根据历史经验，美联储升息后往往带来美元的走强。1994 年美联储将基准利率迅速从 3% 开始升息，并在 1995 年中期维持在 6% 左右的高位后，美元指数迅速上升。2004 年中期美联储开始加息，到 2005 年 12 月 13 日共加息八次，美元对欧元、日元的利差分别达到 200 个、415 个基点，推动美元走强。随着美国经济增长向好，美国启动量宽货币政策退出后美元利率上升，加之欧洲和日本的货币紧缩滞后于美国，这都将对美元形成支撑。一旦美元出现升值，国际资本往往会从新兴市场回流美国，美元套利交易平仓，造成新兴市场经济体出现新一轮国际资本外流风险。新兴市场金融市场流动性以及资产价格都会受到冲击，货币贬值压力和宏观经济调控压力加剧。

第三，美元汇率走强及全球利率上行可能对大宗商品价格产生一定抑制作用，这对大宗商品进口国和出口国意味着不同的福利效应。从历史数据看，美元汇率与原油等大宗商品价格呈现较为明显的负相关关系。但对不同类型大宗商品价格的影响还要具体考虑供给和需求面因素，尤其是中国等大型新兴经济体的影响。譬如，在第一轮和第二轮量宽期间，大宗商品价格大幅上涨，主要由于量化宽松带来了经济复苏和通胀的预期。到第二轮量宽结束时，受制于全球经济需求疲软、欧债危机等因素影响，大宗商品价格开始走软。而从 2012 年 9 月开始新一轮量宽以来，尽管美国经济开始复苏，但欧洲、日本和新兴经济体的增长不及预期，大宗商品价格走弱。因此，非传统货币政策退出对大宗商品价格的影响还需结合主要经济体增长形势一并考虑。

五　中国的政策应对

发达经济体非传统货币政策逐步退出并实现正常化，这不仅是其内部利益的大势所趋，从长远看也符合全球宏观经济和金融稳定的共同利益。不过大规模非传统货币政策退出缺乏先例，即便是理论水平和政策操作水平均处于先进地位的美联储也不能不谨慎为之。我国需要对这一过程中的可能风险有提前认识和准备。

如上文所述，非传统货币政策退出将对全球市场利率、汇率、资产价格、资本流动等金融变量产生调整压力。由于缺乏经验导致的不确定性使得调整过程出现超调的可能性很大，这将加剧新兴经济体稳定宏观经济和金融体系的困难。不过，不同类型新兴经济体面临的冲击将存在显著异质性，将取决于特定国家宏观经济周期状态、市场成熟度以及有关监管政策。如果一国经济宏观经济运行低于其潜在产出，即面临总需求不足的问题，那么资本流出将使得国内需求进一步收缩。如果一国金融市场存在缺陷、市场深度不足，那么由大规模资本流出造成的外部冲击很可能造成宏观经济冲击，如果没有采用有针对性的宏观审慎政策及短期资本流动管理的措施，那么该国将被动面临外部环境变化的挑战。

因此，我国需结合以上几方面因素准备相关政策应对。第一，密切监控国内宏观经济周期及货币流动性。在美国退出量化宽松政策的背景下，短期资本外流会通过外汇占款减少和存款增速放缓等渠道造成国内流动性出现一定下降，央行可在控制通货膨胀目标的同时，考虑对国内金融市场流动性提供补充。譬如我国当前大型金融机构的法定存款准备金率为20%，中小型金融机构为16.5%，这一水平在主要经济体中处于最高位置。当需要补充流动性时，下调法定存款准备金率是一项有效的数量型工具，同时也符合金融机构提高市场化运作水平的需要。

第二，为防范短期资本大规模流出的潜在风险及对国内金融市场的冲击，我国应加强对短期资本流动的管理，完善微观审慎和宏观审慎政策框架。短期资本跨境流动往往具有顺周期和超调特征，将加大汇率和市场利率波动性，增加宏观经济不稳定性和脆弱性。我国应通过对跨境业务和金融机构的监测，加强对短期资本流动的监测和风险评估。在短期资本流动风险的管理上，还应考虑以市场手段为主，以行政措施为辅，以避免对正常资本流动的过度约束。

第三，加强国际沟通与协作，督促美国实行更加负责的货币政策。尽管美国量宽政策进入与退出主要以美国经济形势为最终决定因素，但是考虑到美国经济对世界经济的影响，美国货币政策操作要顾及对其他国家，特别是对新兴市场经济体的影响。我国应在G20等国际经济治理平台上督促美国实行更加负责的货币政策，建立信息共享机制和政策协调机制，加强同新兴市场经济体的沟通，确保量宽政策有序退出，并通过IMF或货币互换等机制性安排确保针对脆弱经济体的流动性供应。

第四，考虑建立区域性的汇率协调机制，与东盟等贸易上存在一定竞争关系的经济体一同防范竞争性贬值风险。在此次非传统货币政策实施期间，亚洲新兴经济体经历了相比其他地区而言更大规模的资本流入，预期在非传统货币政策退出时，这些地区也将经历大规模的资本流出冲击。这一过程如果导致汇率的无序贬值，将给中国对外贸易以及国内宏观经济稳定带来重大影响。我国可考虑通过东盟 10 +3 的合作机制，强化与亚洲新兴经济体的汇率合作，以共同促进本地区的宏观经济与金融稳定。

参考文献

Baumeister, C. and Benati, L. Unconventional Monetary Policy and the Great Recession-Estimating the Impact of a Compression in the Yield Spread at the Zero Lower Bound, Working Paper Series No. 1258, European Central Bank, 2010.

Barroso, Joao Barata R. B. , Luiz A. Pereira da Silva, and Adriana Soares Sales. Quantitative Easing and Related Capital Flows into Brazil: Measuring Its Effects and Transmission Channels through a Rigorous Counterfactual Evaluation, Working Papers Series 313, Central Bank of Brazil, Research Department, 2013.

Bernanke, B. , The Crisis and the Policy Response, Stamp Lecture, London School of Economics, London, England, January 2009.

BIS, 82nd BIS Annual Report 2011/2012, June 24, 2012. http://www.bis.org/publ/arpdf/ar2012e.htm.

BIS, 83rd BIS Annual Report 2012/2013, June 23, 2013. http://www.bis.org/publ/arpdf/ar2013e.htm.

Borio, C. and P. Disyatat, Unconventional Monetary Policies: an Appraisal, The Manchester School, University of Manchester, 78: 53 – 89, 2010.

Cecioni, M. , G. Ferrero and A. Secchi, Unconventional Monetary Policy in Theory and in Practice, Occasional Papers No. 102, Bank of Italy, September 2011.

Curdia, V. and Woodford, M. The Central-bank Balance Sheet as an Instrument of Policy, *Journal of Monetary Economics*, vol. 58, pp. 54 – 79, 2011.

D'Amico, S. and King, T. B. Flow and Stock Effects of Large-scale Treasury Purchases', Finance and Economics Discussion Series No. 2010 – 52, 2010.

Eggertsson, G. and Woodford, M. The Zero Bound on Interest Rates and Optimal Monetary

Policy, Brookings Papers on Economic Activity, vol. 1, pp. 139 - 211, 2003.

Fratzscher, Marcel and Lo Duca, Marco and Straub, Roland, A Global Monetary Tsunami? On the Spillovers of US Quantitative Easing (October 19, 2012). http: //ssrn. com/abstract = 2164261 or http: //dx. doi. org/10. 2139/ssrn. 2164261

IMF, Unconventional Monetary Policies: Recent Experiences and Prospects, Board Paper, April 19, 2013.

Joyce, M., D. Miles, A. Scott and D. Vayanos, Quantitative Easing and Unconventional Monetary Policy - an Introduction, *The Economic Journal*, vol. 122 (564), pp. F271 - 88, 2012.

Krishnamurthy, A. and Vissing-Jorgensen, A. The Effects of Quantitative Easing on Interest Rates: Channels and Implications for Policy, Brookings Papers on Economic Activity, vol. 2, pp. 215 - 87, 2011.

Miles, D. Monetary Policy and Financial Dislocation, Royal Economic Society lecture, 10 October 2011. http: //www. bankofengland. co. uk/publications/speeches/2011/speech521. pdf.

Neely, C. The Large-scale Asset Purchases had Large International Effects, Federal Reserve Bank of St. Louis Working Paper No. 2010 - 018A, 2012.

White, William R. Ultra Easy Monetary Policy and the Law of Unintended Consequences. Working Paper No. 126. Federal Reserve Bank of Dallas, Globalization and Monetary Policy Institute, August 2012. http: //www. dallasfed. org/assets/documents/institute/wpapers/2012/0126. pdf.

Woodford, M. Interest and Prices: Foundations of a Theory of Monetary Policy, Princeton NJ: PrincetonUniversity Press, 2003.

Wright, J. What Does Monetary Policy Do at the Zero Lower Bound?, *The Economic Journal*, vol. 122 (564), pp. F447 - 66, 2012.

Y.16

美国区域贸易投资一体化的新进展

李春顶*

摘　要：

美国区域贸易投资一体化的新进展以跨太平洋伙伴关系协定（TPP）和跨大西洋贸易和投资伙伴关系协定（TTIP）为重点，呈现全面推进和快速发展的态势。TPP将建成面向亚太地区的一体化，原计划在2013年底完成谈判但预计可能性不大；TTIP将建成面向欧洲的一体化，计划在2014年底达成协议。美国区域贸易投资一体化的新发展体现了深谋远虑的多层次目标。一方面，美国希望通过全面的区域一体化推动其国内的贸易发展、经济增长和就业增加；另一方面，利用区域一体化主导并逐步形成按照美国需要构建的国际贸易新规则。

关键词：

区域一体化　美国　TPP　TTIP

全球金融危机之后，多哈回合由于各方利益难以协调而停滞不前，美国将区域贸易和投资一体化建设提上了重要议事日程，呈现快速推进和全面发展的态势。短短几年内，已推动并主导了多项区域一体化谈判，并预定在近年内达成协议。跨太平洋伙伴关系协定（TPP）构成了美国的亚太区域战略，跨大西洋贸易和投资伙伴关系协定（TTIP）反映了美国的欧洲区域合作安排。美国面向21世纪的“一体两翼”区域贸易和投资一体化新格局已日趋凸显。

---

* 李春顶，经济学博士，中国社会科学院世界经济与政治研究所副研究员，主要研究方向为国际贸易。

美国区域一体化的新进展具有全面铺开的特点，更加重视非关税壁垒的削减、服务贸易和投资自由化的推进，并强化美国的主导作用，重视与发达经济体的合作，高度重视经贸投资规则和标准的构建，有推动重建国际贸易新规则和新秩序的意图。

一 美国区域贸易投资一体化的新战略

发端于2009年的全球金融危机重创了美国经济。在此之后，美国大力主导区域贸易和投资一体化的发展，希望借以推动其国内的贸易发展、经济增长和就业增加，维持美国的竞争力和核心地位。历经几年的发展，美国的区域贸易和投资一体化取得了一定成绩，布局也已初现端倪。新的进展主要体现在“一体两翼”新格局的确立，即跨太平洋伙伴关系协定（TPP）和跨大西洋贸易和投资伙伴关系协定（TTIP）。TPP已经启动了19轮谈判，原计划在2013年底完成协议，但美国近期缠于政府“关门事件”，预计难以实现；TTIP刚刚启动第一轮谈判，计划于2013年10月进行第二轮谈判并在2014年底达成协议，但美国政府的“关门事件”搁置了第二轮谈判的正常进行。与此同时，一些双边贸易和投资合作安排也构成了美国区域贸易投资一体化新进展的内容，重要的有中美双边投资协定（BIT）的谈判。

美国的区域贸易和投资一体化安排主要包括三个层面。一是自由贸易协定（Free Trade Agreement，简称FTA），建成自由贸易区以推动区域内贸易和投资的发展；二是贸易和投资框架协议（Trade & Investment Framework Agreement，简称TIFA），建成区域内成员讨论贸易和投资议题的论坛和平台；三是双边投资协定（Bilateral Investment Treaties，简称BIT），协调促进双边相互投资的发展。

自由贸易协定（FTA）是美国区域贸易和投资一体化的最主要部分，也是最有实质性内容的部分。目前美国已经签署的自由贸易区有14个，包括双边自贸区12个，多边自贸区[①]2个；在提议和谈判中的自由贸易区有18个，包

① 这里的多边安排是指多边区域贸易一体化，即由3个及3个以上国家或地区建立的自由贸易区安排，与双边自由贸易区对应；并非指WTO体系下的多边贸易谈判协定。下同。

括双边12个，多边6个（见表1）。近年最引人注目的主要是跨太平洋伙伴关系协定和跨大西洋贸易和投资伙伴关系协定。

表1 美国的自由贸易区（FTA）现状

类别	类型	具体的FTA
已签约	双边(12个)	澳大利亚,巴林,哥伦比亚,智利,以色列,约旦,摩洛哥,阿曼,巴拿马,秘鲁,新加坡,韩国
	多边(2个)	多米尼加共和国—中美自由贸易协定(DR - CAFTA);北美自由贸易区(NAFTA)
倡议、谈判中	双边(12个)	厄瓜多尔,加纳,印度尼西亚,肯尼亚,科威特,马来西亚,毛里求斯,莫桑比克,新西兰,中国台湾,阿拉伯联合酋长国,乌拉圭
	多边(6个)	美洲自由贸易区(FTAA),中东自由贸易区(MEFTA),亚太自由贸易区(FTAAP),跨大西洋自由贸易区(TAFTA),跨太平洋伙伴关系协定(TPP),跨大西洋贸易和投资伙伴关系协定(TTIP)

资料来源：根据美国国际贸易代表办公室（USTR）网站及Wikipedia网站FTA信息整理。

贸易和投资框架协议（TIFA）并非实质上的贸易和投资壁垒减让，而仅仅是为美国和其他国家或地区提供一个贸易和投资问题对话及磋商的战略框架。贸易和投资框架协议可能有不同的名称，如美国与南非联盟的贸易、投资和发展协议（TIDCA），美国 - 冰岛论坛等。这些协议框架的目的都是为美国和其他地区及国家政府提供会面以及讨论双边贸易和投资合作的平台。目前，美国的贸易和投资框架协议共有49个，包括非洲11个，美洲4个，欧洲和中东19个，南亚和中亚6个，东南亚和太平洋地区9个（见表2）。

美国的双边投资协定（Bilateral Investment Treaties，BIT）是与其他国家就双边投资合作签订的协议，目的是保护美国的私人投资，推动东道国市场发展以及促进美国出口。BIT的内容主要涉及投资保护的范围、投资待遇、征收与补偿、货币汇兑和争端解决等。美国BIT谈判有确定的范本，最鲜明的特点是致力于推进高水平的投资自由化，并为美国在海外的权益提供高标准的投资保护。[①] 目前美国已经与近50个国家签订了双边投资协定。近年以来，美国BIT领域最突出的发展是在2013年第五次中美战略经济对话上，中美双方一致同

① 参见田丰《美国版中美双边投资协定之疑》，《第一财经日报》2008年12月1日。

表 2　美国与其他国家和地区的贸易和投资框架协议（TIFA）

区域	类型	贸易和投资框架协议(TIFA)
非洲(11 个)	双边(8 个)	安哥拉、加纳、利比里亚、毛里求斯、莫桑比克、尼日利亚、卢旺达、南非
	多边(3 个)	东南非共同市场、东非共同体、西非经济和货币联盟(WAEMU)
美洲(4 个)	双边(3 个)	乌拉圭、乌拉圭贸易环境议定书、乌拉圭贸易自由化议定书
	多边(1 个)	加勒比共同市场(CARICOM)
欧洲和中东(19 个)	双边(18 个)	阿尔及利亚、巴林、埃及、格鲁吉亚、冰岛、伊拉克、科威特、黎巴嫩、利比亚、阿曼、卡塔尔、沙特阿拉伯、瑞士、突尼斯、土耳其、乌克兰、阿拉伯联合酋长国、也门
	多边(1 个)	海湾阿拉伯国家合作委员会(GCC)
南亚和中亚(6 个)	双边(5 个)	阿富汗、马尔代夫、尼泊尔、巴基斯坦、斯里兰卡
	多边(1 个)	中亚
东南亚和太平洋地区(9 个)	双边(8 个)	文莱、柬埔寨、印度尼西亚、马来西亚、新西兰、菲律宾、泰国、越南
	多边(1 个)	东盟(ASEAN)

资料来源：根据美国国际贸易代表办公室（USTR）网站信息整理。

意进入双边投资协定实质性谈判阶段。

美国区域贸易和投资一体化的新进展与以往相比具有明显差异，特点显著。其一，重点在非关税壁垒的削减和新规则、新制度的建设。无论是跨太平洋伙伴关系协定还是跨大西洋贸易和投资伙伴关系协定，都无一例外地关注非关税壁垒的减让和新规则的制定与实施。例如，TPP 的谈判议题包括农业、劳工、环境、政府采购、投资、知识产权、服务贸易、技术性贸易壁垒、竞争中立等；TTIP 的谈判议题包括市场准入、投资、服务、监管、知识产权、能源和原材料、国有企业等。

其二，似乎有意避开并游离于 WTO 体系之外。TPP 和 TTIP 都是 WTO 体系之外的区域一体化安排，美国似乎放弃了推动多哈回合多边体系的努力，转而重视 TPP 和 TTIP 等区域贸易和投资一体化的发展。

其三，美国主导、以发达经济体为核心，撇开发展中经济体。TPP 由美国主导，并且吸收日本于 2013 年正式加入；TTIP 由美国和欧盟共同主导和参与。可以说，美国的区域一体化新战略中，发展中经济体基本没有发言权和话语权。

其四，美国推动区域贸易和投资一体化的意愿高度强烈，发展进程“出乎意料”地迅速。无论是TPP还是TTIP，都设定了密集的谈判议程，预定达成协议的时间安排非常紧迫，反映了发达经济体的迫切心态。

其五，大有重建国际经贸新规则和新体系，迫使发展中经济体被动接受的态势。TPP和TTIP的目标都是要建立高水平的一体化体系，重在国际贸易投资规则的制定和统一，一旦这些包含世界主要经济体的协议达成，将会从根本上影响国际贸易和投资的规则，形成事实上的全球规则，进而取代现有多边体系。

美国区域贸易和投资一体化的新发展不同于以往单一或少数国家的自由贸易区安排，也不仅仅局限于区域内部。美国的战略意图很有可能是通过TPP和TTIP的区域一体化发展，建立新的贸易投资规则，并逐步上升为全球范围的标准和规则制度，进而取代现有的WTO体系发挥作用，逼迫新兴市场国家和发展中经济体按照美国的意愿扩大开放，推动全球经济一体化的发展，维护发达国家的利益。

故而，美国区域贸易和投资一体化的最新发展在较大程度上体现的是一种重大变动趋势，与每一个国家息息相关，必须引起高度的关注和重视。以下重点分析跨太平洋伙伴关系协定（TPP）、跨大西洋贸易和投资伙伴协定（TTIP）以及美国双边贸易投资一体化协定的最新发展。

二 跨太平洋伙伴关系协定（TPP）及其进展

跨太平洋伙伴关系协定（Trans-Pacific Partnership Agreement，简称TPP）通常又被称为跨（泛）太平洋战略经济伙伴关系协定（协议），是一个由美国主导的旨在进一步推动亚太地区经济自由化的区域自由贸易协定（Free Trade Agreement）。

TPP的发展历史可以追溯到2002年墨西哥APEC领导人峰会，时任智利、新加坡和新西兰领导人发起了太平洋三国更紧密经济伙伴（Closer Economic Partnership）关系的一体化谈判，被称为P3－CEP。接着，在2005年4月的P3－CEP谈判中，文莱加入，形成了Pacific－4（P4）。2008年9月，Pacific－4受到美国的关注，布什总统决定加入谈判，并提出TPP的设想与倡议；2008

年底，澳大利亚、秘鲁和越南决定加入。但 TPP 的发展被随后的美国大选搁置和中断。奥巴马总统执政后，明确提出美国要参与谈判并主导亚太地区自由贸易协议的制定，并于 2010 年 3 月在澳大利亚墨尔本启动了第一轮谈判。至此，美国主导的“跨太平洋伙伴关系协议”正式应运而生。随后，在 2010 年 10 月的第三轮谈判中，马来西亚加入 TPP。2012 年 6 月，加拿大和墨西哥宣布加入 TPP 谈判并于同年 12 月正式加入。日本于 2010 年 11 月成为 TPP 观察国，于 2013 年 3 月正式宣布希望加入 TPP，6 月被邀请加入，而在 2013 年 8 月的第 19 轮谈判中正式成为 TPP 成员。[①]

目前，TPP 的成员共有 12 个，分别是：美国、澳大利亚、文莱、智利、马来西亚、新西兰、秘鲁、新加坡、越南、加拿大、墨西哥、日本（见图 1）。2013 年 9 月韩国宣布加入 TPP 谈判，在不久的未来，韩国也可能会成为 TPP 的成员。根据 TPP 发展的规划，将在 2015 年之前实现 13 个成员的目标，即韩国加入 TPP；而终极的目标是要建成亚太地区所有国家参与的高标准区域一体化安排。

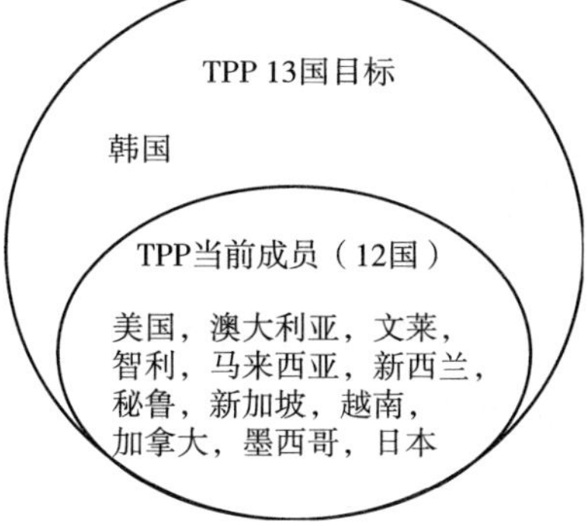

图 1　TPP 成员组成

资料来源：作者整理。

在 TPP 的时间进程安排上，已经启动了 19 轮谈判；其中，2010 年历经 4 轮谈判，2011 年历经 6 轮谈判，2012 年历经 5 轮谈判，2013 年[②]业已启动 4

① 参见维基百科“TPP”，http：//en. wikipedia. org/wiki/TPP。

② 截至 2013 年 9 月，TPP 在 2013 年共经过了 4 轮谈判，总共经过了 19 轮谈判。

轮谈判[①]（见表3）。按照TPP的计划，各成员希望在2013年10月份就谈判内容达成一致，并在2013年底前签署协定。[②] 这一计划显然已经被美国政府的“关门事件”搁置和拖延，年内达成协议的可能性较小。

表3 TPP各轮谈判简况

年份	具体时间	轮次	谈判地点	年份	具体时间	轮次	谈判地点
2010	3月15～18日	第1轮	澳大利亚墨尔本	2012	3月1～9日	第11轮	澳大利亚墨尔本
	6月14～18日	第2轮	美国旧金山		5月8～18日	第12轮	美国达拉斯
	10月4～9日	第3轮	文莱		7月2～10日	第13轮	美国圣地亚哥
	12月6～10日	第4轮	新西兰奥克兰		9月6～15日	第14轮	美国利斯堡
2011	2月14～18日	第5轮	智利圣地亚哥		12月3～12日	第15轮	新西兰奥克兰
	3月24日～4月1日	第6轮	新加坡	2013	3月4～13日	第16轮	新加坡
					5月15～24日	第17轮	秘鲁利马
	6月20～24日	第7轮	越南胡志明市		7月15～24日	第18轮	马来西亚哥打基纳巴卢
	9月6～15日	第8轮	美国芝加哥		8月23～30日	第19轮	文莱斯里巴加湾
	10月19～28日	第9轮	秘鲁利马		—	—	—
	12月5～9日	第10轮	马来西亚吉隆坡				

资料来源：作者整理。

TPP的具体谈判议题和内容尚没有明确的信息。原因是TPP谈判过程对外严格保密，谈判结束前不对外公布技术文本，只能从公开的各国官方和美国贸易代表办公室公布的简报资料、谈判小组组成的情况以及部分谈判国在每轮谈判前提交的建议分析协议的可能内容。TPP的定位是一个开放性的高水平和高标准的区域一体化安排，不仅要实现区域内的全面零关税，使区域内成员成为统一大市场，还会涉及各成员的国内政策，如监管、竞争政策、经济立法、基础建设、市场透明、反贪和金融业改革等。从现有的资料看，TPP涉及的议题将包括知识产权保护、劳工标准、环境标准、促进中小企业发展、金融监管、竞争政策、国有企业条款、经济立法、市场透明、反贪等多个领域。[③]

① 详细情况参见美国贸易代表处网站TPP专题，http：//www. ustr. gov/tpp。

② 参见新华网国际频道新闻“第18轮谈判收尾前，日本挤进TPP”，2013－7－25。

③ 参见百度百科“跨太平洋战略经济伙伴关系协议”，http：//baike. baidu. com/view/989568. htm。

TPP 涵盖了亚太地区的 12 个国家，包括了该地区主要的发达经济体和不少发展中国家。建成之后，将成为现有最大的自由贸易区或区域一体化组织。TPP 成员的贸易总额约占世界贸易份额的 25%，出口总额约占世界份额的 23%，而进口总额约占世界份额的 28%（见图 2）。TPP 总体上占据了世界贸易的约 1/4，这样的区域一体化组织对于全球贸易和经济的影响不言而喻。

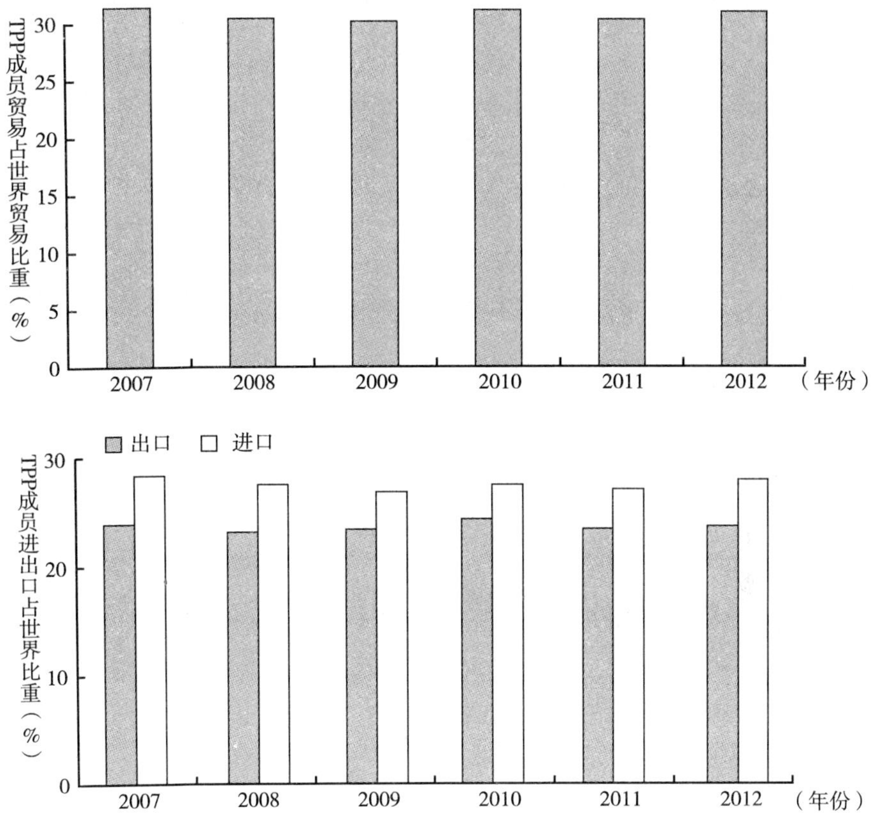

图 2　TPP 成员货物贸易占世界贸易额的比重

资料来源：WTO 统计数据库，http：//stat. wto. org。

TPP 是美国区域贸易投资一体化战略的最重要组成部分，也是美国最为积极推动的高标准贸易协定。TPP 协议的顺利达成和签署对于美国意义重大。第一，TPP 是美国推动亚太地区贸易自由化和区域合作的重要部署，TPP 的达成能够实现美国与亚太地区国家的经贸一体化，促进美国的对外贸易、经济增长和就业。第二，

TPP 将顺理成章地实现美国在亚太地区经贸一体化中的主导地位，并推动亚太的区域一体化按照美国的意图和利益诉求发展。第三，美国将通过 TPP 推行有利于美国和发达经济体的国际经贸规则和制度，构建有利于美国的贸易和投资秩序，并力图能够最终推动成为全球规则，迫使发展中国家被动接受和让步，全面实现美国的经济利益。可以说，TPP 绝非一个简单的区域一体化安排，蕴涵着美国在区域一体化战略上的长远盘算，成败与否直接关系美国未来区域一体化战略的进展。

美国在 TPP 上的态度坚定，但 12 个经济体在各个条款上的诉求却存在差异和矛盾，按照预定计划达成最终的协议并不容易。但可以肯定的是，美国必然会以各种形式或者不影响核心利益的让步来促成协议的签订。预计在不远的未来，TPP 谈判将会达成初步协议。

三 跨大西洋贸易和投资伙伴关系协定（TTIP）及其进展

跨大西洋贸易和投资伙伴关系协定（Transatlantic Trade and Investment Partnership，简称 TTIP）是美国和欧盟正力图推动构建的自由贸易区或区域一体化安排。TTIP 一旦达成，将成为世界上最大的自由贸易区，囊括了世界最大的两个发达经济体。

美欧建立自贸区的设想可以追溯到 20 世纪中叶。1949 年加拿大曾提出“让北约成为军事和经济联盟”的建议，但遭到欧洲的拒绝。[①] 此后，美欧自贸区的提案不断被提及，但一直是“只听楼板响、不见人下楼”，停留在“纸上谈兵”而无实际行动的阶段。

2013 年 2 月 13 日，在八国集团（G8）峰会上，美国总统奥巴马、欧洲理事会主席范龙佩和欧盟委员会主席巴罗佐发表联合声明，决定在 2013 年 6 月底启动跨大西洋贸易与投资伙伴协议（TTIP）谈判，并计划在 2014 年完成谈判。[②] 至此，TTIP 的设想正式公之于众。

2013 年 3 月 12 日，欧盟委员会通过了与美国进行自由贸易协定谈判的授

---

① 参见《美欧自贸区旧梦能否成真》，《南方日报》2013 年 3 月 1 日。

② 参见《欧美自贸协定谈判加速，联手竞争中国》，《经济参考报》2013 年 3 月 14 日。

权书，6月14日欧盟各成员国通过了欧盟委员会开启TTIP谈判的决议。2013年7月8~12日，美国和欧盟在华盛顿启动了TTIP的第一轮谈判，初步确定了谈判框架，包括农产品和工业产品市场准入、政府采购、投资、服务、能源和原材料、监管议题、知识产权、中小企业、国有企业等20项议题。[①] TTIP第二轮谈判预定于2013年10月7~11日在布鲁塞尔举行，[②] 但由于美国政府的“关门事件”而被延迟。

TTIP的谈判刚刚启动，具体的谈判议题和内容尚未确定。从美国和欧盟政府层面的表态看，双方积极性很高，达成协议的意愿很强烈。双方可查的约定包括：第一，尽可能取消跨大西洋贸易领域工业品和农产品的全部关税；第二，进一步开放服务市场，加强在公共支出、政策制定领域的合作；第三，在竞争、贸易便利化、劳工和环境领域制定最新规则；第四，加强知识产权保护力度，确定共同的目标和策略，推动在第三国市场和国际组织的实施。[③] 显然，美欧谈判和合作的领域主要在非关税壁垒和制度规则方面。

美欧联合声明指出，一个高标准的跨大西洋贸易与投资伙伴关系将促进贸易与投资自由化，也将解决监管问题和其他非关税贸易壁垒。我们认为，通过TTIP的谈判，美国与欧盟将不仅有机会促进大西洋两岸的贸易与投资，也可能会成为全球贸易规则的制定者和主导者，进而改变现有的多边贸易体系。显而易见，美欧自贸区建设所追求的主要目标是：促进相互的贸易与投资；更重要的，是主导全球的贸易和投资规则。

美国和欧盟分别是全球第一大和第二大发达经济体，美欧的GDP之和约占世界的一半，美欧贸易约占世界总额的1/3，美欧互为第一大投资目的地。[④] 从美欧贸易占世界贸易的份额比例看，货物贸易总额约占世界的43%，货物出口总额约占世界的40%，货物进口总额约占世界的46%；服务贸易总额约占世界的50%，服务出口总额约占世界的58%，服务进口总额约占世界的45%（见图3）。从美欧近年相互的贸易看，除了2009年全球金融危机外，其他

① 参见《美欧结束TTIP首轮谈判》，《福建日报》2013年7月14日。

② 参见欧盟委员会网站贸易专题TTIP专栏，http：//ec.europa.eu/trade/policy/in-focus/ttip/。

③ 参见《TTIP将对世界贸易格局产生重大影响》，《中国远洋航务》2013年第7期，第14页。

④ 参见百度百科“TTIP”，http：//baike.baidu.com/view/10411682.htm。

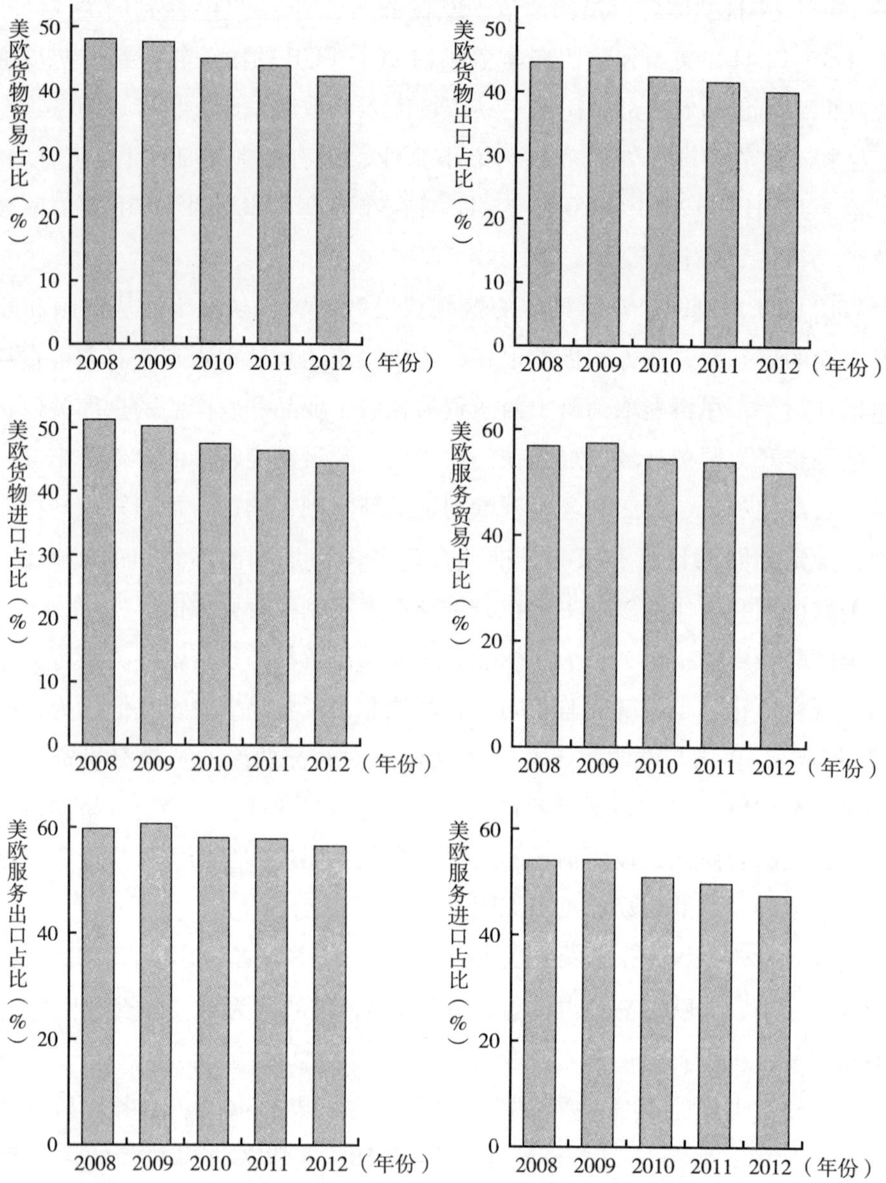

图 3　TTIP 美欧货物和服务贸易占世界贸易额的比重

资料来源：WTO 统计数据库，http：//stat. wto. org。

年份中双边进出口贸易额都在不断增长，且增速较快；在贸易平衡上，欧盟处于顺差地位（见图 4）。从美欧近年来的相互投资看，增速很快，从 2008 年至 2011

年，相互投资增长了将近1/3；美欧相互投资占欧盟对外投资总额的比重较大，无论对外投资还是利用外资，都占了约30%，但占比随时间推移在不断下降（见图4）。故而，TTIP如若建成，将是世界第一大超级自由贸易区。同时，美国和欧盟是世界最主要的服务贸易大国，双边相互投资额巨大，在服务贸易和相互投资上的合作空间很大。显然，TTIP对于世界经贸的影响将是巨大的。

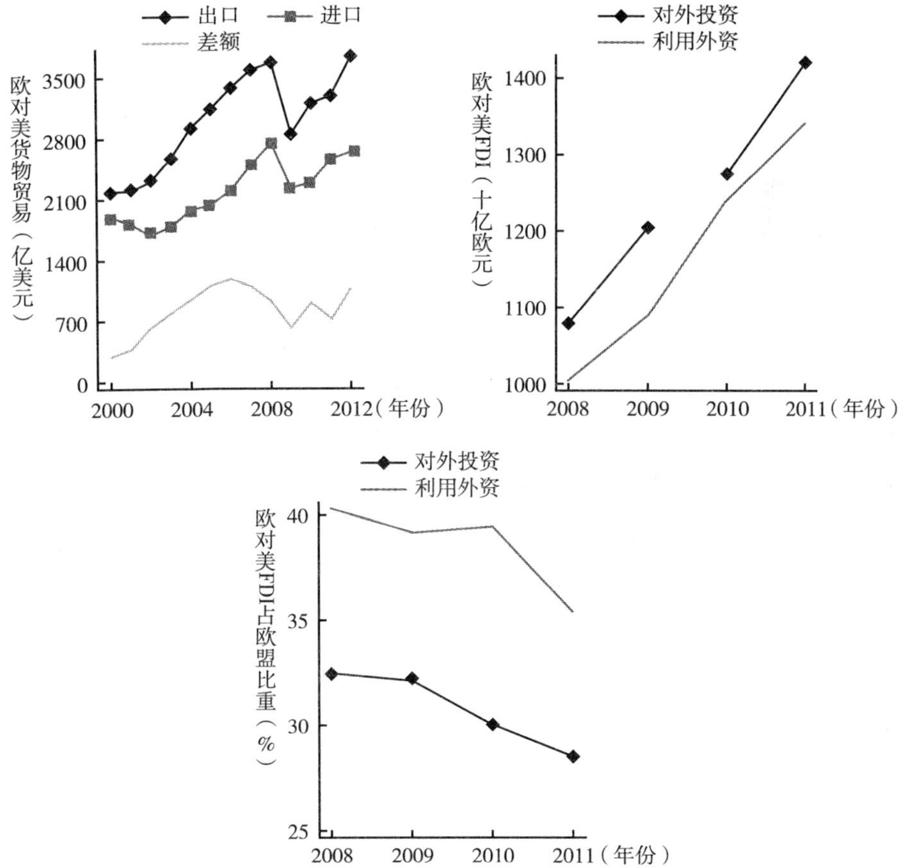

图4 欧盟对美国货物贸易和投资情况

资料来源：联合国Comtrade统计数据库。

尽管美欧国内的经济形势以及美欧的主观意图都有利于TTIP的发展，但作为全球最主要的发达经济体，产业趋同和相互竞争不可避免，相互的利益关切也存在差别与矛盾，要达成最终的自贸区安排，并非易事。TTIP建设和发展的主要障碍包括以下几个方面。其一，美欧内部的协调和审批并不简单。欧盟内部成员较多，且利益存在一定的分歧，要通过内部复杂的审批程序，并不容易。美国方面也需要得到国会批准，背后利益集团的激烈博弈不可避免。其二，“美国标准”和“欧洲标准”的差异较大，协调一致不容易。美国标准和欧洲标准在很多方面都存在差异，典型的如食品安全、知识产权、气候变化等领域。在食品安全上，欧洲在销售转基因食品上有严格的限制，而转基因技术在美国却被大量使用；在农业补贴上，欧盟对农业的补贴水平远高于美国；在知识产权领域，美欧之间也存在差异，例如美国公司可以使用消费者的个人信息数据，而欧洲却有最低标准的保护。其三，美欧产业存在明显的同质性和竞争性。美国和欧盟同属发达经济体，产业同质性较强，制造业主要集中于产业链高端的产品生产、研发和设计，服务业同在国民经济中占据重要地位。典型的事例如飞机制造领域的波音和空中客车的竞争。[①] 其四，在农产品补贴问题上，欧盟的补贴标准和程度都与美国存在差异，分歧严重。

TTIP 在美国的区域贸易投资一体化战略中同样处于非常重要的位置，与 TPP 一起被称为美国“一体两翼”的自贸区格局。TTIP 的建成对于美国的战略价值和意义重大。第一，美国和欧盟是全球最大的两个经济体，双方在服务贸易和投资领域的发展空间很大，建成自贸区对于美国和欧盟的贸易投资发展、经济增长以及就业增加都是有益无害的。第二，TTIP 的建成是美国面向欧洲区域一体化战略的重点，是美国—欧洲战略的组成部分，对于增加美欧的互信、合作以及友好关系都是有利的。第三，“美国标准”和“欧洲标准”存在差异，TTIP 如果能够在标准统一上有所作为，不仅会扩大美欧之间的经贸往来，更会形成全球标准，削减“标准”壁垒，推动经贸发展。第四，美国希望主导重建有利于发达经济体的国际贸易和投资规则与秩序，实现这一战略需要有盟友的支持和推动，欧盟与美国存在共同的利益诉求，TTIP 的建成将极大地推动美国区域一体化战略的实施。第五，美国区域一体化的战略思路是通过团结发达经济体主导重建国际贸易的规则，迫使发展中国家按照美国的规则扩大开放，最终实现美国的经济贸易利益。TPP 已经团结了日本和其他发达

① 参见李春顶《美欧自贸区意欲何往》，《世界知识》2013 年第 8 期。

经济体，TTIP 是团结欧盟的重要步骤，战略价值不言而喻。

TTIP 的谈判将是一场并不容易的攻坚战，双方在很多利益上的争夺不可避免，TTIP 协议的达成可能会比 TPP 更加艰难，毕竟大国之间的较量通常都是更加激烈的。但从目前美国和欧盟的意愿来看，TTIP 的建成恐怕是迟早的事情，但 TTIP 能够在多大程度上达成协调一致，尚难有太高的期望。

四 其他双边贸易和投资一体化的新进展

美国双边贸易和投资一体化的新进展主要有以下几个方面。首先，在自由贸易区（FTA）进展上。正在进行中的双边 FTA 谈判和安排有 12 个，分别是与厄瓜多尔、加纳、印度尼西亚、肯尼亚、科威特、马来西亚、毛里求斯、莫桑比克、新西兰、中国台湾、阿拉伯联合酋长国，以及乌拉圭的谈判。其次，在贸易和投资框架协议（TIFA）进展上。已经签署的双边协议有 42 个，其中非洲 8 个，美洲 3 个，欧洲和中东 18 个，南亚中亚 5 个，东南亚和太平洋地区 8 个[①]，美国的双边贸易和投资框架协议在不断增加，但新进展不大也不受关注。最后，在双边投资协定（BIT）上。美国已经与 50 个国家签订了双边投资协定，并且协定伙伴国在不断扩展，新进展主要体现在与中国双边投资协定的发展上。

从中国角度来看，虽然中美自由贸易区（FTA）的提议在学术和民间层面早已酝酿，但迄今尚没有任何的官方倡议或讨论。中美双边贸易投资一体化值得关注的最新进展是中美双边投资协定（BIT）。在 2008 年 6 月的第四次中美战略经济对话（SED）上，中美双方通过磋商启动双边投资保护协定的谈判。在经历了 9 轮基础性磋商之后，2013 年 7 月的第五轮中美战略经济对话上，中美双方达成共识，决定在“准入前国民待遇”和“负面清单”的条款前提下进入中美双边投资协定的实质性谈判阶段。[②]

中美双边投资协定的发展有利于深化投资的便利化和一体化，对于扩大中

① 数据来源于美国贸易代表处网站 Trade Agreements 专题，http://www.ustr.gov/trade-agreements。

② 《中美同意尽快进入双边投资保护协定的实质性谈判》，中国新闻网，2013 年 7 月 12 日。

美相互之间的投资和贸易都是有益的。而中美作为全球经济规模最大的两个国家，相互之间投资协定的推进和发展对于世界具有重要影响，也是美国贸易投资一体化新进展的一个重要方面。但“准入前国民待遇”和“负面清单”条款对中国具有一定的挑战，双方的实质谈判预计会遭遇不少的现实困难，很难在短时间内达成全面的协议。

五 总结

美国区域贸易和投资一体化的新进展主要体现为“一体两翼”的区域一体化安排以及部分双边贸易投资一体化的推进。跨太平洋伙伴关系协定（TPP）和跨大西洋贸易和投资伙伴关系协定（TTIP）是美国当前区域贸易和投资一体化发展的关键和前沿阵地，中美双边投资协定（BIT）进入实质性谈判构成了美国双边区域贸易投资合作发展的新亮点。

美国区域贸易投资一体化的新发展体现了美国的诉求：一方面，希望通过全面而多层次的区域一体化促进美国的对外贸易，带动经济的增长和就业的增加，推动全球贸易自由化和经济一体化；另一方面，希望主导构建有利于美国的国际贸易新规则和新秩序，并进而推广成全球规则，迫使发展中国家按照美国的规则做出让步和扩大开放，维护和扩大美国的经济利益。

美国最近主导推动的区域贸易投资一体化安排一旦达成协议，TPP 将形成亚太地区最大的自由贸易安排，TTIP 将形成美国与欧洲的最大自由贸易安排，并促进美国标准和欧洲标准走向统一，美国可能因此联合欧盟、日本等发达经济体主导和形成席卷全球的国际贸易与投资新规则。这对于世界各国经济的影响都是不容小觑的。

在美国积极主导的区域贸易投资一体化安排中，中国以及其他发展中大国均置身度外。不仅不能分享区域一体化带来的发展机遇，且一旦美国主导的区域一体化形成全新的国际贸易规则，还需承受规则调整之痛并被动接受发达国家对贸易和投资自由化的利益分割。鉴于此，中国应未雨绸缪，密切关注美国区域贸易投资一体化谈判的最新进展，并尽早调整和积极参与应对，减少美国主导的新一轮区域一体化浪潮对中国可能带来的冲击和损害。

参考文献

陈淑梅、全毅：《TPP、RCEP 谈判与亚太经济一体化进程》，《亚太经济》2013 年第 2 期，第 3 ~ 9 页。

巩胜利：《21 世纪：美国新战略“三大”规则》，《国际金融》2013 年第 5 期，第 30 ~ 33 页。

曲凤杰、朱梦曳、牛桐：《美国加入 TPP 的动因、挑战和影响：从美国视角分析》，《国际贸易》2012 年第 9 期，第 31 ~ 38 页。

沈铭辉：《跨太平洋伙伴关系协议的成本收益分析：中国的视角》，《当代亚太》2012 年第 1 期，第 6 ~ 34 页。

Akhtar, S. I. and V. C. Jones. “Proposed Transatlantic Trade and Investment Partnership: In Brief”. CRS Report for Congress, R43158, July 2013.

Goodman, M. P. “Five Myths about TPP”. *Global Economics Monthly*, 2 (4), 2013, pp. 1 – 3.

Li, C. and J. Whalley. “China and the TPP: A Numerical Simulation Assessment of the Effects Involved”. NBER Working Paper w18090. 2012.

Williams, B. R. “Trans-Pacific Partnership Countries: Comparative Trade and Economic Analysis”. CRS Report for Congress, R42344, January 2013.

Y.17

全球价值链和附加值贸易统计的发展

马 涛*

摘 要：

全球价值链的发展是当今世界经济的主要特征。全球供应链把生产网络上的国家紧密联系在一条价值链上，生产者服务则是连接供应链的重要纽带。在此背景下，世界权威机构正在大力推动附加值贸易统计方法并取得了较大进展，将其作为全球价值链下对世界贸易统计的一种新的核算方法。在附加值贸易统计下，世界贸易构成以及国际贸易对经济增长的贡献将发生结构性变化。于是，各经济体不断扩大自身的附加值贸易，进而提高在全球价值链中的参与程度和收益。全球价值链的不断演进与扩散效应，将对世界范围内的贸易、投资和跨国生产产生深刻的政策启示。

关键词：

全球价值链　附加值贸易统计　政策含义

全球价值链（Global Value Chains，GVC）成为当今世界贸易和投资领域的主要特征。全球价值链的发展改变了世界经济格局，也改变了国家间的贸易、投资和生产模式。在过去的二十多年里，受商业和法规环境、新技术、公司观念和战略、贸易与投资自由化等因素的共同影响，国际生产分割（Fragmentation of Production）现象出现了。在新型国际生产体系中，国际组织

* 马涛，中国社会科学院世界经济与政治研究所副研究员，主要研究领域为国际贸易理论与政策、全球生产体系等。

和政策制定者将弥合传统规则制定和经济现实的隔阂。例如，OECD 和 WTO 正致力于对国际生产分割进行规模、本质和结果的综合统计和分析工作。UNCTAD 也开始实施与之相关的投资发展方面的新研究。

技术、体制和政治变革的综合作用导致了全球生产和贸易网络兴起，进而影响到贸易模式。各国都不同程度地参与全球价值链，但是参与程度依赖于供应链上下游的关联程度。在此过程中，附加值贸易（Trade in Value Added）统计成为准确衡量各国在全球价值链中获得经济利得的一种更好的核算方法。这种新的核算方法将改变传统的贸易统计结果，还原国际贸易的真实规模和对经济增长的贡献。目前，世界上许多研究机构正纷纷开展测度附加值贸易的研究项目，估算方法也在不断演进。

全球价值链的发展给世界贸易和投资带来了不少政策启示。不断推进的国际生产分割也具有很重要的政策含义，包括强调参与价值链的国家若要获得经济收益，就必须具有开放、透明的贸易和投资政策，以此吸引外国供应商、国际投资者和国内生产者。因此，如何更好应对变化世界中的全球价值链与生产网络发展趋势，是各国制定贸易和投资政策的主要依据。

一　全球价值链的发展与生产者服务

全球价值链在倡导经济自由化的当今世界获得了全面发展。对于发达国家，全球价值链是其获得巨大收益的重要路径。发达国家掌控着价值链的高端环节，占据着“微笑曲线”的两端位置，所得到的贸易和投资收益最大。例如，在东亚国际生产网络中，美国、日本和韩国等国掌控着产品的研发、设计和营销等环节，而中国、马来西亚和泰国等国成为加工工厂，仅赚取微薄的利润。发达国家和发展中国家扮演着全球价值链上、下游不同的角色，形成了新型国际生产体系。国家的经济发展水平越高，生产的上游高技术零部件就越多，发展中国家则主要生产下游劳动力密集型零部件并完成组装任务。

全球供应链上的活动包含生产制造和服务活动。服务活动一般位于生产制造活动的两端，上游服务多指研发和产品设计等活动，下游服务则指产品的运输和销售渠道。供应链上的服务活动应该得到重视，因为制成品价格中相当一部分是服务活动的成本，有的比制造成本还高。也就是说，上下游的服务活动在产品附加值中占很大比重，而中间环节投入品的制造以及最终组装则未必能创造出更大的产品附加值。

服务在全球价值链中的联系作用至关重要，供应链（Supply Chains）生产模式更能凸显服务密集型的生产方式。尤其是附加值核算用于测度全球贸易，使得全球供应链对服务的依赖越发明显。供应链可被视作连接货物和服务市场的一条纽带，这些市场相互依存，一旦一个市场发生变化将会影响到其他市场。这种互补性也被称作连带需求（Joint Demand），其与需求的交叉弹性负相关。

Acer 公司创始人 Stan Shih 提出的“微笑曲线”描绘了全球价值链上游高附加值部件的研发、设计和市场营销等环节，以及下游低附加值制造和组装环节的结构图。“微笑曲线”也强调了生产者服务在供应链上的作用，并明确生产者服务属于价值链的高附加值部分。但是在现实商业环境中，有些服务业也属于劳动密集型，比如零售业。所以，判断附加值的高低还在于其创造价值的多少。对于如何测度，货物和服务的本质区别在于有形性，服务的无形性使其很难辨别和测量。从统计的角度看，服务的核算要考虑其是否为外部交易。在生产货物产品的供应链上，服务是算在国内的，并没有外部交易的记录，不像货物产品既有产出数量又有贸易额来显示。

服务业在全球供应链中的作用日益重要，它几乎存在于任何经济活动中，特别在生产者服务领域，如运输、通信、金融和商业服务等。于是，商业服务常被看做供应链的“黏合剂”，能确保生产链条的顺畅运营。生产者服务在许多非生产环节，如品牌、市场营销、配送、售后服务等领域也大量存在，因为现代通信和运输技术提高了服务的可贸易性。

长期以来，服务业在全球经济中占有重要地位。世界银行 2012 年发布的世界发展指标显示，2010 年服务附加值占全球 GDP 比重为 70%，而 2000 年为 68%，1990 年仅为 57%。同样，服务贸易在国际贸易中的份额也不可小觑，WTO 的估计认为，在国际贸易中跨境服务交易的比重占到总贸易额的 1/5。本文用 OECD/WTO 公布的 2008 年一组数据进行对比，发现在附加值贸易统计下，商业服务出口占世界贸易的45%，远高于总值贸易核算下23%的比重。2009年G20国家出口中含服务贸易平均占比为42%，个别国家如美国、英国、印度、法国和欧盟达到或超过50%。

二　附加值贸易的概念和内涵

近两年来，世界贸易组织等机构大力推动附加值贸易统计并取得了较大进展，将其作为全球价值链下对世界贸易统计的一种新的核算方法。附加值贸易考虑了生产链中不同参与者之间贸易的具体情况。传统国际贸易统计测度的是贸易品的总价值（Gross Value），不仅包括附加值，而且包含所有中间投入品的价值。从传统国际贸易统计到附加值贸易统计的变动中，统计测度内容从总值变成了附加值。

作为世界贸易统计的一种新核算方法，附加值贸易统计主要解决跨境贸易中的“重复核算”问题，而不单纯是准确衡量在出口商品生产过程中创造的劳动力补偿、生产税收、营业盈余和固定资产折旧等价值增值部分。根据国际贸易统计原理可知，一件出口商品的附加值由外国附加值和国内附加值两部分组成。国内附加值除了上述增值部分以外，还包含国内贡献的投入品。它仅测度商业流动在垂直贸易链条中每一步骤的净额，而不是把出口货物全部的商业价值都归于供应链的最后链条。所以，附加值贸易统计核算的是出口贸易中整个国内附加值部分。[①] 举个简单的例子，价值链上有三个国家，国家A向国家B出口100美元的中间品，在国家B加工组装后创造了50美元附加值，然后再向国家C出口总价值150美元的产品。如果按照附加值贸易统计，国家B的实际出口为50美元，而不是传统核算的150美元。所以，国家B对国家C的贸易顺差不是150美元，而是50美元。在全球出口额中，约有28%是进口国仅仅为了将其作为生产某种出口商品或服务的中间产品而进口。例如，2010

① 关于出口贸易的国内外附加值的计算非常复杂，一般要依据非竞争型投入产出表进行估算，具体方法可参见 Koopman，R.；Wang，Zhi and Wei，Shangjin. “How Much of Chinese Exports is Really Made In China? Assessing Domestic Value-Added When Processing Trade is Pervasive.” *NBER Working Paper* No. 14109，2008。

年19万亿美元的全球出口中，上述进口产品约有5万亿美元都属于重复核算。①

基于上述概念，我们能够全面理解附加值贸易概念所包含的主要内容，从大的方面包括国内附加值和外国附加值两部分。对于价值链上的生产者而言，国家参与全球价值链完全依赖于上下游企业的关联程度。国家既可以通过增加出口中的进口内容，也可以在对第三国出口中通过减少货物和服务中间品的使用而产生更多的国内附加值，以提高全球价值链的参与程度。当然，后者更能促进国内经济的发展，因为它在出口中创造了更多的国内附加值。对于长期贸易政策而言，不仅有利于显示国内生产率提高的现实，也能促进贸易转型升级。

附加值贸易统计方式的产生，实质上是全球价值链地理分割导致的一种新型贸易统计方式。全球价值链的兴起源自以下几个要素和条件：其一，新型国际分工催生了大量的中间品生产。各国的资源禀赋和相对技术差异成为新型国际分工的动力，这种新型分工改变着工业化经济的消费模式，并创造了新的国际需求——中间品。其二，出口加工区、相关基础设施以及各国贸易政策等，提供了形成全球价值链的基础。其三，跨国公司在全球价值链中具有重要地位，因为跨国公司在全球价值链上创造的贸易占到全球贸易的近80%。跨国公司通过离岸外包或者FDI等价值链分割的路径进行跨国生产，就产生了大量重复跨境的中间品贸易。为衡量全球价值链的国别影响，就需要一种全新的核算方法。附加值贸易统计考虑了全球生产中包含的新商业模式的具体情况，是伴随着中间品贸易的迅猛崛起，在国际贸易统计测度方面进行的必要创新。

三　附加值贸易统计方法的演进和数据库

附加值贸易统计方法的演进，可以追溯到Hummels et al.（2001）提出的出口垂直专业化（Vertical Specialization）这一概念。出口垂直专业化可以说是附加值贸易统计概念的雏形。出口贸易的垂直专业化程度越高，说明出口产品中进口中间品的份额越大，国际生产分割程度越高。在此基础上，外国学者不

① UNCTAD Report, "Global Value Chains and Development", February, 2013.

断拓展并提出了附加值贸易统计的概念。其核心方法是通过投入产出模型，把出口产品的国内附加值和外国附加值分离出来，并可以比较一国参与全球价值链动态变化的路径。同出口垂直专业化方法相比，附加值贸易方法更加科学、准确，并且应用更广泛。

在现有文献中，对国际贸易的附加值内容进行梳理主要是从两个方面进行的：第一个是研究中间品货物和服务贸易的重要性，虽然这不是一个特别新的主题，但是中间品贸易却是估算附加值贸易的第一步。Miroudot et al.（2009）测算出世界货物贸易中的56%为中间品贸易，在服务贸易中占到70%。近年来，中间品贸易的快速增长尤为明显，特别是亚洲地区（Hayakawa，2007）。

第二个分支是在中间品贸易的基础上，Hummels et al.（2001）提出的“垂直化贸易”（Vertical Trade）的概念，很好地解释了贸易的垂直专业化正是全球生产分割的结果。全球价值链同垂直专业化是同一事实的两个方面，均反映生产的地域分散化。当然，垂直化贸易需要满足三个条件：（1）产品（服务）的生产由两个或者多个阶段完成；（2）在上述生产过程中，两个或者多个国家对产品创造附加值；（3）至少有一个国家在生产中使用进口中间品，制成品再出口。Hummels et al.（2001）在考虑到直接和间接的进口中间品后，测算出世界贸易的垂直专业化比率为25%。

附加值贸易是建立在垂直贸易基础之上一个更广泛的概念，它更侧重于如何辨别总出口中的国内附加值和外国附加值，并使用投入产出表中的进口和国产消耗系数矩阵进行估算。对于像中国这样加工贸易比重较高的国家，可以使用相同的消耗系数矩阵来估算国内市场消费和出口的生产（Koopman et al.，2008）。最早估算附加值贸易的实证文献都用到了国际投入产出表（Daudin et al. 2009；Johnson and Noguera，2010；Koopman et al.，2011），还有的测算用到官方统计数据和国民账户核算（Escaith，2010）。

在投入产出框架下，Daudin et al.（2009）区分了最终品中的附加值在国家之间的属地原则，也就是厘清了“生产者为谁生产了什么”的问题。Hummels et al.（2001）不仅测算了出口中的垂直专业化份额，还计算了初始出口品中的国内附加值作为中间品再进口到国内进行加工的份额。Johnson and Noguera（2010）也运用相似的方法对附加值出口进行了分解，他们更侧重于计算双边贸易中的附加值比重。实证结果表明，以附加值贸易测算，2004 年中美贸易失衡减少了 30% ~40%。

Koopman et al.（2011）在一个框架中运用之前的概念分解了出口贸易内涵的附加值，即包括国内附加值、内含在外国投入品中用于国内再生产的国内附加值和外国附加值。如果考虑到回流的国内附加值和向第三国间接出口附加值，就应该将两种间接的附加值出口都纳入分析，这样的分解才更全面。

表 1 列举了世界多个研究机构正在开发的附加值贸易数据库。表中的六组数据库主要是根据不同层面的投入产出数据进行估算的。因为附加值贸易在一定程度上反映了国家间的经济联系，所以经济学家们努力运用数理方法进行解析。下面简单介绍几个主要数据库的情况。

表 1　正在开发的基于 IO 表的附加值贸易数据库

项目	开发机构	数据来源	国家和地区	部门	年份	备注
UNCTAD - Eora GVC 数据库	UNCTAD/Eora	Eurostat IO 数据库	187 个国家	25 ~ 500 个部门（根据国家情况）	1990 ~ 2010	—
国家间投入产出模型	OECD/WTO	国民 IO 表	58 个国家	18	1995，2000，2005，2008，2009	基于 OECD 的投入产出协调码编制
亚洲国际 IO 表（AIIOT）	日本 IDE - JETRO	国民收支账户及企业调查	10 个国家	76 个部门	1975，1980，1985，1990，1995，2000，2005	美国 - 亚洲数据表，包含中日双边数据
全球贸易分析项目（GTAP Version 8）	普渡大学和联盟的 27 家机构	个体研究者和组织的贡献	129 个地区	57 个部门	2004，2007	非官方数据。包含能源、土地、CO_2 排放和国际移民
世界 IO 数据库（WIOD）	联盟的 11 家机构；欧盟；格罗宁根大学	国民账户（供给使用端表）	40 个国家	35 个部门和 59 种产品	1995 ~ 2009	基于官方国民账户统计
AISHA	悉尼大学	优化和模型调整的国家 IO 表	160 个国家	25 ~ 500	2000 ~ 2008	—

资料来源：UNCTAD。

UNCTAD－Eora GVC 数据库采用投入产出表估算了出口产品中的进口内容和附加值贸易的比重，它的估算基于 Eora 的全球多区域投入产出（MRIO）表，但更侧重于发展中国家视角。OECD－WTO 联合数据库则是通过设立更综合的标准来估算附加值贸易，更侧重于方法论，涵盖了多个国家、产业和时间序列。日本的 IDE－JETRO 较早开发了亚洲国家和美国的投入产出数据，并用以研究双边贸易，尤其是用企业调查的途径获得国家间中间品进口的数据，这是与其他数据库依靠统计归集方法所不同的。IDE－JETRO 还与 WTO 合作开发全球和区域生产网络的贸易政策等项目。较早研究贸易附加值是借助于 GTAP 数据库下的国际投入产出表，GTAP 数据库是全球性数据库，主要应用于可计算一般均衡（CGE）模型中。世界投入产出数据库（WIOD）项目重点开发 27 个欧盟国家和其他 13 个国家之间的数据表，主要数据来源不是 IO 表而是国民经常账户的供给端数据表，并用终端分类来厘清贸易伙伴国之间的贸易流。

附加值贸易统计需要借助国家间交叉的投入产出数据实现。这种方法需要借助全球生产网络或者区域一体化作为平台，构造世界投入产出表（WIOT）或者亚洲国际投入产出表（AIIOT）等数据库才能作出准确核算。附加值贸易统计需要具备处于价值链上所有国家之间的投入产出数据才能完成估算，所以，对数据和方法的要求较高。这种核算方法也可能会改变国际经济规则以及相关政策，直接影响到生产网络上的国家，尤其是发展中国家政策制定者的经济发展战略，对促进经济增长、创造就业、提高税收和收入，以及加快产业转型升级产生深刻而长远的影响。

四　附加值贸易的发展现状

在附加值贸易统计下，世界贸易不仅总量而且贸易结构都有较大变化。OECD－WTO 联合数据库能够计算 1995 年、2000 年、2005 年、2008 年和 2009 年的世界附加值贸易总额，合计后分别是 4.5 万亿美元、5.2 万亿美元、8.1 万亿美元、12.3 万亿美元和 10.1 万亿美元，[①] 较总值贸易统计下的世界

① 此处的附加值贸易就是全世界出口中的国内附加值贸易，由于金融危机，2009 年数据小于 2008 年的。UNCTAD 估算 2010 年全球附加值贸易额为 14 万亿美元，总值贸易额为 19 万亿美元，比危机前有大幅提升。

贸易有较大收缩，减少了近20%～23%。

此外，附加值贸易也重新调整了各国在世界贸易中的结构。其中，欧盟27国在世界附加值贸易中的比重依然最高，五个年份都维持在16%以上。发达国家在附加值贸易统计下的贸易份额也较高，如美国、德国和日本所占份额都在5%以上，美国依然是全球贸易份额最高的国家，2000年超过了15%。在发展中国家中，中国附加值贸易份额最高，2009年超过发达国家德国位居第二，巴西、印度和俄罗斯等新兴经济体由于更多出口的是能源和服务贸易，其附加值贸易份额不高，但也在提高。可见，由于发达国家掌控着高端产品环节的生产，其附加值贸易份额要比发展中国家高。但是，几个主要发达经济体附加值贸易份额却出现了明显下降，如美国、日本和英国。相反，以中国、俄罗斯、巴西和印度为代表的发展中国家，附加值贸易份额逐年提高。多年来，中国的附加值贸易份额是提高幅度最大的国家。

根据附加值贸易统计，参与全球价值链的国家实际贸易额可能会有所收缩，其贸易依存度也可能会降低。即便这样，也应该正视贸易在国民经济中的真实地位。OECD－WTO联合数据库给出了出口附加值贸易占国家GDP的比重，总值贸易统计下的数据来自CEIC数据库，本文以选取的8个主要出口贸易国家和地区为例，比较其传统出口贸易与附加值贸易占GDP比重的变化（见图1）。我们发现，按照总值统计方式，各国家和地区出口贸易在GDP中的比重都比较高，特别是德国、韩国、中国和欧盟，这些国家和地区近十年来的贸易依存度几乎都超过了40%。经济最发达的美国、英国和日本的依存度也达到了12%～30%。发展中国家印度也超过20%。但是，按照附加值贸易统计，各国的贸易依存度均出现了明显降低。其中，下降最明显的国家和地区是德国、韩国、中国和欧盟。这说明总值贸易依存度越高的国家和地区，附加值贸易修正其贸易依存度的程度越明显，所获得的贸易依存度更真实。

通过数据比较发现，尽管附加值贸易降低了所有国家的贸易依存度，但是没有改变出口贸易在各国经济增长中的根本地位，也就是说出口贸易在各国经济增长中的贡献还是较大的。附加值贸易统计只是把各国出口贸易中的“水分”挤出来，真实体现贸易在经济发展中的实际地位。

附加值贸易可以刻画贸易国对全球价值链的依赖程度。在全球最主要的

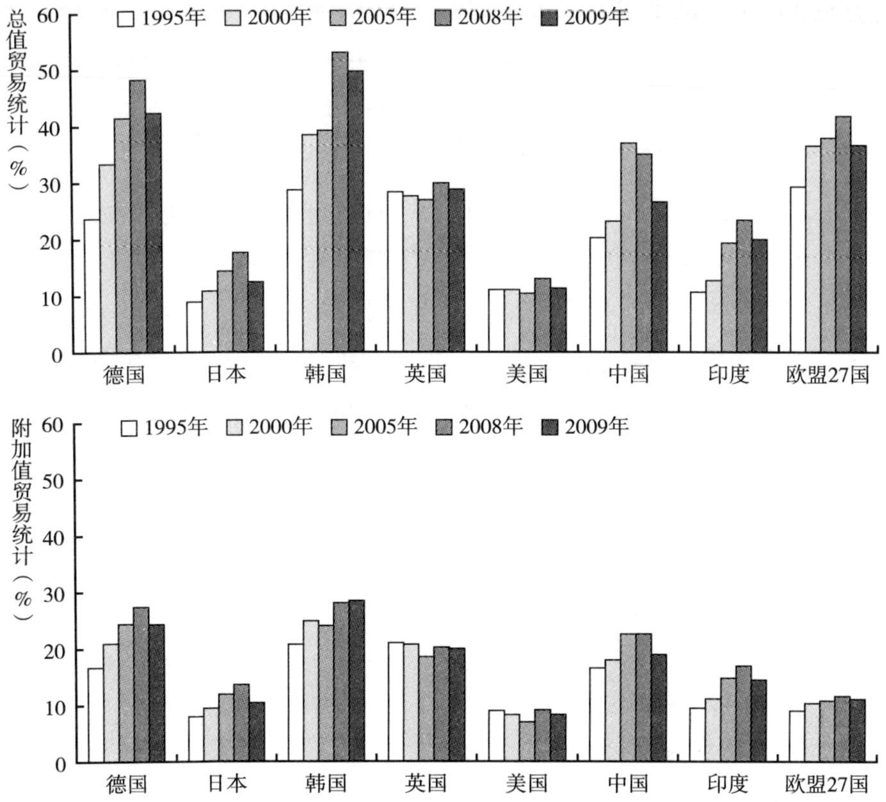

图 1　两种贸易统计下出口贸易占 GDP 比重的变化

说明：总值贸易统计下是货物与服务贸易出口占 GDP 的比重。
资料来源：OECD－WTO 附加值贸易数据库，CEIC 数据库。

25 个出口发展中国家中，其对全球价值链参与程度的差别也较大。在高度参与全球价值链的东亚和东南亚的出口国家中，其出口产品就是由大量进口投入品构成，也就是高度依赖外国附加值。例如，中国、马来西亚、菲律宾和泰国等国由于处在全球价值链的中间部位，2010 年，这些国家对进口投入品的依存度超过了 50%，可见对其依赖程度之高。当然，上述国家的出口产品还可以作为第三国的投入品，用做第三国的再出口。同样作为发展中国家的巴西、印度和阿根廷等国，由于主要出口资源类产品和服务产品，参与全球价值链的程度就较低。

全球价值链的出现对所有 G20 国家都是有益的。价值链上的贸易流所产生的收入效应可以用对外出口中内含的国内附加值加以衡量。从 1995 年到 2009 年，G20 的该项指标增长了 106%。这种收入效应对 G20 新兴经济体而言，很大程度上是一种收入的再分配，其在世界附加值出口中的比重从 1995 年的 21% 增长到 2009 年的 34%（见图 2）。这导致 G20 中新兴经济体的增长幅度要比其他新兴和发展中经济体明显。在此期间，中国出口中的国内附加值增长了 5 倍，印度增长了 4 倍，巴西增长了近 3 倍。同时也要看到，不是所有国家都能成功参与到全球生产网络中，例如，非洲和拉美一些国家（非 G20 成员国）所占全球价值链收入的份额非常有限。所以，这些国家就亟须政府和企业制定新的战略，以深入参与到全球价值链中。

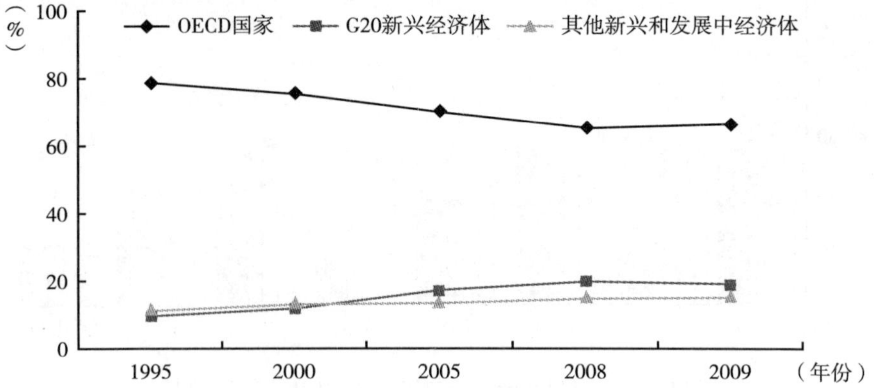

图 2　主要经济体占世界附加值贸易出口的比重

资料来源：OECD/WTO 附加值贸易数据库。

发展中国家对全球贸易的贡献究竟有多大？单纯依靠传统贸易统计很难得到准确答案。但是，通过附加值贸易统计就可以清晰地看出发展中国家实际的出口份额。根据 UNCTAD - Eora 全球价值链数据库，1990 年发展中国家附加值贸易的份额为 22%，2000 年提高到 30%，2010 年则猛增到 42%。尽管发展中国家在全球贸易中创造的附加值比重越来越高，但是其对进口投入品的依赖也有增无减。正是发展中国家出口贸易结构的这种特殊构成，才体现出附加值贸易在世界贸易统计中的重要性。

在产业层面，出口中外国附加值比重较高的产业有电子行业和交通运输设备行业等。这些行业的价值链较长、复杂，并且大量的零部件靠离岸外包进行生产。企业就是利用国家间成本、技术技能和规模经济的比较优势，专业化生产产品的零部件。电子行业外国附加值较高的国家有墨西哥、韩国和中国等国家，其比重超过40%。运输交通设备行业的外国附加值较高的国家有沙特阿拉伯、法国和南非等国家，其比重均接近40%。

五 全球价值链对贸易和投资的政策含义

当今，全球价值链使得国家间的贸易和投资政策相互依存，也对各种政策表现出更加立竿见影的扩散效应。如何协调国与国之间相互依存的贸易关系也成为贸易政策制定的核心内容。全球价值链影响贸易政策的程度和路径也成为各国关注的热点问题。

1. 全球价值链下的贸易成本大幅提高，应在多边层面削减关税

目前的全球贸易体系下，发达国家对制造品的进口名义关税已经很低，发展中国家的情况虽然相对复杂，但也朝着低关税水平发展。但在全球价值链体系下，关税成本会比一般情况下要高，原因在于中间投入品在多次跨境交易后大大提高了累计关税。例如，下游企业对进口的投入品缴纳关税，对出口制成品还要上缴全部贸易额的关税，这就产生了对进口投入品的重复征税。OECD的全球价值链报告显示，2009年，中国制造品总出口负担的关税率约4%，如果换算成国内附加值部分所负担的关税时，则高达17%，意味着中国出口商实际负担的有效关税上升了3倍多。这种效应在制造品的外国附加值比重较高时尤为明显，累计关税造成了规模较大的贸易成本。所以，在关税累加效应显著的情况下，降低关税和其他跨境成本，可以对参与全球价值链产生立竿见影的促进效果。

2. 非关税措施易对中小企业进入全球价值链造成隐形障碍

当今国际贸易体系中出现了各种巧立名目的非关税措施，这些非关税措施在很多方面都影响到价值链上的生产者。尽管有些非关税措施在设立的本意上不存在保护的目的，但在实施中却造成了比关税还要高的贸易成本，也逐渐成为贸易保护的有力工具。

非关税措施越来越成为隐蔽的保护手段，诸如大量的标准和技术规范所引致的贸易成本提高，对中小企业参与全球价值链带来难以承受的负担。非关税措施在价值链的某一环节就会对中小企业造成较高的进入门槛，这在全球价值链主导的世界经济中更为严重。制定适当的质量标准对最终消费者是有利的，但是上述标准措施的复杂性和保护性对中小企业进入全球价值链形成了一道障碍。所以，取缔具有保护性质的非关税措施，才能有利于企业积极参与全球价值链。

3. 价值链上多次跨境交易要求提高贸易的便利化程度

全球价值链上的投入品可能先以中间品进行跨境交易，再以最终品出口到别国。这种多次跨境交易就需要一个快速、有效的海关和港口程序使得供应链上的操作更加顺畅。在交易过程中，企业要维持精益库存，并对外部需求有迅速反应，避免中间投入品在边境受到交易的延误。那么，贸易便利化措施对于参与全球化生产网络和市场交易的企业就至关重要。

在这方面，OECD 推行的一套贸易便利化指标涵盖了边境交易程序的整个范围。这套指标包含了从预先裁决到运输保障等内容，涵盖 133 个不同收入水平、地理区位和发展阶段的国家。贸易便利化措施可以使所有国家在进出口交易中受益，也使投入品能够顺畅进入生产环节，深入参与体现国际贸易特征的全球价值链。综合的贸易便利化改革比起单个、渐进的措施更加有效。贸易便利化措施能够带来非常显著的成本降低效应，低收入国家将减少 15%，中等偏下收入国家将减少 16%，中等偏上收入国家将减少 13%，OECD 国家将减少 10%。在某种程度上，成本问题对于发展中国家来说可能是一种障碍，但是可以通过有效的贸易援助措施减轻这种负面效应。

4. 跨国公司直接影响国家参与全球价值链的程度

跨国公司无疑是在全球价值链下产生附加值贸易的重要介质。在跨国公司的网络中，子公司的产出、跨境贸易、契约伙伴以及外部供应商都是不可或缺的要素。全球价值链中附加值贸易的模式在很大程度上是由于跨国公司的投资决定。跨国公司通过复杂的供应商网络和各种管理模式进入全球价值链，如对外资企业的所有权、契约关系（或者非股权式的国际生产模式）、外部交易等。上述管理模式和产权结构需要与全球价值链下的贸易利得分配，以及长期发展政策协调好关系。

在国家层面，所吸引的 FDI 存量和全球价值链参与程度之间的关系可以证实跨国公司参与创造了附加值贸易。这种正的相关性表明 FDI 是国家进入全球价值链的重要途径，尤其是发展中国家多借此深入参与全球分工体系。经济总量中 FDI 存量越大的国家，其出口中的外国附加值比重越高。这些国家一般还有较高的全球价值链参与程度，主要表现在跨国公司的外国子公司不仅在生产中使用外国投入品，还提供给其他公司用于再出口，所以这些国家的附加值贸易对他们的 GDP 贡献较大。

5. 国家参与全球价值链可以对其就业产生深刻影响

全球价值链下的附加值贸易不仅会给国家带来收入效应，还会带来就业的转移。全球价值链上的国家通过参与区域贸易可以创造更多的就业机会，也可以说，附加值贸易解决了所有参与国的劳动力就业问题。正是由于全球价值链上的生产任务配置在多个国家，产生的就业也不会集中在一国之内，这就导致了部分就业机会的跨境转移。以中国为例，OECD、WTO 和 UNCTAD 的报告指出，1995～2008 年，由于外部需求产生的新增就业增长了 2/3，从 8900 万人增长到 1.46 亿人。从发达国家分离出的生产环节为发展中国家或者新兴经济体创造了就业机会，也体现了全球价值链上众多国家所形成的区域就业不断加深的依存关系。

参考文献

Daudin, G., C. Rifflart and D. Schweisguth (2011). "Who Produces for Whom in the World Economy?," *Canadian Journal of Economics*, Volume 44, Number 4, November 2011.

David Hummels, Jun Ishii, Kei-Mu Yi, "The Nature and Growth of Vertical Specialization in World Trade," *Journal of International Economics*, 2001, 54 (1): 75 – 96.

Escaith, H., N. Lindenberg and S. Miroudot (2010). "International Supply Chains and Rrade Elasticity in Time of Global Crisis," WTO Staff Working Paper ERSD – 2010 – 08.

Johnson, R. C. and G. Noguera (2011). "Accounting for Intermediates: Production Sharing and Trade in Value Added," *Journal of International Economics*, forthcoming.

Hayakawa, K. (2007). "Growth of Intermediate Goods Trade in East Asia," *Pacific Economic Review* 12 (4), 511 – 523.

Koopman, R., Z. Wang and S. -J. Wei (2008). "How Much Chinese Exports is Really Made in China - Assessing Foreign and Domestic Value-added in Gross Exports," NBER Working Paper No. 14109.

Koopman, R., W. Powers, Z. Wang and S. -J. Wei (2011). "Give Credit to Where Credit is Due: Tracing Value Added in Global Production Chains," NBER Working Papers Series 16426, September 2010, revised September 2011.

Miroudot, S., R. Lanz, A. Ragoussis (2009). "Trade in Intermediate Goods and Services," OECD Trade Policy Paper NO. 93.

Y.18

全球黄金价格的波动趋势与影响因素

张 明*

摘 要：

全球黄金价格在2001年至2011年期间大幅上涨，但在2012年至2013年显著回调。从名义价格来看，2001~2011年的金价上涨幅度显著超过20世纪70年代末至80年代初的幅度，但从实际价格来看，2011年的黄金价格尚未超过1980年的黄金价格。全球黄金供应量相对稳定，且相对于黄金存量而言规模太小，因此全球黄金价格波动主要受到需求、尤其是投资需求变化的影响。本文建立了一个以投资需求为主体的全球黄金价格波动的分析框架，发现通货膨胀率、实际利率、全球金价与美国CPI的比率以及美元汇率这四个指标，与全球黄金价格的走势关系最为密切，用来预测未来黄金价格走势的能力也最强。通过运用这一分析框架，我们认为，2013年下半年与2014年，全球黄金价格在波动中下行仍是大概率事件。

关键词：

黄金价格　波动趋势　供求分析　通胀率　汇率

“货币天然不是黄金，但黄金天然是货币”。——马克思

“黄金是野蛮的遗迹”。——凯恩斯

* 张明，经济学博士，中国社会科学院世界经济与政治研究所副研究员，研究领域为国际金融与宏观经济。

一 引言

黄金是一种极为特殊的商品。其特殊性主要表现在：第一，黄金是可分割的、难以毁坏的、单位价值很高的、相对容易移动的理想价值载体；第二，黄金是高度同质的、容易鉴别的、广为接受的、具有很强流动性的资产；第三，黄金的流量相对于其存量而言几乎可以忽略不计，因此黄金价格能够保持相对较强的稳定性（Abken，1980；Worthington 与 Pahlavani，2006）。因此，数千年以来，黄金一直被认为是终极价值存储手段与动荡时代的避风港资产。

然而，进入 20 世纪以来，随着国际金本位制的终结，国际投资者对待黄金的态度呈现强烈的两极分化。一方是黄金的极端支持者，认为只有黄金才是真实财富的最终存储载体，缺乏黄金支撑的纸币在本质上是没有价值的，而黄金价格的长期上涨则反映了通过持有黄金来实现财富保值的真实需求的增强。另一方则是黄金的极端怀疑者，认为对黄金的崇拜无疑是“野蛮时代的遗迹”，而黄金价格的大起大落主要受到投资者“动物精神”（周期性乐观与悲观情绪交织）的驱动（Ruff 与 Childers，2013）。

如图 1 所示，过去 10 余年来，全球黄金价格显著上涨，由 2001 年 4 月 2 日的每盎司 256 美元的阶段性低点，一度上升至 2011 年 8 月 22 日每盎司 1895 美元的历史性峰值，上涨幅度达到 6.3 倍。如果进行横向比较，那么过去 10 余年间黄金也是全球范围内表现最佳的资产之一。1999 年 12 月至 2012 年 3 月，以美元计价的黄金价格年上涨率达到 15.4%，相比之下，美国 CPI 年均上涨 2.5%，美国股票市场与债券市场的年收益率分别为 1.5% 与 6.4%（Erb 与 Havey，2013）。[①]

然而，在 2012 年与 2013 年，全球黄金价格的上涨趋势显著逆转。黄金价格由 2011 年 8 月每盎司 1878 美元的峰值，一度跌至 2013 年 6 月 28 日的每盎司 1192 美元，下跌幅度达到 36.5%。尤其是在 2013 年 4 月 12 日与 15 日连续

① 此处股票市场的年均收益率低于债券市场的年均收益率，看似相当奇怪。但如果考虑到 1999 年 12 月至 2012 年 3 月期间发生过两次股灾（互联网泡沫破灭与雷曼兄弟倒闭），且过去 10 年为美国债券市场大牛市，这一现象就不难理解了。

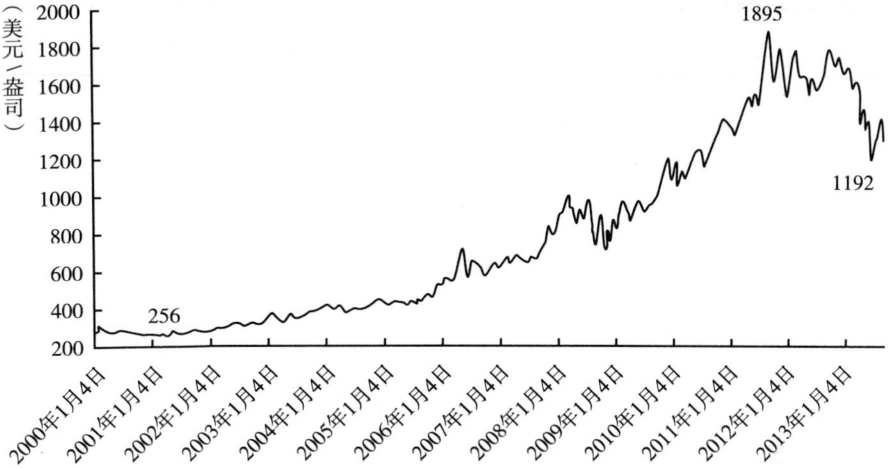

图1　全球黄金价格的短期走势

注：黄金价格为伦敦贵金属交易所每日下午黄金成交价格。
资料来源：CEIC 数据库。

两个交易日内，全球黄金价格下跌幅度接近14%！截至本文写作时的2013年9月19日，全球黄金价格反弹至每盎司1366美元，但距离历史性峰值仍有27.3%的差距。

事实上，过去10余年来的黄金价格上涨，是有黄金价格统计数据以来黄金价格名义涨幅最大的一次。而2012年至2013年的黄金价格下跌，也是过去10余年来黄金价格回调幅度最大的一次。那么，一个自然而然的问题便是，未来的全球黄金价格将会走向何方？2012～2013年的价格回调仅仅是过去10余年黄金大牛市的一个短暂休息期，还是黄金价格一个漫漫熊市的开始？

要回答这个问题，我们不仅需要回顾过去黄金价格的波动趋势，而且需要建立一个关于黄金价格影响因素的分析框架。本文将试图回答上述问题。本文剩余部分的结构安排如下：第二部分从不同侧面来分析迄今为止全球黄金价格的波动趋势；第三部分致力于建立一个分析全球黄金价格走势的分析框架；第四部分是结论，将会沿用第三部分的分析框架对未来的全球黄金价格走势进行预测。

二　全球黄金价格的波动趋势

本部分将从三个方面来分析全球黄金价格走势。首先，我们将分析黄金价格的长期走势；其次，我们将从名义黄金价格与实际黄金价格的角度来展开分析；最后，我们将比较主要国家国内的黄金价格走势。

（一）长期价格走势

图 2 反映了全球黄金价格 1969 年 12 月至 2013 年 7 月的中期走势。可以看出，其间黄金价格出现了两次大规模上涨。第一次发生在 20 世纪 70 年代末至 80 年代初，黄金价格由 1976 年 8 月的每盎司 104 美元上涨至 1980 年 9 月的每盎司 667 美元，涨幅达到 5.4 倍。第二次即发生在 2001 年至今。

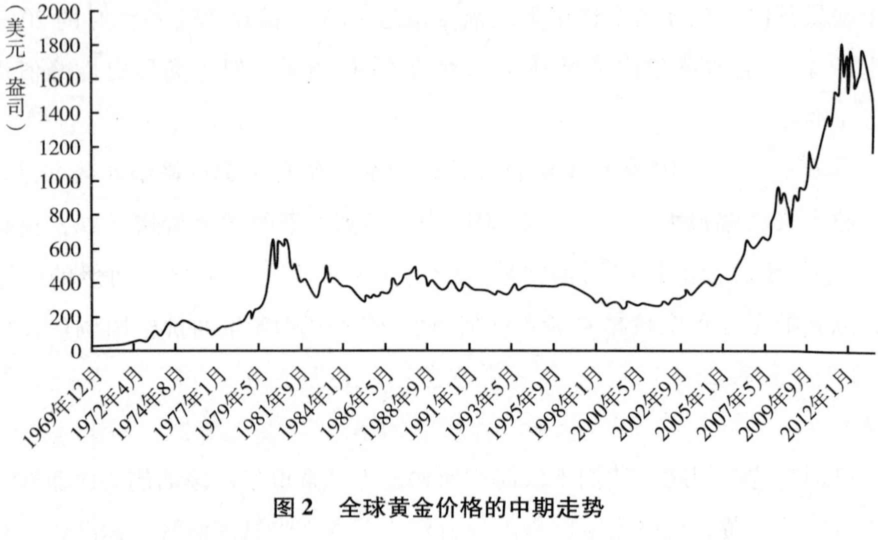

图 2　全球黄金价格的中期走势

资料来源：World Gold Council。

全球黄金价格在更长时期内的价格走势如图 3 所示。从 1850 年至 1933 年，黄金价格保持在每盎司 20 美元左右的水平不变。1934 ~ 1967 年，自罗斯福总统将黄金价格固定之后，黄金价格一直保持在每盎司 35 美元的水平。从

1967 年开始，由于黄金开始在市场上进行交易，导致黄金价格在波动中不断上升（Shafiee 与 Topal，2010）。随后，黄金价格在 20 世纪 70 年代末至 80 年代初，以及 2001 年至 2011 年期间出现两次大幅上涨。

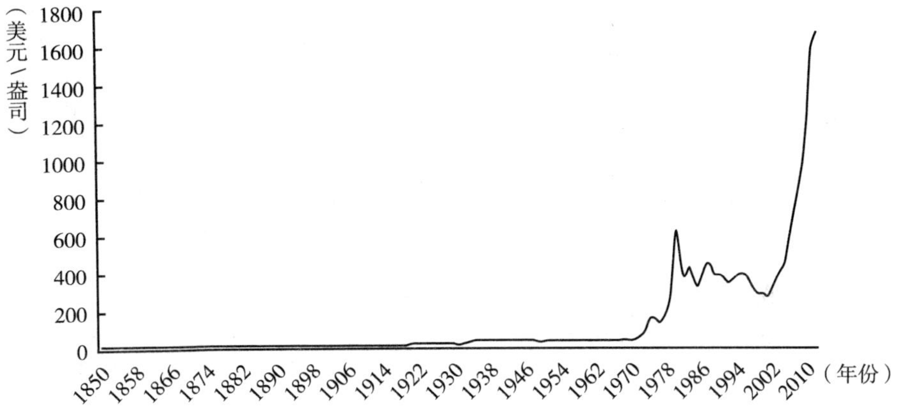

图 3　全球黄金价格的长期走势

资料来源：World Gold Council。

（二）名义与实际价格走势

如前所述，从全球黄金名义价格来看，2001～2011 年的黄金价格涨幅，远远大于 20 世纪 70 年代末 80 年代初的涨幅。然而，如果剔除物价波动来看全球黄金的实际价格走势，那么情况就大相径庭了。直到 70 年代之前，全球黄金实际价格几乎没有大的变化（Erb 与 Havey，2013）。如图 4 所示，1969～2013 年，全球黄金实际价格的波动性显著超过了图 2 中同期内全球黄金名义价格的波动性。更为有趣的是，尽管 2001～2011 年全球黄金名义价格的涨幅高于 20 世纪 70 年代末 80 年代初，但 2001～2011 年的黄金实际价格峰值（2011 年 8 月的每盎司 267 美元），却依然低于 70 年代末 80 年代初的黄金实际价格峰值（1980 年 1 月的每盎司 280 美元）。此外，虽然全球黄金名义价格走势体现出强烈的时间趋势（即随着时间的推移金价上涨），不过全球黄金实际价格走势却并未体现出很强的时间趋势，而是体现出一种均值回归（mean reversion）的特征。以 1967 年美国 CPI 为基期计算，则 1969 年 12 月至 2013 年 7 月的全球黄金实际价格均值为每盎司 106 美元。

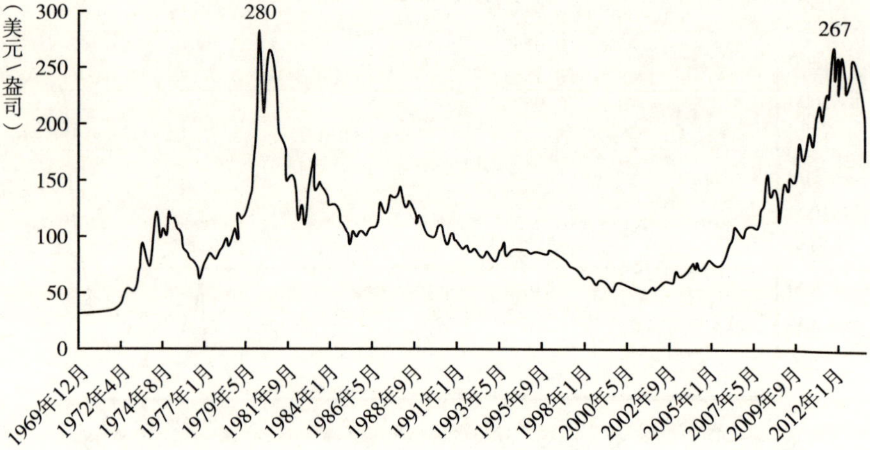

图 4　全球黄金实际价格走势

注：实际黄金价格等于名义黄金价格除以美国 CPI 指数（城市）。后者的基期为 1967 年，即 1967 年的 CPI 指数为 100%。

资料来源：World Gold Council，CEIC 数据库。

Barro 与 Misra（2013）计算了 1836 ~ 2011 年美国各类实际资产回报率的均值与方差。从表 1 中可以发现，1836 ~ 2011 年，美国黄金实际价格的年均上涨率为 1.1%（标准差达到 13.1%），不仅显著低于股票与债券的实际回报率（两者分别为 7.4% 与 2.9%），而且也低于通胀率（2.3%），仅仅高于同期内国债实际收益率（0.97%）。从不同时间段来看，随着时间的推移，持有黄金的真实收益率显著上升，由 1836 ~ 1879 年的年均 -0.1% 上升至 1975 ~ 2011 年的年均 4.0%。然而从黄金实际价格增速的波动率来看，在古典金本位时期（1880 ~ 1913 年）最小，之后随着时间的推移不断变大。尤其是在 1975 ~ 2011 年，黄金实际价格增速的波动率显著高于股票、国债与其他债券收益率的波动率。从 1975 年至 2011 年来看，黄金的实际资产回报率低于股票与 10 年期债券，同时黄金实际资产回报率的标准差高于股票与 10 年期债券，这意味着在该区间内黄金的投资吸引力事后来看不如股票与 10 年期债券。

表 1　美国的实际资产回报率：均值与标准差

时期	黄金	白银	股票	国债	10 年期债券	通胀率	消费增速	GDP 增速
1836～2011	0.0112 (0.1306)	0.0123 (0.1788)	0.0740 (0.1607)	0.0097 (0.0431)	0.0287 (0.0766)	0.0225 (0.0542)	0.0159 (0.0385)	0.0191 (0.0467)
1836～1879	-0.0008 (0.0819)	-0.0041 (0.0808)	0.0760 (0.1553)	无	0.0446 (0.0887)	0.0067 (0.0727)	0.0118 (0.0484)	0.0143 (0.0345)
1880～1913	-0.0102 (0.0257)	-0.0261 (0.0686)	0.0626 (0.1251)	无	0.0262 (0.0412)	0.0109 (0.0263)	0.0129 (0.0393)	0.0186 (0.0453)
1914～1974	0.0145 (0.1338)	0.0219 (0.1792)	0.0779 (0.1933)	0.0072 (0.0523)	0.0087 (0.0723)	0.0283 (0.0580)	0.0180 (0.0399)	0.0239 (0.0641)
1975～2011	0.0398 (0.2074)	0.0511 (0.2937)	0.0753 (0.1410)	0.0134 (0.0238)	0.0450 (0.0871)	0.0421 (0.0291)	0.0201 (0.0163)	0.0175 (0.0201)

注：每个表格内，括号外的数字为均值，括号内的数字为标准差。
资料来源：Barro 与 Misra（2013）。

（三）各国黄金价格走势比较

图 5 比较了以美元、欧元、英镑与日元等不同货币计价的黄金价格走势。不难看出，尽管由于汇率因素的存在，以不同货币计价的黄金价格在水平上存在一定差距。但四种价格在波动趋势上却是基本相同的。尤其是从 20 世纪 90 年代中期以来，以上述四种货币计价的黄金价格走势，呈现很强的相关性。

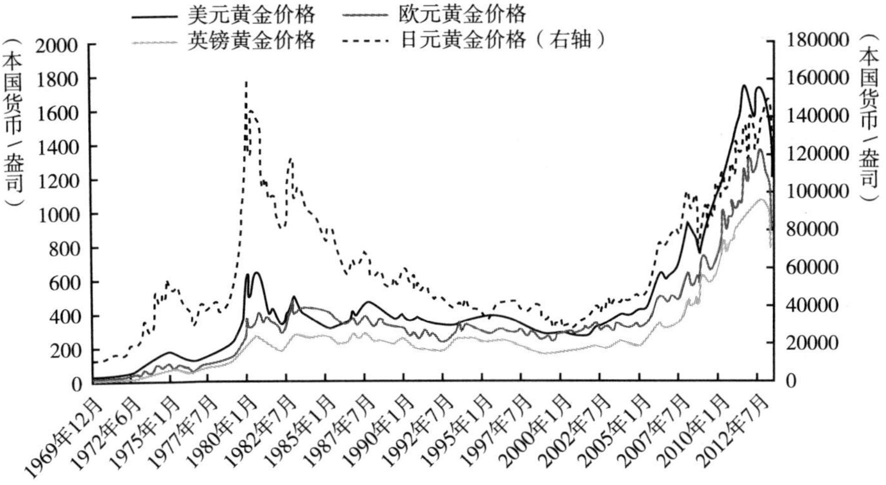

图 5　以各种货币计价的各国黄金价格之比较

注：单位均为本国货币/盎司。
资料来源：World Gold Council。

三　全球黄金价格的影响因素：一个分析框架

本部分试图在梳理相关文献的基础上，为分析全球黄金价格走势的影响因素建立一个分析框架。这个分析框架涵盖的主要因素包括黄金的供给与需求、通货膨胀率、汇率与全球金融市场的动荡程度等。

（一）文献综述

Abken（1980）指出，影响黄金价格的经济与政治因素可以归为如下几类：一是极端的政治或经济方面的不确定性；二是黄金的供给与需求；三是通货膨胀；四是政府拍卖政策。

Faugere 与 Erlach（2005）构建了一个黄金估值的新理论，其核心思想是将黄金视为一种真正的全球财富储存手段。他们的数据研究发现，长期内黄金的人均供给保持不变，且黄金的真实价格与股票市场市盈率显著负相关。因此，黄金的估值应该能够帮助投资者获得一个相当于长期人均 GDP 增速的最低期望税后实际回报率。他们的实证研究则发现，该理论能够解释 88% 的美元实际黄金价格波动以及 92% 的黄金实际回报率。在对上述模型进行演绎之后，他们得出如下主要结论：第一，黄金的实际价格将会随着由人均 GDP 增速来衡量的长期生产率的变化而变化；第二，当修改后的汇率平价成立时，黄金的实际国内价格主要由国内的要求收益率（required yield）来决定，而要求收益率恰好等于该国长期人均 GDP 增速；第三，当国内的要求收益率不变时，实际黄金价格会随着本币汇率的变动而变动；第四，当本币汇率不变且没有大的地缘政治危机或自然危机时，国内实际黄金价格会随着国内通胀的上升而增加。

Shafiee 与 Topal（2010）全面梳理了黄金价格的影响因素。在短期内，有两个因素可以解释黄金价格的戏剧性上升：第一，当爆发全球性金融危机与经济衰退时，投资者不再信任金融市场，因此会转向黄金这类资产以降低不确定性。换句话说，在金融市场不稳定时期，黄金可以发挥一种针对传统资产价格急剧波动的保险作用。第二，美元兑其他货币的急剧贬值以及高油价驱动的全球高通胀，会导致大公司用黄金来对冲美元汇率与通胀率的变动。从长期来看，有三个主要因素会推动黄金价格上升。第一，黄金开采量近年来逐渐下降，这受到开采成本上升、勘探规模下降与找到新储备越来越难等因素的影响；第二，具有理性预期的机构与零售投资者会在资产组合中持有黄金，因为在不确定的市场形势下黄金更具流动性或可交易性；第三，与投资其他金融市场相比，通过黄金 ETF 投资黄金变得越来越容易，因为黄金 ETF 可以像任何股票一样被轻松交易。

Erb 与 Havey（2013）将黄金价格上涨归结于以下六条理由：一是黄金能够有效对抗通胀；二是黄金能够有效对抗汇率贬值；三是黄金与其他低收益率的资产相比是一种更富有吸引力的选择；四是黄金在恐慌时期是安全港资产；五是全球可能正在回到事实上的金本位制；六是黄金存在持有不足的现象（例如发展中国家央行持有黄金储备占外汇储备比率远低于发达国家）。此外，Erb 与 Havey（2013）也指出，黄金价格的走势在很大程度上受到市场预期的推动，也即关于黄金价格的争论有如凯恩斯所言的“选美竞赛”：黄金价格不是由你认为黄金值多少来决定的，而是由其他人认为黄金值多少来决定的。

综合上述文献，我们可以把全球黄金价格的主要影响因素归为如下几类：一是全球黄金的供给与需求；二是全球通货膨胀率（黄金能够对抗通胀）；三是全球主要货币汇率（黄金能够对抗货币贬值）；四是全球金融市场动荡程度（黄金是一种避险资产或安全港资产）。以下我们将依次分析这些影响因素与全球黄金价格的相互关系。

（二）全球黄金供给

根据 World Gold Council（WGC）提供的最新数据，自人类文明产生以来，全球范围内已开采的黄金规模约为 17 万吨；而根据 US Geology Survey 提供的数据，目前地下大约还有 5 万吨黄金可供开采。这意味着全球范围内 77% 左右的黄金储量已经被开采出来了，而按照目前的开采速度，预计全球黄金储量将在 20 年内开采殆尽（Erb 与 Havey，2013）。在已经开采出来的 17 万吨黄金中，大约 3 万吨由各国政府作为官方储备持有，3 万吨用于工业生产与镶牙，剩下超过 10 万吨则以珠宝的形式保存（Shafiee 与 Topal，2010）。Faugere 与 Erlach（2005）指出，全球黄金存量由 1974 年的 9.8 万吨上升至 2001 年中期的 14.5 万吨，平均每年增长率为 1.46%，而同期内全球人口增长率约为 1.89%。两者基本一致，这意味着全球人均黄金存量在这一时期内基本上保持不变。

如表 2 所示，2001 ~2011 年，全球黄金年均供应量在 3600 吨左右，其中 70%（大约 2500 吨）来自金矿开采，剩下 30%（大约 1100 吨）来自央行销售黄金以及其他黄金成品的再利用。此外也可以看出，2001 ~2011 年，无论是黄金生产还是再生产的价格弹性都很低，这说明黄金生产规模与黄金价格波动的相关性不强。

表 2　2001 ~2011 年全球黄金供给

单位：吨

年份	黄金供给		年份	黄金供给	
	生产	再生产		生产	再生产
2001	2600	1129	2008	2290	1522
2002	2550	813	2009	2450	1043
2003	2540	666	2010	2560	1253
2004	2420	1095	2011	2821	1247
2005	2470	1282	均值	2494	1121
2006	2370	1066	价格弹性	0.01	0.20
2007	2360	1210			

资料来源：Erb 与 Havey（2013）。

图 6 显示了 1900 ~2011 年的全球黄金开采量。随着开采技术的日益成熟以及市场需求的上升，全球黄金的年开采量已经由 1901 ~1910 的年均 572 吨，上升至 2001 ~2010 年的 2464 吨。黄金的生产成本在每盎司 400 至 900 美元之间，这取决于生产商与生产地区（Ruff 与 Childers，2013）。表 3 则反映了全球黄金生产大国的地位变迁。南非与苏联曾经是全球黄金的主要生产国，而当前中国、澳大利亚与美国成为了全球黄金生产的前三强，这三个国家 2010 年的黄金产量占全球黄金总产量的比率超过 30%。

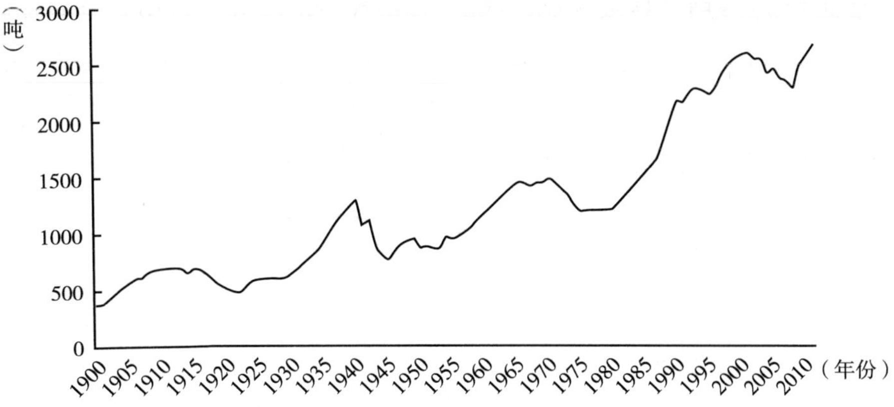

图 6　1900 ~ 2011 年全球黄金产量

资料来源：U. S. Geological Survey。

表 3　全球黄金主要生产国产量占全球黄金产量的比重

单位：%

年　　份	1970	1975	1980	1985	1990	1995	2000	2005	2010
南　　非	67. 7	59. 3	55. 3	43. 8	26. 4	23. 3	16. 6	11. 8	7. 3
美　　国	3. 7	2. 7	2. 5	4. 9	12. 8	14. 1	13. 7	10. 2	8. 9
中　　国						6. 2	6. 7	8. 9	13. 3
澳大利亚	1. 3	1. 4			10. 6	11. 3	11. 5	10. 4	10. 0
加 拿 大	5. 1	4. 3	4. 2	5. 7	7. 4	6. 8	6. 0	4. 7	3. 5
苏　　联	13. 7	19. 4	21. 2	17. 7	13. 2				
俄 罗 斯						5. 9	5. 5	6. 2	7. 4
秘　　鲁						2. 6	5. 2	8. 2	6. 3
印度尼西亚						2. 8	4. 8	6. 6	3. 8

资料来源：http：//www. goldsheetlinks. com/production. htm。

Rockoff（1984）指出，全球黄金供给会受到以下因素的扰动：金矿的勘探以及随后被耗竭、采矿与冶炼技术的变化、针对开采的政府政策变化、战争与革命。然而，如前所述，黄金流量的变动相对于全球黄金存量而言微不足道。例如，2001 ~2011 年年均黄金供应量仅为 3600 吨，占全球已开采黄金存量（17 万吨）的比重仅为2%，占全球官方黄金储备的比重也仅为 12%。因此，总体而言，黄金的流量供给变动对全球黄金价格的影响不大（Abken，1980）。

然而也并非没有例外。例如，2013 年 4 月中旬的全球黄金价格暴跌，一个重要因素就是陷入危机的塞浦路斯政府宣布，将通过出售 10 吨黄金来筹集资金。这激发了市场的想象。由于担心拥有大量黄金储备的意大利等国政府也效仿塞浦路斯政府的做法，投资者开始抛售黄金，导致黄金价格暴跌。

（三）全球黄金需求

表 4 反映了 2001 ~2011 年全球范围内黄金需求的变动，其中最值得关注的现象就是黄金投资需求的上升，该需求占黄金总需求的比重已经由 2001 年的 10% 上升至 2011 年的 40%。与之相对应，珠宝需求占总需求比重则由 2001 年的 81% 下降至 2011 年的 48%。而工业需求一直比较稳定，占比稳定在 10% ~13% 的区间内。Erb 与 Havey（2013）指出，从当前的全球黄金需求来看，珠宝首饰需求占据了需求的一半左右，央行与私人部门的投资需求各自占据了 18%，还有 12% 左右用于工业用途。值得指出的是，2001 ~2011 年，黄金投资需求与工业需求的价格弹性分别为 0.98 与 0.10，而黄金珠宝需求的价格弹性为 -0.24。这说明随着黄金价格的上涨，黄金投资需求会显著增强，“追涨杀跌”的现象明显。

表 4　2001 ~2011 年全球黄金需求

单位：吨，%

年份	黄金需求					
	珠宝需求	珠宝需求占比	投资需求	投资需求占比	工业需求	工业需求占比
2001	3009	81	357	10	363	10
2002	2662	79	343	10	358	11
2003	2484	77	340	11	382	12
2004	2616	74	485	14	414	12
2005	2718	72	601	16	433	12
2006	2298	67	676	20	462	13
2007	2417	68	688	19	465	13
2008	2192	58	1181	31	439	12
2009	1760	50	1360	39	373	11
2010	2060	54	1333	35	420	11
2011	1963	48	1641	40	464	11
价格弹性	-0.24		0.98		0.10	

资料来源：Erb 与 Havey（2013）。

表5则反映了从2012年第1季度至2013年第2季度全球黄金需求的变化，从中不难发现2013年4月全球黄金价格暴跌的重要原因。在2013年第2季度，全球黄金总需求环比萎缩了11%，而其中珠宝需求与工业需求同期内环比上升，因此总需求的下降完全来源于投资需求的下降。在投资需求中，对金币与金条的投资需求也出现了环比上升，央行投资需求环比下降了30%，而黄金交易所交易基金（Exchange-Tradable Fund，ETF）需求环比锐减了127%。因此，导致2013年4月全球黄金价格暴跌的最重要需求层面原因来自黄金ETF的投资需求下降。

表5　全球黄金需求的季度变化：2012Q1～2013Q2

单位：吨，%

	2012Q1	2012Q2	2012Q3	2012Q4	2013Q1	2013Q2	2013Q2	
							环比变化率	同比变化率
珠宝	490.8	420.8	462.1	521.7	551.0	575.5	4	37
工业	105.8	103.3	102.1	96.2	102.0	104.3	2	1
央行净购买	115.2	161.4	110.2	96.2	102.0	71.1	-30	-56
金条与金币投资	342.5	284.1	284.2	335.8	377.7	507.7	34	79
ETF投资	53.2	0.0	137.8	88.1	-176.9	-402.2	-127	无法计算
总需求	1107.5	969.7	1096.4	1188.2	963.0	856.3	-11	-12

资料来源：World Gold Council。

为什么黄金ETF的投资需求变动对全球黄金价格的影响程度如此之大呢？目前国际黄金市场交易分为现货交易与期货交易。前者的代表性市场为纽约黄金交易市场，后者的代表性市场为伦敦黄金交易市场。目前全球黄金交易市场的年交易量高达30万吨，其中现货交易仅为4000多吨，这说明绝大部分交易均为期货交易（魏强，2013）。O'Connor（2013）发现，伦敦市场与纽约市场对全球黄金价格影响力的支配权，在不断地相互转换。但总体而言伦敦市场的支配权高于纽约市场的支配权。而在期货交易市场上，黄金ETF扮演着越来越重要的角色。由于投资者购买黄金ETF可以节约黄金的保管费、储藏费、保险费等成本，通常只需支付0.3%～0.4%的管理费用，远低于其他黄金投资高达2%～3%的费用，因此黄金ETF自2001年以来发展迅速。一般而言，黄金 ETF 持仓量与黄金价格走势高度正相关（魏强，2013）。一个典型案例是全球最大的黄金 ETF——SPRD 黄金信托公司，该公司自 2004 年启动以来，目前持有的黄金存量已经超过 1000 吨，约占全球地面黄金存量的 1%。在此期间，SPRD 购买的黄金规模占到全球黄金总投资需求的 15%。Erb 与 Havey（2013）发现，SPRD 持有的黄金规模与全球黄金价格和美国 CPI 定基指数的相应比率显著正相关。①

过去 50 年内，全球官方黄金储备总额在 3 万吨左右的水平上基本保持不变，但官方黄金储备的分布发生了很大变化（Shafiee 与 Topal，2010）。表 6 列举了全球官方黄金储备的持有大国。其中美国、德国、意大利、法国等老牌发达国家不但持有大量的官方黄金储备，而且黄金储备占国际储备的比率均高于 60%。相比之下，尽管中国、俄罗斯、日本、印度等国家也持有较大规模

表 6　全球官方黄金储量排序（截至 2013 年 8 月底）

排序	国家或地区	官方黄金储量(吨)	黄金储备占国际储备的比率(%)
1	美国	8133.5	69.8
2	德国	3390.6	66.3
3	IMF	2814.0	无法计算
4	意大利	2451.8	64.9
5	法国	2435.4	64.5
6	中国	1054.1	1.2
7	瑞士	1040.1	7.8
8	俄罗斯	996.4	7.4
9	日本	765.2	2.4
10	荷兰	612.5	52.0
11	印度	557.7	7.5
12	ECB	502.1	26.8
13	土耳其	441.5	13.8
14	中国台湾	423.6	4.0
15	葡萄牙	382.5	84.2
	全球	31909.7	
	欧元区(包括 ECB)	10782.6	56.0

资料来源：World Gold Council。

① 注：美国 CPI 指数的基期为 1982 ~ 1984 年，即 1982 ~ 1984 年的 CPI 指数为 100。

的官方黄金储备，但黄金储备占国际储备的比率均低于10%。事实上，新兴市场国家的官方黄金储备占国际储备总额的比重过低，已经成为很多投资者在长期内看好黄金价格的理由，他们相信，未来这些新兴市场国家有很强烈的动机去提高官方黄金储备占国际储备的比重。

事实上，以中国为代表的新兴市场国家政府，已经把提高黄金储备占比作为国际储备多元化的一个方向（Ruff 与 Childers，2013）。目前中国的黄金需求量仅次于印度，位列全球第二。2012 年中国黄金进口量占到总需求的近20%，显著高于10 年前的3%（Shafiee 与 Topal，2010）。自2000 年以来，中国、俄罗斯与沙特一直是全球范围内最热情的黄金购买者（Erb 与 Havey，2013）。预计在未来相当长的时间内，来自新兴市场经济体央行的购买需求是推高全球金价的重要动力之一。

综上所述，全球黄金需求的变化在很大程度上受到投资需求变化的左右。而投资需求变化在很大程度上，又与全球通货膨胀率、美元汇率、全球金融市场动荡程度等因素密切相关。因此，下文我们将逐一分析这些影响全球黄金投资需求的重要因素。

（四）通货膨胀率

迄今为止，相关文献并未就全球黄金价格走势与通货膨胀率之间的关系达成一致。首先，一些经济学家认为投资黄金能够很好地对抗通货膨胀。例如，Worthington 与 Pahlavani（2006）研究了1945 ~2006 年，以及1973 ~2006 年黄金月度价格与美国通货膨胀之间的关系。他们在使用独创的单位根检验以控制内生结构性突变之后的协整方法发现，在上述两个时期内，黄金与通货膨胀之间存在稳定的协整关系。这支持了黄金投资能够有效地对抗通胀的观点。又如，Sjaastad（2008）认为黄金依然是对抗全球通胀的有效价值存储手段。其次，另一些经济学家认为黄金并不能有效地对抗通胀。例如，Blose（2010）声称，一方面，如果能够预期到通货膨胀，那么投资者将会在债券市场而非黄金市场设计套利策略；另一方面，通货膨胀的非预期变动将会导致持有黄金的收益率与成本（市场无风险利率）同步上升，从而既不会导致投资者增持黄金，也不会影响黄金现货价格。又如，Ruff 与 Childers（2013）指出，与黄金相比，诸如房地产信托投资基金（REITs）、大宗商品供应商的股票以及与通胀率挂钩的国债（TIPS）不仅也能规避通货膨胀，而且还能带来更令人满意的收益率（见表7）。再次，还有一些经济学家认为黄金价格与通货膨胀率之间的关系并不稳定。例如，Ruff 与 Childers（2013）指出，1985 年之后，黄金价格与通胀之间没有显著的相关性；但在 20 世纪 70 年代，当通胀大幅上升时，黄金价格也大幅上升。因此，黄金价格仅仅能够有效抵御通胀率突然大幅上升的风险。又如，Jastram（1978）认为，从历史上来看，在短期内（5 年之内）黄金并不能很好地对抗通胀，但在长期内（例如一个世纪内），黄金能够很好地对抗通胀。然而，这个“长期”已经超过了投资者的投资期间甚至寿命。

表 7　各类资产在对抗通货膨胀方面的比较

资产类别	对通胀的敏感性	可靠性	成本有效性
TIPS	较弱	较强	较强
REITs	较弱	中等	强
大宗商品股票	中等	中等	强
大宗商品期货	强	较弱	中等
黄金	强	较弱	弱
实际资产之组合	较强	较强	较强

资料来源：Ruff 与 Childers（2013）。

图 7 比较了 1970 年 12 月至 2013 年 7 月期间全球黄金价格的同比变化率与美国 CPI 同比增速。不难发现，两者之间存在较强的正相关，该时期内两个指标的相关系数达到 0.42。图 8 则从另一个角度分析了全球黄金价格与美国通货膨胀率之间的关系，它展示了 1975 年 1 月至 2013 年 7 月期间全球黄金价格与美国 CPI 指数之间比率的变动情况。Erb 与 Havey（2013）的类似研究发现，历史上黄金价格与美国 CPI 定基指数的比率为 3.2 倍。更为重要的是，3.2 倍这个值似乎可以被看做一个反映黄金购买力波动均值的黄金常数（Golden Constant），而黄金实际价格大约是在 10 年的时间维度内体现出中值回归的趋势。这意味着未来几年内，黄金实际价格还会继续下跌。毕竟，截至 2013 年 7 月，全球黄金价格与美国 CPI 指数的比率还高达 5.6 倍。

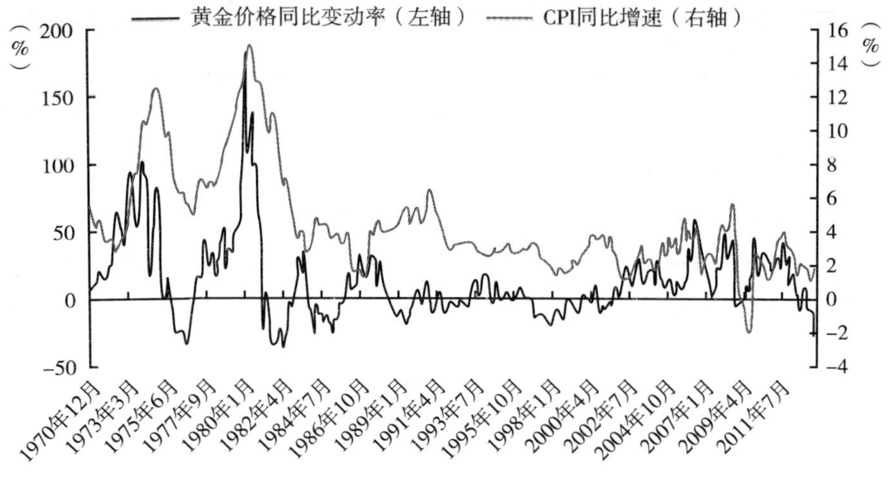

图 7　黄金价格同比增速与美国 CPI 同比增速

注：美国 CPI 指数为城市 CPI 指数。

资料来源：World Gold Council，CEIC 数据库。

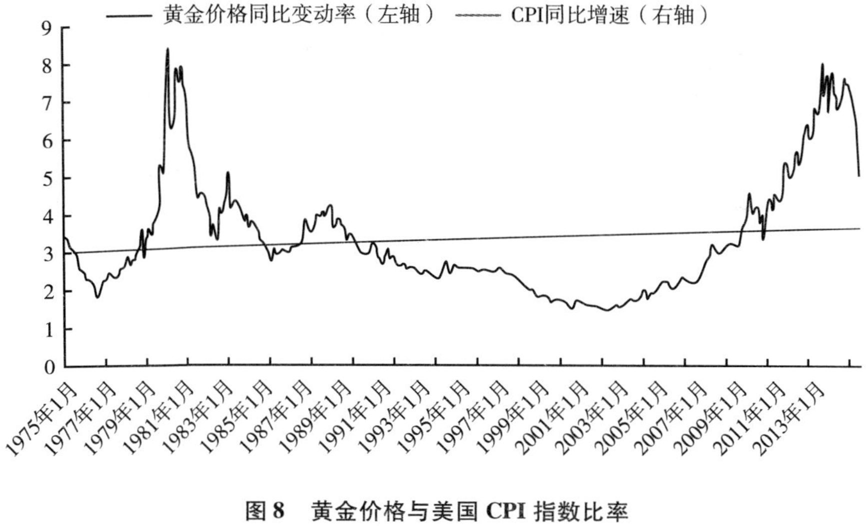

图 8　黄金价格与美国 CPI 指数比率

注：美国 CPI 指数的基期为 1982 ~ 1984 年，即 1982 ~ 1984 年的 CPI 指数为 100。

资料来源：Erb 与 Havey（2013），作者对其进行了数据更新。

为进一步讨论全球黄金价格与通货膨胀率之间的关系，我们也可以分析全球黄金价格与全球实际利率之间的关系。因为通胀率高企的时期，央行通常会通过加息来提高实际利率。因此，如果全球黄金价格与通胀率正相关，那么全球黄金价格也会与实际利率负相关。图 9 显示了全球黄金价格与美国长期实际利率之间的相互关系。不难看出，两者之间存在一定的负相关。1969 年 12 月至 2013 年 7 月，两个指标之间的相关系数为 -0.19。这验证了我们之前的猜想。其他一些相关文献也证明了这一点。例如，Faugere 与 Erlach（2005）发现，1979 ~2002 年，美元黄金实际价格与美国 10 年期国债收益率显著负相关。又如，Erb 与 Havey（2013）的研究表明，美国 10 年期 TIPS 实际收益率与黄金实际价格之间的相关性达到 -0.82。

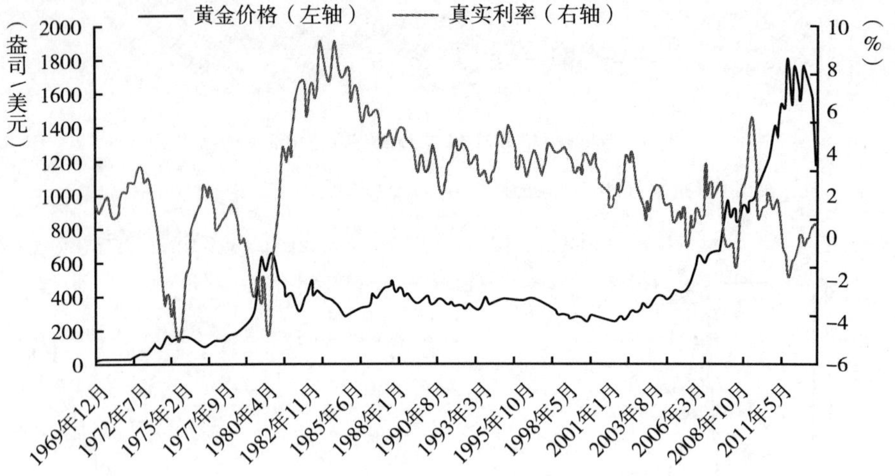

图 9　黄金价格与美国实际利率

注：美国实际利率等于 10 年期国债收益率减去美国城市 CPI 同比增速。
资料来源：World Gold Council，CEIC 数据库。

如果说投资黄金能够很好地对抗通货膨胀，那就是说黄金能够帮助投资者保持购买力。因此，另一种用来验证全球黄金价格与全球通货膨胀率的方法，就是检验黄金的价格是否能够帮助单位黄金维持稳定的购买力。在这一方面，黄金—原油价格比率是被广泛使用的指标。例如，Salesman（2013）指出，自 1971 年 8 月美元与黄金脱钩以来，黄金的美元价格与原油的美元价格就保持着很强的相关性，这反映了黄金自身具有稳定的购买力。在布雷顿森林体系下，黄金原油的兑换比例大致为每盎司黄金兑换 12.3 桶原油。而当前该兑换比例大约为 14.3 桶。当黄金原油价格显著偏离这一趋势后，该比率会向这一水平回归，而且主要是靠原油而非黄金价格的变动来回归趋势水平。因此，可以用黄金—原油兑换比率的高低来预测原油价格的变动趋势。Shafiee 与 Topal（2010）发现，过去 40 年来，黄金价格与原油价格的相关性高达 0.85。如果用 1 盎司黄金能够换多少桶原油来衡量黄金与原油之间的相对价格，则过去 40 年这一相对价格稳定在 1 盎司黄金兑换 10～15 桶原油附近，且波动性相对较小，这说明长期内黄金价格与原油价格具有稳定的相关性。Sujit 与 Kumar（2011）的研究也表明，过去 40 年，黄金原油兑换比率大约在 15.2 桶；尽管金价波动受原油与股票指数的影响较小，但金价波动能够显著地影响原油价格波动。

图 10 反映了 1978～2012 年期间黄金—原油价格比率的波动情况。可以看出该指标的确存在围绕特定数值上下波动的情况。1978～2012 年，黄金—原油价格比率的均值为 20，相当于 1 盎司黄金能够购买 20 桶原油，高于上述几篇文献中 12～15 的比率，这意味着黄金价格在最近几年出现显著上涨（因为本文引用的价格数据比上述文献更新）。

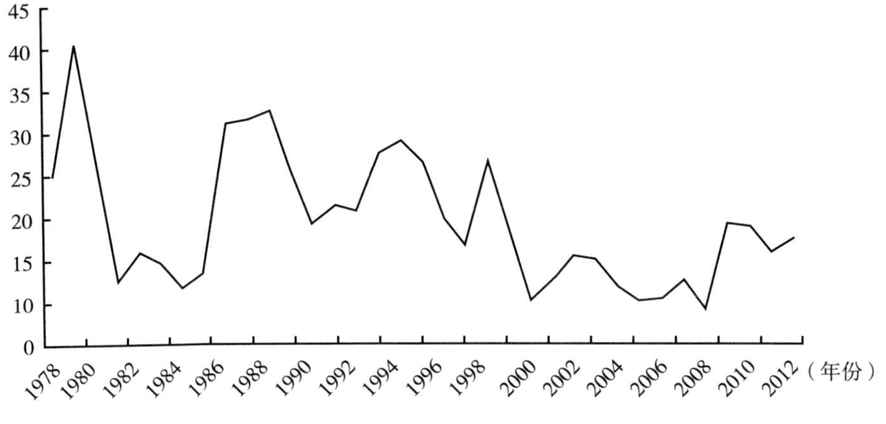

图 10　全球黄金—原油价格比率

注：全球原油价格为美国能源局（EIA）公布的国内首次购买年度平均价格。
资料来源：World Gold Council，CEIC 数据库。

（五）汇率

如前所述，一些新兴市场国家央行已经把增持黄金储备作为其国际储备多元化的一大方向，这意味着，对这些央行而言，它们认为持有黄金能够对抗美元贬值。事实上，由于全球黄金交易的最重要计价货币是美元，如果黄金市场的供给与需求没有变化，那么美元贬值就会导致以美元计价的黄金价格相应上升。自20世纪70年代初至今，无论是全球黄金价格水平与美元汇率指数水平（见图11），还是全球黄金价格的同比变动率与美元汇率指数的同比变动率（见图12），两者之间都存在显著的负相关，相关系数分别为－0.62与－0.37。这说明持有黄金的确能够有效地对冲美元贬值的风险。

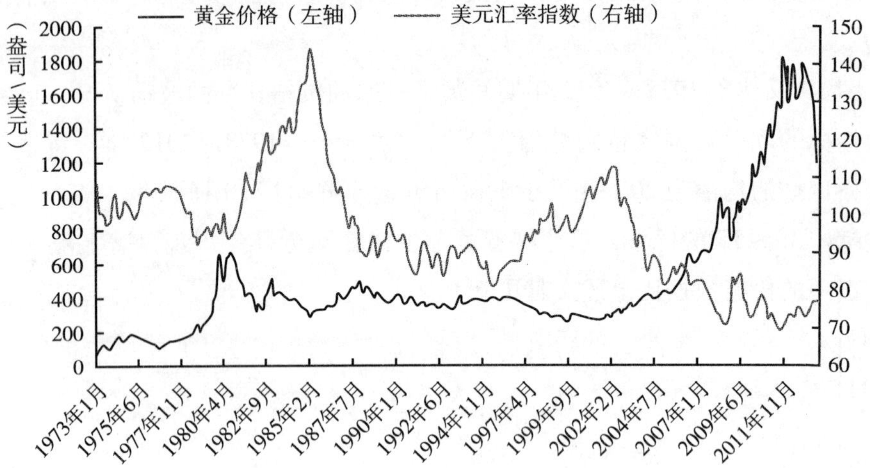

图11　全球黄金价格与美元汇率指数

注：美元汇率指数为美联储公布的美元兑主要货币的名义有效汇率指数。

资料来源：World Gold Council，CEIC数据库。

其他一些研究也基本上印证了上述结论。例如，Capie等（2004）的研究发现，1971～2002年的数据表明，黄金的美元价格与美元汇率走势相反，且这一运动基本上是同步的。这意味着持有黄金的确能够为美元汇率波动提供一种持久的保护。Sjaastad（2008）则指出，自布雷顿森林体系解体以来，主要货币之间的浮动汇率制已经成为全球黄金市场价格波动的一个主要来源。在20世纪80年代，全球黄金市场的价格决定主要由欧洲货币区主导，该地区拥有超过一半的市场权力。但在20世纪90年代与21世纪初，美元区与日本转而占据了主导地位。全球黄金市场的价格决定目前似乎被美元区所主导。美元

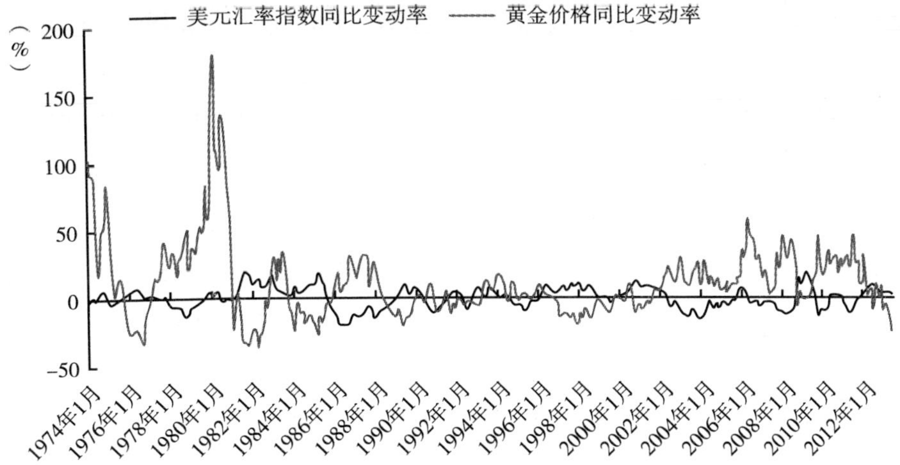

图 12　黄金价格同比波动率与美元汇率指数同比变动率

注：美元汇率指数为美联储公布的美元兑主要货币的名义有效汇率指数。

资料来源：World Gold Council，CEIC 数据库。

汇率的升值或贬值会显著影响以其他货币计价的黄金价格。而全球主要黄金生产国（澳大利亚、南非、俄罗斯）货币的汇率波动似乎对全球黄金价格没有显著影响。Sujit 与 Kumar（2011）反过来研究了黄金价格对汇率的影响，发现美元黄金价格对汇率的影响最大（能够解释方差的 10%），而欧元黄金价格对汇率的影响相对较小。但也不是所有研究都证明了黄金价格与汇率之间的强相关性，例如 Erb 与 Havey（2013）就发现，汇率的变动并不能很好地解释黄金真实价格的变动。

（六）全球金融市场动荡程度

如前所述，与其他资产类型相比，黄金价格能够一直保持较强的稳定性，这一优势在市场急剧动荡之时体现得尤其明显，因此，黄金自古以来就被当做低于市场动荡的安全资产。迄今为止，有大量的研究证明了黄金是一种有效的避风港资产。例如，Ruff 与 Childers（2013）发现，黄金价格与消费者信心指数显著负相关，这反映了黄金作为一种对抗经济波动的避风港的独特性质。又如，Baur 与 McDermott（2010）指出，在全球市场剧烈波动时期，黄金能够起到抵御风险的作用。1979～2009 年，对于主要欧洲股市与美国股市而言，黄金既是一个避风港也是一种对冲工具，但这对于澳大利亚、加拿大、日本与主要新兴市场（金砖国家）的股市不成立。然而，也有一些研究对黄金的安全资产地位提出质疑。例如，Erb 与 Havey（2013）一方面宣称，考虑到市场价值与重量的比率，很多宝石都是比黄金更为有效的价值储存载体；另一方面又指出，黄金与股票市场及债券市场的基准收益率之间虽然有着较低的相关性，但这种相关性并不稳定。又如，Nguyen 等（2012）试图分析不同的股票市场与黄金价格之间的依存结构（dependence structures）。其研究发现，马来西亚股市与黄金价格为右尾依存（right tail dependence）（随着黄金价格上升，股市指数上升），而印度尼西亚、日本与菲律宾股市与黄金价格为左尾依存（随着黄金价格下降，股市指数下降）。

图 13 显示了全球黄金价格与美国道琼斯工业指数之间的相关关系。从图中可以看出，两者之间的关系并不稳定。例如在 2000 ~2001 年美国互联网泡沫破灭期间，黄金价格与道琼斯工业指数之间负相关，而在 2008 年雷曼兄弟破产倒闭期间，黄金价格与道琼斯工业指数同时下跌，只不过前者的下跌幅度远低于后者而已（这也可以视为一种程度的风险对冲）。2009 ~2011 年，两者之间具有很强的正相关；但 2012 ~2013 年，两者之间又具有很强的负相关。

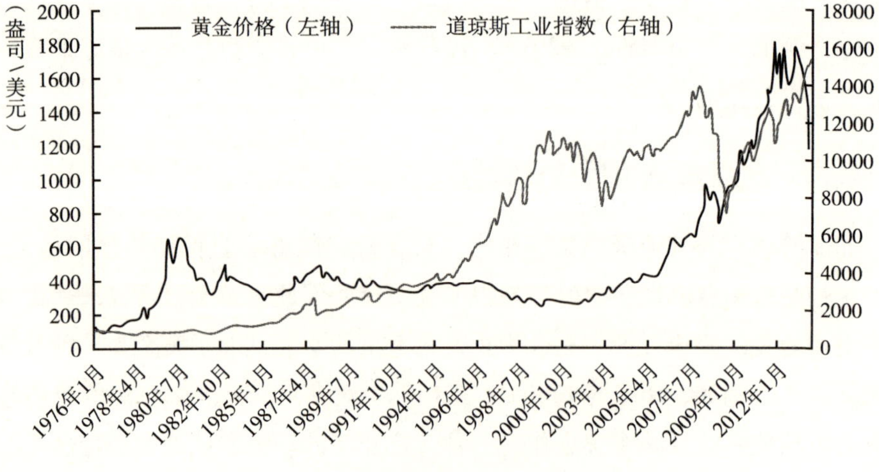

图 13　全球黄金价格与美国股票市场指数

资料来源：World Gold Council，CEIC 数据库。

这说明近年来全球黄金价格与道琼斯工业指数之间的关系很不稳定，也意味着黄金未必能够很好地发挥一种安全资产的作用。图 14 显示了全球黄金价格同比变化率与道琼斯指数同比变化率之间的关系，得到的结论基本上与图 13 相似。有趣的是，1976 年 1 月至 2013 年 7 月，全球黄金价格与道琼斯工业指数之间的相关系数高达 0.57，而全球黄金价格同比变化率与道琼斯指数同比变化率之间的相关系数仅为 -0.05。这也说明黄金作为安全港资产的角色并不令人信服。

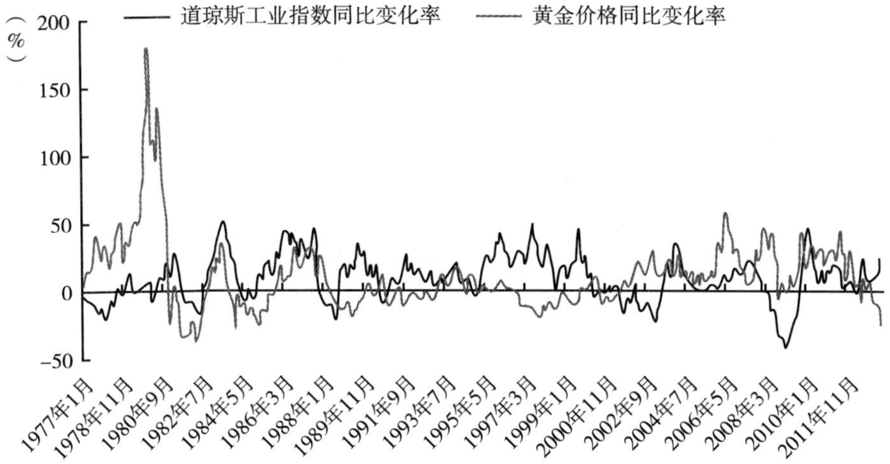

图 14　道琼斯工业指数同比变化率与黄金价格同比变化率

资料来源：World Gold Council，CEIC 数据库。

四　全球黄金价格的前景展望

从全球黄金名义价格的波动趋势来看，全球黄金价格的上涨是从 20 世纪 70 年代开始的，并在 70 年代末 80 年代初以及 2001 ~2011 年出现两次价格大幅上涨，且后者的上涨幅度远大于前者。然而从全球黄金实际价格的波动趋势来看，2001 ~2011 年的黄金实际价格峰值，依然没有超过 70 年代末 80 年代初的水平。从以各种货币计价的黄金价格的波动趋势来看，其波动趋势存在很强的相关性。

每年全球黄金供应量相对于全球黄金存量而言，不仅规模太小，而且供应量相对稳定，因此黄金价格的波动主要源自黄金需求的变化。而在黄金的各种需求中，投资需求变动更为频繁、变动幅度也更大。从官方层面来看，新兴市场国家央行有持续地增持黄金的动机。从私人层面来看，投资需求主要受到通货膨胀率、主要货币汇率与全球金融市场动荡程度的影响。

在综合上文分析的基础上，表 8 提出了一个全球黄金价格走势的分析框架。在这个分析框架中，既分析了各个变量与黄金价格之间的相关性符号，也分析了两者之间相关性的强弱，同时还考虑了这些指标自身的可预测性。总体而言，通货膨胀率、实际利率、全球金价与美国 CPI 的比率以及美元汇率这四个指标，与全球黄金价格的走势关系最为密切，用来预测未来黄金价格走势的能力也最强。

表 8　全球黄金价格走势的分析框架

		与金价的关系	影响的显著性	可预测性	对未来金价的影响
供给层面	产量	负相关	弱	弱	上升
	中央银行黄金销售量	负相关	强	弱	不确定
需求层面	中央银行黄金购买量	正相关	强	弱	不确定
	通货膨胀率	正相关	强	强	下降
	实际利率	负相关	强	强	下降
	金价与美国 CPI 的比率	负相关	强	强	下降
	石油价格	正相关	弱	弱	不确定
	美元汇率	负相关	强	强	下降
	全球金融市场动荡程度	正相关	弱	弱	不确定

运用上述分析框架来预测下一阶段的全球黄金价格走势，我们认为，未来一段时间内，全球黄金价格继续下降的可能性，要显著大于价格反弹的可能性。主要理由包括以下八个方面。

第一，受危机后全球经济增长依然低迷以及美联储将退出量化宽松政策的预期影响，目前全球范围内通货膨胀压力较低。从美国普通国债与 TIPS 的息差来看，美国居民的通货膨胀预期依然处于低位。

第二，受美联储即将退出量化宽松政策的预期以及新财年开始后的财政困境与国债上限等问题影响，目前美国10年期国债收益率已经显著上升，在通货膨胀率没有相应上升的前提下，这意味着美国国内的长期实际利率水平显著上升。

第三，截至2013年7月，全球黄金价格与美国CPI指数的比率还高达5.6倍，远高于3.2倍的历史均值。

第四，受美联储即将退出量化宽松政策的预期以及相应引导的短期国际资本由新兴市场国家流向美国影响，未来一段时间内，美元有效汇率仍将维持强势。

第五，在美元有效汇率稳中有升的背景下，新兴市场国家会放慢储备资产多元化的步伐，购入黄金储备的需求或有下降。

第六，欧债危机的演进过程目前已经比较稳定（当然不排除未来有新危机爆发的可能），尤其是拥有大量黄金储备的意大利目前国内金融市场相对平稳，通过出售黄金储备来募集资金的需求不强。

第七，迄今为止，尽管美联储退出量化宽松的预期已经导致印度、印度尼西亚等国家出现资本外流与本币贬值，但目前新兴市场国家集体爆发金融危机的概率并不高，全球金融市场大幅动荡从而推升金价的可能性不大。

第八，受全球需求疲弱与美元升值影响，目前全球原油价格保持稳定。尽管如果叙利亚、伊朗等国爆发战争，可能显著提升油价，但从目前来看，上述国家爆发战争的几率在下降。

综上所述，2014年，全球黄金价格在波动中下跌，可能依然是一个大概率事件。让我们用Elisabeth Kubler-Ross著名的“哀伤五阶段”理论作结。一个完整的价格下跌过程会经历否认、愤怒、讨价还价、抑郁与最终接受这五个阶段，而目前的黄金市场，恐怕尚未走完整个过程的五个阶段（张明、贺军，2013）。

参考文献

Abken, Peter A., “The Economics of Gold Price Movements”, Federal Reserve Bank of

Richmond, *Economic Review*, March/April 1980, pp. 1 – 13.

Barro, Robert and Misra, Sanjay P. "Gold Returns", *NBER Working Paper*, No. 18759, February 2013.

Baur, Dirk and McDermott, Thomas, "Is Gold a Safe Haven? Internatonal Evidence", *Journal of Banking and Finance*, Vol. 34, No. 8, 2010, pp. 1886 – 1898.

Blose, Laurence E. "Gold Prices, Cost of Carry, and Expected Inflation", *Journal of Economics and Business*, Vol. 62, No. 1, 2010, pp. 35 – 47.

Capie, Forrest; Mills, Terence C. and Wood, Geoffrey, "Gold as a Hedge against US Dollar", *World Gold Council Research Study*, No. 30, September 2004.

Erb, Claude B. and Harvey, Campbell R., "The Golden Dilemma", *NBER Working Paper*, No. 18706, January 2013.

Erb, Claude B. and Harvey, Campbell R., "An Impressionistic View of the Real Price of Gold Around the World", *SSRN Working Paper*, September 2012.

Faugere, Christophe and Erlach, Julian Van, "The Price of Gold: A Global Required Yield Theory", *Journal of Investing*, Vol. 14, No. 1, 2005, pp. 99 – 111.

Jastram, Roy W., The Golden Constant – The English and American Experience 1560 – 1976. New York: John Wiley and Sons, 1978.

Nguyen, Cuong; Komornikova, Magda; Komornik, Jozef and Bhatti, Ishaq, "New Evidence on Asymmetric Co-movement between Gold Prices and Stock Markets with Mixed-copula Analysis", Working Paper, Lincoln Univertiy, 2012.

O'Connor, Fergal A.; Lucey, Brian M. and Larkin, Charles, "London or New York: Where and When does the Gold Price Originate?" *Applied Economic Letters*, Vol. 20, No. 8, 2013, pp. 813 – 817.

Rockoff, Hugh, "Some Evidence on the Real Price of Gold, Its Costs of Production, and Commodity Prices", *A Retrospective on the Classical Gold Standard*, 1821 – 1931, edited by Bordo, Michael D. and Schwartz, Anna J., University of Chicago Press, 1984, pp. 613 – 650.

Ruff, Jon and Childers, Vincent L., "The Real Value of Gold", www. alliancebernstein. com, February 22, 2013.

Salsman, Richard M., "The Gold-Oil Multiple as a Forecaster of Oil", *Investment Focus*, www. realclearmarkets. com, June 14, 2013.

Shafiee, Shahriar and Topal, Erkan, "An Overview of Global Gold Market and Gold Price Forecasting", *Resources Policy*, Vol. 35, No. 3, 2010, pp. 178 – 189.

Sjaastad, Larry A., "The Price of Gold and the Exchange Rates: Once Again", *Resources Policy*, Vol. 33, No. 2, 2008, pp. 118 – 124.

Sujit, K. S. and Kumar, B. Rajesh, "Study on Dynamic Relationship Among Gold Price, Oil Price, Exchange Rate and Stock Market Returns", *International Journal of Applied Business and Economic Research*, Vol. 9, No. 2, 2011, pp. 145 – 165.

Worthington, A. C. and Pahlavani, M, "Gold Investment as an Inflation Hedge: Cointegration Evidence with Allowance for Endogenous Structural Breaks", *School of Accounting and Finance Working Paper Series*, No. 06/05, University of Wollongong, 2006.

魏强:《国际黄金价格或许将要步入震荡下行走势》, CEEM 财经评论, No. 13018, 中国社会科学院世界经济与政治研究所世界经济预测与政策模拟实验室, 2013 年 4 月 26 日。

张明、贺军:《黄金价格可能尚未见底》, IIS 财经评论, No. 201305, 中国社会科学院世界经济与政治研究所国际投资研究室, 2013 年 4 月 22 日。

Y.19

金砖国家财经合作基础、进展与方向

黄 薇*

摘 要：

作为新兴经济体的典型代表，金砖国家间的合作机制建设具有其历史必然性。首先，金砖国家在经济发展方面具有相似特征，在资源与产业结构方面具有互补特征；其次，金砖国家均强调政府或类政府群体在经济治理活动中的重要作用；最后，由于受到经济一体化的影响，金砖国家不仅积极参与区域经济治理建设，而且参与全球经济治理的诉求也在上升。从2009年开始，金砖国家已建立起全方位、多层级的立体合作网络，并在财经合作领域取得了务实而丰硕的成果。尽管如此，金砖国家合作也存在来自内外部的各种挑战。面对这些挑战，金砖国家需要启动长远经济战略合作整体框架建设，并在合作方式选择上、在人才梯队和相关国际组织与平台的建设上付出更大的努力。

关键词：

金砖国家　经济治理　财经合作

2009年6月，巴西、中国、印度和俄罗斯四个国家领导人在俄罗斯叶卡捷琳娜堡首次宣布构建四国间的多边合作平台，并确立每年一次的定期会晤机制。借用高盛提供的概念，该集团以四国首个字母缩写作为名称，被称为金砖

* 黄薇，中国社会科学院世界经济与政治研究所副研究员，主要研究领域为全球经济治理、国际金融。

四国（BRIC）。2011年在中国博鳌金砖峰会上，南非作为非洲主要经济体代表加入四国集团，形成复数金砖（BRICS），合作机制被称之为金砖国家合作。本文将重点探讨两个方面的问题，一方面希望能够回答这5个国家走到一起开展合作的主要原因，另一方面则对金砖国家财经合作的主要进展、挑战以及应对给出介绍和分析。与二十国集团平台仅专注于讨论财经合作与协调不同的是，金砖国家合作机制已经涉及安全、人文、卫生、智库等多个领域。限于篇幅，本文将仅涉及金砖国家财经合作。

一　金砖国家开展合作的基本因素剖析

金砖国家这一名称的来历可以追溯至2001年11月，时任高盛首席经济学家的奥尼尔首次提出了由巴西、俄罗斯、印度和中国构成的金砖四国（BRICs）概念（O'Neill，2001）。2003年10月，高盛的Wilson和Purushothaman（2003）以及O'Neil et al（2003）再次发布基于金砖概念的长期发展报告。该报告预言在2025年金砖四国的产出将达到并超过G6（美国、日本、德国、法国、意大利和英国）的一半，之后金砖四国将与美国和日本一起成为世界新的六大经济体。该研究与当时国际社会盛行的“中国经济崩溃论”完全不同，极具震撼的乐观预判使得“金砖四国”很快引起外界的广泛关注。绝大多数关于金砖国家合作的研究均将高盛的报告作为金砖国家开展合作的起源，如Ban和Blyth（2013）、Gabor和Ban（2013）、Lieber（2013）、Mottet（2013）、Wansleben（2013）、姚淑梅和姚静如（2012）、马莉莉（2012）等。那么，为何同样来自分析机构的“新钻11国”（也称“金钻11国”，含孟加拉国、埃及、印度尼西亚、伊朗、韩国、墨西哥、尼日利亚、巴基斯坦、菲律宾、土耳其和越南，见O'Neil et al，2005）、“灵猫6国”[①]（含哥伦比亚、印度尼西亚、越南、埃及、土耳其和南非）等其他国家集团概念并未演变成国家间的实际合作呢？

金砖国家间合作意向确立的驱动力大致可以分为两类：一方面，金砖国家内部具有开展合作的经济基础。这种基础既表现为金砖国家相对类似的经济基

① 2009年末由英国EIU全球预测部主任Robert Ward提出。

本特征和相对互补的产业结构，也表现为金砖国家在开放经济环境下所面对的共同问题，如金融稳定性差等。另一方面，金砖国家间开展合作也受到类似的国内经济治理思想和国际经济治理需求的推动。随着经济实力的上升，金砖国家不仅没有受到传统信奉“华盛顿共识”的国际金融机构制约，而且通过增加话语权和影响力的方式改造着这些国际金融机构。金砖国家在国内的经济治理中采取了更加独立自主的、创新的市场经济发展理论。随着经济格局的变化，经济治理活动向着区域化、碎片化与多元化的方向发展，金砖国家参与全球经济治理的能力和愿望得到提升。金砖国家间形成合作机制是由多方面原因共同促成的，具有其产生的历史必然性。奥尼尔创造的金砖概念在称呼这一国家集团方面作出了贡献，但并非造成金砖国家合作的决定因素。

1. 金砖国家经济发展的相似特征

21 世纪以来，除个别年份外，金砖国家持续保持着超过全球平均水平的经济增长速度，如图 1 所示。2000～2012 年中国、印度、俄罗斯、巴西和南非的年均经济增长速度分别为 10%、6.9%、5.2%、3.4% 和 3.5%，远远领先于同期全球 2.6% 的水平。2012 年金砖国家的经济规模（名义汇率 GDP）约为新兴与发展中国家的 54%，全球的 21%。① 金砖国家均属于区域性大国，在人口、资源等方面均位于全球前列。② 当考虑到金砖国家的规模效应后，这种增长愈发令人印象深刻。

全球金融危机是全球经济格局变化的分水岭，从此金砖国家不仅在经济增长速度上超过发达经济体，而且在经济实际增量上也超过了发达经济体。2008 年以后，金砖国家对于全球经济增量的贡献持续超越 G7 传统发达经济体，如图 2 所示。2012 年金砖国家名义 GDP 增量较上年增加 9000 亿美元，占全球名义 GDP 增量的 60.5%，而 G7 当年的名义 GDP 增量仅为全球的 11.1%。伴随经济实力的上升，金砖国家已经崛起成为全球经济重要的利益攸关方，这也使得金砖国家参与全球经济治理活动的内外在需求逐步上升。

---

① 资料来源：IMF，WEO 数据库，2013 年 9 月。

② 金砖国家人口占新兴与发展中国家总人口的一半以上；金砖国家的自然禀赋位居全球前列，其中金砖国家领土面积约为新兴与发展中国家的 40%，全球的 29%。资料来源：世界银行，WDI 数据库，2013 年 9 月。

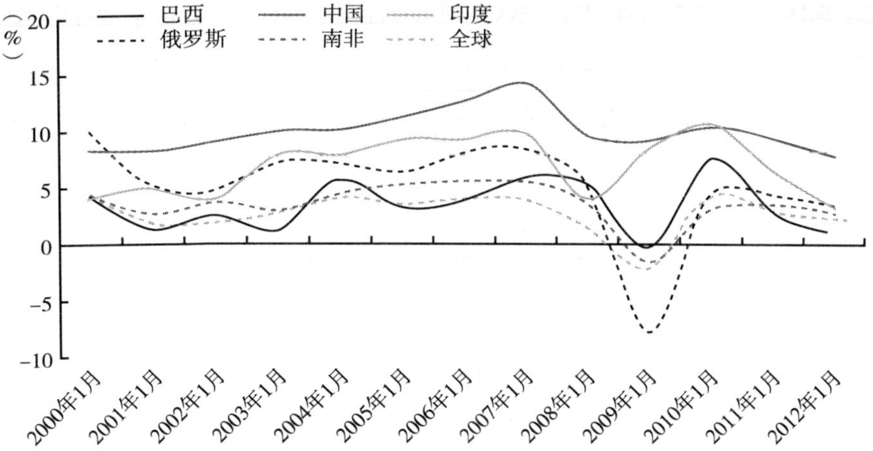

图 1　2000～2012 年金砖国家及全球经济增长速度

资料来源：世界银行，WDI 数据库，2013 年 9 月。

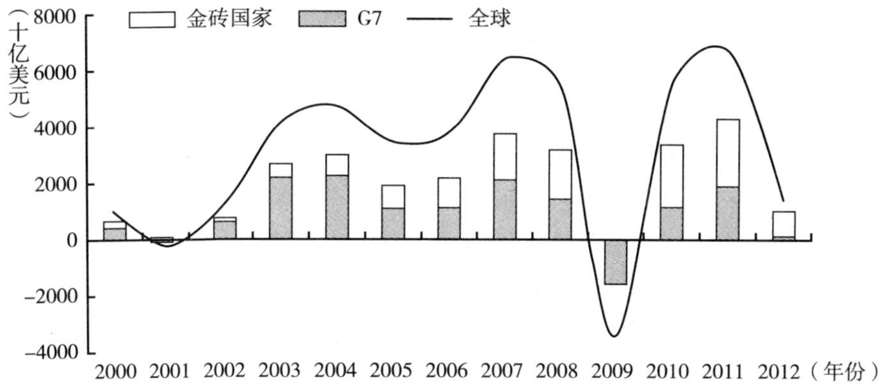

图 2　2000～2012 年 G7、金砖国家以及全球的年度名义 GDP 增量（汇率折算）

资料来源：IMF，WEO 数据库，2013 年 4 月。

经济结构的差异决定了国家经济政策和对国际经济秩序诉求上的差异。金砖国家具有较发达经济体更加类似的经济结构，使得金砖国家对于国际经济治理的方向和看法较发达经济体也会有所差异。尽管大部分金砖国家的经济结构已经向着非物质生产部门为主的方向转变，但是其比重结构相比高收入国家仍有一定差距。其中，第三产业占 GDP 比重最高的是南非，2012 年为 69%，但仍低于高收入国家75%左右的平均水平，而在中国与印度的经济结构中，农业比重至今依然较大，两国第一产业占GDP比重均超过10%（见表1）。不过，金砖国家在经济结构上与发达经济体之间的差距，也从一个侧面说明了这些国家的经济发展仍具有较大的空间。

表1　金砖国家三次产业结构

单位：%

	第一产业占GDP比重		第二产业占GDP比重		第三产业占GDP比重	
	2000年	2012年	2000年	2012年	2000年	2012年
巴西	5.6	5.6	27.7	28.2	66.7	66.1
中国	15.1	10.1	45.9	45.3	39.0	44.6
印度	23.1	17.4	26.1	25.8	50.8	56.9
俄罗斯	6.4	3.9	37.9	36.0	55.6	60.1
南非	3.3	2.6	31.8	28.4	64.9	69.0

资料来源：世界银行，WDI数据库，2013年9月；CEIC数据库，2013年10月。

金砖国家所面对的同性问题使得其在合作中更重视金融稳定。金砖国家金融市场发展滞后，金融稳定性差，经济发展容易受到外部经济冲击的影响。首先，金砖国家均不属于国际主要货币的发行国，本国货币输出能力弱，对于短期国际资本冲击的防范主要依赖外汇储备；其次，金砖五国中除中国还未实现市场汇率以外，其他国家汇率均已基本实现市场化，对于汇率的干预能力较低；再次，外部冲击往往通过汇率、资本品供需等传导途径影响国内经济。最后，金砖国家均经历过较严重的通胀，如巴西、俄罗斯在1993年前后均经历过恶性通货膨胀，而中国在1994年、印度在1998年、南非在2008年也都分别出现过消费者价格指数超过10%的波动。2013年以来印度通胀高企、货币贬值、资本大量流出，不仅影响了印度的资本市场表现，也对实体经济带来伤害。

2. 金砖国家资源、产业结构的互补特征

金砖国家在自然资源上具有天然的互补特征。中国劳动力资源丰富，也是资源大国，但对能源和矿产的需求较大。印度矿产资源丰富，云母产量世界第一，煤和重晶石产量居世界第三，但对其他资源的需求量较大。巴西是世界的主要原料生产国，拥有极为丰富的咖啡、大豆、甘蔗，以及铁矿石、铝、铜及锌等矿产资源和原油资源。俄罗斯石油和天然气资源十分丰富。南非矿产资源丰富，黄金、铂族金属、锰、钒、铬、硅铝酸盐的储量居世界第一位。

在能源的生产与消费上，金砖国家的互补性更为突出，其中中国、印度、巴西是能源进口国，而俄罗斯、南非为能源出口国。在金砖国家中，印度对于外部能源的需求依赖度最高，2010 年约 25% 的能源消费依赖进口。尽管如此，总体而言金砖国家依然是全球能源的供给国。2010 年金砖国家的能源产量约为全球的 1/3 强，其能源消费为 42 亿吨油当量，低于能源产量 44 亿吨油当量，见表 1。在资源生产与需求方面的互补特征，有助于提高金砖国家间开展资源合作，也有助于保障金砖合作机制的顺利进行。

表 2　金砖国家能源生产、消费与净进口

单位：百万吨油当量，%

	能源产量				能源消费量				能源净进口占能源消费比例	
			占世界比例				占世界比例			
	2000 年	2010 年	2000 年	2010 年	2000 年	2010 年	2000 年	2010 年	2000	2010
中　国	1151	2208	11.4	17.3	1182	2417	12.1	19.6	2.6	8.6
俄罗斯	977	1293	9.7	10.1	619	701	6.3	5.7	-57.9	-84.3
印　度	366	518	3.6	4.1	457	692	4.6	5.6	19.8	25.1
巴　西	187	246	1.5	1.9	187	265	1.9	2.1	21.2	7.2
南　非	145	162	1.4	1.3	109	136	1.1	1.1	-33.3	-18.6
合　计	2826	4427	27.6	34.7	2554	4211	26	34.1	-47.6	-62

资料来源：世界银行，WDI 数据库，2013 年 9 月。

金砖国家产业结构存在互补性。改革开放以来，中国的制造业得到了长足发展，中国第二产业占 GDP 的比重远高于其他金砖国家。但是中国的制造业主要集中在低附加值的非核心部件加工制造以及劳动密集型装配环节，处于全球产业链的中低端。第三产业发展则相对不足。因此在中国“国民经济和社会发展第十二个五年规划”中，约有 1/3 的篇幅是关于产业结构的内容，涉及促进产业转型与升级、推动服务业发展等内容。印度拥有较发达的软件产业和技术服务业，2012 年印度的第三产业占其 GDP 总量的 56.9%。印度“十二五”发展规划要求将制造业比重从目前的 16% 提升到 25%（2025 年）。巴西工业体系较完整，民用支线飞机制造和生物燃料产业居世界领先地位，石化、矿业、钢铁、汽车等产业较为发达。俄罗斯是资源出口型国家，能源和矿石的出口占总出口比重接近70%。俄罗斯拥有强大的航天与军工产业。南非是非洲最大的能源生产国和消费国，供应整个非洲约2/3的电力。

由于金砖五个国家分布在四大洲，具有不同的比较优势产业，使得金砖国家在全球分工与销售网络中具有较显著的贸易互补性特点。其中，中国是制造业产品出口大国，2012年工业制成品占总出口的94%左右。2008年以后，东盟10国对中国的出口占对外总出口的42.2%，从此中国取代日本成为东南亚区域贸易的枢纽。印度出口贸易则以信息技术和服务贸易为主。此外，印度药品制造业在全球市场中亦具有重要地位。若将北美、欧洲、东亚视为全球的生产贸易区域枢纽，则印度、巴西在全球贸易生产体系中仍属于次级外围国家（马莉莉，2012）。俄罗斯与欧盟具有较强的经贸联系，在欧洲区域经贸中起着重要作用。南非以资源贸易和工业品为主，后者主要面向非洲地区。

近年来金砖国家间的经贸合作取得了较大成果。按照离岸价格统计（下同），金砖国家间出口贸易总额从2000年的178.5亿美元快速增长为2012年的2772亿美元，翻了15倍有余。其中，巴西、中国、印度、俄罗斯和南非对于其他金砖国家的出口贸易额分别从2000年的21.4亿美元、60.3亿美元、21.7亿美元、66.1亿美元和9.4亿美元，上升为2012年的517.1亿美元、1405.8亿美元、280.9亿美元、415亿美元和153.4亿美元。其中巴西增长速度最快，其次是中国、南非、印度和俄罗斯。2012年金砖各国对其他金砖国家的出口比重较2000年已经有了较大提高（见表3）。金砖国家间确立多边合作机制，建设开放型的贸易环境①，有助于进一步释放金砖国家间的经贸合作发展空间。

---

① 世界银行副总裁Canuto指出，1996~2008年，金砖四国之间的平均关税降低了44%。引自Canuto, O. Global Chanllenges of Intergration. Speech on the Gaidar Forum/2013. Moscow, Russian Federation, 2013, Jan. 16. http://www.worldbank.org/en/news/speech/2013/01/16/otaviano-canuto-talking-points-gaidar-forum-in-russia.

表 3　金砖各国对其他金砖国家出口贸易占其总出口比重

单位：%

年份	巴西	中国	印度	俄罗斯	南非
2000	3.5	2.4	5.1	6.4	3.1
2005	10.3	4.0	9.7	6.7	5.7
2012	21.4	6.9	9.5	7.9	17.3

资料来源：IMF，DOT 数据库，2013 年 9 月。

产业结构的互补性也有助于推动金砖国家间相互投资。目前金砖国家已经成为全球主要的 FDI 流入国和重要的对外投资国。2012 年金砖国家的 FDI 流入量占全球 FDI 流入量比重已从 2000 年的 6% 增长为 2012 年的 20%。其中，流向金砖国家的 FDI 资金约有 46% 进入中国。巴西、俄罗斯、印度和南非的 FDI 流入占总流入金砖国家资金比重分别为 25%、17%、10% 和 2%（UNCTAD，2013）。随着经济实力的增强，金砖国家对外投资占全球比重从 2000 年的不到 1%，迅速增长为 2012 年的约 9%。现阶段金砖国家中主要的对外投资主体是中国和俄罗斯，2012 年中国与俄罗斯对外投资分别占金砖国家对外投资的 54% 和 40%（见表 4）。中国的对外投资中八成流向发展中国家，两成流向发达经济体。[①] 而俄罗斯的对外直接投资则主要投向发达经济体。2009 年俄罗斯对发达经济体的对外直接投资约占其对外总投资的 78%，

表 4　2011、2012 年金砖国家 FDI 流量比较

单位：百万美元

	FDI 流入		FDI 流出		FDI 净流入	
	2011 年	2012 年	2011 年	2012 年	2011 年	2012 年
巴　西	666.6	652.7	-10.3	-28.2	676.9	680.9
中　国	1239.9	1210.8	746.5	842.2	493.4	368.6
印　度	361.9	255.4	124.6	85.8	237.3	169.6
俄罗斯	550.8	514.6	668.5	510.6	-117.7	4
南　非	60	45.7	-2.6	43.7	62.6	2

资料来源：UNCTAD，2013 年 9 月。

① 商务部：《2011 年中国对外直接投资统计公报》，2012。

对发展中和转型经济体的投资占比为22%（Kuznetsov，2011）。较快的增长速度和增长的国内市场，使得金砖国家相比其他发展中国家具备更好的发展优势和投资潜力。通过强化投资环境建设与加强制度合作，金砖国家间可以分享彼此的发展红利，实现整体经济的稳定增长。

3. 金砖国家的经济治理理念相似性

金砖国家在政治经济制度改革方面的共识程度，将直接促进金砖国家的合作和协调效果。在过去的几十年中，国际金融机构如世界银行、国际货币基金组织推行的“华盛顿共识”① 在新兴市场国家的实践效果并不理想。这使得金砖国家对于西方经济政策建议的态度更为审慎。

尽管金砖国家支持改革与开放，也支持市场化建设，但与“华盛顿共识”存在较大差异的是，金砖国家强调经济政策的独立自主性以及国家在经济发展中的重要性。例如Ramo（2004）认为中国采用的是“北京共识”②，即通过自主创新和特区试验等具有中国特色的方式推动经济政策改革。尽管作为民主政体，印度的经济治理思想更加倾向自由市场，但Mukherji（2010）发现印度的经济制度建设主要受到专业人士的想法和利益集团，如行会、农场主等的影响。因此印度在放松劳动力市场管制、去农场补贴、零售部门自由化等领域几乎没有取得任何进展。Ban（2013）认为巴西通过“逐步的私有化”“有限的自由化”以及“有条件的现金转移程序”等方式修正和部分采用了“华盛顿共识”。苏联激进改革派对于“华盛顿共识”的实践，导致国家经济出现大幅动荡。现在的俄罗斯已经从早先的自由市场治理转向了政府参与宏观经济治理模式。普京领导下的俄罗斯提高了战略部门中的国有比例，1997～2009年国有经济比重从30%上升至67%。③ 普京在第二任期将国防、石油、天然气、运输、电力、外贸、银行、渔业、钢铁制造等领域1063家企业确定为国有战

① Williamson（2004）指出，华盛顿共识大致涵盖10个方面的内容：财政纪律、对公共支出的重新排序（将医疗、教育等公共产品的支出重要性提高）、税制改革（扩大税基和降低边际税率）、利率自由化、汇率市场化、贸易自由化、输入性FDI自由化、私有化、放松政府管制、强化产权保护。

② 此“北京共识”与“华盛顿共识”相呼应，主要侧重政治经济制度选择。

③ 《国有企业引领俄罗斯经济发展——访俄罗斯科学院世界经济和国际关系研究所前所长西莫尼亚院士》，《光明日报》2013年6月10日。

略企业，规定政府无权将这些企业私有化。Rutland（2008）的研究认为，正是普京的国有化战略使得俄罗斯从一个“失败的国家”转变成一个新兴能源大国。

4. 金砖国家参与全球经济治理的诉求在上升

国际社会缺乏绝对的正式权威来实施“统治”，需要借助“治理机构”或“合作治理”来维持国际经济秩序。随着全球经济格局的变化，全球经济治理大致经历了三个阶段：1944～1969 年以美国为中心、以正式的国际协调机制和机构为手段的硬治理时代；1970～1999 年形成以松散的七国集团（G7）协调机制为核心的非正式、小集团合作的软治理时代；2000 年至今的全球经济治理则以更加多元化、扩散化的国家间协调二十国集团（G20）为核心。不过，第一阶段设计并建立的国际组织，在后两个阶段持续发挥作用。由于全球经济治理趋向软性与松散性，导致治理的效力相对不足，因此全球经济治理逐步向区域化①、碎片化方向发展。

20 世纪 90 年代以来，发展中国家开始意识到经济一体化和经济稳定所需要的跨国经济合作诉求，逐步构建了一系列区域性治理平台。金砖国家作为区域性大国，更是积极参与到区域性合作组织的建设中。在拉美地区建立有南方共同市场（1991）、安第斯共同体（1997）、南美洲国家联盟（2004）等；亚太地区以上海合作组织（1996）、东盟 10+1/10+3 合作机制（1997）等为主要合作平台；南亚地区则建立有南亚区域合作联盟（1985）、环印度洋区域合作联盟（1995）等；欧亚地区建设有欧亚经济共同体（2000）以及计划中的欧亚联盟（2015）等；非洲地区除了非洲联盟（2002）以外，还存在多个区域性经济共同体。但是，随着经济开放度和经济实力的上升，区域性的合作机制无法满足金砖国家对于全球性或跨区域的治理诉求。

不仅金砖国家有参与全球经济治理的愿望，而且发达国家也逐渐意识到金砖国家——世界经济中的系统重要性国家——在全球经济治理活动中是不可或缺的。1999 年由美国发起的 G20 财长会是新兴经济体国家财长首度涉足多边

---

① 《国有企业引领俄罗斯经济发展——访俄罗斯科学院世界经济和国际关系研究所前所长西莫尼亚院士》，《光明日报》2013 年 6 月 10 日。

财经合作。从2004年开始，G7开始邀请中国财长参与G7财长会，2005年G7又将邀请范围扩大至中国、俄罗斯、印度、巴西和南非的财长和央行行长。2005年G8峰会首度邀请中、印两国首脑参加。为了更好地开展协调工作，2006年金砖国家外长首次确立了年度外长会晤机制。2007年发达经济体正式启动的G8海利根达姆进程①，进一步激发了金砖国家等新兴经济体参与高级别全球经济治理工作的积极性。两年后，金砖国家合作机制正式确立。新兴国家从财长会开始、从领导人峰会的旁观者开始，逐步升级成为国际经济协调和国际经济规则的主要参与者和制定者。尽管金砖国家间形成的机制化合作并非西方所愿，但也必须看到发达经济体在推动金砖国家合作中起到的促进作用。

二　金砖国家财经合作进展综述

从2009年到2013年，金砖国家合作机制已经演变成横跨亚、欧、非、美四大洲，包括5个区域性的新兴经济体大国的合作平台。这一合作机制已经形成了领导人会议、安全事务高级代表会议、外长会晤、部长会晤、多边机构使节磋商、各领域（经贸、金融、卫生、科技、文化、农业、统计、智库等）合作等全方位的、不同层级的立体合作网络。除官方会晤与合作机制以外，金砖国家相关部门和团体还开展了企业家论坛、银行联合体、合作社论坛、智库会议、金融论坛和工商论坛等多种配套活动。工商论坛和智库会议已经在2013年进一步发展成工商理事会和智库理事会。金砖国家亦努力开拓新型合作项目，包括友好城市暨地方政府合作论坛、联合开展经贸研究和更新《金砖国家国情书目》等。

金砖国家不仅积极构建其自身内部的经济协调和合作机制，而且也致力于建立更加公正、平等的国际秩序，金砖国家间的合作已经成为全球治理民主化（Democracy in Global Governance）的重要组成部分。金砖国家在积极参加各自

① 2007年在G8德国海利根达姆峰会上，八国集团发起了一个由主要发达国家与发展中大国就当前全球性问题开展结构性对话的海利根达姆进程（库珀，2009）。

地区的区域性合作组织的同时，也是G20等全球治理平台的主要参与者和国际性机构与组织的积极成员。金砖国家已经在经济领域、气候变化、能源资源、粮食安全、金融安全、网络安全和恐怖主义等全球性问题方面取得了越来越多的发言权和影响力。

1. 金砖国家间财经合作

金砖国家参与跨区域的多边协调与合作始于1999年由美国倡议举行的G20财长与央行行长会议。由于合作时间较长并拥有与发达国家开展多边合作的经验，因此金砖国家在多边财经合作方面的经验相对较多，在财长与央行行长层面的财经合作成果也相对更为丰硕、务实。以下仅针对近三年的财经合作成果进行回顾（见表5）。

表5　金砖国家金融合作协议一览

签订时间	签订地点	协议名称
2011年4月	三亚峰会	《金砖国家银行合作机制金融合作框架协议》
2012年3月	新德里峰会	《金砖国家银行合作机制多边本币授信总协议》《多边信用证保兑服务协议》
2013年3月	德班峰会	《金砖国家多边可持续发展合作和联合融资协议》《金砖国家非洲多边基础设施联合融资协议》

资料来源：http：//www. brics5. co. za/，http：//www. brics. utoronto. ca。

2011年4月的三亚金砖峰会上，金砖国家银行合作机制成员①共同签署《金砖国家银行合作机制金融合作框架协议》，在扩大本币结算、增强贸易投资金融便利化、重点领域项目投融资、资本市场合作方面起到了支撑作用。同年10月，由港交所倡议发起，金砖国家的主要证券交易所在南非约翰内斯堡签署谅解备忘录，宣布成立“金砖国家”交易所联盟。巴西证券期货交易所、中国香港交易及结算所有限公司、俄罗斯莫斯科银行间外汇交易所（MICEX）和俄罗斯交易系统（RTS）、南非约翰内斯堡证券交易所已参与该联盟计划，

① 该机制成立于2010年4月，初始成员包括中国国家开发银行、巴西开发银行、俄罗斯开发与对外经济活动银行、印度进出口银行。2011年南非加入金砖合作后，该机制补充南非南部非洲开发银行作为成员之一。

印度国家证券交易所和孟买证券交易所对该计划表示支持，待条件成熟后加入。该合作联盟通过提供交易便利性降低交易成本，有助于吸引全球投资者对金砖国家资本市场的投资热情，也为金砖国家的投资者创造了更加多元的投资渠道。

在2012年3月的金砖财长会议上，金砖国家就成立新开发银行工作组达成共识，并在3月的新德里金砖峰会上宣布启动针对该银行的可行性研究。①同时开展讨论磋商的还包括建立金砖国家应急外汇储备库。此外，为有助于进一步扩大金砖国家间贸易，在金砖国家领导人的见证下，巴西开发银行、俄罗斯开发与对外经济活动银行、印度进出口银行、中国国家开发银行与南非南部非洲开发银行在内的五国发展类银行，共同签署了《金砖国家银行合作机制多边本币授信总协议》以及《多边信用证保兑服务协议》。同年，金砖国家交易所联盟宣布各成员交易所基准股市指数衍生产品进行互挂②，开始实现基于本币的买卖交易。这种产品互挂买卖将扩张各成员交易所业务量、凝聚新兴市场投资者群体、增加金砖五国资本市场间的资金流动。

在2013年3月金砖国家财长和央行行长会议期间，中国财政部和中国人民银行分别与巴西财政部和巴西中央银行签署了《财经合作谅解备忘录》和双边本币互换协议。在同期召开的金砖峰会上，金砖五国签署了《金砖国家多边可持续发展合作和联合融资协议》以及《金砖国家非洲多边基础设施联合融资协议》，同时宣布金砖国家开始着手建设金砖国家开发银行和应急储备基金。金砖国家开发银行的可行性研究已经完成，各国已经就初始资本金规模（500亿美元）、一致同意的决策机制等方面展开了磋商。金砖国家开发银行不仅有助于为金砖国家及其他发展中国家的基础设施和可持续发展项目提供资金支持，而且也有助于扩大金砖国家本币使用和促进金砖国家贸易投资活动等。与金砖国家开发银行偏向长期投资方面的资金支持不同，应急外汇储备基金主

---

① 金砖新开发银行工作组进行可行性研究时讨论的重点问题包括银行职能、成员与开放性问题、资本结构、治理结构、信用评级、智库功能以及促进其他领域合作等七个方面。

② 指将各成员交易所的基准股市指数衍生产品，按当地交易时间、以当地货币互挂买卖，包括恒生指数期货及恒生中国企业指数期货、巴西 IBOVESPA 期货、俄罗斯 MICEX 指数期货、印度 Sensex 指数期货以及南非 FTSE/JSE Top40 期货。

要用于防范金融冲击、缓解短期流动性压力、构建金融安全网。

在2013年9月G20圣彼得堡峰会期间的非正式会晤中，金砖国家领导人就金砖应急储备基金建设的基本内容达成一致：该基金总额度为1000亿美元，其中中国出资410亿美元，巴西、印度、俄罗斯各出资180亿美元，南非出资50亿美元。由于可能受到美国量宽退出政策的影响，国际资本流动发生逆转，部分金砖国家的经济不稳定性有所上升，该基金的出现是对现有金融救助机制的补充，起到了稳定市场信心的作用。2013年在南非德班举行的金砖国家第三次经贸部长会议上，发布了《金砖国家贸易投资合作框架》。该合作框架将有助于金砖国家在多边场合开展合作与协调，促进贸易投资便利化，加强中小企业合作、技术创新合作以及基础设施和工业发展合作等。

金砖国家财经合作大多具有循序渐进的发展特征。大部分金砖国家的财经合作项目均经历了从倡议研究到可行性分析再到实施的过程。长达数年的准备和磋商工作，为后期工作的顺利开展提供了实施保障。以金砖开发银行的建设为例。2011年由金砖五国财政部和央行牵头、各国专家参与，完成了金砖五国研究报告（The BRICS，2012）。该报告提到的一条重要建议是加强基础设施建设，创造更多就业岗位。该报告以Stern和Stiglitz（2011）的研究作为背景，由印度与南非政府提出了建设金砖国家新开发银行的倡议。该银行将专注于基础设施投资和工业开发性投资。2012年3月印度新德里金砖峰会宣布成立金砖开发银行工作组。2013年3月该工作组在金砖峰会上递交了开发银行可行性研究报告，并被金砖国家领导人批准。自此，金砖开发银行的建设工作从初期的可行性研究转向技术细节的磋商阶段。

2. 金砖国家对外财经合作

金砖国家领导人会晤机制的建立，不仅有助于以“合纵”的方式提升影响力，而且也为这些国家在参与全球治理中统一立场提供了协调机会。金砖峰会为金砖国家领导人对于全球治理等全球经济议题阐述看法与立场提供了平台。2009年金砖峰会上四国领导人发出“推动国际金融机构改革，提高新兴市场和发展中国家在国际金融机构中的发言权和代表性”的呼吁，推动了2009年匹兹堡G20峰会上对IMF和世界银行份额与投票权改革的讨论。该项改革将部分投票权从发达经济体让渡给新兴经济体，见表6。目前，金砖国家已形成了在G20会晤前的例行非正式会晤机制。该机制有助于在开展大型多边协商谈判时，金砖国家领导人事先就彼此关心的核心议题取得一致立场。

表6　G7国家、金砖五国在IMF和世界银行的投票权份额

单位：%

	IMF投票权份额*		世界银行DTC投票权份额**	
	第二轮份额改革后	2010年改革后	原份额	2009年改革后
金砖五国	10.45	14.139	11.26	13.10
中国	3.81	6.071	2.78	4.42
印度	2.34	2.629	2.78	2.91
俄罗斯	2.39	2.587	2.78	2.77
巴西	1.72	2.218	2.07	2.24
南非	0.77	0.634	0.85	0.76

* The Finance, Legal, and Strategy, Policy, and Review Departments, IMF Quota and Governance Reform_Elements of an Agreement, 2010, Oct. 31.

** Office of the Corporate Secretary, World Bank Group Voice Reform: Enhancing Voice and Participation of Developing and Transition Countries in 2010 and Beyond, Report Preparing for Development Committee Meeting April 2010, April 19, 2010.

金砖国家合作也包括积极协助和支持其他发展中国家和贫穷国家的内容。作为新兴经济体，大部分金砖国家虽然仍处于发展中阶段，但是拥有丰富的经济发展经验。因此，金砖国家更倾向于以自身发展经验为基础，通过互利共赢、授人以渔的方式帮助其他国家发展。这一领域的合作既体现为金砖国家支持并不断呼吁执行联合国千年发展目标行动计划，也体现为金砖国家通过彼此合作增强对于贫穷国家的支持力度。如在2009年的宣言中，提出加强对贫穷国家在面对国际金融危机时提供流动性保障、援助、债务减免、市场准入以及技术转移等方面的支持。除了在金砖国家的多边平台展开支持以外，金砖国家个体也在积极通过双边渠道和区域渠道加强对于不发达国家的帮助，如增大国际对外援助规模等。

三　金砖国家财经合作挑战与方向

全球金融危机造成了国际经济格局的剧烈变化，在给金砖国家合作带来了契机的同时，也带来了挑战。首先，现阶段金砖国家在全球经济治理方面的经验有限。金砖国家参与全球经济治理的时间不长，治理经验和治理人才均相对不足。金砖国家在创造理念、提出概念、引领全球舆论方面，与发达经济体之间仍存在较大差距。简言之，金砖国家在软实力方面的成熟度落后于经济发展的硬实力。其次，金砖国家受到复杂性问题的挑战。一方面，金砖国家合作领域广泛，议题选择多样，合作与对话形式丰富，需要在合作领域的广度和深度上把握平衡。另一方面，金砖国家虽然具有经济相似性，但同时也具有显著的差异，各国在政治制度上有明显区别而且存在利益冲突。例如俄罗斯与巴西在资源出口方面的竞争，中国和印度在战略资源需求方面的竞争等。再次，金砖国家面临复杂关系的挑战。金砖国家不仅需要处理好内部的竞争与合作关系，还需要处理好与发达经济体、其他新兴经济体之间的竞争与合作关系。例如在国际金融机构份额改革中，金砖国家所获得的投票权份额转移主要来自发达经济体，即新兴经济体与发达经济体之间的利益冲突。但同时在金砖国家内部也存在利益冲突。与其他金砖国家不同，份额改革以后，南非的投票权份额将变得更少，因此说服其与其他国家一起推动国际金融机构改革需要付出更多努力。又如英国《金融时报》[①] 刊登文章认为，金砖国家开发银行不仅与传统的美国体系存在直接利益冲突，而且在新建开发银行过程中，金砖国家间由于各自的利益和偏好差异也存在着利益上的冲突。最后，金砖国家合作还面临着合法性的挑战。尽管已经建立了金砖国家工商理事会和智库理事会，但金砖国家合作仍以政府间合作为主。如何保障各国国内行会、商会以及 NGO 的意见渠道畅通，保障金砖国家与其他新兴与发展中国家利益的协调，是金砖国家合作取得内外部理解的关键问题。为了迎接以上挑战，进一步加强合作的凝聚力和效力，金砖国家财经合作机制需要向着战略性、稳健性和务实性的方向发展。

1. 关注长期战略经济合作，增强金砖凝聚力

在过去的几年中，金砖国家在财经合作中的利益分歧较为明显。金砖国家内部的冲突与矛盾容易被外部的分化势力加以利用，弱化金砖开展机制化合作

① 亨利·曼斯：《金砖国家筹建开发银行》，《金融时报》2012 年 10 月 10 日，http：//www.ftchinese.com/story/001046885。

的效果。但是，这一现象的出现并非因为促进金砖国家合作的基本因素发生了变化，而是因为金砖国家现存的合作范式主要关注短期应急问题，对于长期性和整体性的金砖国家财经合作战略设想则涉足较少。以金砖国家开发银行为例，尽管其具备提供长期经济发展支持的作用，但该倡议提出的出发点实际上是为了解决印度和南非等国眼下的投资资金缺口问题。现阶段由于缺乏在长期利益观方面的共识，金砖国家各打自家算盘，已经在很大程度上影响了金砖国家所拥有的凝聚力。只有在金砖国家间达成相互理解并愿意接受的财经战略合作整体框架，并通过该框架明确各自在金砖集团整体合作战略中的位置和可能获得的最小收益之后，各个金砖国家才能更好地看待短期问题或利益冲突问题。即使存在分歧，处理起来也会相对变得容易。

2. 避免与传统经济体系直接冲突，实施边际改革与构建新型机构并举

马克斯·韦伯（2010）曾指出："在管理（治理）国家问题上，掌握政治的阶级既不能是经济地位日益下降的阶级，也不能是缺乏政治成熟度的正在取得经济力量及政治权威的阶级。"对于全球经济而言，昔日主导全球治理的发达经济体的经济地位日益下降，新兴经济体虽然正在取得经济力量和政治权威，但缺乏必要的国际政治成熟度。尽管既有全球经济治理机构多为二战后兴建，已经与现实需求存在较大差距，但是目前国际社会还没有某个国家或者某个国家群体具备颠覆现有国际经济体系的变革能力。因此，以金砖国家为代表的新兴经济体通过补充完善和边际调整等方式提高现有国际体系的适用度是务实的最优选择。对于存在治理空白的领域，则应当及时进行补充建设。新建金砖开发银行可作为补充性建设的一个典型实例。[①] 一方面，现有国际金融机构对于新兴国家、对于基础设施等开发性投资的支持力度有限。20 世纪 90 年代以前，世行对于基础设施投资的承诺为总投资的 40%，但随后一直呈现下降趋势，1999 年即已下降为 21%。另一方面，区域性开发金融组织由于受到历史、规模、地域等局限，无力支撑这些区域性大国的融资需求。

① 2012 年 3 月，在印度新德里举行的金砖国家领导人第四次会议上，五国领导人在峰会宣言中提出，"探讨建立一个新的开发银行的可能性，以为金砖国家和其他发展中国家基础设施和可持续发展项目筹集资金，并作为对现有多边和区域金融机构促进全球增长和发展的补充"。

3. 培养全球经济治理人才，建设代表新兴经济体的国际性组织

金砖国家不仅需要解决内部的合作问题，也在很大程度上需要积极参与全球经济治理活动。由于过去参与全球治理的机会有限，面对突然涌现出来的大量协调与建设工作，大部分金砖国家官员均处于高负荷工作状况。参与金砖国家合作的官员往往身兼数职，长期从事以应对短期事务为主的高强度工作。随着经济实力的不断增强，金砖国家参与和介入全球经济治理活动的深度和广度不断扩大，并将承担更多的全球经济治理责任。因此，金砖国家应有意识地培养一批具有专业背景和战略眼光的国际事务官员和专家。此外，新兴经济体在国际组织、NGO 等领域的发展相比发达国家还存在较大距离。金砖国家目前不仅缺乏国际性实体机构，也缺乏像达沃斯世界经济论坛那样具有影响力的国际组织和论坛。国际机构与组织的缺位，不仅弱化了金砖国家合作的代表性，而且也使得金砖国家合作缺乏广泛的舆论支持。总之，保障金砖国家财经合作的有效性和影响力，不仅需要金砖国家过硬的经济实力，还需要高素质的人才和辅助性的平台。

参考文献

Ban, C. From Cocktail to Dependence: The Great Recession and the Transformation of Romanian Capitalism, 2013, Feb. 11. Available at SSRN: http://ssrn.com/abstract=221512

Ban, C., Blyth, M. The BRICs and the Washington Consensus: An Introduction. Review of International Political Economy, 2013, Vol. 20, No. 2, pp. 241-255.

Gabor, D., Ban, C. Fiscal Policy in Financialized Times: Investor Loyalty, Financialization and the Varieties of Capitalism. SSRN, 2013 Jan. 16.

Kuznetsov, A. Outward FDI from Russia and Its Policy Context, Columbia FDI Profiles, the Vale Columbia Center on Sustainable International Investment, 2011.

Mottet, L. Cooperation and Competition among the BRICS Countries and Other Emerging Powers. French Centre for Research on Contemporary China (CEFC) Report, 2013, March. pp. 1-15.

Mukherji, R. *India's Economic Transition: The Politics of Reforms.* Oxford: Oxford University Press, 2013.

O'Neill, J. Building Better Global Economic BRICs. Goldman Sachs Global Economics Paper

No. 66, 2001, pp. 1 – 16.

O'Neill, et al. Dreaming With BRICs: The Path to 2050. Goldman Sachs Global Economics Weekly, 2003, Issue 03/34, pp. 1 – 12.

O'Neill, et al. How Solid are the BRICs? . Goldman Sachs Global Economics Paper No. 134, 2005, pp. 1 – 24.

Ramo, J. C. The Beijing Consensus, The Foreign Policy Centre, 2004. pp. 1 – 74. http://fpc. org. uk/fsblob/244. pdf

Rutland, P. Russia as an Energy Superpower. *New Political Economy*, 2008, Vol. 13, No. 2: pp. 203 – 210.

Stern, N., Stiglitz, J. An International Development Bank for Fostering South-South Investment: Promoting the New Industrial Revolution, Managing Risk and Rebalancing Global Savings, 2011. http://maisdemocracia. org. br/blog/2013/01/17/o – banco – dos – brics – em – marco/

The BRICS, The BRICS Report: A Study of Brazil, Russia, India, China and South Africa with Special Focus on Synergies and Complementarities, Jun. 2012.

Wansleben, L. Dreaming with BRICs, *Journal of Cultural Economy*, 2013 Jan. 28, pp1 – 19.

Williamson, J. A Short History of the Washington Consensus. Paper for the conference "From the Washington Consensus towards a new Global Governance", Barcekibam Sep. 24 – 25, 2004. http://www. iie. com/publications/papers/williamson0904 – 2. pdf

Wilson, D., Purushothaman, R. Dreaming With BRICs: The Path to 2050. Glodman Sachs Global Economics Paper No. 66, 2003, pp. 1 – 24.

UNCTAD. The Rise of BRICS FDI and Africa. Global Investment Trends Monitor Special Edition, 2013, 25 March.

库珀·安德鲁:《全球治理中的新兴国家——来自海利根达姆进程的经验》, 上海人民出版社, 2009。

马克斯·韦伯:《学术与政治》, 广西师范大学出版社, 2010, 第 53 页。

马莉莉:《金砖国家合作机制发展基础与选择》,《国际问题研究》2012 年第 6 期, 第 50 ~ 61 页。

姚淑梅、姚静如:《金砖国家的崛起及其发展前景》,《宏观经济管理》2012 年第 8 期。

Y.20

联合国全球发展议程的现状与进程

徐秀军*

摘　要：

在联合国千年首脑会议上，各国领导人制定了包括消除极端贫困和饥饿，普及初等教育，促进两性平等并赋予妇女权利，降低儿童死亡率，改善产妇保健，与艾滋病毒/艾滋病、疟疾和其他疾病作斗争，确保环境的可持续能力以及全球合作促进发展等八项具体的千年发展目标，目前离2015年所有目标完成期限不足两年。在对千年发展目标实施进展进行评估后发现，截至2013年，全球发展议程取得较大进展，甚至部分具体目标已提前实现；与此同时，千年发展目标设计也有着诸多不足。为了吸取这些经验教训，更好地应对未来全球发展议题，在联合国框架下，各国政府和国际机构启动了关于2015年后发展议程的调研、辩论和磋商，并确定了以人的发展为中心、更好地促进公平的可持续发展以及涵盖更加广泛的发展议题的原则和框架。中国作为全球最大的发展中国家，一直坚定支持千年发展目标，并积极参与2015年后发展议程的磋商和制定。

关键词：

千年发展目标　2015年后发展议程　消除贫困

2000年9月，联合国千年首脑会议在联合国纽约总部举行，会议通过《联合国千年宣言》，各国领导人承诺将建立新的全球合作伙伴关系以降低极

* 徐秀军，博士，中国社会科学院世界经济与政治研究所副研究员，主要研究领域为国际政治经济学。

端贫穷人口比重，并为人类发展制定了八项千年发展目标（MDGs）。按照目标规划，所有这些目标的完成时间是 2015 年。目前，离千年发展目标完成时限不到两年，如何评估千年发展目标的成效以及如何应对 2015 年后全球发展问题成为当前摆在世界各国面前的重要课题。

一　千年发展目标实施状况

千年发展目标涉及经济、社会、环境等领域，多数以 1990 年为基准年，2015 年为完成时限，是最全面、最权威、最明确的发展目标体系。千年发展目标已成为衡量全球发展进程的首要标准和进行国际发展合作的重要框架，得到世界各国的普遍认同和积极响应。

（一）千年发展目标实施进展

千年发展目标包括消除极端贫困和饥饿，普及初等教育，促进两性平等并赋予妇女权利，降低儿童死亡率，改善产妇保健，与艾滋病毒/艾滋病、疟疾和其他疾病作斗争，确保环境的可持续能力以及全球合作促进发展等八项具体目标（见表 1）。截至 2013 年，千年发展目标已实施了 13 年，8 项目标均取得了一定进展，甚至有些目标已提前实现。为了较为全面地反映千年发展目标的实施现状，下面对目前 8 项目标取得的进展与存在的问题一一加以陈述。

表 1　千年发展目标构成与内容

序号	具体目标
目标 1	消除极端贫困和饥饿
1A	1990～2015 年，每日收入低于 1.25 美元的人口比例减半
1B	使所有人包括妇女和青年人都享有充分的生产就业和体面工作
1C	1990～2015 年，饥饿人数减半
目标 2	普及初等教育
2A	到 2015 年，所有儿童，不论男女，都能完成全部初等教育课程
目标 3	促进两性平等并赋予妇女权利
3A	到 2005 年消除中、小学教育中两性差距，2015 年在各级教育中消除此种差距
目标 4	降低儿童死亡率
4A	1990～2015 年，五岁以下儿童死亡率降低 2/3

续表

序号	具体目标
目标5	改善产妇保健
5A	1990~2015年,产妇死亡率降低3/4
5B	到2015年实现人人享有生殖保健
目标6	与艾滋病毒/艾滋病、疟疾和其他疾病作斗争
6A	到2015年遏制并开始扭转艾滋病毒/艾滋病的蔓延
6B	到2010年向所有需要者普遍提供艾滋病毒/艾滋病治疗
6C	到2015年遏制并开始扭转疟疾和其他主要疾病的发病率
目标7	确保环境的可持续性
7A	将可持续发展原则纳入国家政策和计划,并扭转环境资源损失趋势
7B	减少生物多样性的丧失,到2010年显著降低生物多样性丧失速度
7C	到2015年将无法持续获得安全饮用水和基本卫生设施的人口比例减半
7D	到2020年明显改善至少1亿贫民窟居民的生活
目标8	建立全球发展伙伴关系
8A	进一步发展开放的、有章可循的、可预测的、非歧视性的贸易和金融体制
8B	满足最不发达国家的特殊需要
8C	满足内陆发展中国家和小岛屿发展中国家的特殊需要
8D	全面处理发展中国家债务问题
8E	通过与制药公司合作,向发展中国家提供负担得起的基本药物
8F	通过与私营部门合作,确保人人享受新技术,特别是信息和通信技术带来的好处

资料来源：联合国。

1. 消除极端贫困和饥饿

在全球范围内，千年发展目标中关于极端贫穷人口比例的具体目标现已实现，比原定实现日期提前了五年。发展中地区每日生活支出低于1.25美元的人口比例从1990年的47%降至2010年的22%；2010年极端贫困人口比1990年减少约7亿人；营养不良人口的比例已从1990~1992年的23%降至2010~2012年的15%，其中东南亚是全球首个在2015年前实现这一具体目标的发展中地区。营养不良人口占该地区总人口的比例已从1990~1992年的29.6%下降至2010~2012年的10.9%。在2008年金融危机爆发后，全球经济增长放缓，就业形势严峻，青年人就业受到较大冲击。2007年以来失业人数增加了2800万人，另有3900万人退出劳动力市场。就业中的性别差距仍然存在，2012年男性和女性的就业率相差24.8个百分点。过去十年间，生活在极端贫穷中的工人及其家庭成员数量降幅显著，已减少2.94亿人。全球约8.7亿人无法定期获取足够食物以满足最低饮食能量需求；约1.01亿5岁以下儿童体重不足。

2. 普及初等教育

发展中区域在扩大获得初等教育机会方面成绩显著。从2000年到2011年，初等教育净入学率从83%增至90%；失学儿童人数从1.02亿降至5700万，几乎减少一半；1990～2011年识字率不断上升，性别差距也不断缩小，其中北非青年识字率增长从68%上升到89%，南亚从60%增长到81%。但全球在接受4年小学教育后仍然不会读写的儿童高达2.5亿；辍学率高达25%，与2000年的水平相当。贫穷、性别以及居住地成为儿童失学的关键因素。1990～2012年，成年女性和男性识字率分别提高10个和7个百分点。但目前全球仍有1.23亿15～24岁年轻人无法阅读和书写。

3. 促进两性平等并赋予妇女权利

全球在获得教育机会方面的性别差距逐渐缩小，其中小学教育已实现性别均等，但接受中等和大学教育的机会仍然严重不平等，130个国家中只有2个国家在各级教育中实现了性别平等。各区域之间在各级教育中仍然存在差异，在北部非洲、撒哈拉以南非洲和西亚地区，女童依然面临上学的障碍。在南亚，男童与女童的高等教育入学率为100∶77；在撒哈拉以南非洲，入学率方面的性别差距甚至扩大，2000～2011年女童与男童的入学率从66∶100升至61∶100。不能平等获得教育机会的主要原因来自贫穷，对于中等教育的适龄女童而言更是如此。在配额制度的推动下，妇女在世界各国的议会中日益享有更大权力。2012年，全球各国议会的妇女议员比例从年初的19.6%上升到年底的20.4%，一年中增长了近1个百分点。妇女在劳动力市场上地位不断提高，但在所有发展中区域，她们仍只能获得稳定性较低的工作，女性大多选择较弱势的就业方式。

4. 降低儿童死亡率

1990～2012年，儿童死亡率显著下降，五岁以下儿童死亡率下降47%，每天儿童死亡人数减少1.4万。2011年5岁以下儿童死亡人数为690万，大多死于可预防的疾病。从1990年至2012年，1000名活产儿死亡从90例下降到

48例。在全世界660万名五岁以下死亡儿童中，新生儿占44%，营养不良所致占45%。儿童死亡集中发生在最贫穷区域，撒哈拉以南非洲和南亚占81%。因此，实现2015年五岁以下儿童死亡率降低2/3的目标仍需要加快进度。

5. 改善产妇保健

1990～2010年，产妇死亡率从每10万名活产后产妇死亡400例下降到210例，产妇死亡率降低近一半，为47.5%，其中东亚、北非和南亚地区产妇死亡率下降近2/3。虽然取得重大进展，但与降低3/4还有较大差距，因此很难在2015年这一最后期限之前实现这一目标。1990～2011年，发展中地区产前护理覆盖率从63%升至81%；由熟练助产士接生的比例有所增加，农村地区从44%升至53%、城市地区从75%升至84%；青少年生育率下降。在避孕普及率仅为25%、熟练助产士接生比例较低的撒哈拉以南非洲，产妇死亡率居全球最高水平。

6. 与艾滋病毒/艾滋病、疟疾和其他疾病作斗争

全球大多数地区新的艾滋病毒感染和艾滋病发病率稳步下降。2001～2011年，全世界新增艾滋病毒感染人数减少21%，其中撒哈拉以南非洲减少25%，加勒比地区减少43%。全球每年仍有250万新增艾滋病毒感染者，其中180万生活在撒哈拉以南非洲。年轻人对于艾滋病毒知识的掌握水平及安全套使用率仍然较低。2012年，发展中地区艾滋病毒携带者或艾滋病患者接受抗逆转录病毒疗法人数为970万，比上年增加160万，创历史新高，11个国家实现普及抗逆转录病毒疗法。2015年向所有需要者提供抗逆转录病毒治疗的具体目标有望实现。2000年以来，全球疟疾发病率下降了17%，因疟疾死亡人数减少26%；1991～2011年，肺结核死亡率下降了41%。

7. 确保环境的可持续性

1990～2011年，每天有超过24万人获得马桶、厕所或其他改善的卫生设施，其间东亚地区卫生设施覆盖率从27%升至67%。实现将无法获得安全饮用水人口减半目标比计划提早5年。1990～2010年，获得安全饮用水人口比例从76%升至89%，每天超过24万人获得基本卫生设施。2000～2010年，2亿以上贫民窟居民获得了改善过的饮用水、环境卫生设施，或是耐久且拥挤程度有所缓解的住房，超过该目标所规定的1亿人口的2倍。2012年发展中地区贫民窟居民比例从2000年的39%降至33%。全球受到保护的陆地和海洋区域越来越多，1990年起受到保护区域的数量增长58%，2010年全球受保护的区域覆盖12.7%的陆地面积和1.6%的海洋面积。但很多鸟类、哺乳动物和其他生物物种都在加速灭绝，生物多样性日益减少。森林仍在快速消失，其中2005～2010年南美洲的森林净流失量每年约360万公顷。全球海洋鱼类资源量已处于可产生最大可持续产量的水平之下。1986年《关于消耗臭氧层物质的蒙特利尔议定书》签署以来，臭氧层物质的消费量降低了98%。在“里约+20”峰会①上，与会领导人承诺5130亿美元资金用于可持续发展计划。1990年以来，全球二氧化碳排放量增加46%以上，其中2009～2010年增加5%，2000～2010年增加了33%。

8. 建立全球发展伙伴关系

全球发展中国家和最不发达国家的贸易环境得到改善。2012年，发展中国家在世界贸易中所占的份额上升至44.4%。发展中国家的外汇偿债率比2000年降低了1/4，财政负担大大减轻。受金融危机和欧债危机影响，官方发展援助出现下滑。2012年官方发展援助为1260亿美元，按实际价值计算比上年减少4%，比2010年减少2%，为1997年以来首次出现连续两年减少，并且日益集中在少数国家。2011年前20个受援国的受援额约占官方发展援助总额的55%，比上年提高17个百分点。移动电话用户数量正趋于饱和水平，预计2013年底，移动电话用户将达到68亿，全球普及率将达到96%。发展中国家因特网用户增长较快，2013年增长12%，比发达国家高7个百分点；发展中国家因特网用户总数占全球用户比例达到65%。但发展中国家互联网使用人口比例为26%，比发达国家低48个百分点。近年来，发展中国家在提供更多可负担的必需药品方面并无明显进展，中低收入国家公共部门设施和私营部门设施中的基本药物平均价格分别是国际参考价格的3.3倍和5.7倍以上。

由此可见，千年发展目标实施以来，对于全球经济、社会和环境发展起到重要的促进作用，从极端贫穷人口比例减半，遏制艾滋病毒/艾滋病的蔓延到

① “里约+20”（Rio+20）峰会，即2012年6月在巴西里约热内卢举行的“联合国可持续发展大会”（United Nations Conference on Sustainable Development），由于此次会议与1992年在里约热内卢召开的“联合国环境和发展大会”正好时隔20年，因此也被称为“里约+20”峰会。

普及初等教育，均取得了较大进展。但是，要在 2015 年如期完成所有目标，仍需世界各国加强合作，进一步加大政府投入和政治支持。

（二）千年发展目标框架评析

关于千年发展目标框架所起的作用以及存在的漏洞，根据“联合国系统2015 年后联合国发展议程工作组”的评估，主要体现在以下三个方面。

1. 千年发展目标框架的理念

在理念上，千年发展目标框架优先考虑了人类发展的各个方面，并赋予其在政策上的可操作性。这一框架简单、透明且易于沟通，为世界各国的共同推行提供了依据，从而有助于加强全球发展伙伴关系，并引导全球资源投入到减少贫穷和促进人类发展的事业之中。这一框架还认识到非洲和最不发达国家、内陆发展中国家和小岛屿发展中国家的特殊需要，并加强满足这些需求的国际承诺。

但由于在理念上缺乏磋商，导致这一框架成为一个以捐助者为中心的议程，一些在“千年宣言”中提及的重要问题也未能涵盖其中，诸如环境的可持续性、生产就业和体面工作、不平等重要问题仅涵盖与之相关的部分领域，对发展的推动者考虑有限，未考虑初始条件的差异。更重要的是，这一框架旨在促进发展中国家的发展，却没有激励发达国家之处。

2. 千年发展目标框架的目标设定

在目标设定上，千年发展目标框架对目标、子目标和具体指标定义明确，有助于各国政策监督和问责制度的建立；促进国家统计能力的提高和稳健数据的运用，并以此来支持发展政策；促进了国家和国际层面的统计体系协调。

但这一框架的部分量化指标设置不明确或不具体，如减少贫民窟居民数量以及目标 8 中的几个子目标；未考虑人口动态；统计体系是从国际到国家层面自上而下执行；未明确提出适合各国国情和区域动态的全球具体目标；对弱势群体、定性方面和各个千年发展目标之间相互依存关系的分类监控进度关注不够。这一目标框架忽略了经济发展和关键基础设施，没有对责任加以界定。在环境保护方面涉及较少，并且没有提到全球治理，忽略了对人类威胁最大的气候变化问题。

3. 千年发展目标框架的实施

千年发展目标框架的实施促进了解决人类发展不足的具体行动，使国家发展政策拥有明确的目标和子目标；为促进发展的行动者提供了一个共同框架和改进协调的机会；促进了区域内各种形式的合作。一些国家根据现实情况调整了千年发展目标框架，包括增加相关目标、子目标和指标，并使用各个地区和弱势群体的分类数据。

这一框架的实施所带来的主要问题是导致一些国家根据国际标准，而不是当地条件设置相当严格的政策议程，忽视了发展过程的复杂性。并且，这一框架的政策和计划未考虑实现不同目标和子目标之间的协同作用，未能充分考虑人类发展初始水平低的国家，这些都影响到实施的效果及其评估。此外，在促进行动上，过分强调金融资源的差距，忽视制度建设和结构转变。

在实施进程上，由于金融危机的爆发，千年发展目标的步伐大大放慢，这也反映出千年发展目标框架设计中自我调适机制的缺乏。受2008年金融危机影响，许多发展中国家经济遭受了巨大冲击，甚至出现经济的全面衰退。截至2013年，一些新兴与发展中国家仍未扭转经济放缓势头，这使其在教育、健康、基础医疗以及其他对于实现千年发展目标具有关键作用领域的财政支出减少，同时由于发达国家的财政紧缩使其得到的官方发展援助减少，从而在一定程度上延缓了部分国家千年发展目标的实现。

二　2015年后发展议程磋商进程

为了规划2015年后全球发展议程，在联合国的协调下，世界各国已经启动了关于2015年后联合国发展议程的政府间辩论和磋商，并且商讨了2015年后发展议程的初步框架。

（一）2015年后发展议程制定进展

2010年9月，在联合国纽约总部举行的千年发展目标首脑会议上，联合国会员国为推进2015年后发展议程采取了一系列措施，目前已经启动关于2015年后发展议程的公开和包容性磋商进程。除了会员国政府，全球一些民间社会组织也参与了2015年后发展进程的制定。

为了协调2015年后发展议程的准备工作，推动和支持建立内容翔实、目标宏大的2015年后发展议程，联合国采取了多项措施。2012年1月，为支持在联合国系统范围内准备2015年后发展议程，联合国设立了“联合国系统2015年后全球发展议程工作组”。工作组由联合国经社部与联合国发展署共同主持，60多个联合国实体和机构以及国际组织参与其中。2012年6月，工作组向秘书长提交了第一份关于2015年后联合国发展议程的报告——《实现我们所有人期望的未来》，报告建议在2015年后发展议程中采取综合政策手段来确保包容性经济发展，包容性社会发展和环境可持续发展，以此回应所有人对于一个没有匮乏和恐惧的世界的向往。

2012年6月，“里约+20”联合国可持续发展大会在巴西里约热内卢举行。根据会议成果文件，成员国同意制定出一套行之有效的可持续发展目标（SDGs）以在可持续发展方面采取集中统一行动，并成立一个政府间的可持续发展目标开放工作组。由30名成员组成的联大开放工作组于2013年1月正式工作，其任务是向第68届联大（2013~2014年）提请审议可持续发展目标的提案。

2012年7月，联合国秘书长潘基文宣布成立由27名成员组成的高级别名人小组，由印度尼西亚总统苏西洛·尤多约诺、利比里亚总统埃伦·约翰逊-瑟里夫和英国首相戴维·卡梅伦卡担任该小组的联合主席。该小组主要为2015年后发展议程提供思想支持。2013年5月，名人小组向秘书长提交关于2015年后发展议程的建议报告。高级别名人小组和开放工作组的报告将一起致力于构建一个特别的发展框架以减少贫穷和促进可持续发展。

在联合国发展集团的推动下，通过与一些利益攸关方的合作，正在进行11项全球性的专题磋商会议，并在60多个国家开展国家级的磋商活动。这11项专题磋商包括：冲突与脆弱，教育，环境可持续发展，治理，增长与就业，卫生，饥饿、食物和营养安全，不平等，人口动态，能源以及水。在民间社会组织和其他国际机构的支持下，专题磋商将探讨在2015年后发展议程中纳入新兴和紧迫议题。目前，联合国经济和社会事务部全面致力于专题磋商。作为专题磋商的补充，联合国发展集团发起了涉及100多个发展中国家利益相关方的国家磋商项目。

2013 年 9 月，第 68 届联合国大会一般性辩论在纽约联合国总部举行，联大主席阿什在开幕式上致辞指出，“制定 2015 年后全球发展议程”是本届会议的重要主题，这为 2015 年后发展议程的磋商最终形成结果和采取行动发挥了建设性作用。所有成员国肯定了千年发展目标取得的显著成果，也意识到一些目标的实现还严重滞后，因此必须加快落实千年发展目标，为更高目标的 2015 年后发展议程打好基础。

除了联合国系统机构和部门，各个地区组织和国家机构也在积极推动制定 2015 年后全球发展议程。2013 年 5 月，非盟通过非洲大陆 2015 年后发展议程草案，该草案旨在帮助非洲国家实现经济增长和经济结构转型，关注妇女儿童等弱势群体，加强非洲国家基础设施互联互通和增强技术创新等。此外，还决定建立一个由非洲各国国家元首和政府首脑组成的高级别委员会，确保非洲在联合国 2015 年后发展议程上采取共同立场。2013 年 2 月，欧盟委员会发表 2015 年后全球发展议程官方报告，提出欧盟关于 2015 年后发展议程的政策立场；2013 年 4 月，三家欧盟智库联合发表题为《2015 年后：实现包容和可持续未来的全球行动》的欧洲 2013 年度发展报告，提出发展议程应强调经济和社会结构转型、创造就业、解决不平等问题以及寻找可持续解决方案等。2013 年 8 月，来自亚洲和太平洋地区的部长和高级别代表通过了《亚洲及太平洋最不发达国家、内陆发展中国家和小岛屿发展中国家关于联合国发展议程的曼谷宣言》，表达了亚太地区国家的原则立场和政策主张。

（二）2015 年后发展议程初步框架

千年发展目标正在切实改变发展中地区人们的生活，2015 年以后，实现一个繁荣、公平、自由、有尊严与和平的世界的各项努力将继续体现在新的全球发展议程之中。在 2015 年后全球发展议程中，将更好地体现以人的发展为中心、更好地促进公平的可持续发展，并包括更加广泛的发展议题。

1. 以人的发展为中心

2015 年后全球发展议程的磋商将发展目标向以人为本转型，将人放在发展的核心位置，它具体体现为注重保障人的权利、尊重人的愿望、为人的发展创造机会，创造新的教育和学习方法以及新的自然资源管理和估值方法。

长期以来，以公众话语权缺失、无就业增长、对自然资源消耗不做任何补偿为特征的经济增长模式一直为人诟病，因而这种转变要求人们反思将GDP作为发展衡量指标的合理性，促使人们在使用GDP指标的同时也采用以人为本和具有环境灵敏度的指标，从而有助于创立强化问责、参与性民主监督和保障追索权的机制。国际社会的行事方式也因此而改变，全球、国家和地方重点问题之间自下而上和自上而下的联系得以加强，从而也增强了地方群体的力量，使他们的需要能够传到高层并受到关注，同时促使他们采取措施改善自身和家人以及社区居民的生活。它还要求与私营部门建立新的合作伙伴关系，通过采用适当的监管保障措施和具有商业价值的可持续生产工艺，推动私营部门成为变革的巨大推动力。目前，人类社会拥有实现这种转型的知识和能力，国际社会致力于采取集体行动推动落实这一基本原则，不仅体现了2015年后全球发展议程的进步，也正逢其时。

2. 公平的可持续发展

在《联合国千年宣言》中，平等和尊重大自然被视为21世纪国际关系必不可少的基本价值，它要求不得剥夺任何个人和任何国家得益于发展的权利，必须保障男女享有平等的权利和机会；必须根据可持续发展的规律，在对所有生物和自然资源进行管理时谨慎行事。因此，其他所有目标和指标均应体现可持续发展标准。但在千年发展目标中，环境的可持续性只是作为一项单独目标存在的，这意味着环境的可持续性与生活贫困和不平等之间的联系被低估了。长期以来，环境可持续行动的缺乏以及当前不可持续的增长模式的盛行，使不平等问题更加突出，并增加了新出现的极度弱势群体的不安全感。2015年后全球发展议程磋商凸显了环境可持续性的地位，将可持续性作为其他所有目标均应予以体现的一项基本原则，并推动关于环境可持续性的具体目标的制定。

根据可持续发展解决方案网络领导委员会向联合国秘书长潘基文提交的一份题为《可持续发展行动议程》的报告，可持续发展有4个主要领域：经济增长和贫困终结、社会共融、环境可持续性和良好治理。具体来说，包括10个可持续发展的重点：结束极端贫困和饥饿；在不破坏环境的情况下，实现发展和繁荣；确保所有儿童和青少年入学；实现两性平等和减少不平等；实现所有年龄段人口的健康和福利；以环境可持续的方式提高农业生产，实现粮食安全和农村繁荣；使城市生产和环境可持续；通过使用可持续能源遏制人类引起的气候变化；保护生态系统，确保合理管理自然资源；改善治理，使商业行为符合上述所有目标。

3. 更广泛的发展议题

在正在商议的2015年后全球发展议程中，将包括消灭贫困、确保两性平等和赋予妇女权利、提供高质量的教育、促进高质量的卫生保健、确保食品安全、实现普遍获得饮用水和拥有卫生设施、保障获得可持续能源、创造就业和促进增长、建立促进安全和繁荣的公平而负责任的机制、保护自然资源和促进长期融资11个具体目标。与千年发展目标相比，它的议题范围更广，涉及有关发展的各个领域。

为了明确这些目标的内容并建立相应的指标体系，11项专题磋商发挥了重要作用，这尤其表现在新增加议题的磋商中。例如，冲突、暴力与灾害专题磋商呼吁纳入宽容倡导、和平建设和冲突解决目标，强调人们对建设安全教育基础设施必要性的认识，从而提高儿童应对灾害风险的能力；增长与就业专题磋商致力于解决对女童、残疾儿童、男女同性恋群体等被边缘化或被排斥群体的就业歧视；治理专题磋商建议将反腐败纳入目标体系，广泛支持人们的决策参与。

此外，联合国秘书长潘基文还呼吁世界各国为残疾人创造平等机会，将残疾人问题纳入2015年后发展议程；联合国教科文组织和中国倡导将文化纳入2015年后发展议程；等等。这些倡议将进一步拓展正在磋商中的2015年后发展议程目标。

三　中国与联合国全球发展议程

1990年以来，中国经历了经济与社会建设等各个领域的全面发展。世界银行《2013年世界发展报告》数据显示，中国人类发展指数从1990年的0.495上升到2012年的0.699，高于世界平均水平。2000年9月以来，中国政府一直坚定承诺支持千年发展目标，并采取多项措施实施这些目标。在千年发展目标实施期限即将到来之际，中国积极参与了2015年后发展议程的磋商和制定。

（一）中国实施千年发展目标进展情况

从1990年至2013年，中国通过正确的政策和行动，配以足够资金支持和坚强的政治承诺，在实施千年发展目标上取得了巨大的进展。截至2012年底，在中国承诺实现的15项具体目标中，已有7项提前两年实现，接近总目标的一半，有7项具体目标有望在2015年最后期限到来之前实现，只有7B这一子目标存在较大障碍（见表2）。

表2　中国实施千年发展目标进展情况

序号	具体目标	实现情况	支持环境	存在困难
目标1　消除极端贫困和饥饿				
1A	1990～2015年，每日收入低于1.25美元的人口比例减半	提前实现	很好	无
1B	使所有人包括妇女和青年人都享有充分的生产就业和体面工作	有可能	很好	劳动力供需结构性矛盾明显
1C	1990～2015年，饥饿人数减半	提前实现	很好	无
目标2　普及初等教育				
2A	确保到2015年，所有儿童，不论男女，都能完成全部初等教育课程	提前实现	很好	无
目标3　促进两性平等并赋予妇女权利				
3A	争取到2005年在中、小学教育中消除两性差距，至迟于2015年在各级教育中消除此种差距	提前实现	很好	无
目标4　降低儿童死亡率				
4A	1990～2015年，五岁以下儿童死亡率降低2/3	提前实现	很好	无
目标5　改善产妇保健				
5A	1990～2015年，产妇死亡率降低3/4	有可能	好	有一定困难
5B	到2015年实现人人享有生殖保健	有可能	好	无
目标6　与艾滋病毒/艾滋病、疟疾和其他疾病作斗争				
6A	到2015年遏制并开始扭转艾滋病毒/艾滋病的蔓延	很有可能	很好	有一定困难
6B	到2010年向所有需要者普遍提供艾滋病毒/艾滋病治疗	基本实现	好	有一定困难
6C	到2015年遏制并开始扭转疟疾和其他主要疾病的发病率	很有可能	很好	无

续表

序号	具体目标	实现情况	支持环境	存在困难
目标7　确保环境的可持续性				
7A	将可持续发展原则纳入国家政策和计划，并扭转环境资源损失趋势	很有可能	很好	无
7B	减少生物多样性的丧失，到2010年显著降低生物多样性丧失速度	未实现	好	有一定困难
7C	2015年将无法持续获得安全饮用水和基本卫生设施的人口比例减半	提前实现	很好	无
7D	到2020年明显改善至少1亿贫民窟居民的生活	很有可能	很好	有一定困难

资料来源：参见外交部、联合国驻华系统《中国实施千年发展目标进展情况报告（2013年版）》。

尽管中国政府在促进平等就业、扭转艾滋病的传播以及阻止环境资源和生物多样性流失等方面作出了不懈努力，但如期实现这些目标还存在一定困难，这也是今后两年中国政府在发展中需要优先支持的问题。此外，还应关注发展过程中人口结构和老龄化社会以及城乡、区域、经济与社会、人口动态与资源环境之间的协调发展等新出现的问题，以巩固目前的成果以及增强国家应对危机和灾难的能力。

（二）中国关于2015年后发展议程的立场

目前，中国政府正评估实施千年发展目标过程中取得的成绩和面临的挑战，并在此基础上积极参与制定2015年后发展议程。2013年9月，中国发布《2015年后发展议程中方立场文件》，较为全面地阐述了中国政府在制定新的发展议程上的基本原则和政策主张。

中国主张在联合国框架下制定2015年后发展议程，并由成员国政府发挥主导作用。总体来看，2015年后发展议程的目的是“推动国际社会秉持平等互信、包容互鉴、合作共赢的精神，通过协商一致的方式制定出一套指导国际发展合作和各国发展的目标”；其重点在于“促进各国团结合作，同舟共济，权责共担，共同应对挑战，彻底摆脱贫穷和饥饿的威胁，实现均衡、可持续发展和包容性增长，增进人类共同利益”。关于指导原则、重点领域和优先方向以及实施手段的政策立场见表3。

表3　2015年后发展议程中方主要立场

序号	政策领域	政策立场
1	指导原则	消除贫困和促进发展作为核心原则 发展模式多样化原则 连贯性和前瞻性原则 “共同但有区别的责任”原则 协商一致原则 普遍性原则 统筹平衡发展原则
2	重点领域和优先方向	消除贫困和饥饿 全面推进社会进步并改善民生 促进经济包容性增长 加强生态文明建设，促进可持续发展 加强全球发展伙伴关系
3	实施手段	充分发挥联合国的核心领导和组织协调作用 加强发展筹资力度 健全向发展中国家转让发展技术的机制 加强人力资源开发和机构能力建设 加强南南合作

资料来源：参见外交部《2015年后发展议程中方立场文件》，2013。

中国政府对发展问题非常重视，长期注重经济、社会和生态环境的均衡发展。为了促进发展，中国政府采取了一系列措施和行动，包括以经济建设为中心，不断提高居民收入水平；不断提升基本公共服务均等化程度和政府保障能力，建立和健全可持续的基本公共服务体系；倡导节约资源和保护环境，积极应对气候变化，规范和落实节能减排目标责任。与此同时，当前中国仍存在突出的发展不平衡、不协调、不可持续问题，农业基础薄弱，产业结构不合理，科技创新能力不强，城乡、区域发展差距和居民收入差距较大。此外还面临较多的资源环境约束和制约科学发展的体制机制障碍，仍需在相当长的一段时间内才能实现经济发展方式的转变和经济结构的调整。为应对这些问题和挑战，中国仍将继续推进改革开放，践行绿色、低碳、科学发展理念，走可持续发展道路。

四 总结与展望

联合国千年发展目标实施13年来，为促进全球发展尤其是发展中国家的发展起到了重要的推动作用，在一些领域甚至提前实现了设定的目标。但是，在这13年里，世界各国遭受经济危机的巨大冲击、局部地区也饱受政治动荡，并且这些影响仍在继续。金融危机爆发之前的5年里，新兴市场与发展中经济体年均经济增长率为7.7%。在2008年以来的5年里，新兴市场与发展中经济体年均经济增长率下降了2.2个百分点，为5.5%。并且，根据国际货币基金组织的预测，在接下来的5年中，发展中国家的经济增长将进一步放缓。发展中国家经济持续放缓趋势，不仅超出了千年首脑会议上各国领导人的预期，也使实现千年发展目标的步伐变得更加沉重。尤其是在最不发达国家和一些小岛屿国家，由于内部生态环境和外部经济环境恶化，减少贫困以及在教育、健康、医疗等领域的发展面临更大挑战。此外，中东、北非等地区安全危机使一些国家多年以来积累的发展成果毁于一旦，增加了全球发展目标的艰巨性。

在联合国的积极协调与组织下，世界各国在全球发展领域逐步形成新的共识，2015年后全球发展议程的制定仍然议程之一。展望未来，贫困问题仍将是今后很长一段时间内亟待解决的全球性问题，消除贫困仍将是发展中国家实现可持续发展的最大挑战。千年发展目标乃至2015年后全球发展议程的顺利实现，仍将有赖于进一步深化南北合作和南南合作，探索合作的新思路和新方式，从而更好地推动经济、社会和生态环境的均衡发展。

参考文献

The Leadership Council of the Sustainable Development Solutions Network (2013), "An Action Agenda for Sustainable Development: Report forthe UN Secretary-general".

Mohammed, Amina J. (2013), "Leaving No One Behind: Towards a Post - 2015 Development Agenda".

UN (2013), *The Millennium Development Goals Report* 2013.

UN Committee for Development Policy (2012), "The United Nations Development Strategy Beyond 2015".

UN High-Level Panel of Eminent Persons on the Post - 2015 Development Agenda (2013), "A New Global Partnership: Eradicate Poverty and Transform Economies through Sustainable Development".

UN System Task Team on the Post - 2015 UN Development Agenda (2012a). "Review of the Contributions of the MDG Agenda to Foster Development: Lessons for the Post 2015 UN Development Agenda".

UN System Task Team on the Post - 2015 UN Development Agenda (2012b), "Realizing the Future We Want for All: Report to the Secretary-General".

World Bank (2012), *World Development Report* 2013: *Jobs*. Washington, DC: World Bank.

外交部:《2015 年后发展议程中方立场文件》, 2013。

外交部、联合国驻华系统:《中国实施千年发展目标进展情况报告(2013 年版)》, 2013。

Y.21 2013~2014年世界经济统计资料

曹永福*

目 录

* 曹永福，中国社会科学院世界经济与政治研究所助理研究员，主要研究领域为宏观经济学。

（八）全球竞争力和大公司排名

说明

一　统计体例

1. 本部分所称“国家”为纯地理实体概念，而不是国际法所称的政治实体概念。

2. 统计表数据为年度和季度数据。除非特别说明，2012年（含2012年）以前的年度数据、2013年第2季度（含2013年第2季度）以前的季度数据均为实际统计数据，2013年以后的年度数据（含2013年）为估计值或预测值。未来国际组织和各国统计当局可能会对统计数据作出修正，本部分仅报告编制时能获得的最新数据。

3. 1995~2004意为1995至2004年的平均值，两年度间的平均值表示法以此类推。“—”表示数据在统计时点无法取得或无实际意义，“0”表示数据远小于其所在表的计量单位。

4. 部分表格受篇幅所限无法列出所有国家和地区，编制时根据研究兴趣有所选择。

二　国际货币基金组织的经济预测

本部分预测数据均来自国际货币基金组织（IMF）2013年10月《世界经济展望》（*World Economic Outlook*），预测的假设以及方法可参见报告原文。

三　国家和地区分类

《世界经济展望》将国家和地区分为发达经济体、新兴市场和发展中国家两大类。为了便于分析和提供更合理的集团数据，这种分类随时间变化亦有所改变，分类标准并非一成不变。

表 A 列出了发达经济体的分类方法。新兴市场和发展中国家是发达经济体之外的 151 个国家和地区，按地区分为中东欧、独联体、亚洲发展中国家、拉丁美洲和加勒比地区、中东和北非、撒哈拉以南。此外，对新兴市场和发展中国家还采用了分析型分组的分类方法，按出口收入来源将这些国家分为燃料出口国和非燃料出口国；按外债状况分为净债权国、净债务国和重债穷国。

表 A　发达经济体细分类别

主要货币区	欧元区（17 国）	主要发达经济体（G7）	其他发达经济体
美国 欧元区 日本	奥地利、比利时、塞浦路斯、爱沙尼亚、芬兰、法国、德国、希腊、爱尔兰、意大利、卢森堡、马耳他、荷兰、葡萄牙、斯洛伐克共和国、斯洛文尼亚、西班牙	加拿大、法国、德国、意大利、日本、英国、美国	澳大利亚、捷克共和国、丹麦、中国香港、冰岛、以色列、韩国、新西兰、挪威、圣马力诺、新加坡、瑞典、瑞士、中国台湾

（一）世界经济形势回顾与展望

表 1 -1　世界产出简况（1995 ~2018 年）

单位：%

类别	1995 ~2004	2010	2011	2012	2013	2014	2018
世界实际 GDP 增长率	3.6	5.2	3.9	3.2	2.9	3.6	4.1
发达经济体	2.8	3.0	1.7	1.5	1.2	2.0	2.5
美国	3.4	2.5	1.8	2.8	1.6	2.6	3.1
欧元区	2.2	2.0	1.5	-0.6	-0.4	1.0	1.6
日本	1.1	4.7	-0.6	2.0	2.0	1.2	1.1
其他发达经济体①	3.7	4.5	2.6	1.4	2.0	2.7	3.0
新兴市场和发展中国家	4.9	7.5	6.2	4.9	4.5	5.1	5.5
按地区分组							
中东欧	4.0	4.6	5.4	1.4	2.3	2.7	3.7
独联体②	2.9	4.9	4.8	3.4	2.1	3.4	3.7
亚洲发展中国家	7.1	9.8	7.8	6.4	6.3	6.5	6.7
拉美与加勒比地区	2.5	6.0	4.6	2.9	2.7	3.1	3.7
中东欧与北非	4.6	5.5	3.9	4.6	2.1	3.8	4.4
撒哈拉以南	4.5	5.6	5.5	4.9	5.0	6.0	5.7

续表

类别	1995~2004	2010	2011	2012	2013	2014	2018
按出口收入来源分组							
燃料出口国	3.8	5.1	4.8	4.8	2.4	4.0	4.3
非燃料出口国	5.1	8.1	6.6	5.0	5.0	5.3	5.8
初级产品出口国	4.2	6.8	5.5	5.4	5.5	5.5	5.4
按外债状况分组							
净债务国	3.9	6.8	5.1	3.3	3.4	4.0	5.0
官方融资型	4.4	4.3	5.1	4.3	4.3	4.3	5.3
人均实际GDP增长率							
发达经济体	2.1	2.5	1.1	0.9	0.7	1.5	1.9
新兴市场和发展中国家	3.6	6.4	5.2	3.9	3.5	4.1	4.5
世界GDP(10亿美元)							
基于市场汇率	33380	63991	70782	72216	73454	76888	96904
基于购买力平价	41987	75090	79346	83193	86698	91234	115927

注：①这里的“其他发达经济体”指除去美国、欧元区国家和日本以外的发达经济体。②包括格鲁吉亚和蒙古，虽然二者不是独联体成员，但由于同独联体国家在地理和经济结构上类似，故在地区分组上将二者归入独联体。

资料来源：IMF，*World Economic Outlook*，2013年10月。

表1-2　GDP不变价增长率回顾与展望：部分国家和地区（2005~2014年）

单位：%

国家和地区	2005	2006	2007	2008	2009	2010	2011	2012	2013	2014
阿根廷	9.2	8.5	8.7	6.8	0.9	9.2	8.9	1.9	3.5	2.8
澳大利亚	3.1	2.7	4.6	2.7	1.4	2.6	2.4	3.7	2.5	2.8
巴西	3.2	4.0	6.1	5.2	-0.3	7.5	2.7	0.9	2.5	2.5
加拿大	3.2	2.6	2.0	1.2	-2.7	3.4	2.5	1.7	1.6	2.2
中国	11.3	12.7	14.2	9.6	9.2	10.4	9.3	7.7	7.6	7.3
埃及	4.5	6.8	7.1	7.2	4.7	5.1	1.8	2.2	1.8	2.8
芬兰	2.9	4.4	5.3	0.3	-8.5	3.4	2.7	-0.8	-0.6	1.1
法国	1.8	2.5	2.3	-0.1	-3.1	1.7	2.0	0.0	0.2	1.0
德国	0.8	3.9	3.4	0.8	-5.1	3.9	3.4	0.9	0.5	1.4
希腊	2.3	5.5	3.5	-0.2	-3.1	-4.9	-7.1	-6.4	-4.2	0.6
中国香港	7.4	7.0	6.5	2.1	-2.5	6.8	4.9	1.5	3.0	4.4
冰岛	7.2	4.7	6.0	1.2	-6.6	-4.1	2.9	1.6	1.9	2.1
印度	9.3	9.3	9.8	3.9	8.5	10.5	6.3	3.2	3.8	5.1
印度尼西亚	5.7	5.5	6.3	6.0	4.6	6.2	6.5	6.2	5.3	5.5
爱尔兰	6.1	5.5	5.0	-2.2	-6.4	-1.1	2.2	0.2	0.6	1.8

续表

国家和地区	2005	2006	2007	2008	2009	2010	2011	2012	2013	2014
意大利	0.9	2.2	1.7	-1.2	-5.5	1.7	0.4	-2.4	-1.8	0.7
日本	1.3	1.7	2.2	-1.0	-5.5	4.7	-0.6	2.0	2.0	1.2
韩国	4.0	5.2	5.1	2.3	0.3	6.3	3.7	2.0	2.8	3.7
马来西亚	5.0	5.6	6.3	4.8	-1.5	7.4	5.1	5.6	4.7	4.9
墨西哥	3.2	5.0	3.1	1.2	-4.5	5.1	4.0	3.6	1.2	3.0
新西兰	3.2	2.9	3.5	-0.8	-1.5	1.9	1.4	2.7	2.5	2.9
尼日利亚	5.4	6.2	7.0	6.0	7.0	8.0	7.4	6.6	6.2	7.4
挪威	2.6	2.3	2.7	0.0	-1.4	0.2	1.3	3.0	1.6	2.3
菲律宾	4.8	5.2	6.6	4.2	1.1	7.6	3.6	6.8	6.8	6.0
葡萄牙	0.8	1.4	2.4	0.0	-2.9	1.9	-1.3	-3.2	-1.8	0.8
罗马尼亚	4.2	7.9	6.3	7.3	-6.6	-1.1	2.2	0.7	2.0	2.2
俄罗斯	6.4	8.2	8.5	5.2	-7.8	4.5	4.3	3.4	1.5	3.0
沙特	7.3	5.6	6.0	8.4	1.8	7.4	8.6	5.1	3.6	4.4
新加坡	7.4	8.6	9.0	1.7	-0.8	14.8	5.2	1.3	3.5	3.4
南非	5.3	5.6	5.5	3.6	-1.5	3.1	3.5	2.5	2.0	2.9
西班牙	3.6	4.1	3.5	0.9	-3.8	-0.2	0.1	-1.6	-1.3	0.2
瑞典	3.2	4.3	3.3	-0.6	-5.0	6.6	2.9	1.0	0.9	2.3
瑞士	2.7	3.8	3.8	2.2	-1.9	3.0	1.8	1.0	1.7	1.8
中国台湾	4.7	5.4	6.0	0.7	-1.8	10.8	4.1	1.3	2.2	3.8
泰国	4.6	5.1	5.0	2.5	-2.3	7.8	0.1	6.5	3.1	5.2
土耳其	8.4	6.9	4.7	0.7	-4.8	9.2	8.8	2.2	3.8	3.5
英国	3.2	2.8	3.4	-0.8	-5.2	1.7	1.1	0.2	1.4	1.9
美国	3.4	2.7	1.8	-0.3	-2.8	2.5	1.8	2.8	1.6	2.6
越南	7.5	7.0	7.1	5.7	5.4	6.4	6.2	5.2	5.3	5.4

资料来源：IMF，*World Economic Outlook Database*，2013年10月。

表1-3　市场汇率计GDP：部分国家和地区（2006～2014年）

单位：亿美元

2012年位次	国家和地区	2006	2007	2008	2009	2010	2011	2012	2013	2014
1	美国	138579	144804	147203	144180	149583	155338	162446	167243	174379
2	中国	27129	34942	45200	49905	59304	73220	82210	89393	97612
3	日本	43568	43563	48492	50351	54954	58962	59603	50072	52285
4	德国	29054	33286	36407	33068	33106	36314	34295	35932	37471
5	法国	22578	25861	28451	26265	25698	27848	26139	27387	28625

续表

2012年位次	国家和地区	2006	2007	2008	2009	2010	2011	2012	2013	2014
6	英国	24866	28582	27096	22174	22969	24646	24767	24897	26274
7	巴西	10893	13669	16535	16223	21429	24746	22531	21902	21698
8	俄罗斯	9899	12997	16608	12226	15249	18991	20298	21178	22154
9	意大利	18747	21302	23182	21166	20592	21963	20141	20684	21480
10	印度	9491	12385	12232	13653	17110	18728	18417	17582	17500
11	加拿大	13108	14579	15426	13708	16141	17786	18214	18251	18867
12	澳大利亚	7779	9454	10513	9933	12472	14903	15417	14880	14589
13	西班牙	12375	14435	16009	14581	13874	14559	13235	13557	13944
14	墨西哥	9658	10427	11007	8946	10467	11607	11774	13270	13956
15	韩国	9518	10492	9314	8341	10149	11145	11295	11975	12713
16	印度尼西亚	3644	4322	5108	5388	7095	8462	8785	8675	8632
17	土耳其	5309	6471	7303	6146	7311	7748	7883	8218	8514
18	荷兰	6783	7837	8749	7984	7786	8335	7709	8005	8300
19	沙特	3769	4160	5198	4291	5268	6695	7111	7185	7468
20	瑞士	4052	4505	5243	5095	5491	6589	6312	6462	6719
21	伊朗	2417	3074	3506	3606	4191	4959	5486	3885	4082
22	瑞典	3991	4625	4862	4058	4631	5360	5238	5520	5789
23	挪威	3400	3935	4539	3788	4209	4907	4996	5158	5270
24	波兰	3417	4253	5294	4315	4698	5157	4898	5139	5440
25	比利时	4003	4603	5098	4746	4725	5148	4839	5074	5278
26	阿根廷	2125	2601	3244	3058	3676	4446	4752	4846	4972
27	中国台湾	3763	3931	4002	3776	4282	4640	4741	4847	5170
28	奥地利	3253	3756	4161	3847	3784	4164	3949	4179	4400
29	南非	2612	2858	2735	2852	3632	4022	3843	3539	3712
30	阿联酋	2220	2579	3155	2548	2874	3486	3838	3900	4039
31	委内瑞拉	1835	2304	3156	3294	2956	3165	3813	3675	3770
32	哥伦比亚	1607	2106	2353	2316	2855	3308	3690	3692	3889
33	泰国	2071	2470	2726	2637	3189	3457	3660	4009	4223
34	丹麦	2744	3114	3439	3105	3131	3337	3149	3243	3381
35	马来西亚	1627	1936	2311	2023	2475	2890	3047	3124	3245
36	新加坡	1456	1779	1906	1888	2317	2656	2765	2874	2960
37	尼日利亚	1454	1659	2071	1686	2286	2440	2702	2920	3185
38	智利	1547	1731	1795	1721	2173	2510	2682	2817	3019
39	中国香港	1935	2116	2193	2140	2287	2487	2633	2797	3028
40	以色列	1510	1750	2131	2058	2317	2582	2575	2727	2882

资料来源：IMF，*World Economic Outlook Database*，2013 年 10 月。

表 1-4　人均 GDP：部分国家和地区（2012 ~ 2014 年）

市场汇率计人均 GDP(美元)					购买力平价计人均 GDP(国际元)				
2012 年位次	国家和地区	2012	2013	2014	2012 年位次	国家和地区	2012	2013	2014
1	卢森堡	106406	110573	115542	1	卡塔尔	100889	103401	106110
2	卡塔尔	104756	104655	105637	2	卢森堡	77958	77935	78668
3	挪威	99170	101271	102331	3	新加坡	60799	62428	64628
4	瑞士	78881	80276	82971	4	挪威	54397	55398	56961
5	澳大利亚	67304	64157	62127	5	文莱	54114	54809	58258
6	丹麦	56426	57999	60256	6	美国	51704	52839	54609
7	瑞典	54815	57297	59595	7	中国香港	50936	52687	55383
8	加拿大	52300	51871	53118	8	瑞士	44864	45999	47303
9	新加坡	52052	52918	53671	9	加拿大	42317	43146	44378
10	美国	51704	52839	54609	10	澳大利亚	41954	43042	44406
11	科威特	48761	47829	47048	11	奥地利	41908	42553	43775
12	日本	46707	39321	41150	12	荷兰	41527	41447	42143
13	奥地利	46643	49256	51641	13	爱尔兰	40716	41265	42417
14	荷兰	46011	47651	49273	14	瑞典	40304	40870	42147
15	爱尔兰	45984	47882	49888	15	科威特	39874	39647	40203
16	芬兰	45635	47625	50037	16	冰岛	39718	40739	42046
17	阿联酋	43774	43185	43424	17	德国	38666	39468	40757
18	比利时	43615	45537	47166	18	中国台湾	38357	39580	41581
19	冰岛	42725	45315	47619	19	比利时	37459	37843	38697
20	文莱	42402	40804	40830	20	丹麦	37324	37794	38753
21	德国	41866	43952	45925	21	英国	36569	37299	38310
22	法国	41223	42991	44730	22	日本	35855	37135	38297
23	英国	39161	39049	40879	23	芬兰	35771	35863	36700
24	新西兰	38255	40465	41807	24	法国	35295	35680	36453
25	中国香港	36676	38605	41421	26	韩国	31950	33156	34777
27	意大利	33115	33909	35123	28	沙特	30477	31309	32534
28	西班牙	28670	29409	30315	29	西班牙	30058	30128	30741
35	韩国	22589	23838	25189	30	意大利	29812	29598	30218
37	希腊	22072	21617	22095	42	希腊	24260	23632	24219
39	中国台湾	20336	20706	22002	55	阿根廷	17917	18582	19189
48	俄罗斯	14302	14973	15717	58	俄罗斯	17518	18083	18996
61	阿根廷	11582	11679	11849	67	墨西哥	15363	15608	16177
62	巴西	11359	10958	10773	68	土耳其	14812	15264	15877
64	土耳其	10527	10745	11011	81	巴西	11747	12118	12528

续表

市场汇率计人均 GDP(美元)					购买力平价计人均 GDP(国际元)				
2012 年位次	国家和地区	2012	2013	2014	2012 年位次	国家和地区	2012	2013	2014
67	墨西哥	10059	11224	11687	83	南非	11281	11525	11914
75	南非	7525	6847	7096	92	泰国	9503	9888	10532
89	中国	6071	6569	7138	93	中国	9055	9828	10661
96	泰国	5390	5879	6166	124	印度尼西亚	4923	5182	5478
114	印度尼西亚	3594	3499	3432	132	印度	3843	3991	4209
142	印度	1501	1414	1389	133	越南	3788	4001	4242

注：共有 186 个国家和地区的排名数据，本表只列出部分国家。各国购买力平价（PPP）数据参见 IMF*World Economic Outlook Database*，IMF 并不直接计算 PPP 数据，而是根据世界银行、OECD、Penn World Tables 等国际组织的原始资料进行计算。

资料来源：IMF，*World Economic Outlook Database*，2013 年 10 月。

（二）世界通货膨胀、失业形势回顾与展望

表 2－1　通货膨胀率* 回顾与展望：部分国家和地区（2006～2014 年）

单位：%

国家和地区	2006	2007	2008	2009	2010	2011	2012	2013	2014
澳大利亚	3.6	2.3	4.4	1.8	2.9	3.3	1.8	2.2	2.5
奥地利	1.7	2.2	3.2	0.4	1.7	3.6	2.6	2.2	1.8
加拿大	2.0	2.1	2.4	0.3	1.8	2.9	1.5	1.1	1.6
丹麦	1.9	1.7	3.4	1.3	2.3	2.8	2.4	0.8	1.9
芬兰	1.3	1.6	3.9	1.6	1.7	3.3	3.2	2.4	2.4
法国	1.9	1.6	3.2	0.1	1.7	2.3	2.2	1.0	1.5
德国	1.8	2.3	2.8	0.2	1.2	2.5	2.1	1.6	1.8
希腊	3.2	2.9	4.2	1.2	4.7	3.3	1.5	-0.8	-0.4
意大利	2.2	2.0	3.5	0.8	1.6	2.9	3.3	1.6	1.3
日本	0.2	0.1	1.4	-1.3	-0.7	-0.3	0.0	0.0	2.9
新西兰	3.4	2.4	4.0	2.1	2.3	4.0	1.1	1.1	2.1
瑞士	1.1	0.7	2.4	-0.5	0.7	0.2	-0.7	-0.2	0.2
英国	2.3	2.3	3.6	2.1	3.3	4.5	2.8	2.7	2.3
美国	3.2	2.9	3.8	-0.3	1.6	3.1	2.1	1.4	1.5
中国香港	2.0	2.0	4.3	0.6	2.3	5.3	4.1	3.5	3.5
韩国	2.2	2.5	4.7	2.8	2.9	4.0	2.2	1.4	2.3
新加坡	1.0	2.1	6.6	0.6	2.8	5.2	4.6	2.3	2.7

续表

国家和地区	2006	2007	2008	2009	2010	2011	2012	2013	2014
中国台湾	0.6	1.8	3.5	-0.9	1.0	1.4	1.9	1.2	2.0
阿根廷	10.9	8.8	8.6	6.3	10.5	9.8	10.0	10.5	11.4
巴西	4.2	3.6	5.7	4.9	5.0	6.6	5.4	6.3	5.8
智利	3.4	4.4	8.7	1.5	1.4	3.3	3.0	1.7	3.0
中国	1.5	4.8	5.9	-0.7	3.3	5.4	2.7	2.7	3.0
捷克	2.5	2.9	6.3	1.0	1.5	1.9	3.3	1.8	1.8
埃及	4.2	11.0	11.7	16.2	11.7	11.1	8.6	6.9	10.3
印度	6.7	6.2	9.1	12.4	10.4	8.4	10.4	10.9	8.9
印度尼西亚	13.1	6.7	9.8	4.8	5.1	5.4	4.3	7.3	7.5
马来西亚	3.6	2.0	5.4	0.6	1.7	3.2	1.7	2.0	2.6
墨西哥	3.6	4.0	5.1	5.3	4.2	3.4	4.1	3.6	3.0
尼日利亚	8.2	5.4	11.6	12.5	13.7	10.8	12.2	9.9	8.2
菲律宾	5.5	2.9	8.2	4.2	3.8	4.7	3.2	2.8	3.5
俄罗斯	9.7	9.0	14.1	11.7	6.9	8.4	5.1	6.7	5.7
沙特	1.9	5.0	6.1	4.1	3.8	3.7	2.9	3.8	3.6
南非	4.7	7.1	11.5	7.1	4.3	5.0	5.7	5.9	5.5
土耳其	9.6	8.8	10.4	6.3	8.6	6.5	8.9	6.6	5.3
越南	7.5	8.3	23.1	6.7	9.2	18.7	9.1	8.8	7.4

注：*以消费者物价指数衡量的通货膨胀率。

资料来源：IMF，*World Economic Outlook Database*，2013 年 10 月。

表 2-2 失业率：发达经济体（1995 ~2014 年）

单位：%

国家和地区	1995 -2004	2005 -2014	2009	2010	2011	2012	2013	2014
美国	5.1	7.1	9.3	9.6	8.9	8.1	7.6	7.4
欧元区	9.6	9.9	9.6	10.1	10.2	11.4	12.3	12.2
德国	9.0	7.5	7.7	7.1	6.0	5.5	5.6	5.5
法国	9.7	9.6	9.5	9.7	9.6	10.3	11.0	11.1
意大利	10.0	8.8	7.8	8.4	8.4	10.7	12.5	12.4
西班牙	15.8	17.6	18.0	20.1	21.7	25.0	26.9	26.7
荷兰	4.5	4.9	3.7	4.5	4.4	5.3	7.1	7.4
比利时	8.4	7.9	7.8	8.2	7.2	7.6	8.7	8.6
奥地利	4.2	4.6	4.8	4.4	4.2	4.3	4.8	4.8
希腊	10.5	15.2	9.5	12.5	17.7	24.2	27.0	26.0
葡萄牙	5.7	11.5	9.5	10.8	12.7	15.7	17.4	17.7

续表

国家和地区	1995 - 2004	2005 - 2014	2009	2010	2011	2012	2013	2014
芬兰	11.0	7.7	8.2	8.4	7.8	7.8	8.0	7.9
爱尔兰	7.1	10.2	12.0	13.9	14.6	14.7	13.7	13.3
斯洛伐克	16.1	13.4	12.1	14.5	13.7	14.0	14.4	14.4
斯洛文尼亚	6.8	7.3	5.9	7.3	8.2	8.9	10.3	10.9
卢森堡	3.0	5.3	5.4	5.8	5.7	6.1	6.6	7.0
爱沙尼亚	10.7	9.3	13.8	16.9	12.5	10.2	8.3	7.0
塞浦路斯	3.7	8.5	5.4	6.3	7.9	11.9	17.0	19.5
马耳他	6.7	6.6	6.9	6.9	6.5	6.3	6.4	6.3
日本	4.4	4.4	5.1	5.1	4.6	4.4	4.2	4.3
英国	6.2	6.8	7.5	7.9	8.0	8.0	7.7	7.5
加拿大	8.1	7.1	8.3	8.0	7.5	7.3	7.1	7.1
韩国	3.9	3.4	3.7	3.7	3.4	3.2	3.2	3.2
澳大利亚	7.1	5.1	5.6	5.2	5.1	5.2	5.6	6.0
中国台湾	3.5	4.4	5.9	5.2	4.4	4.2	4.2	4.2
瑞典	7.5	7.5	8.3	8.6	7.8	8.0	8.0	7.7
中国香港	5.1	4.0	5.2	4.3	3.4	3.3	3.2	3.1
瑞士	3.4	3.2	3.7	3.5	2.8	2.9	3.2	3.2
新加坡	2.6	2.4	3.0	2.2	2.0	2.0	2.1	2.3
捷克	6.8	6.7	6.7	7.3	6.7	7.0	7.4	7.5
挪威	4.0	3.3	3.2	3.6	3.3	3.2	3.3	3.3
以色列	10.8	8.4	9.4	8.3	7.1	6.9	6.8	6.8
丹麦	5.3	5.9	6.1	7.5	7.6	7.5	7.1	7.1
新西兰	6.0	5.3	6.2	6.5	6.5	6.9	6.0	5.3
冰岛	3.0	4.5	8.0	8.1	7.4	5.8	5.1	4.6

资料来源：IMF，*World Economic Outlook*，2013 年 10 月。

（三）世界财政形势回顾与展望

表 3-1　一般政府财政余额占 GDP 比例：发达经济体（2006～2014 年）

单位：%

国家和地区	2006	2007	2008	2009	2010	2011	2012	2013	2014
美国	-2.0	-2.7	-6.5	-12.9	-10.8	-9.7	-8.3	-5.8	-4.6
欧元区	-1.3	-0.7	-2.1	-6.4	-6.2	-4.2	-3.7	-3.1	-2.5
德国	-1.7	0.2	-0.1	-3.1	-4.2	-0.8	0.1	-0.4	-0.1
法国	-2.4	-2.8	-3.3	-7.6	-7.1	-5.3	-4.9	-4.0	-3.5
意大利	-3.4	-1.6	-2.7	-5.4	-4.3	-3.7	-2.9	-3.2	-2.1
西班牙	2.4	1.9	-4.5	-11.2	-9.7	-9.6	-10.8	-6.7	-5.8

续表

国家和地区	2006	2007	2008	2009	2010	2011	2012	2013	2014
荷兰	0.5	0.2	0.5	-5.6	-5.1	-4.4	-4.1	-3.0	-3.2
比利时	0.3	-0.1	-1.1	-5.6	-3.9	-3.9	-4.0	-2.8	-2.5
奥地利	-1.7	-1.0	-1.0	-4.1	-4.5	-2.5	-2.5	-2.6	-2.4
希腊	-6.0	-6.8	-9.9	-15.6	-10.8	-9.6	-6.3	-4.1	-3.3
葡萄牙	-3.8	-3.2	-3.7	-10.2	-9.9	-4.4	-6.4	-5.5	-4.0
芬兰	4.1	5.3	4.3	-2.7	-2.8	-1.1	-2.3	-2.8	-2.1
爱尔兰	2.9	0.1	-7.3	-13.8	-30.5	-13.1	-7.6	-7.6	-5.0
斯洛伐克	-2.6	-1.6	-2.0	-8.0	-7.7	-5.1	-4.3	-3.0	-3.8
斯洛文尼亚	-0.8	0.3	-0.3	-5.5	-5.4	-5.6	-3.2	-7.0	-3.8
卢森堡	1.4	3.7	3.2	-0.8	-0.9	-0.2	-0.8	-0.7	-0.9
爱沙尼亚	3.2	2.8	-2.3	-2.0	0.4	1.7	-0.2	0.3	0.2
塞浦路斯	-1.2	3.5	0.9	-6.1	-5.3	-6.3	-6.3	-6.7	-7.5
马耳他	-2.7	-2.3	-4.6	-3.7	-3.6	-2.8	-3.3	-3.5	-3.6
日本	-3.7	-2.1	-4.1	-10.4	-9.3	-9.9	-10.1	-9.5	-6.8
英国	-2.8	-2.8	-5.0	-11.3	-10.0	-7.8	-7.9	-6.1	-5.8
加拿大	1.8	1.5	-0.3	-4.5	-4.9	-3.7	-3.4	-3.4	-2.9
韩国	1.1	2.3	1.6	0.0	1.7	1.8	1.9	1.4	1.7
澳大利亚	1.8	1.5	-1.1	-4.6	-5.1	-4.5	-3.7	-3.1	-2.3
中国台湾	-2.0	-2.1	-2.6	-6.2	-5.0	-4.0	-4.3	-3.2	-3.0
瑞典	2.2	3.5	2.2	-1.0	0.0	0.0	-0.7	-1.4	-1.5
中国香港	4.1	7.8	0.1	1.5	4.2	3.9	3.2	2.6	3.3
瑞士	0.9	1.3	1.8	0.5	0.2	0.3	0.3	0.2	0.5
新加坡	7.1	12.0	6.5	-0.5	7.4	9.6	7.4	5.3	4.8
捷克	-2.4	-0.7	-2.2	-5.8	-4.8	-3.3	-4.4	-2.9	-2.9
挪威	18.3	17.3	18.8	10.5	11.1	13.4	13.8	12.4	11.6
以色列	-2.6	-1.5	-3.7	-6.3	-4.6	-4.2	-4.9	-5.1	-3.3
丹麦	5.0	4.8	3.3	-2.8	-2.7	-2.0	-4.2	-1.7	-2.0
新西兰	4.1	3.2	1.5	-1.5	-5.1	-4.9	-2.0	-1.3	-0.4
冰岛	6.3	5.4	-0.5	-8.6	-6.4	-5.0	-3.8	-2.7	-1.8

资料来源：IMF，*World Economic Outlook*，2013年10月。

表3-2 一般政府财政余额占GDP比例：新兴市场和发展中国家（2006～2014年）

单位：%

国家和地区	2006	2007	2008	2009	2010	2011	2012	2013	2014
新兴市场和发展中国家	1.4	1.2	0.7	-4.2	-2.6	-1.2	-1.7	-2.3	-2.2
中东欧	-2.2	-2.0	-3.2	-6.2	-5.0	-2.3	-2.5	-3.1	-2.8
独联体①	6.9	5.5	4.2	-5.1	-2.6	1.8	0.7	-0.6	-0.5
俄罗斯	8.3	6.8	4.9	-6.3	-3.4	1.5	0.4	-0.7	-0.3

续表

国家和地区	2006	2007	2008	2009	2010	2011	2012	2013	2014
除俄罗斯	2.5	1.4	2.1	-1.4	0.0	2.8	1.5	-0.1	-1.0
亚洲发展中国家	-1.6	-0.6	-2.3	-4.3	-2.9	-2.5	-3.1	-3.3	-3.0
中国	-0.7	0.9	-0.7	-3.1	-1.5	-1.3	-2.2	-2.5	-2.1
印度	-6.2	-4.4	-10.0	-9.8	-8.4	-8.5	-8.0	-8.5	-8.5
除中国和印度	0.0	-1.1	-0.6	-3.4	-2.1	-1.4	-2.2	-2.6	-2.8
拉丁美洲与加勒比地区	-1.3	-1.2	-0.9	-4.0	-3.2	-2.9	-3.5	-3.6	-3.6
巴西	-3.5	-2.7	-1.4	-3.1	-2.7	-2.5	-2.7	-3.0	-3.2
墨西哥	-1.0	-1.2	-1.0	-5.1	-4.3	-3.4	-3.7	-3.8	-4.1
中东与北非	13.1	10.7	12.7	-0.9	1.8	6.0	6.0	3.7	2.9
撒哈拉以南	4.9	1.2	0.8	-5.7	-4.0	-1.3	-2.8	-3.1	-3.0
除尼日利亚和南非	6.0	0.8	-1.0	-4.4	-1.9	-0.3	-2.0	-2.6	-2.7

注：①包括格鲁吉亚和蒙古。虽然二者不是独联体成员，但由于同独联体国家在地理和经济结构上类似，故在地区分组上将二者归入独联体。

资料来源：IMF，*World Economic Outlook*，2013 年 10 月。

（四）世界金融形势回顾与展望

表 4-1　广义货币供应量年增长率：新兴市场和发展中国家（2006~2014 年）

单位：%

国家和地区	2006	2007	2008	2009	2010	2011	2012	2013	2014
新兴市场和发展中国家	21.3	20.7	18.1	16.0	16.3	16.9	14.1	13.4	12.0
中东欧	20.6	16.1	18.6	9.0	11.8	11.6	6.6	8.0	8.4
独联体①	42.6	42.1	17.5	15.5	24.5	22.6	13.5	15.1	13.5
俄罗斯	40.5	41.2	13.5	17.3	24.6	20.9	12.1	13.9	12.3
除俄罗斯	49.3	45.1	31.2	10.0	24.1	28.3	18.2	18.7	17.5
亚洲发展中国家	17.8	17.3	17.0	22.7	17.6	16.1	14.3	11.6	10.7
中国	17.0	16.7	17.8	28.4	18.9	17.3	14.4	11.9	10.0
印度	21.7	21.4	19.3	16.9	16.1	13.2	13.8	12.6	14.1
除中国和印度	16.3	15.1	12.8	12.7	14.8	14.9	14.4	9.7	10.4
拉丁美洲与加勒比地区	18.6	16.9	17.6	11.3	16.2	19.7	18.2	16.5	14.6
巴西	18.0	18.7	17.8	16.3	15.8	18.5	15.9	15.8	15.5
墨西哥	13.0	11.2	16.8	6.1	12.0	15.7	14.4	11.1	8.8
中东与北非	22.3	25.3	18.5	13.2	11.5	14.3	12.6	16.6	13.1
撒哈拉以南	28.9	26.4	29.0	12.7	12.7	15.7	11.8	14.3	13.2

注：①包括格鲁吉亚和蒙古。虽然二者不是独联体成员，但由于同独联体国家在地理和经济结构上类似，故在地区分组上将二者归入独联体。

资料来源：IMF，*World Economic Outlook*，2013 年 10 月。

表4-2 汇率*：部分国家和地区
（2005～2013年、2011年第2季度至2013年第2季度）

币种	2005	2006	2007	2008	2009	2010	2011	2012	2013①
欧元	1.25	1.26	1.37	1.47	1.39	1.33	1.39	1.29	1.33
英镑	1.82	1.84	2.00	1.85	1.56	1.55	1.60	1.59	1.54
日元	110.22	116.30	117.75	103.36	93.57	87.78	79.81	79.79	96.51
人民币	8.19	7.97	7.61	6.95	6.83	6.77	6.46	6.31	—
加拿大元	1.21	1.13	1.07	1.07	1.14	1.03	0.99	1.00	1.03
丹麦克朗	6.00	5.95	5.44	5.10	5.36	5.62	5.37	5.79	5.66
瑞士法郎	1.25	1.25	1.20	1.08	1.09	1.04	0.89	0.94	0.94
韩元	1024.10	954.80	929.30	1102.00	1276.90	1156.10	1108.30	1126.50	1111.10
澳大利亚元	1.31	1.33	1.19	1.17	1.26	1.09	0.97	0.97	1.04
港元	7.78	7.77	7.80	7.79	7.75	7.77	7.78	7.76	7.76
新加坡元	1.66	1.59	1.51	1.42	1.46	1.36	1.26	1.25	1.26
币种	2011Q2	2011Q3	2011Q4	2012Q1	2012Q2	2012Q3	2012Q4	2013Q1	2013Q2
欧元	1.44	1.41	1.35	1.31	1.28	1.25	1.30	1.32	1.31
英镑	1.63	1.61	1.57	1.57	1.58	1.58	1.61	1.55	1.54
日元	81.71	77.82	77.40	79.27	80.18	78.61	81.11	92.37	98.70
人民币	6.50	6.42	6.34	6.31	6.31	6.33	6.30	6.28	6.21
加拿大元	0.97	0.98	1.02	1.00	1.01	0.99	0.99	1.01	1.02
丹麦克朗	5.19	5.28	5.56	5.67	5.79	5.95	5.75	5.65	5.70
瑞士法郎	0.87	0.83	0.91	0.92	0.94	0.96	0.93	0.93	0.94
韩元	1083.25	1085.88	1144.25	1131.48	1152.03	1132.69	1089.69	1085.47	1122.16
澳大利亚元	0.94	0.95	0.99	0.95	0.99	0.96	0.96	0.96	1.01
港元	7.78	7.79	7.78	7.76	7.76	7.76	7.75	7.76	7.76
新加坡元	1.24	1.23	1.29	1.26	1.26	1.25	1.22	1.24	1.25

注：*汇率单位：欧元和英镑为美元/本币，其他货币汇率单位为本币/美元。①为预测值。

资料来源：IMF，*World Economic Outlook*，2013年10月；IMF，*International Financial Statistics*，2013年8月。

表4-3 股票价格指数：全球主要证券交易所（2012年）

交易所	指数名称	指数					
		最高值	日期①	最低值	日期①	2012年底值	年变化率②（%）
美洲							
利马证交所	IGBVL总指数	24052	04-02	19283	08-02	20629	5.9
墨西哥证交所	IPC指数	346	12-18	284	01-13	346	19.9
纳斯达克证交所	Nasdaq综合指数	3184	09-14	2648	01-04	3020	15.9

续表

交易所	指数名称	指数					
		最高值	日期[①]	最低值	日期[①]	2012 年底值	年变化率[②]（%）
纽约证券交易所	综合指数	8516	12－20	7286	06－04	8444	12.9
圣地亚哥证交所	IGPA 指数	22297	04－02	19990	08－02	21070	4.7
加拿大 TSX 集团	S&P/TSX 综合指数	12740	02－28	11281	05－18	12434	4.0
欧洲－非洲－中东							
雅典交易所	雅典综合指数	913	12－27	476	06－05	908	33.4
巴塞罗那交易所	全球 100 指数	689	02－09	455	07－23	644	－0.7
意大利证交所	MIB 指数	14059	03－19	10750	07－25	13512	10.2
布达佩斯交易所	BUX 指数	19901	02－06	15979	05－30	18173	7.1
塞浦路斯交易所	综合价格指数	386	01－31	85	09－03	115	－61.2
德意志证交所	CDAX 指数	383	12－20	301	06－05	380	24.8
伦敦证交所	FTSE 指数	3122	12－19	2733	06－01	3093	12.4
巴黎证交所	SBF 指数	2751	12－27	2224	06－01	2729	16.4
亚太地区							
澳大利亚证交所	ASX 普通股票指数	4685	12－28	4033	06－04	4665	13.5
中国香港证交所	标普大型股票指数	27111	12－20	21822	06－04	27082	21.7
印度尼西亚证交所	雅加达综合指数	4375	11－26	3655	06－04	4317	12.9
韩国证交所	KOSPI 指数	2049	04－03	1769	07－25	1997	9.4
印度国家证交所	CNX500 指数	4755	12－19	3603	01－02	4743	31.8
菲律宾证交所	PSE 综合指数	5833	12－26	4397	01－02	5813	33.0
上海证交所	上证综合指数	2478	02－27	1949	12－04	2269	3.2
深圳证交所	深证综合指数	1010	03－13	734	12－03	881	1.7
新加坡证交所	FTSE 海峡时报指数	3192	12－28	2646	01－02	3167	19.7
中国台湾证交所	TAIEX 指数	8144	03－02	6895	06－04	7700	8.9
泰国证交所	SET 指数	1397	12－27	1036	01－04	1392	35.8
东京证交所	TOPIX 指数	872	03－27	696	06－04	860	18.0

注：①日期格式为月—日；②与 2011 年底相比的变化率。

资料来源：*World Federation of Exchanges Annual Report*。

表 4－4　上市债券市值：全球主要证券交易所（2011～2012 年）

单位：亿美元

证券交易所	2012 年				2011 年			
	总计	国内私人部门	国内公共部门	国外部门	总计	国内私人部门	国内公共部门	国外部门
美洲								
布宜诺斯艾利斯交易所	1074.3	36.9	1037.5	0.0	1060.2	29.2	1031.0	0.0
利马证券交易所	195.4	68.3	125.8	1.3	175.2	65.5	108.3	1.4
墨西哥证券交易所	547.3	—	—	—	714.2	—	—	—
圣地亚哥证券交易所	—	—	—	—	3059.2	2986.9	72.3	0.0

续表

证券交易所	2012年				2011年			
	总计	国内私人部门	国内公共部门	国外部门	总计	国内私人部门	国内公共部门	国外部门
加拿大交易所集团(TSX)	179.3	0.0	178.9	0.4	149.1	0.0	148.6	0.4
欧洲—非洲—中东								
雅典证券交易所	849.6	11.1	825.3	13.2	3022.5	17.5	2991.9	13.0
西班牙证券交易所	20917.9	11604.1	9313.8	0.0	19845.7	11455.2	8390.4	0.0
布达佩斯证券交易所	536.1	53.9	482.1	0.0	440.4	48.5	392.0	0.0
德意志交易所	273098.0	20488.7	28328.9	224280.4	273115.0	21622.9	28010.9	223481.1
埃及交易所	511.8	13.2	498.6	0.0	404.4	20.2	384.2	0.0
爱尔兰证券交易所	1189.4	—	1189.4	—	941.1	—	941.1	—
卢森堡证券交易所	82752.4	0.0	65.9	82686.5	80904.4	0.0	51.9	80852.5
瑞士证券交易所	6519.1	1998.4	1359.4	3161.4	6186.2	1752.3	1304.6	3129.4
亚太地区								
中国香港证券交易所	1140.2	644.6	346.3	149.4	758.2	353.5	249.5	155.2
雅加达证交所	1045.6	194.5	851.1	0.0	960.1	162.1	798.0	0.0
韩国证券交易所	12060.8	3090.4	8970.4	0.0	10431.2	2612.7	7815.0	3.5
印度国家证券交易所	8957.7	641.4	8315.4	0.9	7831.5	524.9	7305.7	0.9
大阪证券交易所	81163.1	26.6	81136.6	0.0	86852.4	32.5	86819.9	0.0
上海证券交易所	11229.0	2248.4	8980.6	0.0	9005.9	1218.2	7787.7	0.0
深圳证券交易所	265.0	257.7	7.2	0.0	161.1	152.9	8.2	0.0
中国台湾证券交易所	1699.2	0.0	1699.2	0.0	1537.7	0.0	1537.7	0.0
泰国证券交易所	1885.2	226.4	1658.8	0.0	1536.4	203.5	1333.0	0.0
东京证券交易所	81252.1	89.4	81136.6	26.2	86956.2	136.3	86819.9	0.0

资料来源：*World Federation of Exchanges Annual Report*。

（五）国际收支形势回顾与展望

表5-1 国际收支平衡表：部分国家和地区（2006～2012年）

单位：亿美元

国家	2006	2007	2008	2009	2010	2011	2012
美国							
经常项目差额	-8006.1	-7103.0	-6771.4	-3765.6	-4709.0	-4734.4	-4749.7
货物贸易差额	-8328.6	-8146.4	-8249.5	-5023.4	-6414.3	-7349.0	-7321.7
服务贸易差额	796.1	1179.7	1266.1	1232.2	1467.2	1750.7	1927.2
主要收入差额①	441.8	1014.8	1470.9	1197.2	1838.6	2270.1	1986.1

续表

国家	2006	2007	2008	2009	2010	2011	2012
次要收入差额②	-915.5	-1151.1	-1258.9	-1224.9	-1311.1	-1330.9	-1341.2
资本项目差额	-17.9	3.8	60.1	-1.4	-1.6	-12.1	64.4
金融项目差额	8067.7	6173.8	7354.1	2918.3	3847.0	5722.3	4042.0
直接投资差额	-17.7	-1928.8	-189.9	-1390.1	-1220.5	-1853.5	-1767.7
证券投资差额	6330.2	7769.3	8094.0	-177.6	6339.5	2536.5	4721.4
金融衍生品差额	297.1	62.2	-329.5	448.2	140.8	390.1	-30.7
其他投资差额	1458.2	271.0	-220.5	4037.9	-1412.7	4649.1	1119.1
净误差与遗漏	-67.7	926.6	-594.5	1423.9	592.3	-891.1	688.0
储备资产变动	23.9	-1.3	-48.4	-521.8	-18.2	-159.8	-44.6
日本							
经常项目差额	1710.8	2116.9	1593.6	1470.2	2039.2	1190.6	608.6
货物贸易差额	951.1	1206.0	552.8	580.9	1085.2	-44.7	-534.8
服务贸易差额	-320.6	-371.0	-379.4	-348.4	-336.7	-384.3	-505.0
主要收入差额①	1187.2	1397.0	1550.7	1361.6	1414.5	1757.9	1791.9
次要收入差额②	-106.8	-115.1	-130.4	-124.0	-124.0	-138.2	-143.4
资本项目差额	-47.6	-40.3	-54.7	-49.9	-49.6	5.0	-10.2
金融项目差额	-1023.4	-1872.4	-1726.2	-1479.4	-1956.0	188.1	-1021.9
直接投资差额	-569.5	-513.1	-1062.7	-627.9	-585.8	-1105.1	-1206.2
证券投资差额	1275.2	731.3	-2884.2	-2165.0	-1510.0	1610.5	-419.4
金融衍生品差额	24.5	28.0	247.9	105.5	119.4	170.8	-71.4
其他投资差额	-1753.6	-2118.6	1972.7	1208.0	20.3	-488.1	675.0
净误差与遗漏	-320.0	161.1	496.1	328.3	405.0	382.6	40.9
储备资产变动	-319.8	-365.2	-308.8	-269.2	-438.5	-1766.2	382.6
欧元区							
经常项目差额	-3.3	248.6	-1999.4	-260.8	-100.9	-62.6	1482.4
货物贸易差额	293.2	757.6	-203.2	473.9	198.2	60.2	1288.5
服务贸易差额	460.2	579.3	596.6	497.3	634.2	852.1	1165.5
主要收入差额①	245.7	113.2	-976.9	60.7	444.0	424.8	415.1
次要收入差额②	-1002.3	-1201.6	-1415.9	-1292.8	-1377.1	-1399.7	-1386.6
资本项目差额	117.4	54.1	142.4	107.5	70.0	153.1	194.6
金融项目差额	-278.5	-18.5	1757.9	776.9	151.8	-921.0	-1735.5
直接投资差额	-2141.3	-1241.7	-3252.9	-902.2	-1151.5	-1666.4	-577.4
证券投资差额	2386.6	1686.9	3393.9	3438.3	1539.4	3567.8	659.7
金融衍生差额	2.2	-929.0	-1216.5	248.8	241.7	-64.6	71.3
其他投资差额	-525.9	465.3	2833.5	-2008.0	-477.9	-2757.7	-1889.1
净误差与遗漏	190.1	-227.3	112.1	-145.0	-253.9	228.6	18.8

续表

国家	2006	2007	2008	2009	2010	2011	2012
储备资产变动	-25.7	-56.9	-48.6	-597.4	-1.2	347.9	39.6
中国							
经常项目差额	2318.4	3531.8	4205.7	2432.6	2378.1	1361.0	1931.4
货物贸易差额	1961.0	2908.1	3418.6	2351.8	2455.4	2360.5	3176.0
服务贸易差额	128.2	172.2	69.7	-150.5	-225.2	-541.5	-857.5
主要收入差额①	-51.4	80.4	285.8	-85.3	-259.0	-703.2	-421.4
次要收入差额②	280.7	371.0	431.6	316.6	406.9	245.1	34.3
资本项目差额	40.2	31.0	30.5	39.4	46.3	54.5	42.7
金融项目差额	452.9	911.3	370.7	1944.9	2822.3	2600.2	-210.8
直接投资差额	1001.5	1390.9	1147.9	871.7	1857.5	2316.5	1911.3
证券投资差额	-684.2	164.4	348.5	270.9	240.4	196.4	477.8
其他投资差额	135.5	-644.0	-1125.7	802.4	724.5	87.3	-2599.9
净误差与遗漏	35.0	132.4	188.6	-411.8	-530.2	-137.7	-797.7
储备资产变动	-2846.5	-4606.5	-4795.5	-4005.1	-4716.6	-3878.0	-965.5

注：①主要收入差额对应收益差额；②次要收入差额对应经常转移差额。

资料来源：IMF，*International Financial Statistics*，2013 年 8 月。

表 5-2 经常项目差额占 GDP 比例：部分国家和地区（2007 ~2018 年）

单位：%

国家和地区	2007	2008	2009	2010	2011	2012	2013	2014	2018
阿根廷	2.6	1.8	2.5	0.3	-0.6	0.0	-0.8	-0.8	-0.8
澳大利亚	-6.2	-4.5	-4.3	-3.0	-2.3	-3.7	-3.4	-3.5	-4.0
巴西	0.1	-1.7	-1.5	-2.2	-2.1	-2.4	-3.4	-3.2	-3.4
加拿大	0.8	0.1	-2.9	-3.5	-2.8	-3.4	-3.1	-3.1	-2.5
中国	10.1	9.3	4.9	4.0	1.9	2.3	2.5	2.7	4.1
法国	-1.0	-1.7	-1.3	-1.3	-1.8	-2.2	-1.6	-1.6	0.0
德国	7.5	6.2	6.0	6.3	6.2	7.0	6.0	5.7	4.6
印度	-1.3	-2.3	-2.8	-2.7	-4.2	-4.8	-4.4	-3.8	-2.8
印度尼西亚	1.6	0.0	2.0	0.7	0.2	-2.7	-3.4	-3.1	-2.5
意大利	-1.3	-2.9	-2.0	-3.5	-3.1	-0.7	0.0	0.2	-1.1
日本	4.9	3.3	2.9	3.7	2.0	1.0	1.2	1.7	1.7
韩国	2.1	0.3	3.9	2.9	2.3	3.8	4.6	3.9	2.6
墨西哥	-1.4	-1.8	-0.9	-0.3	-1.0	-1.2	-1.3	-1.5	-1.7
俄罗斯	5.5	6.3	4.1	4.4	5.1	3.7	2.9	2.3	0.2
沙特	22.5	25.5	4.9	12.7	23.7	23.2	19.3	17.7	12.4
南非	-7.0	-7.2	-4.0	-2.8	-3.4	-6.3	-6.1	-6.1	-5.7
土耳其	-5.8	-5.5	-2.0	-6.2	-9.7	-6.1	-7.4	-7.2	-8.3
英国	-2.2	-0.9	-1.4	-2.7	-1.5	-3.8	-2.8	-2.3	-0.6
美国	-4.9	-4.6	-2.6	-3.0	-2.9	-2.7	-2.7	-2.8	-3.0

资料来源：IMF，*World Economic Outlook*，*World Economic OutlookDatabase*，2013 年 10 月。

（六）国际贸易形势回顾

表 6－1　货物贸易进出口：世界部分国家和地区（2009～2012 年）

单位：亿美元

2012 年位次	国家和地区	货物出口 2009	2010	2011	2012	2012 年位次	国家和地区	货物进口 2009	2010	2011	2012
	世界	125540	152830	183190	184010		世界	127780	155030	184990	186010
1	中国	12016	15778	18984	20487	1	美国	16053	19692	22659	23355
2	美国	10560	12785	14803	15457	2	中国	10059	13962	17435	18184
3	德国	11200	12589	14740	14071	3	德国	9263	10548	12549	11672
4	日本	5807	7698	8232	7986	4	日本	5520	6941	8554	8858
5	荷兰	4979	5743	6671	6557	5	英国	5191	5911	6737	6899
6	法国	4848	5238	5965	5689	6	法国	5609	6111	7200	6738
7	韩国	3635	4664	5552	5479	7	荷兰	4432	5164	5990	5912
8	俄罗斯	3034	4006	5220	5293	8	中国香港	3522	4414	5109	5535
9	意大利	4069	4473	5233	5007	9	韩国	3231	4252	5244	5196
10	中国香港	3294	4007	4556	4929	10	印度	2572	3502	4645	4897
11	英国	3549	4160	5025	4745	11	意大利	4151	4870	5588	4866
12	加拿大	3161	3875	4521	4548	12	加拿大	3299	4027	4634	4749
13	比利时	3701	4077	4761	4465	13	比利时	3534	3912	4666	4372
14	新加坡	2698	3519	4095	4084	14	墨西哥	2415	3102	3611	3805
15	沙特	1923	2511	3647	3884	15	新加坡	2458	3108	3658	3797
16	墨西哥	2297	2983	3496	3708	16	俄罗斯	1918	2486	3238	3354
17	阿联酋	1920	2140	3020	3500	17	西班牙	2932	3270	3766	3348
18	中国台湾	2037	2746	3083	3012	18	中国台湾	1744	2512	2814	2705
19	印度	1649	2264	3029	2942	19	澳大利亚	1655	2016	2437	2609
20	西班牙	2273	2544	3066	2939	20	泰国	1337	1829	2288	2476
21	澳大利亚	1543	2126	2704	2567	21	土耳其	1409	1855	2408	2365
22	巴西	1530	2019	2560	2426	22	巴西	1337	1915	2369	2334
23	泰国	1524	1933	2226	2295	23	阿联酋	1500	1650	2030	2300
24	马来西亚	1574	1986	2281	2274	24	瑞士	1554	1763	2082	1978
25	瑞士	1725	1956	2348	2259	25	马来西亚	1238	1646	1875	1966
26	印度尼西亚	1196	1581	2008	1885	26	波兰	1495	1780	2106	1960
27	波兰	1365	1597	1887	1834	27	印度尼西亚	938	1353	1762	1904
28	瑞典	1308	1585	1870	1724	28	奥地利	1431	1590	1914	1784

资料来源：*WTO Statistics Database Online*，2013 年 9 月。

表 6－2　服务贸易进出口：世界部分国家和地区（2009～2012 年）

单位：亿美元

2011 年位次	国家和地区	货物出口				2011 年位次	国家和地区	货物进口			
		2009	2010	2011	2012			2009	2010	2011	2012
	世界	34814	38197	42583	43499		世界	32923	36133	40422	41523
1	美国	4950	5396	5886	6212	1	美国	3506	3699	3948	4111
2	英国	2546	2638	2898	2800	2	德国	2595	2665	2951	2934
3	德国	2331	2391	2600	2572	3	中国	1580	1922	2370	2802
4	法国	1895	1912	2234	2107	4	法国	1643	1704	1900	1721
5	中国	1285	1612	1757	1904	5	英国	1632	1645	1746	1739
6	日本	1258	1387	1426	1424	6	日本	1469	1556	1657	1748
7	西班牙	1225	1235	1412	1358	7	印度	796	1164	1237	1275
8	印度	922	1236	1371	1407	8	荷兰	1075	1055	1209	1192
9	荷兰	1114	1156	1356	1312	9	爱尔兰	1034	1072	1157	1121
10	中国香港	844	1040	1181	1234	10	新加坡	824	975	1145	1177
11	爱尔兰	934	979	1127	1155	11	意大利	1040	1080	1144	1047
12	新加坡	751	941	1084	1119	12	加拿大	809	952	1044	1052
13	意大利	929	968	1052	1029	13	韩国	795	950	1000	1071
14	韩国	725	863	941	1096	14	西班牙	881	875	941	892
15	瑞士	742	813	938	902	15	比利时	775	824	910	922
16	比利时	845	899	934	947	16	俄罗斯	598	714	873	1042
17	加拿大	636	720	782	775	17	巴西	441	597	730	778
18	瑞典	575	632	741	760	18	澳大利亚	413	502	594	630
19	卢森堡	572	633	707	697	19	丹麦	510	520	582	574
20	丹麦	550	608	658	647	20	中国香港	437	512	563	572
21	奥地利	539	539	605	609	21	阿联酋	368	413	557	630
22	俄罗斯	420	446	545	583	22	沙特	470	510	550	499
23	澳大利亚	403	463	509	519	23	瑞典	451	469	547	548
24	中国台湾	314	401	456	487	24	泰国	363	448	520	525
25	挪威	382	395	424	438	25	挪威	363	424	459	489
26	泰国	299	341	413	492	26	瑞士	338	363	449	466
27	中国澳门	188	287	398	455	27	奥地利	368	369	420	425
28	希腊	374	376	396	335	28	卢森堡	333	367	413	405
29	土耳其	337	345	385	420	29	中国台湾	291	371	413	421
30	波兰	286	327	375	378	30	马来西亚	273	320	377	420

注：①部分国家和地区 2012 年服务贸易数据暂时无法得到，本表按 2011 年数据排序。

资料来源：*WTO Statistics Database Online*，2013 年 9 月。

表 6－3 原油进出口量：世界部分国家和地区（2010～2012 年）*

单位：千桶/天，%

国家和地区	原油进口量				国家和地区	原油出口量			
	2010	2011	2012	2012 年占世界比重		2010	2011	2012	2012 年占世界比重
北美	10504	9595	9206	20.3	北美	3905	4669	4982	7.8
加拿大	770	681	714	1.6	加拿大	1799	2075	2224	3.5
美国	9734	8914	8492	18.8	美国	2107	2594	2758	4.3
拉丁美洲	2281	2510	2585	5.7	拉丁美洲	5740	6211	6093	9.5
巴西	312	318	312	0.7	厄瓜多尔	368	362	385	0.6
智利	168	171	175	0.4	墨西哥	1668	1614	1479	2.3
古巴	198	199	204	0.4	委内瑞拉	2313	2340	2400	3.8
东欧	1900	1853	1759	3.9	东欧	8256	8569	8556	13.4
罗马尼亚	171	155	105	0.2	俄罗斯	7852	7994	8137	12.7
俄罗斯	48	39	29	0.1	西欧	8293	8409	8092	12.6
西欧	10610	10535	11036	24.4	比利时	339	378	383	0.6
法国	1295	1294	1143	2.5	法国	446	430	414	0.6
德国	1883	1827	1882	4.2	德国	363	366	380	0.6
希腊	411	331	419	0.9	意大利	559	507	544	0.9
意大利	1585	1453	1381	3.1	荷兰	2106	2078	2150	3.4
荷兰	1033	987	1004	2.2	英国	1284	1138	1134	1.8
土耳其	352	365	392	0.9	中东	19167	20930	21977	34.4
英国	964	1009	1081	2.4	伊朗	2954	2978	2558	4.0
中东	550	465	348	0.8	伊拉克	1895	2330	2895	4.5
巴林	236	244	220	0.5	科威特	2061	2445	2731	4.3
非洲	923	906	851	1.9	卡塔尔	908	1097	1053	1.6
科特迪瓦	84	73	70	0.2	沙特	7595	8120	8419	13.2
摩洛哥	149	151	105	0.2	阿联酋	2291	2557	2882	4.5
亚太地区	18821	18831	19482	43.0	非洲	8073	7835	7636	11.9
澳大利亚	431	488	499	1.1	阿尔及利亚	1023	1190	1259	2.0
中国	4806	5074	5424	12.0	安哥拉	1690	1569	1689	2.6
印度	3158	3360	3559	7.9	尼日利亚	2487	2400	2376	3.7
印度尼西亚	285	254	264	0.6	利比亚	1166	320	1002	1.6
日本	3441	3558	3458	7.6	亚太地区	6828	6656	6641	10.4
菲律宾	224	227	229	0.5	澳大利亚	357	308	310	0.5
新加坡	715	716	832	1.8	中国	623	672	573	0.9
韩国	2378	2521	2555	5.6	印度尼西亚	441	393	371	0.6
中国台湾	876	796	882	1.9	马来西亚	672	484	670	1.0
泰国	817	794	860	1.9	新加坡	1767	1671	1731	2.7
世界	45588	44696	45266	100.0	世界	60261	63278	63977	100.0
OECD	28517	28778	27632	61.0	OPEC	26752	27708	29649	46.3

注：* 数据包括转口数据，每个地区只列出主要的而非全部国家和地区。

资料来源：OPEC Annual Statistical Bulletin 2013，CD ROM and web version，www.opec.org。

（七）国际投资与资本流动回顾

表7－1　国际投资头寸表：部分国家和地区（2006～2012年）

单位：亿美元

国家	2006	2007	2008	2009	2010	2011	2012
美国							
金融账户总资产	148877	189826	200695	191817	212318	223393	223733
对外直接投资	34077	41360	43533	47005	49504	53663	58135
证券投资	60171	72620	43208	60586	71604	68717	79732
股本证券	43290	52480	27484	39953	49003	45014	53905
债务证券	16881	20141	15724	20633	22601	23703	25827
金融衍生品	12390	25593	61275	34898	36523	47166	36198
其他投资	40040	47480	49742	45290	49801	48477	43945
储备资产	2199	2772	2937	4038	4887	5370	5724
金融账户总负债	170793	207786	233297	214569	234821	260699	262372
外来直接投资	26136	29289	30022	30214	33005	35827	37931
证券投资	88435	103270	94759	104632	118693	126595	139984
股本证券	27919	32317	21324	29177	35458	38504	45545
债务证券	60516	70953	73434	75456	83235	88092	94439
金融衍生品	11792	24879	59678	33634	35419	46305	35620
其他投资	44431	50349	48838	46088	47705	51972	48838
日本							
金融账户总资产	46972	53601	57315	60390	68931	74986	76641
对外直接投资	4548	5475	6908	7532	8462	9723	10541
证券投资	23435	25236	23767	28459	33052	33752	35253
股本证券	5104	5735	3947	5940	6785	6658	6872
债务证券	18331	19501	19820	22518	26267	27094	28381
金融衍生品	230	390	774	462	526	539	534
其他投资	9811	12827	15620	13426	15924	18038	17665
储备资产	8948	9674	10246	10512	10967	12934	12648
金融账户总负债	28904	31666	32435	31252	37513	40834	42405
外来直接投资	1129	1377	2139	2124	2300	2422	2222
证券投资	17629	19429	15417	15370	18668	20263	20856
股本证券	12550	12459	7562	8296	9888	8472	9654

续表

国家	2006	2007	2008	2009	2010	2011	2012
债务证券	5079	6970	7855	7074	8780	11791	11201
金融衍生品	302	435	855	566	647	726	615
其他投资	9844	10424	14024	13192	15898	17424	18712
欧元区							
金融账户总资产	166531	212003	193473	205853	225624	233755	246351
对外直接投资	42046	55480	54715	63560	66084	72001	74632
证券投资	57306	68024	53278	62524	65559	61623	69534
股本证券	25492	28889	15916	21697	25489	22040	25719
债务证券	31814	39135	37362	40827	40071	39583	43815
金融衍生品	2860	5151	8889	7891	21864	28403	30582
其他投资	60028	78237	71384	65218	64220	63099	62296
储备资产	4292	5112	5208	6661	7896	8628	9307
金融账户总负债	179485	229974	215301	227864	243094	251379	262192
外来直接投资	35886	47314	45172	50798	52139	56828	56239
证券投资	78539	96444	83211	98948	99873	98704	109195
股本证券	39971	48609	30513	40560	42438	39369	45480
债务证券	38568	47835	52698	58388	57434	59335	63716
金融衍生品	3134	5575	8898	7910	22292	28718	30803
其他投资	61926	80641	78020	70208	68791	67130	65955
中国							
金融账户总资产	16904	24162	29567	34369	41189	47345	51750
对外直接投资	906	1160	1857	2458	3172	4248	5028
证券投资	2652	2846	2525	2428	2571	2044	2406
股本证券	15	196	214	546	630	864	1298
债务证券	2637	2650	2311	1882	1941	1180	1108
其他投资	2539	4683	5523	4952	6304	8495	10437
储备资产	10808	15473	19662	24532	29142	32558	33879
金融账户总负债	10506	12285	14632	19464	24308	30461	34385
外来直接投资	6144	7037	9155	13148	15696	19069	21596
证券投资	1207	1466	1678	1900	2239	2485	3364
股本证券	1065	1290	1505	1748	2061	2114	2622
债务证券	142	176	172	152	178	371	742
其他投资	3155	3781	3800	4416	6373	8907	9426

资料来源：*International Financial Statistics*，2013 年 8 月。

表7－2－1　FDI流量：世界部分经济体（2000～2012年）

单位：亿美元

国家(地区)	流入量			流出量		
	2000	2005	2012	2000	2005	2012
阿根廷	104.2	52.7	125.5	9.0	13.1	10.9
澳大利亚	156.1	-242.5	569.6	42.2	-311.4	161.4
巴西	327.8	150.7	652.7	22.8	25.2	-28.2
英属维尔京群岛	98.8	-90.9	649.0	344.6	177.5	423.9
加拿大	668.0	256.9	453.7	446.8	275.4	539.4
中国	407.1	724.1	1210.8	9.2	122.6	842.2
中国香港	705.1	409.6	745.8	700.0	339.1	839.9
中国台湾	49.3	16.3	32.1	67.0	60.3	130.3
丹麦	338.2	128.7	28.8	265.5	161.9	76.0
埃及	12.4	53.8	28.0	0.5	0.9	2.1
法国	432.5	849.5	250.9	1774.5	1149.8	372.0
德国	1982.8	474.4	65.6	565.6	758.9	669.3
希腊	11.1	6.2	29.4	21.4	14.7	-0.4
冰岛	1.7	30.7	5.1	3.9	70.7	-33.2
印度	35.9	76.2	255.4	5.1	29.9	85.8
印度尼西亚	—	83.4	198.5	—	30.7	54.2
意大利	133.7	232.9	96.2	66.9	393.6	304.0
日本	83.2	27.8	17.3	315.6	457.8	1225.5
朝鲜	0.0	0.5	0.8	0.1	—	—
韩国	92.8	63.1	99.0	44.8	63.7	329.8
墨西哥	182.8	244.5	126.6	3.6	64.7	256.0
菲律宾	22.4	18.5	28.0	1.3	1.9	18.5
俄罗斯	27.1	155.1	514.2	31.8	178.8	510.6
沙特	1.8	121.0	121.8	15.5	-3.5	44.0
新加坡	155.2	180.9	566.5	66.5	115.9	230.8
南非	8.9	66.5	45.7	2.7	9.3	43.7
瑞典	234.3	116.3	137.1	409.1	277.1	334.3
瑞士	192.6	-9.5	36.1	446.7	511.2	443.1
土耳其	9.8	100.3	124.2	8.7	10.6	40.7
英国	1219.0	1779.0	623.5	2354.0	800.1	714.1
美国	3140.1	1047.7	1676.2	1426.3	153.7	3288.7

注：本表按照国家（地区）的英文名称排序。

资料来源：联合国贸发会（UNCTAD）数据库。

表 7-2-2　FDI 存量：世界部分经济体（2000～2012 年）

单位：亿美元

国家(地区)	流入量			流出量		
	2000	2005	2012	2000	2005	2012
阿根廷	676	551	1107	211	233	329
澳大利亚	1189	2422	6105	960	2089	4245
巴西	1223	1813	7022	519	793	2328
英属维尔京群岛	321	487	3629	671	1301	4336
加拿大	2127	3416	6370	2376	3883	7151
中国	1933	2721	8329	278	572	5090
中国香港	4919	5687	14224	4358	5510	13098
中国台湾	195	432	594	667	1033	2261
丹麦	736	1164	1477	731	1293	2295
埃及	200	289	754	7	10	63
法国	3910	8889	10950	9259	12322	14968
德国	2716	4760	7163	5419	9275	15472
希腊	141	292	378	61	136	437
冰岛	5	47	124	7	101	102
印度	163	432	2263	17	97	1182
印度尼西亚	—	412	2057	—	—	116
意大利	1225	2375	3569	1700	2446	5651
日本	503	1009	2054	2784	3866	10549
朝鲜	10	14	16	0	0	0
韩国	437	1049	1472	215	387	1964
墨西哥	1020	2266	3150	83	642	1377
菲律宾	138	150	310	10	20	90
俄罗斯	322	1802	5089	201	1467	4132
沙特	176	335	1990	53	76	344
新加坡	1106	2295	6824	568	1599	4014
南非	435	790	1390	323	377	824
瑞典	938	1719	3762	1236	2078	4069
瑞士	868	1702	6656	2322	4320	11294
土耳其	188	713	1811	37	83	305
英国	4631	8510	13214	9234	12155	18082
美国	27832	28180	39320	26940	36380	51911

注：本表按照国家（地区）的英文名称排序。

资料来源：联合国贸发会（UNCTAD）数据库。

（八）全球竞争力和大公司排名

表 8－1　2013 年全球竞争力指数：部分国家和地区

国家/地区	2013 年竞争力指数		2012 年位次	国家/地区	2013 年竞争力指数		2012 年位次
	位次	分数			位次	分数	
瑞士	1	5.67	1	冰岛	31	4.66	30
新加坡	2	5.61	2	智利	34	4.61	33
芬兰	3	5.54	3	西班牙	35	4.57	36
德国	4	5.51	6	泰国	37	4.54	38
美国	5	5.48	7	印度尼西亚	38	4.53	50
瑞典	6	5.48	4	波兰	42	4.46	41
中国香港	7	5.47	9	土耳其	44	4.45	43
荷兰	8	5.42	5	意大利	49	4.41	42
日本	9	5.40	10	葡萄牙	51	4.40	49
英国	10	5.37	8	南非	53	4.37	52
挪威	11	5.33	15	墨西哥	55	4.34	53
中国台湾	12	5.29	13	巴西	56	4.33	48
卡塔尔	13	5.24	11	菲律宾	59	4.29	65
加拿大	14	5.20	14	印度	60	4.28	59
丹麦	15	5.18	12	秘鲁	61	4.25	61
奥地利	16	5.15	16	俄罗斯	64	4.25	67
比利时	17	5.13	17	越南	70	4.18	75
新西兰	18	5.11	23	罗马尼亚	76	4.13	78
阿联酋	19	5.11	24	伊朗	82	4.07	66
沙特	20	5.10	18	希腊	91	3.93	96
澳大利亚	21	5.09	20	玻利维亚	98	3.84	104
卢森堡	22	5.09	22	阿根廷	104	3.76	94
法国	23	5.05	21	孟加拉国	110	3.71	118
马来西亚	24	5.03	25	埃及	118	3.63	107
韩国	25	5.01	19	尼日利亚	120	3.57	115
文莱	26	4.95	28	坦桑尼亚	125	3.50	120
以色列	27	4.94	26	巴基斯坦	133	3.41	124
爱尔兰	28	4.92	27	委内瑞拉	134	3.35	126
中国	29	4.84	29	缅甸	139	3.23	—
波多黎各	30	4.67	31	乍得	148	2.85	139

注：共有 148 个国家和地区参加排名，因篇幅所限本表未全部列出。

资料来源：世界经济论坛（World Economic Forum），www.weforum.org/gcr。

表 8－2　2013 年《财富》全球 50 强公司排名

单位：亿美元

2013 年排名	2012 年排名	公司名称	总部所在地	营业收入	利润
1	1	荷兰皇家壳牌石油公司	荷兰	4817.0	265.9
2	3	沃尔玛	美国	4691.6	170.0
3	2	埃克森美孚	美国	4498.9	448.8
4	5	中国石油化工集团公司	中国	4281.7	82.2
5	6	中国石油天然气集团公司	中国	4086.3	182.0
6	4	英国石油公司	英国	3882.9	115.8
7	7	国家电网公司	中国	2984.5	123.2
8	10	丰田汽车公司	日本	2657.0	115.9
9	12	大众公司	德国	2476.1	279.1
10	11	道达尔公司	法国	2342.8	137.4
11	8	雪佛龙	美国	2339.0	261.8
12	14	嘉能可斯特拉塔	瑞士	2144.4	10.0
13	13	日本邮政控股公司	日本	1908.6	67.8
14	20	三星电子	韩国	1785.5	205.9
15	16	意昂集团	德国	1697.6	28.5
16	—	菲利普斯 66	美国	1695.5	41.2
17	17	埃尼石油公司	意大利	1679.0	100.1
18	24	伯克希尔－哈撒韦公司	美国	1624.6	148.2
19	55	苹果公司	美国	1565.1	417.3
20	25	安盛	法国	1545.7	53.4
21	15	俄罗斯天然气工业股份公司	俄罗斯	1535.3	380.9
22	19	通用汽车公司	美国	1522.6	61.9
23	21	戴姆勒股份公司	德国	1468.9	78.3
24	22	通用电气公司	美国	1468.7	136.4
25	23	巴西国家石油公司	巴西	1441.0	110.3
26	45	EXOR 集团	意大利	1422.3	5.1
27	35	瓦莱罗能源公司	美国	1382.9	20.8
28	27	福特汽车公司	美国	1342.5	56.7
29	54	中国工商银行	中国	1336.4	378.1
30	43	鸿海精密工业股份有限公司	中国	1320.8	32.0
31	28	安联保险集团	德国	1307.7	66.4
32	29	日本电报电话公司	日本	1288.6	63.1
33	18	荷兰国际集团	荷兰	1283.5	41.9
34	32	美国电话电报公司	美国	1274.3	72.6
35	26	房利美	美国	1272.3	172.2

续表

2013年排名	2012年排名	公司名称	总部所在地	营业收入	利润
36	34	墨西哥石油公司	墨西哥	1252.0	2.0
37	33	苏伊士集团	法国	1247.1	19.9
38	36	委内瑞拉国家石油公司	委内瑞拉	1244.6	26.8
39	40	挪威国家石油公司	挪威	1243.8	118.5
40	56	CVS公司	美国	1231.3	38.8
41	30	法国巴黎银行	法国	1230.3	84.2
42	37	麦克森公司	美国	1224.6	13.4
43	31	惠普	美国	1203.6	-126.5
44	41	吉绅控股公司(JX)	日本	1195.0	19.2
45	64	本田汽车	日本	1189.5	44.2
46	49	卢克石油公司	俄罗斯	1163.4	110.0
47	42	日产汽车	日本	1159.6	41.2
48	50	威瑞森电信	美国	1158.5	8.8
49	48	意大利忠利保险公司	意大利	1137.9	1.2
50	77	中国建设银行	中国	1133.7	306.2

注：根据截止到2013年3月31日的财年数据排名。

资料来源：*Fortune*杂志。

Abstract

The world economy was still on the bumpy road to recoveryin 2013. The advanced economies continued to consolidate the economic recovery. While the U. S. and Japan contributed to a slow growth, the economiesin the euro zone saw an end to the recession and showed signs of recovery. The economic growth in emerging markets and developing economies further slowed down due to their domestic structural adjustment, accompanied by the depressed commodity prices, the decline in external demand as well as the rising expectation on the exit strategy from the quantitative easing policy of major advanced economies.

Reviewing the overall situation of the world economyin 2013, there are a lot of new features and changes due to the following issues: the possible monetary policy adjustments in the U. S., deeper European integration, seemingly effectualAbeconomics, increasingly cooperation amongcentral banks in major developed economies and their functional changes, the vulnerability to foreign capitals movements in emerging market and developing economies, falling commodity pricesbut stable energy prices, the impacts of technological breakthroughs on energy revolution, the flourishingregional FTA negotiations, and China's active participation in global economic governance. With the economic recovery further firmed, the globallabor market improved with lower unemployment rate, inflationary pressure was relatively low and fiscal balance continued to ameliorate. However, the growth of international trade and foreign direct investment were lack of stable supporting factors, and the public debts rose to a new high in some developed economies.

The growth of world economy in 2014 still faces the following uncertainties: once the U. S. begin to exit the quantitative easing policy, the global risk assets will be re-priced, and the associated furious international capital flows are likely to cause changes in asset prices, exchange rates and international payments, thereby triggering a global economic turmoil; if the two parties cannot reach an agreement on the ceiling of long-term debt in the U. S, which might have a negative impact on the world economy, including the U. S. economy; the Eurozone debt crisis still faces the possibility of deterioration, so its negative effect on the economy still cannot be underestimated ; the result for Abe economics is still a big question; some emerging market economies still face the risks of hard landings; commodity price is overallstable butwith fluctuations in certain periods and under certain conditions; theTrans-PacificPartnershipAgreement (TPP) negotiations will have a profound impact on the Asia-Pacific and global trade patterns, and other regional trade negotiations, such as the Trans-Atlantic Trade and Investment partnership Agreement (TTIP) negotiations andthe Regional Comprehensive Economic Partnership (RCEP) negotiations, will affect the bilateral and multilateral economic and trade relations; China will continue to be one of the major engines of the global economic growth.

The global economic growth is expected to remain in the medium-low level, slightly higher than that in 2013.

Contents

Abstract: The world economy generally was still on the bumpy road to recovery in 2013. The advanced economies continued to consolidate the economic recovery. While the U. S. and Japan contributed to slow growth, the economies in the euro zone ended of recession and showed signs of recovery. The economic growth of emerging markets and developing economies further slowed down due to domestic structural adjustment, accompanied by depressed commodity prices, decline in external demand as well as the rising expectation on the "exit" policies of major advanced economies. With the consolidation of recovery, the global job market improved with lower unemployment rate, low prices run steady and fiscal balance continued to ameliorate. However, the growth of international trade and foreign direct investment lacks of stable supporting factors, and the public debts were rising to a new high in some developed economies. In 2014, the world economy will influenced by the factors such as the Fed tapering and its spillover effects, the sovereign debts of the developed economies, progress in regional trade negotiations, trade and investment protectionism, and so on. The global economic growth is expected to remain in the medium-low level.

Keywords: World Economy; Tapering; Public Debt; Emerging Market

Abstract: In the past year, due to the fiscal cliffs and the worldwide economic slowdown, the US economy exhibited more fluctuations. However, personal consumption continues to expand at a moderate pace and stably contributed to the overall growth. This reflects the economy's internal stability. Increases in revenues and reductions in expenses ameliorated its fiscal situation. The inflation rate remained low, while the unemployment rate kept declining. However, both export and import growth slowed, rendering a neutral impact on the overall economy. The market expects that the Fed is considering an end of the QE policy.

Keywords: QE; Fiscal Consolidation; Inflation; Structural Unemployment

Abstract: Since the third quarter of 2012, risks of debt crises in Europe have moderated. The stability of its financial situation benefited the real economy. However, the recovery of the overall economy is still slow, because of the shrink of foreign demand, fiscal consolidation, and market uncertainties. GDP growth rate will turn positive in 2014.

Keywords: European Economy; Sovereign Debt Crisis; Economic Outlook

Abstract: Japan's economy has been on a solid recovery trend in 2013 thanks to improving domestic and foreign demand. Favorable short-term effects of Abenomics have materialized gradually in both the financial market and the real economy. Although the Abe administration has launched the "Japan Revitalization Strategy", structural problems, including the rising government debt burdens, the inflexible labor market and the inefficient allocation of capital among enterprises, cannot be solved immediately. The negative impact of the 2014 consumption tax hike on the real economic growth may subvert people's confidence in Abenomics and affect the implementation of structural reform measures. The depreciation of the yen may not continue to play a significant role in stimulating exports, because other countries may take countermeasures. Japan's real GDP is expected to grow by around 1.7% in 2013 and is expected to grow around 1.5% in 2014.

Keywords: Abenomics; Japan Revitalization Strategy; Consumption Tax

Y.5 Asia-Pacific Economy: Growth with Challenges

Yang Panpan / 094

Abstract: We review the economic performance in the Asia-Pacific region from 2012 to 2013 Q2. Our major findings are: (1) Growth tended to diverge within this area. While the growth of emerging markets slowed down, the growth of developed economies accelerated. (2) The inflation pressure was released. (3) Currencies experienced devaluation. (4) The scale of current account imbalances shrunk. We also analyze seven major economies in this region. Countries in Asia-Pacific are still facing multiple challenges.

Keywords: Asia-Pacific region; Economic Growth; Economic Perspective

Y.6 Russia Needs to Concern the Risk of Stagflation

Gao Lingyun / 110

Abstract: The real growth rate of Russia's gross domestic product decreased in 2012 -2013, and Russia's Ministry of Economic Development and main international organizations reduced the its growth expectation greatly for the period 2013 -2014. Moreover, although the inflation rate decreased from 7% to 6.5%, it still exceeds the target range set by the central bank. Furthermore, Russian ruble-dollar exchange rate has entered a descending channel since the fourth quarter of 2012. However, Russia's fiscal revenues and expenditures still remain balanced in general, and its structural reforms become effective slightly. After joining the WTO, Russia further enhanced the trade and economic cooperation with Europe and Japan. The cooperation with China in energy, high technology and other key areas also has broad prospects. Nevertheless, Russia's relationship with USA was influenced severely due to the Snowden event. Its growth outlook is not optimistic, and the major economic risks in the future still concentrate on the weakening energy demand of major trading partners and declining international prices of oil.

Keywords: Growth Declining; Inflation Target; Restructuring

Abstract: Latin American economic growth rate is estimated to be 3.0% in 2013, the same as 2012. It is expected to remain steady in 2014. Because of greater inflation pressures, some Latin American economies implemented tight monetary policy. However, some economies still have a room for further easing. Latin America's fiscal position is relatively healthy as a whole, allowing for some space for fiscal stimulus. Latin America's economy greatly depends on external economic circumstances, which made it particularly vulnerable to international economic fluctuations. Since the U. S. economic recovery is expected to be more stable and China's economy is expected to remain robust in 2014, Latin America will face a favorable international environment. In addition to maintaining economic stability in the short term, Latin America need to advance structural reforms in the medium term, in order to maintain sustainable economic development and reduce dependence on external economic influences.

Keywords: Latin America; Economic Situation; Future Prospect

Abstract: In 2013, West Asia and Africa exhibit significant differentiation in economic growth rate and inflation rate, while they share several common challenges such as the rising unemployment rate, the fragile fiscal balance, and the worsening current account balance. Among regional major powers, Saudi Arabia grows relatively well, though it is somewhat bothered by the imbalanced development between the oil sector and non-oil sectors; Egypt is trapped in political turmoil and experiences a low growth; South Africa is one of the most slowly growing economies in Africa, as it fails to create a business-friendly environment through effective reforms. In the future, the economic development of West Asia and Africa depends heavily on the regional security situation, the world economy trends, and the prices of commodity goods.

Keywords: Regional turmoil; Commodity Price; West Asia and North Africa; Sub-Saharan Africa

Abstract: There has been a fundamental change of China's economic structures since the global financial crisis in 2008. From different perspectives, economic activities are shifting from industrial sectors to services and construction sectors. The change of economic structures brings about changes of China's economic growth in two ways: firstly, factors can't be fully utilized due to heavy monopolistic power in the service sector; secondly, the room for factor productivity growth narrows down.

Keywords: Industrial Sector; Service Sector; Monopoly; Economic Growth

Abstract: With a mild recovery of the global economy, the world merchandise trade grew with fluctuations in the first half of 2013. From January to June, the global trade in goods expanded steadily, though with different degrees of growth every month. Due to the improvement of global economy, the world trade in the second half year will be better than the first half of the year. Bilateral and regional economic cooperation are deepened, which will stimulate the development of the intra-regional trade to some extent. We estimate that the global trade growth rate will be around 2.5 ~2.8% in 2013. In view of the improving world economic situation, global trade will grow steadily in 2014 and the growth rate may be higher than 4%. Going beyond the framework of the Doha round, WTO continues to make new explorations and efforts for the improvement of the multilateral trade system. At the same time, FTA is still favored, TPP and TTIP negotiations have made progress to some degree, but still face quite a few difficulties. Once an agreement is reached, the international trade rules may be reshaped.

Keywords: International Trade; Growth Forecast; Trade Rules; TPP; TTIP

Abstract: The international financial market continued to be turbulent in 2013. The continuing conventional and unconventional monetary easing in developed economies, the Fed's uncertain attitude towards its QE tapering, the unstable global economic recovery, and the clear sign of slowdown in the emerging economies have become the major risks in the international financial market. Investors' risk preference became more yield-seeking than that in 2012, which is in line with the prediction of last year's report. Yield curves of major government bonds rebounded in a narrow channel. Most equity markets of developed countries gained, while emerging markets suffered losses for the most time of the year. In the foreign exchange market, the US dollar appreciated against the Japanese yen and the most emerging economies' currencies. Going forward, the possible QE exit remains a key factor for market sentiments. Whether the real economic recovery can sustain will be another major driver for international capital flows and the movement in the global financial market.

Keywords: International Financial Risk; Bond Market; Equity Market; Foreign Exchange Market; The US Dollar's Value

Y. 12 International Direct Investment: Developments and Prospects *Wang Bijun* / 215

Abstract: Adversely affected by the sluggish recovery of the global economy and the uncertainty of investment policy, the global foreign direct investment (FDI) fell nearly 18% from a year earlier. Multinational enterprises preferred overcapacity digestion and the balance sheet consolidation rather than expansive investments. This situation would not fundamentally change in 2013. As a result, the global FDI in 2013 was likely to maintain the level in 2012 around $ 1. 35 trillion. Compared with the lackluster developed economies, the importance of developing countries in the global FDI scene has come out prominently. The FDI inflow to the developing world has for the first time in the history exceeded that to developed economies in 2012. As for the FDI outflow, China became the world's third largest outward investor after the United States and Japan.

Keywords: Foreign Direct Investment; Cross-border Merger and Acquisition; Investment Protectionism; Outlook Forecast

Y. 13 International Commodity Market: Developments and Prospects *Yao Zhizhong* / 238

Abstract: we expect that in 2014, the world GDP growth rate is likely to accelerate, but the international commodity prices will fall. The crude oil price will even drop to below US $ 100 a barrel again. These are mainly due to the increase in the expected inflation rate as the world economy recovers and the tightening of the super-loose monetary conditions in the world.

Keywords: Commodity Market; Oil Demand; Oil Price

Abstract: The U. S. financial crisis and the European sovereign debt crisis highlight the necessity to strengthen the management of public debts. The crises reflect the potential conflicts between public debt management and the monetary policy. During the global financial crisis, the bond market served for monetary policy transmission and government financing at the same time. The central bank was committed to squeeze investors'money from the long-term treasury market into the short-term capital market. And the public debt managers issued bonds with low interest rates to reduce the cost of debt. The effects of the above policies were offset by each other to some extent. In the future, the authority needs to strengthen public debt management, in order to coordinate it with other macroeconomic policy.

Keywords: Public Debt Management; Quantitative Easing; Monetary Policy; Policy Coordination

Abstract: The paper outlines the content, various forms and the implementation process of the unconventional monetary policy (UMP) in advanced economies. It summarizes the theoretical transmission channel of the UMP and evaluates its empirical effects. Although the UMP has displayed positive effects as the development of the financial market and the macro economy proves, these effects face diminishing returns and even tend to prohibit the normalization of the financial market to some extent. The exit from the UMP is in line with the long-term interest for global macroeconomic and financial stabilities. However, due to the lack of precedent cases, large implementation risks and market overshooting risks exist in the process. China should pay close attention to the spillover effects during the exit of the UMP, and it must deal with the relevant risks with domestic macroeconomic policies, the short-term capital flow management and the international policy coordination.

Keywords: unconventional Monetary Policy; Quantitative Easing; Spillover Effects

Y. 16 New Developments of the US Regional Trade and Investment Integration

Abstract: The US's regional trade and investment integration shows a comprehensive and fast development trend. Trans-Pacific Partnership (TPP) and Trans-Atlantic Trade and Investment Partnership (TTIP) are two examples. TPP will be constructed as an integration arrangement with the Pacific Asia region, and will finish negotiation in the end of 2013. TTIP will be constructed as an integration arrangement with the European region, and will reach agreement in the end of 2014. The US's new development of regional trade and investment integration aims at two development targets. On the one hand, regional integration will promote trade development, economic growth and employment. On the other hand, regional integration will help to form a new international trade rule led by the US.

Keywords: Regional Integration; USA; Trans-Pacific Partnership; Transatlantic Trade and Investment Partnership

Y. 17 The Statistics of Trade in Value Added in the Global Value Chains

Abstract: The development of the global value chain is one of the major features of the world economy. Countries in the production networks are closely tied in a value chain based on the global supply chain, where the producer service serves as an important link. In this context, many international organizations are advocating the measurement of trade in value added as a new accounting method for world trade statistics, and these organizations have made a great progress. The composition of the world trade and the contribution of international trade to economic growth will undergo a structural change under the accounting method of trade in value added. In the real world, every economy tries to expand the trade in value added and increase their participation in the global value chain to make more profits. The evolution and spillover effect of the global value chain have important policy implications for international trade, investment and transnational production worldwide.

Keywords: Global Value Chains; Trade in Value Added Statistics; Policy Implications

Abstract: The global gold price surged during the period 2001 through 2011, but declined significantly in 2012 and 2013. In terms of nominal price, the gold price rise in the last decade was much larger than that in the late 1970s and early 1980s. But in real price terms, the former saw a smaller rise than the latter. The global new supply of gold is relatively stable, and small compared to the world's total stock of gold. Therefore the fluctuation of global gold price is primarily influenced by the change of demand, especially the investment demand of gold. This paper tries to establish an analytical framework of gold price movement and focuses on investment demand. It is found that not only the inflation rate, the long-term real interest rate, the ratio of gold price to U. S. CPI index, and the US exchange rate index are closely related to the trend of global gold price, but also they provide the strongest prediction about its future movement. Based on this framework, we think that the gold price tend to decline further in the rest of 2013 and even 2014.

Keywords: Gold Price, Fluctuation Trend, Supply Demand Analysis, Inflation, Exchange Rate

Y. 19 The BRICS Financial Cooperation: Foundation, Progress and Development *Huang Wei* / 346

Abstract: As typical examples of emerging economies, the cooperation among the BRICS nations has its historical necessity. Firstly, BRICS nations exhibit similar economic development patterns and complementary structures of resources and industries. Secondly, BRICS nations emphasize the importance of government or quasi-government organizations in economic governance. Additionally, BRICS nations not only contribute actively on the regional economic governance, but also have an increasing requirement on attending global economic governance in the globalization era. Since 2009, BRICS have built up a comprehensive, multi-level cooperation network and achieved pragmatic and fruitful cooperation results in finance. However, the cooperation among BRICS nations has faced internal and external challenges. BRICS need to build the general framework for long term economic strategic cooperation and to put more efforts on developing cooperation approaches and building professional talent teams, related international organizations and platforms.

Keywords: BRICS; Economic Governance; Financial Cooperation

Y. 20 United Nations Global Development Agenda: Retrospects and Prospects *Xu Xiujun* / 365

Abstract: In the United Nations Millennium Summit (2000), the leaders set the eight Millennium Development Goals (MDGs), which included eradicating extreme poverty and hunger, achieving universal primary education, promoting gender equality and empowering women, reducing child mortality, improving maternal health, fighting against HIV/AIDS, malaria and other diseases, and ensuring environmental sustainability and global partnership for development. All of these goals should be achieved by 2015. According to the assessment of the MDGs implementation, the global development has made great progress by 2013, and even some of the targets have been achieved ahead of the schedule. Meanwhile, the MDGs project has shown some deficiencies. In order to remedy these deficiencies and further promote future global development under the framework of the United Nations, the governments and international agencies have started the study, debate and negotiations of the post -2015 development agenda, and identified the principles and framework characterized of human-centered, equitable and sustainable development and broader development issues. As the largest developing country, China has been firmly committed to supporting the MDGs, and actively involved in the negotiations and formulations of the post -2015 development agenda.

Keywords: MDGs; The Post - 2015 Development Agenda; Eradication of Poverty

权威报告　热点资讯　海量资源

当代中国与世界发展的高端智库平台

皮书数据库　www.pishu.com.cn

皮书数据库是专业的人文社会科学综合学术资源总库，以大型连续性图书——皮书系列为基础，整合国内外相关资讯构建而成。该数据库包含七大子库，涵盖两百多个主题，囊括了近十几年间中国与世界经济社会发展报告，覆盖经济、社会、政治、文化、教育、国际问题等多个领域。

皮书数据库以篇章为基本单位，方便用户对皮书内容的阅读需求。用户可进行全文检索，也可对文献题目、内容提要、作者名称、作者单位、关键字等基本信息进行检索，还可对检索到的篇章再作二次筛选，进行在线阅读或下载阅读。智能多维度导航，可使用户根据自己熟知的分类标准进行分类导航筛选，使查找和检索更高效、便捷。

权威的研究报告、独特的调研数据、前沿的热点资讯，皮书数据库已发展成为国内最具影响力的关于中国与世界现实问题研究的成果库和资讯库。

皮书俱乐部会员服务指南

1. 谁能成为皮书俱乐部成员?

- 皮书作者自动成为俱乐部会员
- 购买了皮书产品（纸质皮书、电子书）的个人用户

2. 会员可以享受的增值服务

- 加入皮书俱乐部，免费获赠该纸质图书的电子书
- 免费获赠皮书数据库100元充值卡
- 免费定期获赠皮书电子期刊
- 优先参与各类皮书学术活动
- 优先享受皮书产品的最新优惠

3. 如何享受增值服务?

（1）加入皮书俱乐部，获赠该书的电子书

第1步 登录我社官网（www.ssap.com.cn），注册账号；

第2步 登录并进入“会员中心”—“皮书俱乐部”，提交加入皮书俱乐部申请；

第3步 审核通过后，自动进入俱乐部服务环节，填写相关购书信息即可自动兑换相应电子书。

（2）免费获赠皮书数据库100元充值卡

100元充值卡只能在皮书数据库中充值和使用

第1步 刮开附赠充值的涂层（左下）；

第2步 登录皮书数据库网站（www.pishu.com.cn），注册账号；

第3步 登录并进入“会员中心”—“在线充值”—“充值卡充值”，充值成功后即可使用。

4. 声明

解释权归社会科学文献出版社所有

皮书俱乐部会员可享受社会科学文献出版社其他相关免费增值服务，有任何疑问，均可与我们联系

联系电话：010-59367227　企业QQ：800045692　邮箱：pishuclub@ssap.cn

欢迎登录社会科学文献出版社官网（www.ssap.com.cn）和中国皮书网（www.pishu.cn）了解更多信息

社会科学文献出版社

皮书系列

“皮书”起源于十七、十八世纪的英国，主要指官方或社会组织正式发表的重要文件或报告，多以“白皮书”命名。在中国，“皮书”这一概念被社会广泛接受，并被成功运作、发展成为一种全新的出版形态，则源于中国社会科学院社会科学文献出版社。

皮书是对中国与世界发展状况和热点问题进行年度监测，以专业的角度、专家的视野和实证研究方法，针对某一领域或区域现状与发展态势展开分析和预测，具备权威性、前沿性、原创性、实证性、时效性等特点的连续性公开出版物，由一系列权威研究报告组成。皮书系列是社会科学文献出版社编辑出版的蓝皮书、绿皮书、黄皮书等的统称。

皮书系列的作者以中国社会科学院、著名高校、地方社会科学院的研究人员为主，多为国内一流研究机构的权威专家学者，他们的看法和观点代表了学界对中国与世界的现实和未来最高水平的解读与分析。

自 20 世纪 90 年代末推出以《经济蓝皮书》为开端的皮书系列以来，社会科学文献出版社至今已累计出版皮书千余部，内容涵盖经济、社会、政法、文化传媒、行业、地方发展、国际形势等领域。皮书系列已成为社会科学文献出版社的著名图书品牌和中国社会科学院的知名学术品牌。

皮书系列在数字出版和国际出版方面成就斐然。皮书数据库被评为“2008~2009 年度数字出版知名品牌”;《经济蓝皮书》《社会蓝皮书》等十几种皮书每年还由国外知名学术出版机构出版英文版、俄文版、韩文版和日文版，面向全球发行。

2011 年，皮书系列正式列入“十二五”国家重点出版规划项目；2012 年，部分重点皮书列入中国社会科学院承担的国家哲学社会科学创新工程项目；2014 年，35 种院外皮书使用“中国社会科学院创新工程学术出版项目”标识。

法律声明

“皮书系列”（含蓝皮书、绿皮书、黄皮书）由社会科学文献出版社最早使用并对外推广，现已成为中国图书市场上流行的品牌，是社会科学文献出版社的品牌图书。社会科学文献出版社拥有该系列图书的专有出版权和网络传播权，其LOGO（ ）与“经济蓝皮书”、“社会蓝皮书”等皮书名称已在中华人民共和国工商行政管理总局商标局登记注册，社会科学文献出版社合法拥有其商标专用权。

未经社会科学文献出版社的授权和许可，任何复制、模仿或以其他方式侵害“皮书系列”和LOGO（ ）、“经济蓝皮书”、“社会蓝皮书”等皮书名称商标专用权的行为均属于侵权行为，社会科学文献出版社将采取法律手段追究其法律责任，维护合法权益。

欢迎社会各界人士对侵犯社会科学文献出版社上述权利的违法行为进行举报。电话：010－59367121，电子邮箱：fawubu@ssap.cn。

社会科学文献出版社